2024 中国乡村振兴监测报告

本书编写组　编

中国统计出版社
China Statistics Press

图书在版编目（CIP）数据

中国乡村振兴监测报告．2024 / 本书编写组编．北京：中国统计出版社，2024．9．-- ISBN 978-7-5230-0506-4（2025.1 重印）

Ⅰ．F320.3

中国国家版本馆 CIP 数据核字第 2024VX6335 号

中国乡村振兴监测报告 2024

责任编辑 周小睿
责任印制 王建生
出版发行 中国统计出版社有限公司
地　　址 北京市丰台区西三环南路甲 6 号
电　　话 （010）63376909
传　　真 （010）63376840
经　　销 全国新华书店
印　　刷 鑫艺佳利（天津）印刷有限公司
开　　本 889mm × 1194mm 1/16
字　　数 558 千字
印　　张 23.5
版　　次 2024 年 9 月第 1 版　2025 年 1 月第 2 次印刷
定　　价 450.00 元

编写组

顾　　问：	康　义	盛来运			
主　　编：	王贵荣	叶礼奇			
副 主 编：	赵建华	普布顿珠	魏锋华	徐海霞	施开分
	王挺漳	孙志强	郑淼淼	高寒松	
编　　委：	王贵荣	叶礼奇	李素芳	冯嘉强	徐付军
	张晓东	曹思阳	田　冰	林　梅	刘玉和
	宋　彬	王显东	吴胜丰	徐雄飞	叶飞文
	方向军	马金栋	李迎伟	谢高波	向世聪
	杨新洪	李　盛	杨　雷	罗学文	胡品生
	邹　康	李启荣	田广华	王冬羽	李兴华
	康　玲	徐秀梅	徐建辉		
执行编辑：	张珍琴	夏　欢	尚　东	迟敏敏	张钰鹰
编辑人员：	许建磊	孟晓娴	宋勇军	孙腾蛟	崔益康
	常　鹏	郭　航	王书征	万国强	张明梅
	李漫雪	曹　扬	程一娇	牛艳嘉	张　谦
	刘思扬	孟繁宇	兰　翔	刘英倩	孙　巍
	王博宁	王　颖	鲍　宇	廖　颖	姚　毅
	刘　慧	张　楠	韩　迪	张克杰	侯忠林

编辑说明

1.《中国乡村振兴监测报告 2024》是全面展示 2023 年我国乡村振兴取得积极成效的综合性统计资料，包括发展监测系列报告和数据资料两个部分，分别为全国篇、地区篇、专题篇和数据资料篇。

2. 本书所涉及的全国性统计指标，均未包括香港、澳门特别行政区和台湾省数据。

3. 除特殊说明外，本书中的东、中、西部和东北地区按以下标准进行划分：东部地区包括北京、天津、河北、上海、江苏、浙江、福建、山东、广东、海南 10 个省（直辖市）；中部地区包括山西、安徽、江西、河南、湖北、湖南 6 个省；西部地区包括内蒙古、广西、重庆、四川、贵州、云南、西藏、陕西、甘肃、青海、宁夏、新疆 12 个省（自治区、直辖市）；东北地区包括辽宁、吉林、黑龙江 3 个省。

4. 本书部分数据合计数或相对数由于单位取舍不同而产生的计算误差，均未作机械调整。

5. 本书数据主要来源于《中国统计摘要》《中国农村统计年鉴》及县（市）社会经济统计年报。

序 言

民族要复兴、乡村必振兴。实施乡村振兴战略是以习近平同志为核心的党中央着眼中华民族伟大复兴战略全局作出的重大决策部署。党的二十大对全面推进乡村振兴作出战略部署。为了客观反映乡村振兴战略的实施进展，国家统计局组织开展了全面系统的乡村振兴统计监测，特此编制了《中国乡村振兴监测报告 2024》。监测结果显示，2023 年全国乡村全面振兴发展指数为 69.0，比 2022 年提高 1.3、增长 2.0%，总体呈现稳步发展态势，31 个省（自治区、直辖市）发展指数均实现不同程度提升，各地在推进乡村全面振兴中展现新作为。

过去一年，面对复杂严峻的国内外形势和多发重发的自然灾害，在以习近平同志为核心的党中央坚强领导下，各地各部门深入贯彻落实中共中央、国务院重大决策部署，把推进乡村全面振兴作为新时代新征程“三农”工作的总抓手，坚持农业农村优先发展，坚守确保粮食安全、防止规模性返贫底线，学习运用“千万工程”经验，扎实推进宜居宜业和美乡村建设，农业稳产增产，农村稳定安宁，农民稳步增收。粮食等重要农产品供给有力保障，2023 年，全国粮食总产量 13908 亿斤，连续 9 年稳定在 1.3 万亿斤以上，确保谷物基本自给、口粮绝对安全，中国人的饭碗牢牢端在自己手中，乡村特色产业做精做强，农产品加工业发展壮大，农村一二三产融合发展，乡村产业发展势头良好；和美乡村建设扎实推进，基本实现通电、通电话、通有线电视信号和通公路全国所有行政村全覆盖，提质增效工程正加快升级，对生活垃圾进行处理的村占比达 92.0%，农村卫生户厕普及率达 81.2%，农村人居环境持续改善，农村教育、医疗、养老等公共服务体系不断完善，农村更加美丽宜居；乡村治理效能稳步提升，自治、法治、德治相结合的乡村治理体系不断完善，平安法治乡村建设进一步加强，全国有公共法律服务工作室的村占比达 81.4%，比 2022 年提高 12.2 个百分点，农村社会保持和谐稳定；农村居民收入稳定增长，全国农村居民人均可支配收入 21691 元，比 2022 年实际增长 7.6%，城乡居民收入差距不断缩小，全国城乡居民人均可支配收入比为 2.39，农民实现持续增收。

这些成绩的取得，根本在于以习近平同志为核心的党中央的坚强领导，在于习近平新时代中国特色社会主义思想的科学指引，在于亿万中国人民的奋力拼搏、艰苦奋斗。同时，我们也要看到全面推进乡村振兴面临的困难挑战。农村发展不平衡不充分问题依然突出，乡村振兴需要更加科学、精准、有力的政策措施和更加广泛、深入、持久的社会参与。要始终把牢推进乡村全面振兴这个“三农”工作总抓手，以学习运用“千万工程”经验为引领，统筹推进以乡村产业发展、乡村建设、乡村治理为重点的乡村振兴，分类施策、久久为功，努力推动“三农”工作持续取得新进展新提升，乡村振兴取得更大成效。

编　者

2024 年 9 月

目 录

全国篇

地区篇

附录

中国乡村振兴监测报告
2024

全国篇 ▶▶

全国乡村振兴监测报告

实施乡村振兴战略是党的十九大作出的重大决策部署，党的二十大报告强调要全面推进乡村振兴，2023年中央一号文件明确提出加强乡村振兴统计监测。为贯彻落实党中央决策部署，国家统计局自2023年8月起建立实施《乡村振兴统计监测一套表制度（试行）》。根据监测制度，我们对全国2675个县级单位、近3万个乡级单位、近51万个村级单位[1]的乡村振兴战略实施情况开展统计监测。从监测结果看，2023年，全国乡村全面振兴发展指数呈现稳步提升态势，乡村全面振兴取得新成效。分地区看，东部地区发展指数明显高于其他地区，31个省（自治区、直辖市）发展指数均实现不同程度提升，各地在推进乡村全面振兴中展现新作为。但同时也要看到，在推进乡村全面振兴过程中发展不平衡，落后县在产业培育、农民增收等方面存在明显短板。我们要认真贯彻落实党的二十届三中全会精神，加大改革创新力度，学习运用“千万工程”经验，不断完善相关政策，久久为功，推进乡村全面振兴取得更大成效。

一、从总体看，全国推进乡村全面振兴取得新成效

为客观系统反映乡村全面振兴进展情况，国家统计局建立包括综合发展、产业兴旺、生态宜居、乡风文明、治理有效、生活富裕等六大领域在内的监测指标体系，并试算发展指数（参见附录）。从监测结果看，2023年，全国乡村全面振兴发展指数为69.0，比2022年提高1.3、增长2.0%，总体呈现稳步发展态势。

1. 县级单位，包括全国所有的县、县级市、自治县、旗、自治旗、林区、特区及辖区范围内有一个及以上乡（镇）的市辖区；乡级单位，包括全国所有乡（镇），不包括涉农街道和其他具有乡级行政管理职能的机构；村级单位，包括全国所有的行政村和涉农社区，不包括具有村级行政管理职能的机构。

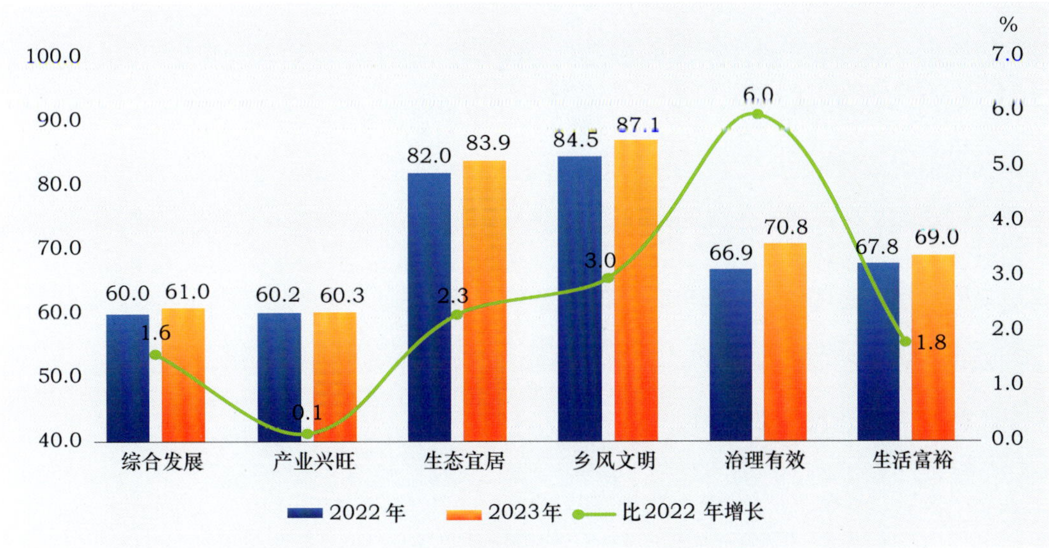

图 1 2022—2023 年分领域乡村全面振兴发展指数

（一）县域经济稳定增长

各地深入贯彻新发展理念，以乡村振兴为总抓手，突出固本培元，加快推动县域高质量发展，县域经济持续稳定增长。2023 年，全国综合发展指数为 61.0，比 2022 年提高 1.0、增长 1.6%。规模总量稳步提升。2023 年，全国县域[2]（未包括市辖区）地区生产总值合计达 48.3 万亿元，比 2022 年增加 1.6 万亿元，占全国国内生产总值的比重达 38.3%；县域（未包括市辖区）地方一般公共预算收入合计 2.8 万亿元，比 2022 年增加 0.2 万亿元，占全国地方一般公共预算收入的比重达 24.2%。人均水平较快增长。2023 年，全国县域（未包括市辖区）人均地区生产总值达 6.6 万元，比 2022 年增长 4.7%；县域（未包括市辖区）人均地方一般公共预算收入达 3871.1 元，比 2022 年增长 9.3%。

（二）乡村产业稳步发展

各地坚持农业农村优先发展，保障粮食和重要农产品供给，推进现代设施农业和高标准农田建设，农业生产形势总体稳定，县域富民产业稳步发展。2023 年，全国产业兴旺指数为 60.3，比 2022 年小幅提升。粮食等重要农产品供给有力保障。2023 年，全国粮食总产量 13908 亿斤，连

2. 按照行政区划，我们将全国 2675 个县级监测单位分为市辖区、县级市和县（自治县、旗、自治旗、林区、特区）（以下简称“一般县”）等三类，其中，市辖区 812 个，县级市 392 个，一般县 1471 个。本段落口径仅包括县级市、一般县两类单位，未包括市辖区。如无特别说明，以下段落口径均包括市辖区、县级市、一般县等三类单位。

续9年稳定在1.3万亿斤以上，确保谷物基本自给、口粮绝对安全。生猪产能巩固提升，其他重要农产品供应充足。乡村三产融合发展取得成效。2022年全国农业及相关产业增加值占GDP比重为16.2%，是农林牧渔业增加值的2倍以上；新产业新业态加快培育，2023年全国开展休闲农业和乡村旅游接待的村占比为14.7%，比2022年提高4.4个百分点。现代农业基础支撑强化。截至2023年底，全国已累计建成高标准农田10亿亩以上；现代设施种植面积已超4000万亩。全国农作物耕种收综合机械化率超73%，科技机械在农业生产中的作用逐渐增强；在农业科技创新的支撑下，2023年全国耕地产出率提高至3382.3元/亩，比2022年提高70.8元/亩。

（三）和美乡村建设成效显著

各地区各部门深入学习运用“千万工程”经验，健全乡村建设推进机制，加强村庄规划，发展数字乡村，抓实农村人居环境整治提升，村庄公共环境和乡村风貌不断提升，农村生产生活条件持续改善。2023年，全国生态宜居指数为83.9，比2022年提高1.9、增长2.3%。农村人居环境持续改善。2023年，全国对生活垃圾进行处理的村占比达92.0%，比2022年提高2.7个百分点；全国农村卫生户厕普及率达81.2%，比2022年提高2.1个百分点。乡村基础设施进一步完善。2023年，全国通三级及以上公路的乡镇占比达92.0%，比2022年提高1.9个百分点；全国农村自来水普及率达89.5%，比2022年提高0.4个百分点；全国有电子商务配送站点的村占比达74.4%，比2022年提高1.3个百分点。

（四）乡风文明不断深化

各地加强农村精神文明建设，积极探索乡村文化振兴之路，大力开展文化惠民活动，不断提升乡村公共文化服务水平，持续推动农村移风易俗，农民群众精神文化生活日益丰富。2023年，全国乡风文明指数为87.1，比2022年提高2.6、增长3.0%。2023年，全国村级综合性文化服务中心覆盖率达93.3%，比2022年提高2.1个百分点；全国有农民业余文化组织的村占比达71.0%，比2022年提高11.4个百分点；全国有体育健身场所的村占比达95.0%，比2022年提高2.1个百分点。

（五）基层治理明显改善

各地坚持党建引领，积极探索乡村治理试点示范和方式创新，强化农村基层党组织政治功能和组织功能，加强乡村法治宣传教育和涉农领域法律服务，乡村治理效能不断提升，农村社会保持和谐稳定。2023年，全国治理有效指数为70.8，比2022年提高4.0、增长6.0%，对总指数增长的贡献率为30.0%。基层干部队伍建设不断深化。2023年，全国村党组织书记大专及以上学历比例达

49.0%，比2022年提高4.5个百分点。平安法治乡村建设进一步加强。2023年，全国县级及以上民主法治示范村超11万个，占全部村的比重达21.9%，比2022年提高4.6个百分点；全国有公共法律服务工作室的村达41.1万个，占全部村的比重达81.4%，比2022年提高12.2个百分点。集体经济持续发展。2023年，全国集体经济强村[3]达4.0万个，占全部村的比重达7.9%，比2022年提高0.6个百分点，经济强村规模持续扩大。

（六）农民生活质量提升

各地始终把提高农村居民生活质量作为根本出发点和最终落脚点，加大强农惠农富农政策力度，带动农民收入和消费稳定增长，农民群众生活水平进一步提升。2023年，全国生活富裕指数为69.0，比2022年提高1.2、增长1.8%。农村居民收入稳定增长。2023年，全国农村居民人均可支配收入21691元，比2022年实际增长7.6%；全国城乡居民人均可支配收入比为2.39，比2022年下降0.06，城乡居民收入差距不断缩小。农村居民消费水平持续提升。2023年，全国农村居民人均消费支出18175元，比2022年实际增长9.2%；全国农村居民家用汽车普及率达42.0%，比2022年提高2.5个百分点。农村基本公共服务能力增强。2023年，全国农村养老服务机构和设施覆盖率达25.4%。

二、从地区看，各地在推进乡村全面振兴中展现新作为

根据监测制度，我们利用县乡村三级社会经济统计资料，对全国四大经济区域、31个省份的乡村振兴战略实施情况开展统计监测。从监测结果看，2023年，东部地区发展走在前列，中部地区稳步推进农业农村现代化，西部地区持续改善民生，东北地区不断夯实粮食安全根基。

（一）东部地区坚持创新引领推动乡村全面振兴走在前列

东部地区充分发挥创新要素聚集优势，依托雄厚经济实力和财力，聚焦建设更高标准的美丽乡村，大力发展现代农业，乡村振兴各个领域均走在前列。2023年，东部地区乡村全面振兴发展指数为72.9，分别比中部、西部和东北地区高5.6%、10.5%和8.7%。经济实力和财力远高于其他地区。2023年，东部地区县均地区生产总值分别是中部、西部和东北地区的2.0倍、3.0倍和4.8倍，北京、天津、上海、江苏等地县均地区生产总值均超1000亿

3. 集体经济强村，指村集体经营收益大于或者等于50万元的村。

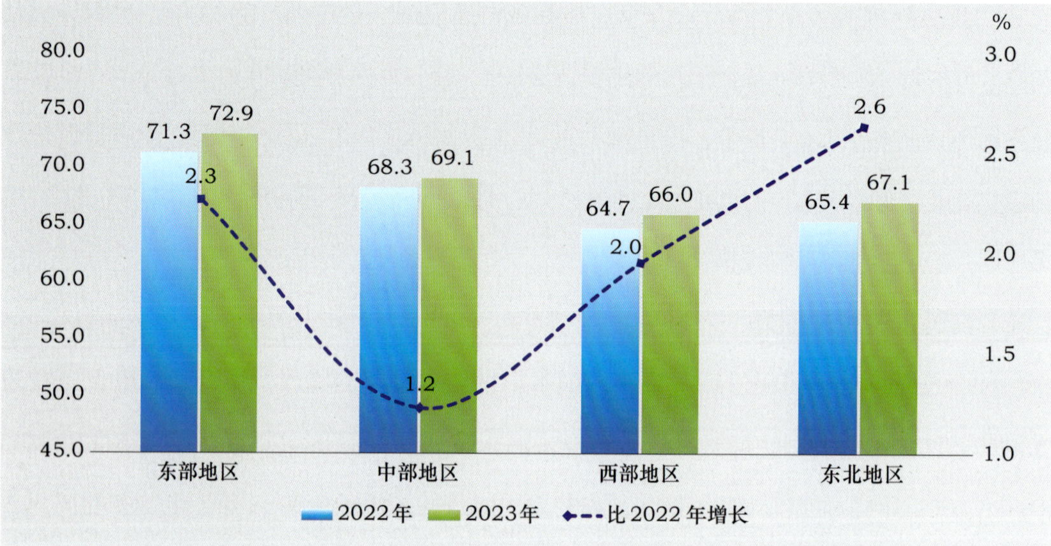

图 2 2022—2023 年分地区乡村全面振兴发展指数

元；东部地区县均地方一般公共预算收入分别是中部、西部和东北地区的 2.6 倍、4.3 倍和 6.8 倍。宜居宜业和美乡村建设成效显著。2023 年，东部地区对生活垃圾进行处理的村占比、农村自来水普及率、较大人口规模自然村（组）通硬化路比例等指标已达 95%，农村卫生户厕普及率接近 90%，北京、上海、浙江等地基本实现全覆盖；乡村义务教育学校专任教师本科及以上学历比例已超 80%，北京、江苏、浙江、山东等地走在前列。

（二）中部地区立足重要粮食生产基地地位不断推动农业农村现代化

中部地区加强粮食等重要农产品保障供给，加快促进一二三产业融合发展，加大生态环境保护和乡村治理体系建设，农业农村现代化取得新进展。2023 年，中部地区乡村全面振兴发展指数为 69.1，高于全国平均水平。农产品供给保障能力增强。2023 年，中部地区粮食产量合计占全国近三成，特别是河南粮食产量占比近一成，为端牢“中国饭碗”贡献重要力量。2023 年，中部地区高标准农田面积占耕地面积比超 60%，安徽、江西、湖南等地高标准农田建设步伐加快。农业现代化持续推进。2023 年，中部地区农作物耕种收综合机械化率达 80%，山西、湖南等地农业机械化水平提升较快；中部地区设施农业发展较好，其中山西实现快速增长。乡村建设和治理水平不断提高。2023 年，中部地区乡村文体设施、法律服务和数字乡村建设水平持续提升，村综合性文化服务中心覆盖率已超 96%，有公共法律服务工作室的村占比接近 85%；有电子商务配送站点的村占比达 80%，安徽、湖北等地已达 90% 左右。

（三）西部地区聚焦重点领域加快补齐民生短板

西部地区充分发挥生态资源优势，发展特色农业，补齐农村基础设施建设短板，不断完善农村公共服务体系，人民生活水平显著提高。2023 年，西部地区乡村全面振兴发展指数为 66.0，其中综合发展、生态宜居、生活富裕等领域提升较快。经济快速增长。2023 年，西部地区经济恢复向好，经济增长速度高于全国平均水平；县域地方一般公共预算收入实现两位数增长，四川、贵州、西藏、青海、新疆等地增幅较大。基础设施明显改善。2023 年，西部地区较大人口规模自然村（组）通硬化路比例近 90%，5G 网络通达的村占比达 82%；农村生活污水和垃圾治理也得到较大提升。公共服务体系不断完善。2023 年，西部地区医疗、养老等公共服务供给保障水平提高，城乡居民人均领取养老金金额比 2022 年增长 9.3%，四川、贵州、云南等地增幅较大；乡村医生中执业（助理）医师资格的人员比例达 28.4%，比 2022 年提高 4.1 个百分点，内蒙古、陕西、甘肃等地比例超 35%。

（四）东北地区国家粮食稳产保供的"压舱石"作用更加凸显

东北地区建设稳固的国家粮食战略基地，深入实施黑土地保护性耕作行动计划，以加快发展现代化大农业促进农业增效、农民增收。2023 年，东北地区乡村全面振兴发展指数为 67.1，其中产业兴旺领域发展较好。粮食综合生产能力增强。2023 年，东北地区县均粮食产量 12 亿斤，是全国平均水平的 2.3 倍；人均粮食占有量 3812 斤，是全国平均水平的 3.5 倍，吉林、黑龙江等地人均粮食占有量更高。农业机械化水平高。2023 年，东北地区农作物耕种收综合机械化率达 97%，居全国四大区域首位；高标准农田面积占耕地面积比与 2022 年相比提高 4.3 个百分点。

三、直面问题补齐短板，站在全新的起点上扛起新担当

在看到成绩的同时，也要清醒地认识到，各地在推进农业农村现代化、乡村全面振兴的过程中仍然面临诸多挑战。从 2023 年监测结果看，全面推进乡村振兴还存在一些短板弱项，需要引起高度关注。主要有以下几方面。

（一）经济发展仍不平衡

目前我国经济发展区域间仍有差距，地区发展还不协调，经济布局还需持续优化。东北地区与东部、中部、西部地区差距有所扩大。近年来，东北地区经济发展速度有所放缓，2021—2023 年东北地区县域地区生产总值年均现价增速为 4.5%，低于东部地区（7.9%）、中部地区（7.4%）和

西部地区（8.7%）。2023年，东北地区县均地区生产总值仅为西部地区的3/5、中部地区的2/5、东部地区的1/5。省份之间经济发展差异较大。2023年，上海县均地区生产总值近3400亿元，北京、天津、江苏、浙江、福建、山东、广东、重庆等地超500亿元，西藏、青海等欠发达地区还不足100亿元。

（二）产业发展动能不强

产业振兴是乡村振兴的重中之重，但我国农村人才流失，农业产业总体大而不强，农业产业链短、农村一二三产业融合不深、产品附加值较低等问题仍然存在。乡村人口减少老龄化加重。随着城镇化和工业化不断推进，我国乡村人口持续减少，乡村常住人口由2012年的6.4亿人减少到2023年的4.8亿人，下降25.2%；乡村从业人员从3.9亿人减少到2.7亿人，年均减少1087万人。与此同时，农村人口老龄化形势严峻。根据第七次全国人口普查结果，2020年我国乡村60岁及以上人口比重达23.8%，比城镇高8.0个百分点，未来谁来种地问题更加凸显。产业发展动能需进一步培育。我国耕地产出率总体较低，特别是内蒙古、吉林、黑龙江等粮食主产区耕地产出率仅为1800元/亩左右，才到全国平均水平的一半，一定程度影响地方抓粮、农民种粮积极性。农产品加工业向精深加工延伸还不够，我国规模以上农产品加工业产值与农林牧渔业总产值之比远低于发达国家水平。“农业+文化+旅游”融合程度还不高。近年来，休闲农业、乡村旅游和农村电商等新产业新业态迅速发展，但从绝对水平来看，2023年，全国仅14.7%的村开展休闲农业和乡村旅游，仅18.8%的村开展网上销售农产品，仍有较大发展空间。

（三）乡村建设仍存短板弱项

农村人居环境整治还需持续推进，农村生活污水治理管控仍有提高空间，基础设施建设还需升级，公共服务质量还有待提升，乡村发展活力亟待进一步增强。东北地区农村人居环境整治还需提升。2023年，东北地区生态宜居指数分别比东部、中部和西部地区低21.0%、15.7%和11.4%。其中，东北地区农村生活污水治理管控率、农村卫生户厕普及率等指标仍有较大发展空间。西部地区农村道路建设和公共服务供给还需进一步完善。2023年，西部地区乡镇通三级及以上公路占比和较大人口规模自然村（组）通硬化路比例低于全国平均水平；乡村医生中执业（助理）医师资格的人员比例比东部地区低19.9个百分点；农村养老服务机构和设施覆盖率比东部地区低10.8个百分点。

（四）乡村治理能力还需进一步增强

自治、法治、德治相结合的乡村治理体系尚不健全，法治乡村建设还需进一步加强，农村集体经济普遍呈现小、散、弱的特点，难以满足农村经济社会发展需求。乡村“三治”作用发挥还不充分。尽管目前全国有98.6%的村有村规民约，88.6%的村有村民议事会，85.4%的村有红白理事会，但实际在推动农村移风易俗中作用还未有效发挥，大操大办、高额彩礼等陋习未得到有效遏制，还需创新方式方法不断提升治理效能。农村集体经济还较为薄弱。2023年，全国农村集体经营收益小于5万元的村占比为60.9%，仍有4.6%的村集体经营处于亏损状态。村集体经营性资产占比不高，经营模式较为单一，大多以物业租赁为主。

（五）脱贫地区[4]在生活富裕等领域整体差距较大

脱贫地区在发展水平、发展动力等方面仍有差距，在巩固拓展脱贫攻坚成果的基础上，脱贫群众生活质量仍需持续提升。2023年，脱贫地区乡村全面振兴发展指数比全国平均水平低1.6，比东部地区平均水平低5.5。其中，综合发展、生活富裕等为发展差距最为明显的领域。在经济发展、财政收入增长等方面仍有很大空间。2023年，脱贫地区综合发展指数比全国平均水平低3.8。其中，县均地区生产总值和地方一般公共预算收入分别仅占全国县域平均水平的69.6%和60.8%。在农民增收、养老服务等方面仍有较大差距。2023年，脱贫地区生活富裕指数比全国平均水平低2.5。其中，农村居民人均可支配收入比全国平均水平低2400余元，城乡居民年人均领取养老金金额比全国平均水平少900余元。

四、因地制宜多措并举，推进乡村全面振兴再上新台阶

下一步，各地区各部门要以学习运用“千万工程”经验为引领，坚持把推进乡村全面振兴作为新时代新征程“三农”工作的总抓手，因地制宜、分类施策，循序渐进、久久为功，推进乡村全面振兴不断取得更大成效。

（一）全面推进区域协调发展

不同区域要牢牢把握在中国式现代化建设大局中的定位，加强区域协同发展，发挥优势地区对周边地区的辐射带动作用，同时为发展相对滞后地区借势借力发展提供更大空间和更多机会。深入实施区域协调发展战略、区域重大战略、主体功能区战略，增强发展的平衡性协调性，加快构建优势互补、高质量发展的区域经济格局。抓好东北和中西部地区承接产业转移，促进区域优势互补，实现效能倍增，增强发展后劲。

4. 脱贫地区，指全国22个有脱贫攻坚和巩固成果任务的省份。

（二）做好乡村产业发展文章

深入推进“藏粮于地、藏粮于技”战略，扎实推进高标准农田建设，持续提升粮食产能和农业综合生产能力。打造区域优势特色产业集群，加快培育农业全产业链，优化乡村休闲旅游业，促进农村三产深度融合。支持发展各具特色的现代乡村县域富民产业，丰富乡村生态产品和服务供给，加快培育新产业新业态，大力发掘新功能新价值。健全人才引进机制，加强本地人才培育，培育新型职业农民，鼓励专业人才和社会人才投身乡村。

（三）深化人居环境整治提升

立足不同地区实际特点，以污水减量化、分类就地就近处理、循环利用为导向，强化落后地区建设运维管理，梯次推进农村生活污水治理，健全农村生活垃圾处理长效机制。加快干旱、寒冷地区卫生厕所适用技术和产品研发，鼓励采用节水、防冻等新技术新材料，因地制宜选择厕所技术模式。以县域经济为中心，推进农村生产生活基础设施改造升级。聚焦农民“急难愁盼”的问题，加大农村教育文化、医疗养老、社会保障等方面的投入。

（四）创新基层社会治理模式

巩固和完善农村基本经营制度，深化农村集体产权制度改革，发挥集体所有制的体制优势，因地制宜探索资源发包、物业出租、居间服务、资产参股、混合经营等多样化途径，畅通农村资源要素流动，加快发展壮大新型农村集体经济，走出各具特点的共同富裕之路。推广运用“积分制”“清单制”等形式，健全乡村治理工作协同运行机制，深入推进覆盖城乡的公共法律服务网络建设，多维度提升乡村治理效能。

（五）巩固拓展脱贫攻坚成果

把农民工和困难群众等重点群体的就业摆在更加突出位置，兜住低收入群体增收底线。进一步健全防止返贫动态监测和帮扶机制，积极探索推动巩固拓展脱贫攻坚成果同乡村振兴有效衔接5年过渡期后的农村低收入人口和欠发达地区常态化帮扶的有效举措，多渠道促进脱贫人口持续增收。进一步加大重点区域帮扶力度，推动东部地区劳动密集型产业向脱贫地区有序转移，持续深化东西部劳务协作和对口帮扶。

报告撰稿：张珍琴　夏欢　迟敏敏　张钰鹰

地区篇 ▶▶

北京市乡村振兴监测报告

2023 年，北京市坚持以习近平新时代中国特色社会主义思想为指导，认真贯彻党的二十大和中央农村工作会议精神，深入贯彻习近平总书记关于"三农"工作的重要论述，以新时代首都发展为统领，坚持大城市带动大京郊、大京郊服务大城市，不断推进农业发展增质效、和美乡村换新颜、基层治理添动能、惠农富农启新篇，在新的起点上以更高标准、更大力度推进农业农村现代化，努力走出一条具有首都特点的乡村振兴之路，为建设农业强国作出北京贡献。

一、监测结果稳中向好，乡村振兴卓有成效

2023 年，北京市乡村全面振兴发展指数为 75.6，比上年提高 1.3，比全国平均水平高 6.6。分领域看，综合发展、生态宜居、乡风文明、治理有效、生活富裕 5 项分指数有所提升，其中综合发展和乡风文明指数提升较快，分别提高 5.3 和 5.0；治理有效和生态宜居指数稳步增长，分别提高 2.2 和 2.1；生活富裕指数较为平稳，提高 0.3。

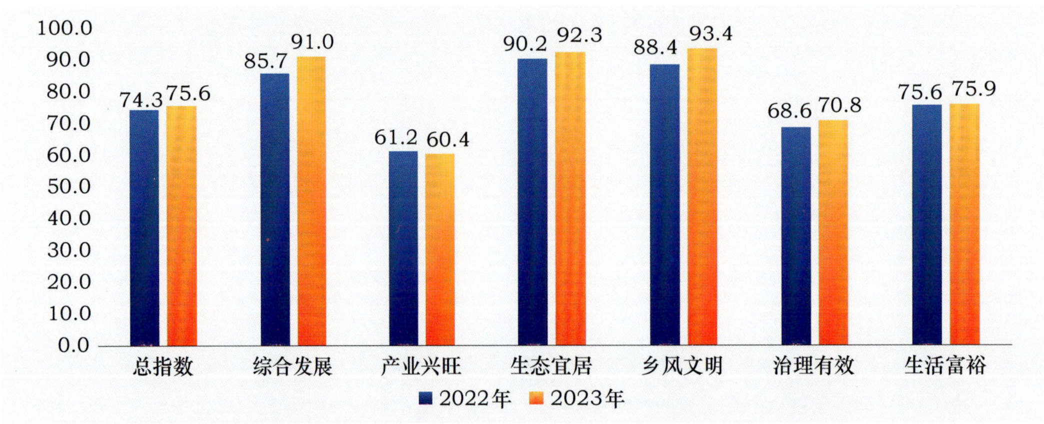

图 1 2022—2023 年北京分领域乡村全面振兴发展指数

（一）综合发展大幅领先

综合发展指数为 91.0，较全国（61.0）高出 30.0。经济发展活力不断增强。全市涉农区地区生产总值合计 32768 亿元，现价增速为 5.8%；涉农区地方一般公共预算收入为 2067 亿元，比上年增长 9.4%。多元投入保障机制健全。坚持把农业农村作为一般公共预算优先保障领域，市级一般公共预算农林水投入 220.0 亿元，比上年增加 65.9 亿；全市土地出让收入用于农业农村完成比例 8.3%。

（二）产业质效稳步提升

产业兴旺指数为 60.4，较全国（60.3）高出 0.1。农业生产能力持续提高。严格落实粮食安全党政同责和“菜篮子”责任制，粮食、蔬菜生产连续 4 年实现较快增长。粮食产量 47.8 万吨，比上年增长 5.3%；蔬菜及食用菌产量 207.5 万吨，增长 4.3%。2020 年以来建成 19 家生猪规模养殖场，能繁母猪处于产能调控绿色区域。农业生产方式绿色高效。精品农业发展有序推进，全市地标农产品累计达到 14 个，新增 25 个“北京优农”品牌，累计达到 180 个。绿色有机农产品总产量 40.7 万吨，比上年增长 20.8%。严格落实高标准农田建设规划，建成高标准农田 5.7 万亩。农业科技水平稳步提高。农作物耕种收综合机械化率达到 76.8%，比上年提高 0.7 个百分点。大力推进老旧农业设施升级改造，提高设施农业宜机化、智能化、信息化水平，实际利用的设施农业占地面积 20.5 万亩，比上年增长 2.3%，亩均产值 1.3 万元，比上年增长 3.3%。作为设施农业高科技集成示范的翠湖工厂，其智能连栋温室的西红柿亩均产值远高于全市平均水平，成功入选农业农村部“2023 年智慧农业建设优秀案例”。

（三）生态宜居再上台阶

生态宜居领域指数为 92.3，比上年提升 2.1，较全国（83.9）高出 8.4。生态环境建设成效明显。新增造林绿化 1.5 万亩，森林覆盖率达 44.9%，在南水北调、河道补水等工程带动下，湿地面积持续增加，全市生态服务价值年值为 4040.7 亿元，比上年增长 11.8%。新建 250 个森林村庄，生态涵养区中的门头沟、平谷、怀柔、密云、延庆均成功创建国家生态文明建设示范区。美丽乡村建设提质增效。实施第三批 400 余个美丽乡村补短板任务，2800 余个村庄完成美丽乡村建设，卫生户厕、生活垃圾处理基本实现行政村全覆盖，生活污水处理率较上年提高 5.9 个百分点。出台设备更新补贴支持政策，96% 的农户实现清洁取暖，农村燃煤用量比最高时减少 99%。农民生活服务便捷高效。农村通三级及以上公路乡镇占比为 99.0%，较上年提高 2.8 个百分点；有电子商务配送站点的村占比为 61.9%，较上年提高 12.1 个百分点；5G、光纤宽带实现行政村全覆盖。

专栏 1

“绿水青山”提升生态服务价值　首都绿色发展空间不断拓展

“十四五”以来，以习近平同志为核心的党中央推出了一系列生态文明建设的重大举措，绿色发展路径越来越清晰，美丽中国“新画卷”正徐徐展开。北京市在百万亩造林、南水北调、湿地恢复等工程的拉动下，生态环境持续向好，生态资源总量逐年增加。北京市统计局自 2006 年起，每年度对农业生态服务价值进行测算，衡量北京都市型现代农业的生产、生活、生态功能。2023 年，全市生态服务价值（年值）为 4040.7 亿元，比“十四五”初期（2020 年）增长 16.2%，其中经济价值占生态服务价值的比重为 40%，生态涵养、休闲观光、文化体验、健康养生等功能业态持续拓展，“两山”理论在京华大地不断得到生动实践。全市森林覆盖率达 44.9%，比 2020 年提高 0.5 个百分点；据遥感监测，全市湿地面积 5.7 万公顷，比 2020 年增长 3.2%，生态与环境价值为 2423.55 亿元，2020 年至今年均增长 2.8%。全市积极探索绿色发展方式，拓宽生态产品价值实现机制，推进完善生态补偿机制，着力打造“两山”转化的北京样板。

撰稿：李萌

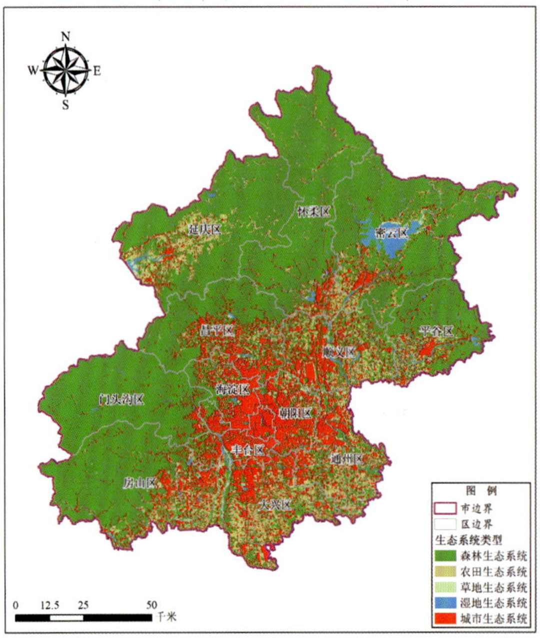

制图单位：北京市统计局 北京师范大学

图 2 2020 年北京生态系统空间分布

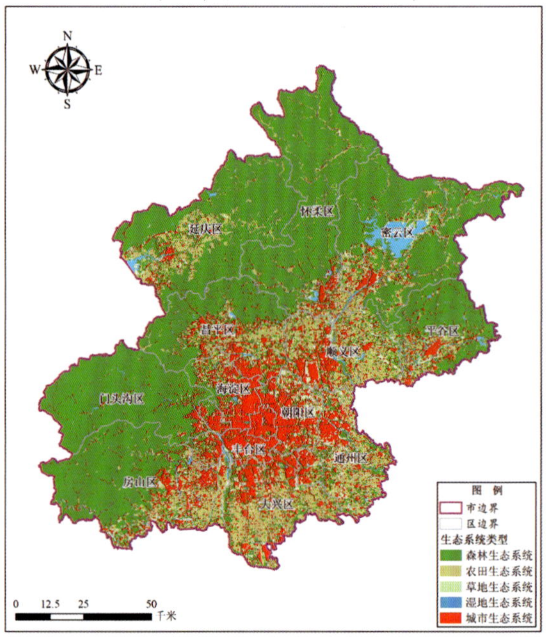

制图单位：北京市统计局 北京师范大学

图 3 2023 年北京生态系统空间分布

（四）乡风文明高位攀升

乡风文明领域指数为93.4，在分指数中最高，较上年提升5.0。加强农村精神文明建设。高度重视乡村文化振兴，着眼于提升农民获得感开展工作，村综合性文化服务中心覆盖率为87.5%，较上年提高4.6个百分点；有农民业余文化组织的村占比为74.7%，较上年提高15.7个百分点；有体育健身场所的村占比为96.8%，较上年提高1.4个百分点；省级及以上文明村镇共1097个，占比为31.5%，较上年提高8.3个百分点。文体活动丰富开展。广泛开展“听党话、感党恩、跟党走”宣传教育、“文明村镇创建巡礼”移风易俗主题宣传、农民艺术节、农民丰收节、“村晚”等活动，举办“美丽乡村健康跑”、农民羽毛球比赛、篮球比赛等农村群众性体育活动，乡风文明焕发新气象，农村居民人均教育文化娱乐支出占比较上年提高0.3个百分点。

（五）治理有效扎实推进

治理有效领域指数为70.8，较上年提升2.2。农村集体经济培育壮大。开展农村集体资产监管提质增效行动，持续巩固农村集体经济薄弱村帮扶成果，“一村一策”抓好产业帮扶，全市农村集体资产总额突破万亿元、居全国第一，925个村庄的集体经营收益大于等于50万元。公共服务供给继续发力。全市有综合服务站的村占比为92.7%，较上年提高6.5个百分点，其中丰台、海淀、顺义、平谷、密云5区达到100%；有公共法律服务中心工作室的村占比为74.3%，较上年提高12.2个百分点，便民利民服务力度显著提升。民主法治建设稳步推进。10个村和大兴区庞各庄镇入选第三批全国乡村治理示范村镇，近5年内县级及以上民主法治示范村共537个，占比达16.4%。基层组织建设有力有序。深入推进抓党建促乡村振兴，实施“头雁工程”及“村级后备人才星火计划”，全市村党组织书记大专及以上学历占比达65.8%。培训农村基层干部20.1万人次，健全软弱涣散村整顿“五个一”机制，选树首批34个抓党建促乡村振兴示范村。

（六）生活富裕见实见效

生活富裕领域指数为75.9，较上年提升0.3，较全国（69.0）高出6.9。农村居民收入稳步增加。全市深入落实农民增收20条措施，农村居民人均可支配收入为37358元，比上年增长7.5%，增速连续6年快于城镇居民，城乡收入比缩小到2.37:1，提前两年完成“十四五”规划目标。顺义区李桥镇后桥村引导村民以资金入股，通过集体主导引入43栋新式暖棚，建成全市规模最大的羊肚菌单体种植基地，村民人均可支配收入实现了三年翻两番。社会保障制度兜底有力。不断推动一产劳动力纳入职工保险体系，全市农村劳动力新增就业参保5.4万人，总参保率近八成。稳步提高城乡居民养老保障待遇，城乡居民养老保障待遇标准调增 40 元 / 月。优质公共服务深入下沉。全市深入推进县域医疗共同体和卫生体系建设，村卫生室在岗拥有执业（助理）医师资格的人员 981 人，较上年增长 23.7%；强化农村基本养老服务供给，新建农村邻里互助养老服务点 232 个；城乡义务教育学校“手拉手”结对实现全覆盖，农村小学专任教师达 4 万余人，较上年增长 3.7%。

二、高位推动合力攻坚，擘画乡村发展蓝图

（一）“百千工程”开启乡村振兴新篇章

启动实施“百村示范、千村振兴”工程以来，全市集中力量推进乡村振兴示范村和示范片区创建，明确 18 个部门 55 项支持措施，作为实施乡村振兴战略的重要抓手。首批 19 个示范村、52 个提升村、12 个示范片区已完成方案编制、启动建设，3 个区获批创建国家乡村振兴示范县和农业现代化示范区。工程推进紧紧围绕“绿化美化清洁化、宜居宜业宜游”的总要求，坚持“三个突出”（突出梯次推进、突出示范创建、突出地域特色），实现“五个提升”（提升乡村风貌水平、乡村产业发展水平、乡村建设水平、乡村治理水平、片区互联互通水平），取得初步成效。如昌平辛庄村通过打造“草莓 +”新业态，推动书画、音乐、中医等多业态发展，有力带动村民就业；通州唐大庄村紧抓环球影城游客外溢契机，大力发展民宿产业，带动周边村集聚发展。

（二）城乡融合绘就乡村振兴新气象

充分放大“大城市”市场优势和“大京郊”空间优势，贯彻落实城乡融合发展战略部署。在要素融合上，打造多功能一体的创新创业平台，推进数字乡村建设，试点农村集体经营性建设用地入市等；在服务融合上，聚焦城乡公共服务均等，率先建成城乡统一的社会保障体系；在产业融合上，积极发挥乡村生态功能，深化乡村旅游“十百千万”畅游计划，全年举办 49 场多彩农业会展及农事节庆活动，全市休闲农业与乡村旅游接待 2210.1 万人次，比上年增长 23.6%，实现收入 36.2 亿元，增长 12.7%。门头沟区围绕“小院”民宿，整合串联“小院”文化、田园综合体、影视艺术、医药康养、文化演艺等各类文旅资源，实现产业发展高质量、生态环境高颜值、文化保护利用高水平。建立《“北京优农”品牌目录》，大力推广红螺食品、鹏程等区域公用品牌、企业品牌，助推乡村特色产业和农产品加工业健康发展，规模以上农产品加工产值与农业总产值之比为 3.1:1，比上年高 0.2。

（三）科技创新培育乡村振兴新动能

全市深入推进农业科技创新，着力开辟新领域新赛道，培育农业新质生产力，持续激发乡村全面振兴的强劲动力。与农业农村部共建“农业中关村”，着力打造平谷区为核心、其他区互补联动的“一核多辐射”协同发展格局，京瓦农业科技创新中心三个分中心投入运行，28 个重点项目加速落地，240 余家企业入驻。全力打造“种业之都”，实施种质资源保护利用、种业创新攻关、种业企业扶优、创新基地提升、创新环境优化等五大行动，核心种源和关键核心技术攻关取得重大进展，育种专利授权、国家推荐优良品种数量均居全国首位，自主培育的“京红 1 号”种鸡品种实现我国首次出口。数字化赋能乡村振兴，围绕乡村治理、便民生活、公共服务、资产管理、产业经营等方面打造多扩展性智慧化的综合农村服务体系，“数字京村”成为引领数字乡村建设的“乡村大脑”。

专栏2

“部市合作”引领建设农业中关村　探索农业现代化新路径

农业中关村作为北京农业科技创新的代名词，紧跟世界最新农业科技发展趋势，主动扛起国家农业领域科技自立自强的战略任务。一是形成科技要素聚集的“强磁场”。创新“政府 + 科研机构 + 企业”金三角合作模式，成立京瓦中心，吸引荷兰瓦赫宁根大学、中国农业大学、中国农业科学院等 10 多家高校和科研机构。二是建设种业科技“新高地”。破解农业领域“卡脖子”问题，有鸡、鸭、猪、牛等 4 大类畜禽品种和樱桃谷鸭、荷斯坦牛等 13 个种质品种，有 9 家龙头种业、5 个种猪场和 7 个畜禽种质基地，是全国畜禽品类最全、品种最丰富、自主知识产权种类最多的国家级畜禽种业产业园，成为强化现代农业科技支撑高地。三是搭建农业科技“朋友圈”。成立农业中关村产业联盟，已吸引 89 家企业入驻，与首农食品、阿里巴巴、华为、拜耳等头部企业形成战略合作关系。搭建种业科研平台及 20 个国际、国内种业研发合作平台，成立 SGS 检测认证联合实验室。四是深耕科技应用“示范园”。启动建设集奶牛养殖、温室园艺、果树栽培于一体的低碳循环种养结合的京瓦科技示范园，将形成集科研试验示范、现代农业展示、科技成果转化、高新技术企业孵化、农业旅游观光、科普培训交流等功能为一体的高效农业产业集群，提升北京市农业科技成果转化率。

撰稿：蔡智

三、剖析不足查找弱项，补齐乡村振兴短板

（一）产业发展存在欠缺

传统农业发展面临困境。农业生产面临高成本和低价格的“双重挤压”，全市蔬菜、猪肉和鸡

蛋全年平均价在36个大中城市中处于较低水平，而生产成本居高不下，加之劳动力老龄化，“谁来种地”问题日益凸显，农业生产效益不高。大量复耕复垦地进入农业生产空间，部分地块质量偏低，对农作物单产水平造成较大影响。当前存量的农业设施中，使用寿命10年以上的超八成，机械化率不足一半，设施亩均产值低于上年。社会资本发挥作用有限。乡村振兴资金主要依赖于政府财政投入，乡村振兴的长期、持续、巨大资金需求还没有形成有效供给。

（二）农民增收后劲不足

城乡居民收入差距仍然较大。2023年城乡居民收入比为2.37∶1，比上年缩小0.05。城乡居民工资性收入差距28668元，占整体收入差距的55.9%。城镇居民转移净收入是农村居民近4倍，与城镇职工养老保障相比，以农村居民为主体的城乡居民养老保障水平偏低。农民收入结构有待优化。从4项分收入看，工资性收入依然是农民收入的主要来源，占71.8%，经营性收入仅占5.6%。村级集体经济大而不均。全市农村集体经济账面资产达万亿元，约占全国10%，其中，朝阳、海淀、丰台3个区占63%，位于生态涵养区的门头沟、平谷、怀柔、密云、延庆5个区仅占4.5%，区域发展不均衡。全市村级集体经济总收入较上年提升6.3%，但集体经营收益超过50万的村不到三成。

（三）公共服务有待补齐

医疗养老服务仍需提升。全市共有村卫生室2891个，但专项调研显示仅一成农村居民最常去的医疗机构为村卫生室，村级卫生服务管理、投入不到位和不能用医保实时结算是主要原因。门头沟、房山、怀柔、密云、延庆5区乡村医生中拥有执业（助理）医师资格的人员比例均不到30%。农村养老服务机构和设施覆盖率不足两成。基础设施建设覆盖不全。经过持续的农村人居环境整治行动，乡村建设取得实质性进展，但在覆盖面和精细化程度上仍有较大提升空间。农村生活污水处理率虽逐年上升，但治理主要靠“上管网”，管网实现村级全覆盖难度大；山区村需通过修建蓄水池、引山泉水等方式保障供水，抵御自然灾害能力较弱。

四、聚焦重点精准发力，奋楫争先再谱新篇

（一）推动产业转型引燃乡村振兴“强劲引擎”

促进农业生产提档升级。持续优化耕地地力保护补贴、关键生产技术应用、种植精细化管理、高性能农机使用、优良品种推广等措施。大力发展设施农业，落实好设施农业用地保障和以奖代补

政策，大规模推动老旧设施改造升级，重点建设一批现代化设施农业园区。推动乡村产业做优做强。大力推动农文旅体商融合，加快科技、资本、数据、人才等创新要素导入，重点发展休闲旅游、研学体验、文化创意、高端民宿等具有首都特色、创新引领的乡村现代化产业，把特色做优、把文化做强、把品牌做响，延伸产业链、提升价值链。项目引导多方力量参与。谋划储备一批发展潜力大、可操作性强、示范带动效果好的优质产业项目，开展“一对一”招商引资，在财政、金融、技术等方面加大对新主体的支持力度，让新主体唱主角、带流量。

（二）拓宽增收渠道激发乡村振兴“内生动力”

多措并举提高居民收入。瞄准全市劳动力短缺行业以及城市公共服务等岗位需求，开展订单、定向、定岗等有针对性的职业技能培训，有序推进农村劳动力转移就业。围绕城区市场需求，拓展农业多种功能，延长产业链、提升价值链，鼓励有能力有条件的农户发展田园观光、农耕体验等业态，增加经营性收入。持续加大政策扶持力度。有序调整补贴范围，拓展生态补偿等项目，逐步缩小城乡养老金差距，积极增加转移净收入。全面加大社会救助政策宣传力度，完善社会救助财政分担机制，稳步扩大最低生活保障和城乡低收入家庭的覆盖范围。做大做强农村集体经济。支持农村集体经济组织盘活存量集体建设用地和集体物业资产，为小农户提供农资供应、生产加工、产品营销、仓储物流等居间服务，巩固提升集体经济薄弱村“消薄”成果，着重培育富民产业项目，增强自我造血功能。

（三）提升公共服务夯实乡村振兴“发展基石”

补齐乡村医疗养老短板。深入推进医疗县域共同体建设，通过健全村卫生室医疗资源、完善乡村医生定向培养机制、优化乡村两级医疗机构医保用药目录等措施，不断满足农民就近得到优质医疗卫生服务的期待。全面深化养老服务供给侧改革，加快推进乡镇养老中心和农村幸福晚年驿站建设，构建完善以“一清单、一平台、一张网”为基础的首都特色养老服务体系。加强公共基础设施建设。加快村内生活用水管网的更新改造，结合区域、村庄情况分阶段、分途径推进“市政水”供应，对村级水站等其他供水渠道进行定期监测、改造升级，加大生活污水设施建设的投入力度，进一步提高污水收集率和处理率，保障农村地区安全、清洁用水。

报告撰稿：张红阳　杨湘君　蔡智

天津市乡村振兴监测报告

2023 年，天津市委、市政府深入贯彻落实党中央、国务院重大决策部署，坚持把解决好“三农”问题作为重中之重，以实施乡村振兴战略为总抓手，高标定位，精准推进，推动农业提质增效、农村文明进步、农民增收致富。本报告根据国家乡村全面振兴发展指数测算结果及农村统计年度数据资料，对天津市乡村振兴进展情况进行分析，查找天津市乡村振兴发展的制约因素，为实现天津市乡村全面振兴提出建议。

一、都市型农业发展升级，乡村振兴扎实推进

2023 年，天津市乡村全面振兴发展指数为 74.9，较上年提高 1.6，比全国平均水平高 5.9。综合发展、生态宜居、乡风文明、治理有效、生活富裕 5 项分指数均有提升，其中综合发展和治理有效指数提升较快，分别提高 4.3 和 3.8；其他三项分指数稳步增长，分别提高 2.1、1.6 和 2.0。详见（图 1）。

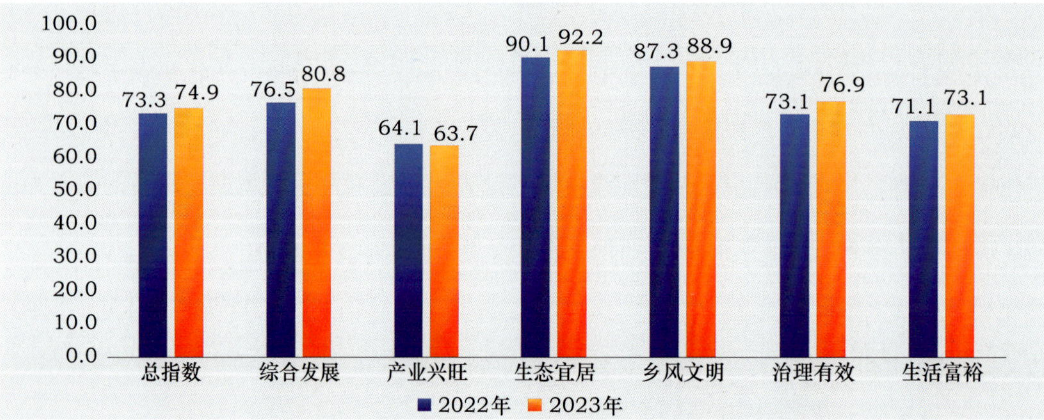

图 1 2022—2023 年天津分领域乡村全面振兴发展指数

（一）农业综合发展水平明显提升

2023 年，天津市综合发展指数为 80.8，较全国（61.0）高 19.8。县域经济稳中有进。全市涉农区地区生产总值合计 12771 亿元，比上年增加 478 亿元。农业发展资金保障增强。涉农区地方一般公共预算收入为 1029 亿元，比上年增 12.1%，全市农林水支出 81.6 亿元，比上年增长 19.1%。

（二）农业生产高质量发展稳步推进

2023 年，天津市产业兴旺指数为 63.7，较全国（60.3）高 3.4。农业生产稳中有增。积极应对“前有旱情、后有洪灾”不利影响，多措并举努力提升粮食播种面积和产量，粮食综合生产能力稳步提升，全年粮食种植面积达 585 万亩，同比增长 3.5%，粮食总产量达 256 万吨，与去年基本持平，是历史第二高位，成功夺取大灾之年粮食丰收。畜产品供应增加，牛羊生产规模持续扩大，牛出栏达到 16.9 万头，同比增长 8.0%，羊出栏 46.2 万只，同比增长 11.8%，肉蛋奶产量均呈现明显增长态势。农产品竞争力持续增强。天津立足资源禀赋，积极打造“津”字品牌，累计认定绿色食品 209 个、有机农产品 12 个、地理标志农产品 9 个，截至目前，“津农精品”品牌总数达 225 个，整体溢价率达到 10%，总销售额超过 100 亿元。种业振兴行动成果显著。津牌种源的影响力和覆盖面进一步扩大，良种覆盖率全面提升，农作物、畜禽、水产良种覆盖率分别达到 98%、98%、80% 以上，小站稻实现种植区域优良品种全覆盖。蔬菜生物育种全国重点实验室正式挂牌成立，审定登记黄瓜等新品种 47 个。成功举办 2023 年中国天津种业振兴大会等系列展会，连续举办五届天津国际种业博览会，累计成交额超过 100 亿元。

（三）农村环境生态更加宜居宜业

2023 年，天津市生态宜居指数为 92.2，在分指数中最高，比上年提升 2.1，较全国（83.9）高 8.3。垃圾污水治理见成效。围绕实现“大灾之后无大疫”，开展畜禽养殖场户防疫消杀和疫病监测，加快恢复农村人居环境，天津对生活垃圾进行处理的村占比 97.4%，较上年提高 10.1 个百分点；农村卫生户厕普及率 92.5%，较上年提高 1 个百分点，农村垃圾无害化处理基本实现了全覆盖，污水收集处理、户厕改造覆盖率均有提升，长效管护机制加快建立健全。绿色农业农村发展步伐加快。坚持绿色生态发展，持续推动化肥和化学农药减量增效，废旧农膜回收率达 85%，农作物秸秆综合利用率达 98%，规模畜禽养殖场粪污处理设施装备配套率实现 100%。截至目前，武清区、西青区、滨海新区列入国家农业绿色发展先行区，绿色发展支撑体系建设扎实推进。农村基础设施更加完善。

专栏1

做强“沙窝萝卜”助力农民增收

沙窝萝卜是天津市知名农产品品牌，也是国家地理标志产品，过去曾为清乾隆皇帝御品，自清代至今已有300多年的栽培历史。1970年周恩来总理出访时，曾带沙窝萝卜籽种馈赠朝鲜，沙窝萝卜也成为两国友谊的见证。沙窝萝卜作为天津市西青区辛口镇特色品种，20世纪30年代起就出口到我国香港地区、日本和东南亚各国，特别是在计划经济年代更是成为天津地区出口创汇的主要农产品之一。沙窝萝卜先后获评天津市非物质文化遗产、津门老字号、国家驰名商标等多项荣誉。

“沙窝的萝卜——赛鸭梨”，“沙窝的萝卜——嘎嘣脆”这是天津人常说的两句歇后语。沙窝萝卜是西青区在乡村振兴路上抓好特色产业的一个样本。西青区辛口镇以建设沙窝萝卜特色小镇为抓手，大力推动落实乡村振兴战略，2023年西青区沙窝萝卜年种植面积6000亩，产量3万吨以上。为了打响沙窝萝卜特色产业品牌，让土特产不“土”，西青区强化沙窝萝卜品牌增值能力，依托作为天津城区菜篮子基地的优势，利用电商和网络平台，开展“线上+线下”萝卜展销，通过连年举办高质量的萝卜节，宣传推介沙窝萝卜特色小镇，提升沙窝萝卜品牌价值，做强萝卜产业促进农民增收。

撰稿：邱金凤

农村通三级及以上公路乡镇占比为92.8%，较上年提高3.3个百分点，有电子商务配送站点的村庄占比为63.9%，较上年提高4.6个百分点，5G网络通达的村占比为89.3%，较上年提高5.3个百分点，农民生活更加便捷高效。

（四）乡风文明更加繁荣进步

2023年，天津市乡风文明指数为88.9，较上年提升1.6，较全国（87.1）高1.8。村民文明素养进一步提升。加强文明村镇创建和管理，开展“文明家庭”创建评选。旗帜鲜明反对各种不良风气和陈规陋习，开展高价彩礼、大操大办等农村移风易俗重点领域突出问题专项治理，积极倡导简办婚丧嫁娶，引导群众自觉参与文明殡葬活动。省级及以上文明村镇占比为7%。滨海新区海滨街联盟村和武清区王庆坨镇郑家楼村入选第四批全国“文明乡风建设”典型案例。乡村优秀传统文化进一步传承。持续做好中国重要农业文化遗产“滨海崔庄古冬枣园”和“天津津南小站稻种植系统”保护传承，支持农村非遗项目和传承人开展传承传播活动，宝坻区大钟庄镇建成目前占地面积和馆藏量全国第一的葫芦主题博物馆。乡村文化设施不断完善，村综合性文化服务中心覆盖率达到95%。乡村文化生活日益丰富。农村基层文化体育活动丰富多彩，成功承办全国和美乡村广场舞大赛启动仪式、全国和美乡村篮球大赛（村BA）东北大区赛等体育活动。有农民业余文化组织的村占比达到 72.8%，较上年提高 8.7 个百分点。

（五）乡村治理效能日益显现

2023 年，天津市治理有效指数为 76.9，较上年提升 3.9，较全国（70.8）高 6.1。农村集体经济不断壮大。集体经济收益大于等于 50 万元的村占比达到 10.1%，较上年提高 0.3 个百分点。乡村基层组织建设扎实推进。村“两委”换届后全部实现高质量“一肩挑”。村党组织书记大专及以上学历比例达到 69.9%，较上年提升 6.3 个百分点。法治乡村建设加快推进。公共法律服务体系进一步健全，公共法律服务实体、网络、热线“三大平台”融合发展，为人民群众提供了多样化、个性化、多层次、高品质的公共法律服务。有公共法律服务工作室的村占比达到 87.3%，县级及以上民主法治示范村占比达到 15.6%，较上年提高 2.4 个百分点。

（六）民生福祉不断增进

2023 年，天津市生活富裕指数为 73.1，较上年提升 2，较全国（69.0）高 4.1。天津农村居民人均可支配收入 30851 元，增长 6.3%，增速比城镇居民高 1.9 个百分点，高于同期天津地区生产总值增速。城乡居民收入比由上年的 1.83 降至 1.79，城乡居民收入相对差距继续缩小。工资性收入为增收主动力。天津多措并举促就业，农村居民人均工资性收入为 16912 元，比上年增长 3.9%，拉动人均可支配收入增长 2.1 个百分点。经营净收入为增长主引擎。天津加强农业社会化服务，围绕水稻、玉米、小麦等粮食作物生产，重点推广面向小农户的全程农业生产托管服务，大幅降低农户生产成本，提升生产效率。同时，市委市政府加大财政投入，保持粮食价格稳中有升，保障了农民种粮收益。农村居民人均经营净收入为 7356 元，比上年增长 10.1%，拉动人均可支配收入增长 2.4 个百分点。

二、深化融合互促，加快推动乡村全面振兴

（一）乡村产业融合发展能力不断提升

产业发展链条不断完善。强化产业融合载体建设，深入推动小站稻、蔬菜、畜牧、水产 4 个优势主导产业全产业链发展。小站稻全产业链成为全国农业全产业链重点链，宝坻区获评全国农业全产业链典型县，逐步构建现代乡村产业融合体系，创建奶牛、生猪、小站稻、精品蔬菜 4 个国家级优势特色产业集群，建设 5 个国家级现代农业产业园和 10 个国家级农业产业强镇，培育 44 个全国“一村一品”示范村镇，建成农产品冷藏保鲜设施 130 个，新增冷库库容近 15 万立方米，有效提升地

专栏2

“台头西瓜”丰产 带动村民致富

天津西瓜的发展历程源远流长，据历史记载，天津地区在清朝年间就已经开始种植西瓜，其中天津静海区的“台头西瓜”就曾列为宫廷贡品，乾隆皇帝对其赞不绝口。“台头西瓜”凭借优越的自然生长条件和瓜农的丰富种植经验，皮薄瓤脆、口感甜爽，含多种氨基酸、维生素，是消夏解暑的佳品，已成功申报国家地理标志产品。

近年来，天津全方位激发台头西瓜产业发展内生动力，进一步提升产品品质，放大产业富民效应。一是推动设施化发展。整合国家产业强镇等各类财政项目，开展高标准设施和育苗基地建设，设施农业面积发展到3000亩，年育苗能力达到1000万株以上。二是促进规模化种植。优化产业发展布局和茬口安排，支持龙头企业、农民合作社发挥示范引领作用，不断提升规模化组织化程度，台头西瓜常年种植面积达到1万亩以上，年产量3万余吨。三是抓好标准化生产。引导基地开展依标生产，健全质量安全检测体系，拓建质量追溯体系认证专业平台，规范使用地理标志产品标识上市，台头西瓜种植模式被评定为全国农业生产“三品一标”典型案例。

天津西瓜产业不断发展壮大，不仅在国内市场享有盛誉，还远销海外，成为天津农业的一张亮丽名片。

撰稿：邱金凤

产农产品仓储保鲜能力。乡村旅游发展加速突破。坚持把农文旅融合发展作为推进乡村产业振兴的突破口和发力点，持续推进“休闲农业+”，打造了3个全国休闲农业重点县、8个全国乡村旅游重点村镇，培育了武清李大人庄等30个中国美丽休闲乡村，围绕农事体验、户外运动、房车露营、摄影采风等特色领域，推出一批乡村游精品线路和“网红村”。乡村旅游全年接待游客3077万人次，综合收入73.8亿元。农产品销售渠道更加畅通。建设区域性电商平台，建立了覆盖全市16家重点农贸批发市场、9家大型龙头连锁超市、18家电商平台的重点采购商对接机制。打造京津冀一小时鲜活农产品物流圈，依托供销合作社、天津食品集团、大型商超等线下流通体系，拓展农产品销售渠道。

（二）现代农业科技支撑能力不断增强

大力实施种业振兴行动。出台《天津市种业振兴行动实施方案》，天津农作物种质资源库、天津鲤鲫鱼水产种质资源场建成并投入运行。审定登记农作物品种43个，12个品种获得植物新品种授权。加快科技成果转化。持续推进水稻、蔬菜、生猪等7个产业技术体系建设，组织65个岗站、103个岗位专家开展农业全产业链科技创新和试验示范，培育引进新品种137个、授权专利33项、示范推广新技术 64 项。加快推进农机推广应用。重点引进、示范、推广高效植保、秸秆综合利用等绿色、高效机械化新技术为现代农业快速发展提供技术支撑，2023 年天津农作物耕种收综合机械化率达到 90.4% 以上。

（三）乡村生态保护与修复成效显著

持续推进造林绿化。自 2018 年启动建设双城绿色生态屏障以来，天津在双城绿色生态屏障区完成新造林 11.4 万亩，一级管控区林地面积达到 19.3 万亩，林木绿化率达到 28% 以上，蓝绿空间占比达到 65.6%。加大水生态保护修复力度。加快推进“六河五湖”综合治理，持续推进双城绿色生态屏障区水系治理，河湖长制管理水平不断提高，总体满意度提高 10% 以上。推动湿地保护和修复。全面加强七里海、大黄堡、北大港、团泊等湿地保护与修复，建成以 4 个湿地自然保护区为基础、5 个湿地类型自然公园为补充的湿地保护体系，全市湿地保护率超 59%。

三、锚定发展目标，查找制约发展因素

（一）乡村产业发展受到土地等资源条件制约

耕地和基本农田数量减少，给保持粮食和蔬菜生产能力带来较大挑战。天津耕地面积由国土“三调”时的 494 万亩下降为最新“三区三线”划定的 467 万亩，基本农田面积也由 427 万亩调整为 409 万亩。受制于耕地资源减少和严格耕地用途管控，一批设施农业建设项目难以落地，有限的耕地既要同时满足粮食和蔬菜的考核任务，还要留足空间发展一定的特色经济作物，满足对农业增效和农民增收的考核要求，腾挪空间受限。

（二）现代都市型农业生产效益有待提升

2023 年天津市耕地产出率为 3974 元 / 亩，较上年下降 5%，农业产品体系与现代都市型农业所需要的高端化、定制化、个性化、体验性强的要求不匹配，主导产业优势尚未充分发挥，优势特色农产品的市场化运作水平、市场覆盖率、品牌知名度和影响力等还需进一步提升，收益相对较高的蔬菜、瓜果等经济作物种植面积偏低，精品、绿色、高档农产品较少，制约农业生产效益提升。

（三）新型农业经营主体带动作用不强

2023 年，天津市农业产业化市级重点龙头企业达到 177 家，农业产业化联合体达到 21 个，国家级龙头企业目前仅有 22 家，销售收入过 10 亿元的企业只有 6 家，小农户经营占比较重，较大规模产业主体在农业产业结构中占比低，国家级龙头企业数量偏少，多数种养殖户生产水平不高，尚

未真正对接到现代农业生产经营体系，新型农业经营主体的带动能力不明显。在商业联结机制上，大多数农民合作社运作程序不规范，社员联系不紧密，呈松散型运行状态，利益共享、风险共担的机制尚不成熟，农民获得感不足，吸引和凝聚农户共创品牌、抢占市场的能力也不够，直接影响到全市农业市场竞争力和抗风险能力。

四、补齐短板弱项，推动乡村全面振兴再上新台阶

（一）积极推进乡村产业提质增效

深化供给侧结构性改革，因地制宜发展多样性特色农业，积极发展蔬菜、水果、中药材、花卉及特色养殖等产业，选育、推广优质高效品种，提升农产品比较效益。大力发展现代农产品精深加工。以“粮头食尾”“农头工尾”为抓手，力促形成农产品加工产业集群，进一步延伸和优化产业链，加快农业产业链的业态创新和商业模式创新，提高农产品附加值。培育更多叫得响的龙头企业和“津农精品”，探索建立“津农精品”与高端消费市场产销衔接机制，提高天津特色优质农产品高端市场占有率和品牌溢价水平，着力拓展“京”“津”双城供给影响力。

（二）加快激活强村富民内生动力

持续深化农村改革。推进农村各类农房明晰产权规范登记，搭建平台引入社会资本投资发展民宿等新业态，促进农房增值；深化农村土地制度改革，发展农业适度规模经营，通过科技、品牌、流通、业态赋能，提高农产品附加值，促进农地增效；进一步巩固农民土地承包经营权、宅基地使用权、收益分配权，鼓励农民以土地、资金、劳动、技能入股等形式参与集体经济发展，获得租金、股金、薪金，促进农民增收。

（三）全力保障农民生活富裕富足

深入推进农业结构调整。着力推进农业发展方式转变和产业融合发展，通过培育新型农业经营主体，引导农民调整产业结构，促进农业节本增效。完善价格调控机制。要加强主要农产品生产价格和盈亏状况的实时监测预警，继续加大政策支持力度，抓好农产品稳产保供，避免“价高伤民、价低伤农”。强化投入支持。持续优化农业农村营商环境，吸引更多工商资本参与乡村振兴，促进形成工农互促、城乡互补、协调发展、共同繁荣的新型工农、城乡关系，促进农业高质高效、乡村宜居宜业、农民富裕富足，谱写新时代“三农”工作新篇章。

报告撰稿：邱金凤　丁宁　张祥敏

河北省乡村振兴监测报告

民族要复兴，乡村必振兴。2023 年，河北深入贯彻习近平总书记视察河北重要讲话精神和党中央决策部署，围绕全面建设农业强省，全域建设和美乡村等中国式现代化河北“三农”场景，扎实推动乡村产业、人才、文化、生态、组织振兴，全方位夯实粮食根基，统筹乡村基础设施和公共服务布局，乡村振兴取得显著成效。

一、全力推进，乡村振兴实现新突破

2023 年，河北坚持农业农村优先发展，聚力抓重点、补短板、强弱项，乡村全面振兴取得新突破。根据国家统计局乡村全面振兴发展指数测算结果，河北乡村全面振兴发展指数 68.8，比 2022 年提高 1.1。其中，治理有效和乡风文明指数提升较快，分别提高 4.5 和 4.0；生态宜居和生活富裕指数稳步增长，均提高 1.9。

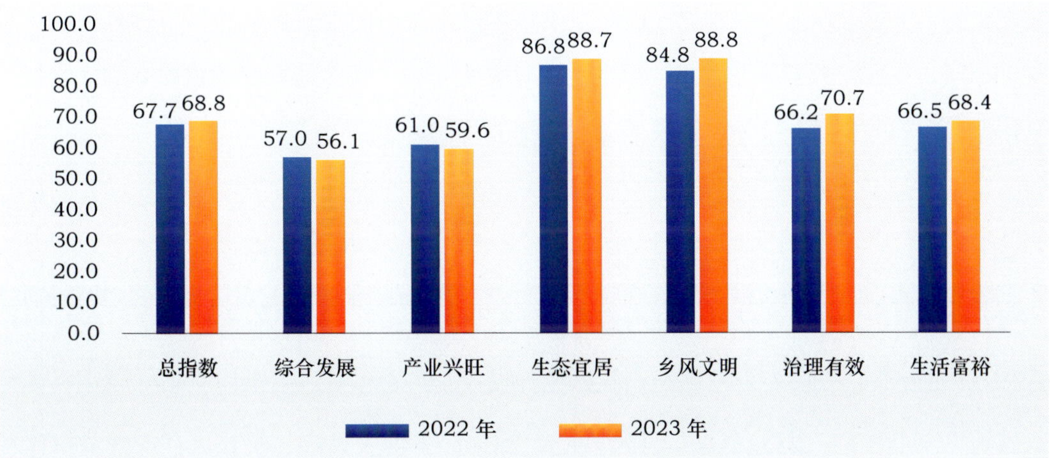

图 1 2022—2023 年河北分领域乡村全面振兴发展指数

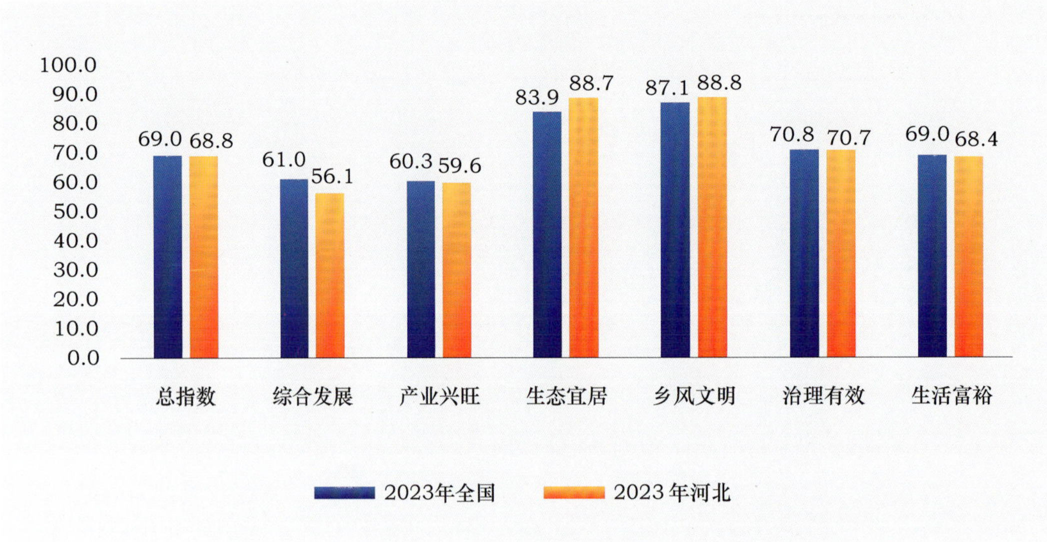

图 2 2023 年全国和河北分领域乡村全面振兴发展指数

（一）综合发展保持平稳

河北综合发展指数 56.1。农业基础地位更加稳固。2023 年，全省地区生产总值 43944.1 亿元，居全国第 12 位；其中第一产业增加值 4466.2 亿元，居全国第 9 位。财政实力不断增强。全省一般公共预算收入 4286.1 亿元，居全国第 9 位；全省一般公共预算农林水支出 928.5 亿元，占总支出的 9.7%，比上年提高 0.3 个百分点。

（二）特色产业蓬勃发展

河北产业兴旺指数 59.6。农业生产能力稳步提高。严格落实粮食安全党政同责和“菜篮子”市长负责制，粮食总产量 762.0 亿斤，居全国第 7 位；蔬菜总产量 5498.0 万吨，居全国第 4 位；肉类总产量 495.0 万吨，居全国第 8 位。新建和改造提升高标准农田 332.0 万亩，与北京共建蔬菜生产基地 115 家，主要“菜篮子”产品首都市场占有率达 4 成，为全国稳产保供贡献河北力量。特色农业蓬勃发展。着力培育壮大县域特色产业，成功创建国家级产业强镇 65 个、“一村一品”示范村镇 482 个，省级特色农产品优势区 34 个，国家级现代农业产业园 8 个，省级现代农业精品园区 42 个。青县“大司马”、内丘“富岗苹果”、平泉“瀑河源”等荣获中国驰名商标。三产融合激活新动能。建成 77 个电商进农村综合示范县、284 个淘宝镇、734 个淘宝村；全省乡村旅游接待人数达 8100 万人次、总收入 240 亿元；集体经济收入 10 万元以上村占比达 60% 以上。农业产业化成效显著。全面推广“龙头企业（园区）+ 合作社 + 基地 + 农户”模式，有效激发集体经济内生动力，国家和省级重点龙头企业 105 个。

（三）人居环境大幅改善

河北生态宜居指数 88.7。和美乡村建设扎实推进。全省累计创建美丽乡村 6102 个、精品村庄 864 个。创建 13 个和美乡村示范区、334 个示范村。农村生活污水集中处理率达 43.7%，比上年提高 10.7 个百分点，生活垃圾集中处理的村占 91.4%，提高 2.4 个百分点，农村卫生厕所普及率达 74.5%，提高 2.2 个百分点。农村基础设施建设不断完善。全省农村自来水普及率 89.6%，比上年提高 0.9 个百分点；有商务配送站点的村占 81.5%，提高 1.3 个百分点；通 5G 网络的村占 83.0%；使用清洁能源的村占 79.1%；100% 的村通硬化路。

（四）乡风文明蔚然成风

河北乡风文明指数 88.8。精神文明创建成果丰硕。推进农村移风易俗，新时代文明实践站实现行政村全覆盖，县级以上文明村占 53.4%，比上年提高 14.3 个百分点；持续推进农村文化建设，村综合文化服务中心覆盖率 96.6%，比上年提高 3.7 个百分点；有体育健身场所的村占 98.0%，提高 1.5 个百分点；有业余文化组织的村占 84.0%，提高 21.2 个百分点。邯郸肥乡区被民政部确认为全国婚俗改革实验区，沧州河间市入选全国乡村治理和乡风文明典型案例。

（五）乡村治理日新月异

河北治理有效指数 70.7。基层组织持续强化。全面加强干部队伍建设，“五位一体”村级组织体系实现全覆盖。村党组织书记平均年龄下降 5.5 岁，大专及以上学历比例提高 16.7 个百分点；县级以上先进基层党组织占 13.8%，提高 3.0 个百分点。“三治”融合治理格局初步形成。打造自治、法治、德治相结合的乡村治理体系，网格化管理实现村级全覆盖。县级及以上民主法治示范村占 9.0%，比上年提高 2.9 个百分点；有综合服务站的村占 97.7%，提高 4.2 个百分点；有智慧综合管理服务平台的村占 78.9%，提高 8.5 个百分点；有公共法律服务中心的村占 78.3%。

（六）生活水平蒸蒸日上

河北生活富裕指数 68.4。农民增收致富持续加力。着力拓宽农民增收致富渠道，持续健全完善利益联结机制，农村居民人均可支配收入 20688 元，增长 6.8%，增速比城镇居民高 1.1 个百分点；农村居民人均消费支出 17244 元，增长 6.0%，增速比上年加快 0.3 个百分点；农村居民家用汽车普及率 49.8%，提高 2.3 个百分点。农村社会保障水平明显提升。城乡居民基本养老保险适龄参保人员基本实现应保尽保，跨省异地医保结算实现参保人群全覆盖。农村养老体系不断健全，农村养老机构和设施覆盖率 21.5%；城乡居民医保人均补助标准提高到 490 元。医疗、教育水平逐步提升。

义务教育薄弱学校基本办学条件有效改善，村卫生室运行保障长效机制逐步建立。新建普通中学25所；有幼儿园的村占37.2%。乡村医生中有执业（助理）医师资格的人员占69.0%，医疗卫生机构数和医疗卫生机构床位数分别达5.4万张和10.8万张。

二、深耕不辍，乡村振兴亮点纷呈

2023年，河北深入贯彻落实习近平新时代中国特色社会主义思想和视察河北重要讲话精神，坚持党对“三农”工作的全面领导，持续推动农业高质量发展，乡村全面振兴亮点纷呈。

（一）以点带面唱响乡村振兴主题曲

习近平总书记对河北“知之深，爱之切”。在骆驼湾村发出脱贫攻坚动员令，为塔元庄乡村振兴指明航向，在仙庄片区开启盐碱地综合利用新篇章，全省上下牢记嘱托，感恩奋进，全力推进乡村全面振兴，燕赵大地呈现产业兴旺、生态宜居、乡风文明、治理有效、生活富裕的壮美画卷。

专栏1

旧貌换新颜 奋力谱写乡村振兴新篇章

阜平县骆驼湾村位于河北省阜平县城西38公里处，全村耕地面积990亩，共295户582人，常住人口131户260人。先后荣获全国文明村镇、中国传统村落、中国美丽休闲乡村、国家森林乡村、全国乡村旅游重点村等称号。2023年入选国家巩固脱贫攻坚成果村级实践交流基地。

2012年12月30日，习近平总书记顶风踏雪来到骆驼湾村，由此向全党全国发出脱贫攻坚的动员令。骆驼湾村按照总书记的指示精神，找到带领群众脱贫致富奔小康的新路子。2023年，该村集体经济收入增加到116多万元，人均可支配收入由2012年底的950元增长到2023年底的21784元，交出了一份优异的乡村振兴“时代答卷”。

农业产业转型升级。发展食用菌产业，荒山河滩改造棚室，推动精深加工。林果产业高质量发展，助推农业增效农民增收。

做优生态旅游产业。按照“企业＋村集体＋农户”模式，建成旅游民宿、百亩花海、帐篷营地、鱼塘、温室花卉种植等特色旅游体系。开设乡村振兴实践课堂，充分展现脱贫攻坚的实践经验和成果。

坚持扶智扶志。构建“五位一体”村级治理体系，拓展创业渠道，吸引人才返乡，激发群众发展内生动力，群众收入稳步提高。

撰稿：马前

骆驼湾旧貌换新颜。“只要有信心，黄土变成金”，沿着总书记指引的方向，骆驼湾村狠抓农业产业转型升级，发展食用菌产业；做优生态旅游产业，按照“企业＋村集体＋农户”模式，建成特色旅游体系；坚持扶智扶志，构建“五位一体”村级治理体系。2023 年，骆驼湾村集体经济收入超过 116 万元，人均可支配收入由 2012 年的 950 元提高到 2023 年的 21784 元。先后荣获全国文明村镇、中国传统村落、中国美丽休闲乡村、国家森林乡村、全国乡村旅游重点村等称号。塔元庄“三化”蝶变。按照总书记“把农业做成产业化、养老做成市场化、旅游做成规范化，在全国率先建成小康村”嘱托，塔元庄大力发展特色、休闲、绿色、智慧农业，农业产业化水平不断提升。构建“金融养老＋居家养老”新型市场化养老服务模式，百姓获得感和幸福感不断提升。规范红色旅游、休闲娱乐、田园风光、乡村民俗等特色乡村游，助力县域经济高质量发展。2023 年，村集体经济收入超过 3200 万元，村民人均收入达 3.5 万元。塔元庄村被评为全国文明村、中国最美休闲乡村、全国民主法治示范村、全国乡村治理示范村。盐碱地变“金银滩”。落实习近平总书记关于“开展盐碱地综合利用”指示精神，在沧州黄骅、唐山曹妃甸区开展国家盐碱地综合利用试点，全省推广耐盐碱作物成熟品种 25 个，旱碱麦种植面积扩大到 154.7 万亩。沧州旱碱麦年加工能力

专栏2

锚定“三化”不放松 乡村振兴谱新篇

正定县塔元庄位于石家庄北侧 15 公里，滹沱河北岸，距正定县城西侧 1.5 公里。全村共 500 户，耕地 760 亩，河滩地 3000 亩，是全国文明村、中国最美休闲乡村、全国民主法治示范村、全国乡村治理示范村。

塔元庄按照习近平总书记“把农业做成产业化、养老做成市场化、旅游做成规范化，在全国率先建成小康村”嘱托，打造乡村振兴示范新模式，2023 年，该村集体经济收入增加到 3200 多万元，村民人均收入达 3.5 万元，交出了一份优异的乡村振兴“时代答卷”。

“农业做成产业化”。大力发展特色、休闲、绿色、智慧农业，发展现代农业科技和电子商务，农业产业化水平不断提升。注册“真定塔元庄”商标，以品牌效应助推农业提质增效。与国网正定县供电公司开展农业生态园项目合作，提高园区种植效益，带动村民增收。

“养老做成市场化”。构建“金融养老＋居家养老”新型市场养老服务模式，投资 150 万元建成养老服务中心，健身广场、卫生诊所等设施配备齐全，百姓获得感和幸福感不断提升。

“旅游做成规范化”。着力发展红色旅游、休闲观光等特色乡村游。在实现生态效益的同时，带动就业、拉动消费，助力县域经济高质量发展。

撰稿：马前

达20万吨以上，初步形成一体化全产业链条。“黄骅旱碱麦”被农业农村部列入全国“土特产”推介名单，走向全国市场。

（二）绿水青山描绘乡村振兴新画卷

牢固树立绿水青山就是金山银山的理念，深入打好污染防治攻坚战，全面推进美丽河北建设。2023年全省PM2.5平均浓度比2014年下降57.6%，优良天数达245天。河北208个地表水国省控断面中，达到或好于Ⅲ类水质断面比例为85.4%。向美而行，“这么近、那么美，周末到河北”的影响力不断提升。

“华北明珠”生机盎然。白洋淀是华北平原最大的淡水湖泊，坚持补水、治污、防洪“三位一体”统筹规划、协调推进，采取清淤疏浚、退耕还淀、百淀联通、科学补水、严密防洪等工作举措，加强岸上生态环境治理和鸟类栖息地建设管理，“华北明珠”重现光彩。白洋淀区水质从2017年前的劣Ⅴ类提升至Ⅲ类，实现了历史性跨越。野生鸟类达到276种；野生鱼类恢复至48种。塞罕坝荒漠变绿洲。三代塞罕坝人艰苦创业、接续奋斗，建成了世界上面积最大的人工林场，创造了荒漠变绿洲的人间奇迹，营造起115.1万亩人工林海，森林覆盖率从解放初期的11.4%提高到82.0%，单位面积林木蓄积量达到全国人工林平均水平的2.8倍，全国森林平均水平的1.6倍，世界森林平均水平的1.2倍，竖起首都阻沙屏障。塞罕坝林场获颁联合国“地球卫士奖”。

（三）示范创建搭建乡村振兴新舞台

在全国率先开展乡村振兴示范创建。按照“三区”同建（现代农业园区、美丽乡村片区、乡村生态功能区）、“四村”联创（产业强村、美丽乡村、文明乡村、平安乡村）的路径，布局创建4个国家级乡村振兴示范县、78个省级示范区、179个市级示范区，推出了张家口市万全区乡村振兴示范区的党建引领发展模式，正定县滹沱河沿岸乡村振兴示范区村企共建模式，怀来县桑园乡村振兴示范区特色产业主导模式，迁西县“花乡果巷”田园综合体模式，固安县乡村振兴示范区组团发展模式，峰峰矿区太行跃峰渠乡村振兴示范区全域整治模式等一批不同模式路径的样板，有效发挥示范引领作用，为全省乡村全面振兴提供了典型模式路径。

（四）脱贫攻坚共画乡村振兴同心圆

河北制定《巩固拓展脱贫攻坚成果提质增效争先进位行动方案》，出台脱贫人口和防止返贫监测对象持续稳定增收十条举措。强化易地搬迁后续扶持，建成后续产业设施605个，有劳动力的搬迁家庭实现至少1人就业，打造6个全国巩固脱贫成果村级实践交流基地。2023年，原45个国定贫困县农村居民人均可支配收入 16700 元，增长 8.3%，比全省农村居民人均可支配收入增速高 1.5 个百分点。坦桑尼亚革命党全国执委研修班等外宾来河北学习考察，河北成为全国重要的减贫经验对外交流窗口。

三、潜力犹存，乡村振兴任重道远

河北乡村振兴虽取得一定成绩，但设施和服务仍有短板、产业融合发展仍存不足、村强民富仍显乏力，需久久为功，持续发力。

（一）设施和服务仍有短板

农村供水规模化发展不均衡，特别是南水北调受水区外平原地区规模化供水率仅为 11.0%；农村地区电网改造升级与新能源发展需求不匹配；农村养老机构比例较低，护理人员专业能力不高，难以满足老年群体养老服务需求。村民基层就医信任度不高，“首诊在基层”尚未实现。

（二）产业融合发展仍存不足

河北产业兴旺指数比上年下降 1.4，比全国低 0.7。从主要指标看，支撑产业兴旺仍有难度，粮食产量比上年下降 1.4%，第一产业增加值增速比全国低 1.5 个百分点。农产品深加工程度不高、产业发展同质化现象突出。在资金投入方面，与乡村振兴目标任务相匹配的投入保障机制还没有落实到位。在人才培育引进方面，农业生产经营人员中 35 岁以下占比 23.4%、55 岁以上占比 33.4%，初中及以下学历占比 90.2%、大专及以上的仅有 1.1%，农村“劳力”“脑力”均不足。

（三）村强民富仍显乏力

河北综合发展指数比上年下降 0.9，比全国低 3.9；生活富裕指数比全国低 0.6。从主要指标看，综合实力较弱的县（市、区）占比较高，地区生产总值低于百亿的县（市、区）有 28 个，一般公共预算收入低于 10 亿元的县（市、区）有 75 个。农村居民人均可支配收入比全国平均水平低 1003 元。农村集体经济薄弱，质量不高、动力不足、发展不平衡的问题仍然存在。

四、守正创新，接续奋斗再加力

站在新的历史起点，学习运用“千村示范、万村整治”工程经验，锚定发展潜力，开拓进取，努力绘就乡村振兴壮美画卷。

（一）坚持党对“三农”工作的全面领导

健全党领导农村工作机制。全面落实乡村振兴责任制，压实五级书记抓乡村振兴责任，发挥县委“一线指挥部”和县委书记“一线总指挥”作用。狠抓任务落地落实，形成强大工作合力，力促乡村振兴再创佳绩。

（二）持续完善基础设施和公共服务建设

高标准推进农村基础设施建设。农田水利、道路交通、污水处理等统筹衔接，一体推进，统筹规划，分途径推进“市政水”供应。完善乡村基本医疗卫生服务。探索建立医疗专家下乡“赶场”，鼓励城市大医院对口帮扶或远程医疗缓解农村居民看病难、看病贵的问题。探索建立医疗保险缴纳标准上下浮动机制，针对困难户等特殊人群进一步提高医疗保险补缴标准。

（三）推动乡村产业高质量发展

做大做强农业主导产业。一体推进产业集群、园区、项目建设，重点支持一批省级现代农业产业园补链强链延链。落实粮食生产支持政策，持续开展小麦亩产跨千斤、玉米单产提百斤示范行动。实施农产品加工业提升行动。建设一批农产品加工园区，重点打造一批中央厨房产业园区，实施“强龙行动”，培育一批农产品加工业领军企业。

（四）提升县域经济综合竞争力

做强做优县城，发挥龙头带动作用，打造县域经济发展高地。构筑城乡融合新平台，建设和美乡村，壮大特色产业集群，提高县域经济竞争力。加快基础设施建设，提高支撑保障能力，增加公共服务供给，稳定发展基础，做大做强民营企业，培育壮大市场主体。

（五）千方百计提高农民收入

做好农村居民就业创业帮扶工作。全面落实社会保险补贴、失业登记等政策，同等提供基本公共就业服务。完善覆盖城乡的社会保障体系，加强职业教育和技能培训，促进外出打工人员稳岗就业。保持好惠农政策的连续性稳定性，及时发放各项惠农补贴，建立普惠性补贴持续增长长效机制，力促农民收入再上新台阶。

报告撰稿：李晓梅　马前

山西省乡村振兴监测报告

2023年是全面推进乡村振兴的关键一年，山西立足自身优势和特色，扎实抓好“三农”工作，加强粮食和重要农产品稳产保供，脱贫攻坚成果持续巩固，特色产业加快发展，农村人居环境不断改善，乡村治理体系不断健全，农村居民生活水平显著提升，农林牧渔业发展基础更加稳固，山西乡村全面振兴取得新成效，绘就产业兴、乡村美、农民幸福的乡村画卷。

一、乡村振兴“千万工程”经验落地生根，塑造山西“三农”发展新动能

近年来，全省上下坚决守牢确保粮食安全和不发生规模性返贫两条底线，将乡村振兴“千万工程”经验和山西实际相结合，扎实推进乡村产业发展、乡村建设、乡村治理等重点工作，推动山西乡村振兴迈出新步伐。根据全国乡村全面振兴发展指数测算结果，2023年山西乡村全面振兴发展指数为66.4，比全国总指数低2.6，比2022年提高1.4。

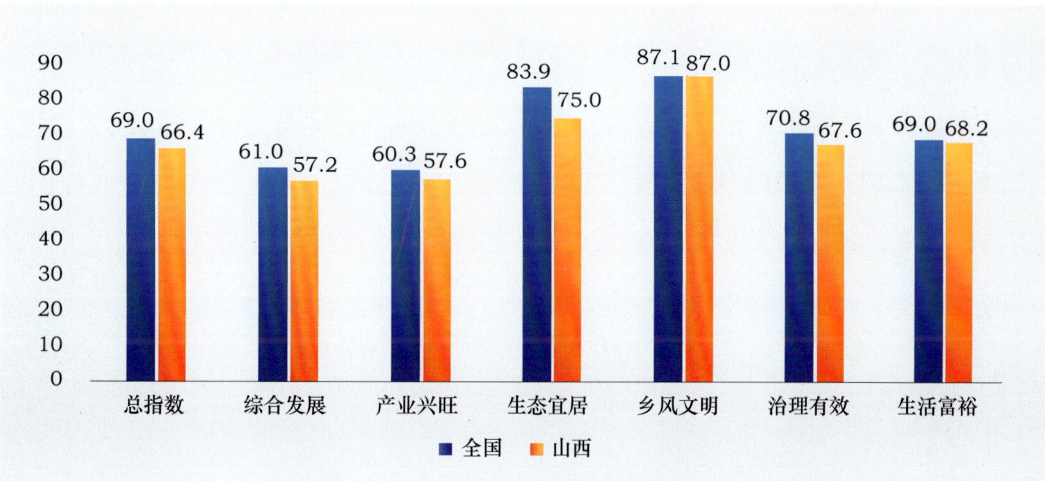

图1 2023年全国和山西分领域乡村全面振兴发展指数

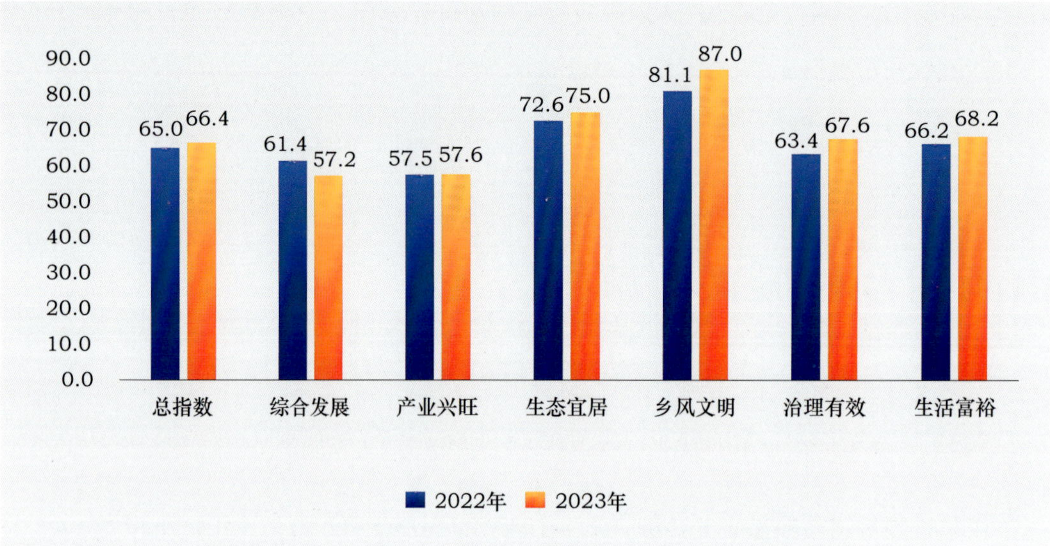

图 2 2022—2023 年山西分领域乡村全面振兴发展指数

（一）农林牧渔业发展基础更加稳固

近年来，山西各地区各部门认真贯彻党中央、国务院关于“三农”工作的各项决策部署，农林牧渔业经济活动不断增加，第一产业增加值不断增长，农林牧渔业发展基础更加稳固。2023 年，山西乡村全面振兴综合发展指数为 57.2。经济总体保持稳定向好的发展态势。2023 年山西地区生产总值 25698.2 亿元，按不变价格计算，比上年增长 5.0%，其中，第一产业增加值 1388.9 亿元，增长 4.0%，占地区生产总值比重为 5.4%。公共预算农林水领域支出稳定增长。2023 年全省一般公共预算支出 6351.2 亿元，比上年增长 8.1%。其中，农林水支出 686.6 亿元，增长 19%。全省涉农贷款余额 14246.4 亿元，增长 14.3%，比各项贷款增速高 2.5 个百分点。科技和改革双轮驱动激发农业发展活力。依托山西农业大学（省农科院）、晋中国家农高区（太谷国家农业科创中心）等平台，开展核心种源、智能装备等 5 大类 27 项农业关键核心技术攻关。

（二）乡村产业发展更加均衡协调

近年来，随着生产方式的不断变革，山西农林牧渔产业结构进一步优化，一二三产融合程度不断加深，“三农”发展新动能不断涌现。2023 年，山西乡村全面振兴产业兴旺指数为 57.6，比 2022 年提高 0.1。粮食总产量再创历史新高。2023 年，克服“倒春寒”“烂场雨”“杜苏芮”等灾害，省市县三级联动，全省粮食面积、总产、单产实现“三增”，总产再创历史新高。全省粮食播种面积 4741.4 万亩，比上年增长 0.3%。全省粮食亩产 311.7 公斤，增长 0.6%。粮食总产量 1478.1 万吨，比上年增加 13.8 万吨，增长 0.9%。耕地质量得到有效提升。2023 年新建改造高标准农田 185 万亩，发展高效节水灌溉 40 万亩。实施种业振兴“五大行动”，主要农作物良种覆盖率达 97%。开展丘陵山区宜机化改造，农作物耕种收综合机械化率达 76.1%。畜牧业生产结构调优向好。2023 年，全省主要畜禽生产形势良好，猪牛羊禽四肉产量、牛奶产量、禽蛋产量均创历史新高。猪牛羊禽四肉产量 154.3 万吨，增长 8.3%；牛奶产量 147.1 万吨，增长 3.0%；禽蛋产量 126.7 万吨，增长 7.4%。促进一二三产业融合发展。发展观光农业、休闲康养、乡村旅游等新业态，2023 年休闲农业接待游客 8932 万人次，营业收入 105.6 亿元，增长 34.5%。持续提升“有机旱作 · 晋品”品牌影响力，在上海、广州、北京等地举办专场推介活动，举办中国农民丰收节、第八届中国（山西）特色农产品交易博览会，签约 251.2 亿元。

专栏 1

民房变客房 村庄变景区 特色民宿经济赋能乡村振兴

山西省临汾市吉县太度村全村总面积 23 平方公里，辖 4 个自然村，共 404 户 1202 口人。村党支部通过与企业合作建设运营民宿项目，打造集旅游住宿、团队建设、餐饮娱乐等综合一体的乡村旅游业态，走出了一条村集体经济可持续发展、村民可持续增收的乡村振兴新路径。

一是高品质定位。民宿以陶渊明诗词中描绘的“宿于乡村，归于田园，归于慢生活”为设计理念，倾力打造民宿项目。二是强强联合做优产业。引进重庆伍度造设有限公司全链条合作，进一步配齐乡村旅游必要设施，创造了更加便捷、舒适、优质的旅游环境。三是多元产业互补。立足屯里镇特色饮食文化，打造“厚川味道”特色小吃一条街。举办“年味节”、苹果果花节、采摘节等活动，吸引周边人群体验消费。四是打造“农旅融合”综合体。打造“喔饮北茶”药茶店、“乡野有物”农产品甄选品牌、“秘语农场”沿黄农耕研学基地、电玩反斗城，进一步丰富业态。五是助力群众“家门口”就业增收。成立乡村物业服务公司、劳务派遣公司、伍度朝华职业培训学校、农副产品合作社，进一步增强乡村旅游承载力。

2018 年到 2023 年，太度村集体经济收入从 26 万增加到 105 万元；村民人均可支配收入从 5000 余元增加到 1.5 万余元。先后获得“全国文明村”“国家森林乡村”“全国乡村治理示范村”“全国美丽休闲乡村”等荣誉称号。

撰稿：张艳君

（三）美丽乡村建设成效显现

近年来，山西立足百姓需求，积极推进以县城为重要载体的新型城镇化建设，大力推进城乡基础设施、公共服务、产业就业、社会治理、要素流动“五个融合”，加快构建城乡发展一体化新格局。

2023 年，山西乡村全面振兴生态宜居指数为 75.0，比 2022 年提高 2.4。扎实推进宜居宜业和美乡村建设。出台学习践行“千万工程”经验全面推进乡村振兴实施意见和以县城为重要载体的城镇化建设行动方案，统筹新型城镇化和乡村全面振兴，召开现场会，以“千村示范、万村提升、全面整治”为抓手，扎实推进乡村建设。深化农村人居环境整治。实施整治提升五年行动，持续提升人居环境质量。农村卫生厕所普及率稳步提高，累计建成乡镇生活垃圾中转站 1276 个，生活垃圾收运处置体系覆盖自然村比例达 94.2%。持续加强农村基础设施建设。推进路、水、电、网等基础设施向村覆盖、向户延伸，“四好公路”、“三个一号”旅游公路建设取得新进展。推动城乡公共服务均衡协调发展，加快补齐农村教育、医疗、养老等公共服务短板。

（四）乡风文明建设成效显著

近年来，山西持续弘扬社会主义核心价值观，传承发展乡村优秀传统文化，积极培育时代新风新貌，农村精神文明建设不断加强。2023 年，山西乡村全面振兴乡风文明指数为 87.0，比 2022 年提高 5.9。乡风文明建设不断加强，培育文明乡风、良好家风、淳朴民风，提升农民思想道德素质和科学文化素质，形成文明和谐的乡村新风尚。全省 93.6% 的村成立了禁毒禁赌会，79.5% 的村建立了道德评议会。乡村文化有效传承。建设现代化的村级综合性文化服务中心，搜集、整理、展示和传承当地传统文化，提高村民的文化素养和综合素质，村综合性文化服务中心覆盖率达到 88.0%。村民活动丰富多彩。组织村民参与文艺演出、知识讲座等各种文化活动，举办乐农活动 1000 余场，免费送戏下乡 16332 场，80.3% 的村拥有农民业余文化组织。

（五）乡村治理体系不断健全

随着全面从严治党向基层延伸，山西村级党组织在提升组织力、增强政治功能方面取得了显著成效，更好地发挥了基层党组织的战斗堡垒作用，推动全省农村治理取得更大成效。2023 年，山西乡村全面振兴治理有效指数为 67.6，比 2022 年提高 4.2。党建引领村民自治。加强对村干部特别是“一肩挑”人员管理监督，全省 2.2 万个村（社区）全面实行党组织书记星级化管理，98.8% 的村建立了村规民约。法律服务不断完善。通过开展法治宣传教育活动、建立法律援助机制等方式，不断提高农民的法律意识和法治观念，所有乡镇（街道）组建综合行政执法队。全面落实“四议两公开”制度，推动健全村级重大事项议事决策清单、数字化管理服务平台。加大强农惠农政策力度。通过农业补贴、农村金融服务等一系列惠农政策，为乡村经济发展提供强有力的政策支持和资金保障，稳步发展村集体企业，促进农业与二三产业融合发展。

（六）农村居民生活水平显著提升

近年来，山西乡村社会保障体系不断完善，逐步形成了以教育、养老、医疗等为核心的社会保障网络，为农村居民提供了更加全面、可靠的生活保障，生活水平显著提升。2023 年，山西乡村全面振兴生活富裕指数为 68.2，比 2022 年提高 2.0。加快补齐农村教育短板。加大农村教育投入力度，改善学校办学条件，提高农村教育质量。聚焦农村义务教育发展的薄弱环节，促进学前教育发展，补足普惠性资源短板，确保农村适龄儿童能够接受良好的学前教育。完善社会保障体系。持续巩固提升“三保障”成果，农村低收入及脱贫人口基本医保参保实现全覆盖，有村卫生室的村占到 98.1%。走稳就业增收路。通过发展集体经济、组织农民外出务工经商等多种途径拓宽增收渠道，不断缩小城乡居民收入差距。2023 年，山西农村居民人均可支配收入 17677 元，名义增长 8.3%，比全国增速高 0.7 个百分点，高于全省地区生产总值和城镇居民收入增速。

专栏2

“黑色”转“绿色”跑出乡村振兴“加速度”

山西省晋城市沁水县郑村镇侯村村位于山西晋城沁河之滨，地处“百里沁河共同富裕先行区”核心区域，辖区面积 5.3 平方公里，常住人口 700 余人。

转变思路引项目。1993 年至今，侯村村从土地贫瘠的纯农业村到建立村办煤矿、成立沁水县鑫福蔬菜种植专业合作社、引进大象集团饲料分公司，再到与江苏龙骏环保实业有限公司签订合作协议，引进生物基材料制品项目，成立山西龙骏艾柯环保科技有限公司。逐步实现了村民变为股民、资金变股金、农民变股东的“三变”改革。2023 年全村工农业总产值 1.9 亿元，人均纯收入 2.46 万元，村集体经济收入 1000 万元，村民分红 142.4 万元，做到了户户有资本、家家成股民、年年有分红。

辐射带动作示范。一是村村分红。带动郑村镇 19 个村级股份经济合作社向山西龙骏公司入股 450 万元，每年按入股金额 8% 的比例获得固定分红 36 万元，其中入股金额最多的村每年可增加经营性收入 4 万元。二是人人创业。联合全镇 6 村打造 8000 平方米“乡村振兴创业孵化基地”，开展“带货主播”孵化、“农村工匠”培养、“旅游人才”挖掘等，吸引 30 余名农村青年返乡创业。三是模式转换。派出“共富小分队”全程指导服务沁森宏泉项目，建成了一条果蔬种植、加工、销售、电商全产业链，带动全镇 20 个村级经济合作社每年有增收，实现产值 3000 万元，80 余户劳动力有钱赚。

撰稿：张艳君　郝静敏

二、农业"特""优"全产业链长足发展，为推进农业现代化增添新动能

牢记习近平总书记嘱托，山西将推动农业特优发展确定为全省加快转型发展的六大行动之一，全力推进。以山西农谷、雁门关农牧交错带示范区、晋南果业出口平台三大省级战略为核心，推动"南果北肉中粮东药材西干果"五大出口平台和特色农产品精深加工十大产业集群建设，特优农产品品质提升。

（一）聚焦产业集聚搭建品牌矩阵

搭建"区域品牌＋企业品牌＋产品品牌"的品牌矩阵，培优晋粮、做强晋肉、叫响晋菜、提升晋果、振兴晋药、擦亮晋酿，"晋字号"特优农产品的知名度不断提升。全省绿色、有机认证产品 1938 个，农产品地理标志产品 176 个，103 个取得"圳品"证书。推出打造了"有机旱作·晋品"省域农业品牌 1 个；"山西小米""山西陈醋""山西药茶"等省级区域公用品牌 12 个；"大同黄花""平遥牛肉""吉县苹果""运城面粉"等市级区域公用品牌 46 个。

（二）龙头效应带动牧业养殖大幅提升

全省畜牧业优势集群初具规模，目前省级畜牧业龙头企业共 126 家。其中，生猪企业 66 家，以大象、牧原两大龙头为主，形成传统优势区、农谷高新区、农牧交错区三大优势集群；肉牛企业 25 家，主要集中在灵丘、平遥、方山等优势产区；肉羊企业 16 家，形成由大同、朔州、忻州构成的晋西北优势肉羊主产区，存栏总数约占全省 46%；肉鸡企业 16 家，集中在大象、平遥龙海、新希望、晋星牧业四大龙头企业；蛋鸡以晋龙、国青等企业为主，集中在晋南和晋东南地区；奶业集中在雁门关核心生产区，大同、朔州、忻州 3 市奶牛养殖量和奶产量占全省 70% 以上。

（三）果品质量和效益持续提升

山西地处黄土高原东部，日照充足，昼夜温差大，具有独特资源禀赋，是我国北方水果最佳栽培区域之一。近年来，水果产业围绕"三品一标"创建，以南果出口平台建设为抓手，推动全产业链开发，实现了果品质量和效益持续提升。2023 年，全省果园面积 570.4 万亩，产量 986.3 万吨，园林水果产值 328.5 亿元。

（四）蔬菜产业模式创新潜力巨大

山西南北横跨 6 个纬度，地形地貌复杂多样，气候条件独特，光热资源充沛，特别是夏秋气候凉爽，昼夜温差大，发展冬春设施蔬菜和夏秋冷凉蔬菜具有明显优势，蔬菜产业作为全省特色产业，被农业农村部列入"黄淮海及环渤海设施蔬菜重点区"和"黄土高原夏秋冷凉蔬菜重点发展区域"。

2023 年，全省蔬菜播种面积 340.6 万亩，增长 0.4%；蔬菜及食用菌产量达 1065.9 万吨，增长 5.5%。

专栏 3

“温室大棚”铺开产业振兴路

山西省忻州市河曲县土沟乡榆岭窊村，是一个传统的高山贫困村，全村常住 84 户 109 人，耕地 3434 亩，林地 7059 亩。近年来，榆岭窊村以“有机、高端”农业为方向，大力发展温室大棚种植，切实促进农业增效、农民增收。

一、统筹规划，奠定发展基础

确立有机方向。榆岭窊村在一次次地探索——失败过程中发现，本村虽地处偏远，但远离工矿企业、城镇聚集区，如果发展有机果蔬种植，区位劣势将转变为生态优势。科学规划造地。榆岭窊村先后修建基本农田 1850 亩、梯田 2000 亩，填沟造地 300 亩。积极兴水节水。修建骨干淤地坝 1 座、蓄水池 3 个、景观蓄水湖 1 个，打深井 5 眼，有效破解了设施农业发展瓶颈。

二、提升品质，打开发展市场

坚持品质先行。建成下洼式日光节能温室大棚 69 座，以现代农业手段种植有机果蔬。高端会员定制。针对部分城市居民对日用食品的高品质需求，采取高端定制模式发展会员 900 多个，每个会员每年 3 万元，年配送约 52 次。年创产值 2700 万元，利润 1500 多万元。

三、产业兴旺，共享发展成果

产业链式发展。榆岭窊村打造规模 1980 亩的海红果特色产业示范基地，年产特色有机食品 6 万余吨；发展“观光、休闲、康养、体验、商贸”于一体的美丽乡村旅游，持续推动本村农文旅融合发展。产业带动就业。以“龙头企业 + 经济合作社 + 基地 + 农户”的产业发展模式实现联农带农，吸纳农户务工 300 余人，辐射带动农户 1000 余人，为乡村振兴注入了新动能。

撰稿：郝静敏

（五）中药材先天优势得天独厚

山西持续推进中药材生产区域布局，已初步形成太行山、太岳山、恒山、吕梁山、晋南边山丘陵 5 大道地中药材生产优势区。2023 年，全省中药材播种面积 152.5 万亩，增长 2.1%，中药材总产量 64.7 万吨，增长 5.7%，产值 113.0 亿元。

三、乡村全面振兴仍存在短板弱项，亟待关注四大问题

山西全面推进乡村振兴取得明显成效，但是，仍然面临着乡村基础薄弱、乡村治理体系有待完善、资金和人才缺口较大等困难和问题，主要集中在以下几个方面。

（一）农产品品牌价值和竞争力不够强

山西农产品品牌与其他省份相比，仍处于弱势地位。品牌数量少、同质性高。目前全省 107 个区域公共品牌，30% 是杂粮，仅小米就有 1 个省域公用品牌、12 个区域公用品牌，其他类型的品牌发展少。品牌影响力弱。全省绿色、有机认证产品达到 1575 个；农产品地理标志产品 175 个，但 95% 以上只在本县、本乡镇有一定知名度，能在全省有影响的不超过 100 个。品牌价值低。许多特色农业与周边省份相似，缺乏稀缺性、排他性强的特优农业品牌。

（二）先进科学技术对乡村振兴支撑不足

农业育种水平有待提升。全省现有的蔬菜、水果、畜禽品种多为从国外或省外引入品种，本省开发的仅有少数粮食品种。农业数字化水平低。目前，全省数字农业发展水平仅为 17.3%。其中大田种植业水平为 18.7%，规模养殖业水平为 18.3%，淡水鱼养殖业水平为 11.6%。

（三）产业模式尚未形成成体系的纵深链条

山西农林牧渔产业模式较为粗放，尚未形成成体系的纵深链条。从加工程度看，全省肉制品、主食糕品、果品等大多以初加工产品供应市场，农产品精深加工能力不足；从销售模式看，全省广大种养户缺乏直接对接市场能力，70% 的生鲜农产品靠本地中间商或经纪人来销售。

（四）专业人才无法满足乡村振兴需求

在生产经营、创新创业、社会服务、公共发展以及乡村治理等领域的农村专业人才和管理人才严重匮乏。乡村人才整体素质偏低，农村青壮年人口的流失和人口老龄化现象严重。

四、立足山西“三农”发展自身优势特色，奋力开创乡村全面振兴新局面

山西将紧密团结在以习近平同志为核心的党中央周围，以学习践行“千万工程”经验为引领，精准施策，紧盯短板弱项，补齐发展劣势。要深入实施农业“特”“优”战略，从提升本地农产品的竞争力、加快农业科技创新、推进三产融合和培养高素质人才等方面发力，奋力开创乡村全面振兴新局面。

（一）着力提升本地农产品竞争力

持续打造农业龙头企业，建设农业旗舰企业，充分发挥企业带动作用，鼓励企业发展优势品牌、特有品牌，推动区域品牌联建工程，培育以“有机旱作·晋品”为引领的全省农产品区域公用品牌。提升品牌价值度和竞争力，细分产品市场，针对不同的消费群体制定不同的产品线，提升产品稀缺

性，实现“人无我有”“人有我优”“人特我特”品牌效应。

（二）着力提升现代农业竞争能力

深化“产业＋团队＋项目＋基地”建设，构建“农技专家团队＋产业农合联＋合作社”新型农技推广服务体系，提升科技成果转化，培育新质生产力，做强做优农业品牌，持续提升品牌影响力。推进“互联网＋”农业发展新模式，建立健全农产品数字交易系统和物流体系。

（三）着力推进一二三产融合发展

构建新型农业经营主体＋“三位一体”合作经济组织的现代农业经营体系，做大做强农业龙头企业。创新农业服务形式，积极发展全产业全过程全链条服务，促进农业节本、提质、增效，推进一二三产业深度融合发展，引导农村土地规范有序流转。

（四）着力培养农业农村高素质人才

出台针对农业农村专业人才培养的专项政策，加大对农业农村人才培养的财政投入，采用“校地合作”“校企合作”等模式，培养适应现代农业发展需要的高素质人才。制定优惠政策，吸引高校毕业生、退伍军人、返乡农民工等群体到农村就业创业。

报告撰稿：张艳君　郝静敏

内蒙古自治区乡村振兴监测报告

2023年，内蒙古自治区深入贯彻落实党的二十大精神和习近平总书记对内蒙古的重要指示精神，聚焦聚力办好习近平总书记交给内蒙古的“五大任务”和全方位建设模范自治区两件大事，全面推进国家重要农畜产品生产基地建设，保障国家粮食安全能力显著提升，乡村全面振兴有力有效推进。

一、全面协调推进，乡村振兴取得新成效

内蒙古紧紧围绕“产业兴旺、生态宜居、乡风文明、治理有效、生活富裕”二十字方针，以学习运用“千万工程”经验为引领，以提升乡村产业发展水平、提升乡村建设水平、提升乡村治理水平为重点，加快推动内蒙古由农畜产品产量大区向农牧业产业强区转变，确保农牧业生产连丰连稳、农村牧区和谐稳定，乡村全面振兴协调推进。2023年，内蒙古乡村全面振兴发展指数67.7，比上年提高1.8。

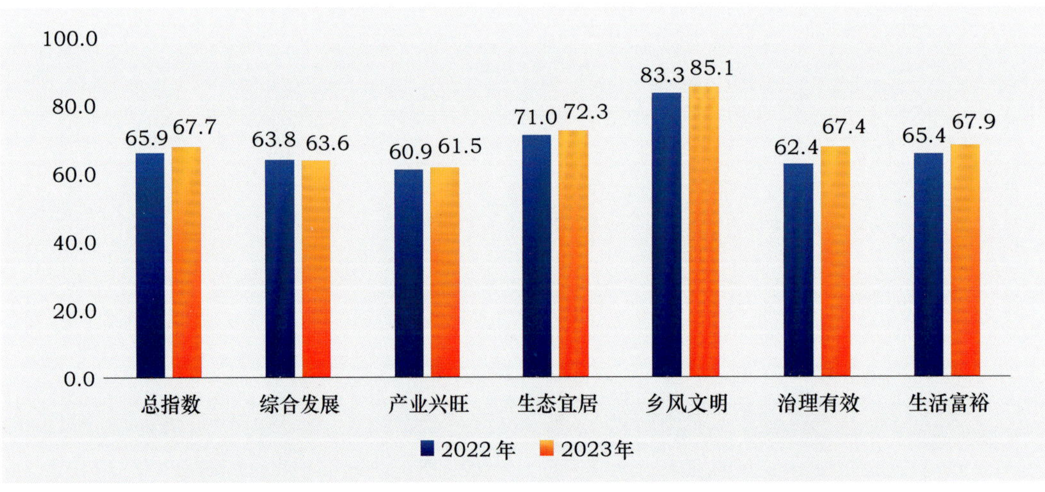

图1 2022—2023年内蒙古分领域乡村全面振兴发展指数

（一）综合发展实力显著增强

内蒙古持续贯彻习近平总书记关于“三农”工作的重要论述，坚持农业农村优先发展，农业农村综合发展实力显著增强。2023年，全区综合发展指数63.6，较全国平均水平高2.7。地区生产总值稳定增长。2021—2023年，全区地区生产总值年均增长6.1%，比全国平均水平高0.6个百分点。2023年，全区地区生产总值24627亿元，比上年增长7.3%，比全国平均水平高2.1个百分点。其中，第一产业增加值2737亿元，比上年增长5.5%，比全国平均水平高1.4个百分点。一般公共预算收入较快增长。2023年，内蒙古一般公共预算收入3083亿元，比上年增长9.2%，比全国平均水平高2.8个百分点。

（二）乡村产业发展稳步推进

乡村要振兴，产业要先行，发展壮大乡村产业是实现乡村全面振兴的必由之路。2023年，全区产业兴旺发展指数61.5，较上年提高0.7，较全国平均水平高1.3。粮食产量稳步提高。内蒙古在

> **专栏1**
>
> **开鲁红干椒：“辣”出一条产业路“椒”出一朵致富花**
>
> 内蒙古自治区通辽市开鲁县的红干椒皮红肉厚、色质纯正、果实细长、品质优良，市场竞争力大，种植面积每年稳定在60万亩以上，年均辣椒产量30亿斤，产品销往国内20多个省区市，并出口新加坡、韩国、日本、俄罗斯等国家。因此，开鲁县是全国红干椒县域种植面积最大的生产基地，被誉为“中国红干椒之都”。
>
> 近年来，开鲁县将红干椒产业作为推动乡村振兴、群众致富的支柱产业，重点扶植培育壮大。火红的辣椒让这片黑土地上的民众过上了红红火火的新生活。有椒农表示，自己种了20多年辣椒，今年又种了60亩，辣椒亩均收入在4000元钱左右，效益可观。现在，开鲁县形成了“育苗、移栽、收购、销售、加工、出口”融合产业体系，有5万余人在红辣椒全产业链就业，年劳动力务工收入达3.6亿元。
>
> 2024年，开鲁县建立了20个红干椒基地，面积达10000亩。基地与全国各大院校合作，试验示范推广20个新品种，既有食用椒，又有配料椒，为当地红干椒多元化发展提供科学依据。同时，开鲁县培育产业集群，壮大产业规模，推进精深加工，打造有影响力的辣椒交易集散地、加工基地和出口基地，计划到“十四五”期末，红干椒深加工企业将达到50家，产值将突破50亿元，让开鲁辣椒“辣”出一条产业路，“椒”出一朵致富花。
>
> **撰稿：范莉蕾**

高标准农田建设上“一马当先”，通过构建“大底图”、发展“大片区”、实施“大节水”、实现“大保护”、培育“大试点”，全力建设“大农田”示范样本。截至2023年底，全区已累计建成高标

准农田5237万亩，支撑全区三分之二以上的粮食产能，粮食面积呈面积、总产、单产“三增”的良好态势。2023年，全区粮食播种面积698.5万公顷，较上年增加3.3万公顷，总量稳居全国第5位，增量居全国第4位。粮食产量实现“二十连丰”，再创历史新高，达3958万吨，稳居全国第6位。粮食平均单产达5666公斤/公顷，增长1.0%，居全国第16位，位次较上年提升一位。蔬菜产量较快增长。2023年开始，内蒙古实施现代设施农牧业提升三年行动，2023年全区新建设施农业面积23万亩，改造提升5万亩，设施农业实际使用面积较上年增长7.8%，为蔬菜产量的较快增长提供了有力保障。2023年，全区蔬菜及食用菌产量1097万吨，较上年增长8.3%。畜牧业生产优势巩固。内蒙古大力发展现代畜牧业和舍饲圈养，持续推进肉牛扩群提质、肉羊稳产增效，肉类产量持续增长，牛肉、羊肉、牛奶等畜产品产量连续多年稳居全国第一。2023年，全区肉类产量291.2万吨，比上年增长2.5%。其中，猪肉75.7万吨，增长2.7%；牛肉77.8万吨，增长8.3%；羊肉108.8万吨，下降1.3%。牛奶产量792.6万吨，增长8.0%。

（三）乡村更加宜居宜业

内蒙古扎实推进宜居宜业和美乡村建设，持续改善农村牧区生产生活条件，乡村更加美丽宜居。

专栏2

小村庄出实招见实效走出一条有效提升农村人居环境的新路子

2018年农村人居环境整治行动实施以来，全区农村人居环境改善的步伐加快，基础设施建设和清洁卫生治理水平稳步提升，农民参与人居环境整治提升主体意识稳步提高。兴安盟突泉县水泉镇合发村积极发挥基层党组织和两委力量，出实招见实效，走出了一条可复制可推广的农村人居环境整治提升新路子，先后荣获“第六届全国文明村”“内蒙古自治区美丽宜居村庄”“兴安盟级文明村镇”“兴安盟先进基层党组织”“兴安盟发展村集体经济先进集体”等称号。

合发村高度重视农村人居环境整治提升工程，全面推行“户垃圾分类－村收集运转－镇集中处理－县专业回收”的垃圾分类管理运营体系，组建“见圾行事”志愿服务队，有效推进垃圾分类。积极推进“厕所革命”，成立以村党支部书记为第一责任人的工作领导小组，通过入户和“党群心连心”微信群等多种方式宣传提高群众知晓度，逐户进行改造，水冲式厕所覆盖率已达80%。建立“积分争星”制度，对村民门前四包、家庭卫生、田间管理等指标定期进行综合评分，并由村集体经济出资兑换生活用品或现金，一年最高兑换200元，极大提高人居环境整治工作积极性。还可将农药瓶等有害垃圾由企业集中回收后进行专业化处理，根除有害垃圾乱丢乱扔的问题。

撰稿：范莉蕾

2023 年，全区生态宜居发展指数 72.3，比上年高 1.3。基础设施日趋完善。内蒙古深入推进农村牧区基础设施建设，大力实施美丽乡村行动，公共交通、物流电商、数字乡村建设水平全面提升，农村牧区基础设施明显改善，村容村貌焕然一新，现代化新农村建设全面推进。截至 2023 年末，全区有电子商务配送站点的村占比 87.1%；通三级以上公路的乡镇占比 93.8%；5G 网络通达的村占比 61.2%；通公共交通的村占比为 71.5%；进村主要道路路面状况为沥青或水泥的村占比 98.0%；村内主要道路路面状况为沥青或水泥的村占比为 92.7%。人居环境改善明显。内蒙古以沿黄流域和“一湖两海”为重点，分类实施农村牧区户厕改造、生活污水和垃圾治理，开展“三清理、三整治、四提升”村庄专项行动，农村牧区户厕改造高质高效推进，生活污水治理率不断提高，生活垃圾收运处置体系加速覆盖。截至 2023 年末，全区实现生活污水全部或部分集中处理的村占比 30.6%，较上年末提高 8.5 个百分点；农村牧区卫生户厕普及率 54.2%，较上年末提高 1.9 个百分点；71.1% 的村使用了清洁能源。

（四）乡风文明持续提升

内蒙古深化文明培育、文明实践、文明创建，在农村牧区开展“感党恩、听党话、跟党走”群众教育实践活动和“党的声音进万家”主题文明实践活动，持续加强新时代文明实践中心标准化建设，推动县级融媒体中心高质量发展，办好嘎查村“文明实践广播站”，带动全区农牧民精神风貌不断提升，乡村社会文明程度持续向好。2023 年，全区乡风文明发展指数 85.1，比上年高 1.8。截至 2023 年末，全区有农民业余文化组织的村占比 64.6%，有体育健身场所的村占比 85.1%，村综合性文化服务中心覆盖率 86.2%，新时代文明实践中心建设持续推进。

（五）乡村治理更加有效

内蒙古坚持以党建引领乡村治理，强化县乡村三级治理体系建设，压实旗县级责任，推动苏木乡镇扩权赋能，夯实嘎查村基础，为全面推进乡村振兴注入新动能，增添新活力。2023 年，全区乡村治理有效发展指数 67.4，比上年高 5.0。乡村治理体系不断完善。截至 2023 年末，全区县级及以上民主法治示范村 1249 个，比上年末增加 238 个；有公共法律服务工作室的村占比 40.5%，较上年末提高 21.8 个百分点。基层组织建设持续加强。内蒙古健全有效发挥驻嘎查村第一书记和工作队员作用的制度机制，推进抓党建促乡村振兴，加快提高乡村治理能力。截至 2023 年末，全区村党组织书记大专及以上学历比例 59.6%，较上年末提高 5.9 个百分点。

（六）农牧民生活质量不断提高

内蒙古在全面推进乡村振兴的过程中，积极落实各项农牧民增收政策，农牧民收入持续增加，农牧民生活水平不断提高。2023 年，全区生活富裕指数 67.9，比上年高 2.5。收入较快增长。2019—2023 年，全区农村牧区常住居民人均可支配收入年均增长 9.0%（名义增速，下同），比全国平均水平高 0.8 个百分点。2023 年，全区农村牧区常住居民人均可支配收入 21221 元，较上年增长 8.0%，比城镇居民高 2.9 个百分点；城乡居民收入比由上年的 2.36 下降至 2.29，城乡收入差距逐步缩小。从收入来源看，全区农牧民工资性收入、经营净收入、财产净收入和转移净收入增速分别达到 7.7%、8.3%、15.8% 和 6.9%，均保持较快速增长。消费水平显著提升。2023 年，全区农村牧区居民人均生活消费支出 18650 元，较上年增长 20.8%。截至 2023 年末，全区农村牧区居民家用汽车普及率 35.8%，较上年末提高 2.1 个百分点。老年生活更有保障。内蒙古持续加强农村牧区养老服务机构（设施）标准化建设，推进县乡村三级养老服务网络建设，推动基本公共服务向村延伸，逐步补齐软硬件短板，截至 2023 年末，全区农村养老服务机构和设施覆盖率较上年提升 0.6 个百分点。

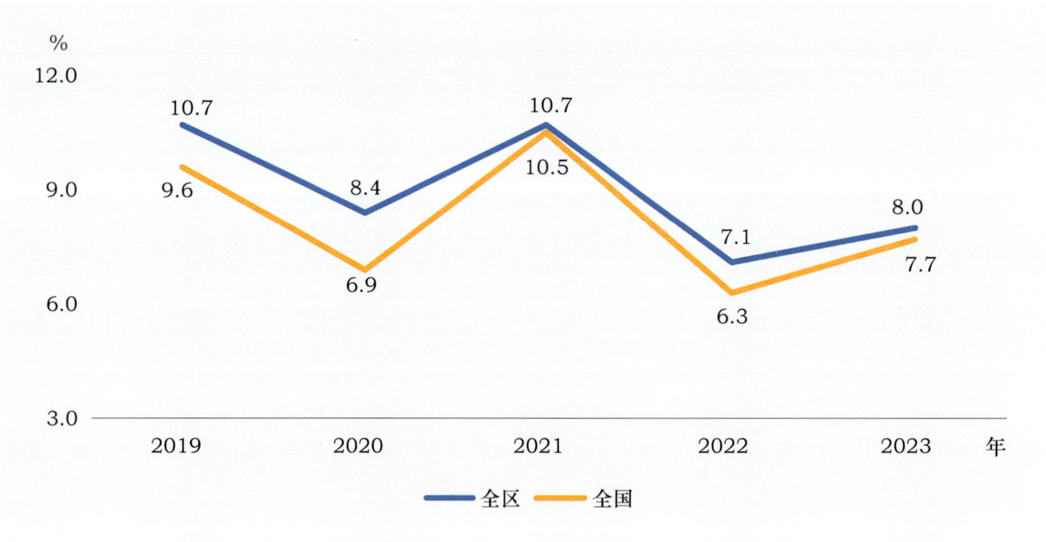

图 2 2019—2023 年全国和内蒙古农村牧区居民人均可支配收入增速

二、坚持因地制宜，乡村振兴后劲十足

（一）优势特色产业发展良好

内蒙古大力推进农畜产品生产基地建设，优势特色牧业发展良好，素有祖国的“肉库”“奶罐”和“绒都”的美誉。2023 年，全区畜牧业产值 1899 亿元，占农林牧渔业总产值的 42.7%，增长 6.6%，比全区农林牧渔业总产值增速高 1.1 个百分点。全区羊肉产量自 2004 年起连续 20 年稳居全国第一，牛肉产量自 2020 年起连续 4 年稳居全国第一，羊绒产量自 1980 年起连续 44 年稳居全国第一，牛奶产量自 2003 年起连续 21 年稳居全国第一。

专栏 3

燕麦——内蒙古特色农业的璀璨明珠

内蒙古地处祖国北疆，是全国燕麦主要产地之一。近年来，自治区出台一系列措施优化燕麦在阴山北麓、燕山丘陵地区等旱作传统优势区种植布局，促进燕麦产业规模化、集群化、品牌化发展，已形成以呼和浩特市、赤峰市、锡林郭勒盟、乌兰察布市为主的旱作燕麦优势产区集聚效应。乌兰察布市被中国食品工业协会授予“中国燕麦之都”称号。

自治区籽粒燕麦种植面积、产量占全国比重四成以上，稳居全国首位。2014-2023 年，籽粒燕麦播种面积和产量整体呈增长态势，播种面积由 7.3 万公顷增长至 17.8 万公顷；产量由 6.3 万吨增长至 24.4 万吨。作为牧区优质饲草，2023 年全区共建设优质饲用燕麦生产基地 12.9 万公顷。

自治区充分发挥“乌兰察布莜麦”“武川莜麦”“固阳莜麦”等地理标志产品优势，积极支持培育燕麦加工龙头企业。截至 2023 年，全区共培育内蒙古阴山莜麦食品有限公司、内蒙古三主粮天然燕麦产业股份有限公司、武川县禾川绿色食品有限责任公司和内蒙古西贝汇通农业科技发展有限公司等 5 家国家级或自治区级农牧业产业化龙头企业。已形成比较丰富的燕麦加工产品种类，除燕麦面粉和燕麦片等大众化传统食品之外，还有乳饮品、发酵酒类、饼干、能量棒等燕麦休闲食品，燕麦调味品、燕麦化妆品等高附加值食品等精深加工食品。

撰稿：范莉蕾

（二）一二三产业融合持续推进

内蒙古大力实施农文旅深度融合工程，推进乡村旅游集聚区（村）建设，培育生态旅游、森林康养、休闲露营等新业态，推进乡村民宿规范发展、提升品质，推进农业与休闲、旅游以及电商等行业进一步融合。2023 年，全区开展休闲农业和乡村旅游的户数比上年增长 16.1%。

（三）绿色发展稳步推进

内蒙古坚持绿色发展，不断深入开展化肥、农药使用量“零增长”行动，大力推进化肥农药减量增效工作，全区化肥使用量、农药使用量持续下降。2023 年，全区农用化肥施用量（折纯）较上年下降 2.9%，农药使用量较上年下降 2.1%，均实现连续两年下降。通过开展化肥、农药使用量零增长行动，农作物品质不断提升，农产品质量安全有保障，2023 年全区新认证绿色食品产品 357 个，有机农产品 749 个，农村产品质量安全合格率连续 5 年保持在 97% 以上。

（四）集约节约发展成效明显

水资源短缺是制约内蒙古农牧业持续健康发展的重要因素。通过理顺体制机制、推进基础建设、坚持两手发力、探索智慧发展等方式，内蒙古不断提升农业用水效率和效益，推动农业节水与粮食稳产增产协同发展。2023 年，全区新增农业节水能力 3.73 亿立方米，农田灌溉水有效利用系数达到 0.583，高于全国平均水平；粮食产量实现“二十连丰”，连续三年稳居全国第六位。

（五）新型农业经营主体蓬勃发展

近年来，内蒙古坚持加快培育新型农业经营主体，深入实施新型农业经营主体提升行动，突出抓好农牧民专业合作社和家庭农场培育。截至 2023 年末，全区旗县级以上示范家庭农牧场数量较上年末增长 14.4%；旗县级以上农牧民合作社示范区数量增长 20.3%；自治区级农牧业产业化龙头企业数量增长 8.4%。

三、基础不够稳固，乡村振兴短板尚存

（一）村集体经济实力还不够强

村集体经济发展不足，仍是乡村产业发展中的短板弱项，2023 年，全区 53.5% 的村无村集体经营收入。村集体经济缺少有效的产业支撑，发展可持续性不足，带动能力有限，薄弱的村集体经济在一定程度上制约着农村牧区各项事业的快速发展。

（二）人口流失趋势尚未有效遏制

农村牧区适龄儿童和青壮年外流严重，农村牧区人口数量减少。2023 年，全区农村牧区常住人口 909.4 万人，较上年下降 3.1%；留守儿童、留守老人、留守妇女人数均不同程度减少，较上年分别下降 16.7%、8.1%、11.7%，孩子、老人、妇女等留守人员也逐步流向城市。

（三）生活环境还不够完善

当前，内蒙古农村牧区人居环境整治工作虽然取得了一定的成绩，但仍存在一些问题。比如，受农牧民居住比较分散的影响，生活污水处理能力还不足，2023 年，全区农村牧区生活污水未进行处理的村占比 69.4%。

四、坚持问题导向，加快破解乡村振兴难题

（一）壮大村集体经济

加强村党组织建设，选优配强带头人，用好大学生村官和驻村第一书记，充分发挥返乡创业人员的作用。通过调查研究、因地制宜挖掘本地资源优势，如农副产品、手工艺品、旅游资源等，发掘其商业价值，为村庄带来新的经济增长点。盘活用好村集体资源资产，通过成立村集体经济合作社、村集体企业等形式，集中村民力量，共同经营和管理村庄的资源和产业，推动村集体经济持续健康发展。

（二）培养留住农村人才

提高农牧民种养殖技术和管理水平，提高农产品产量和质量，增加农牧民收入，使农牧民更有信心和动力留在农村。加强农村牧区基础设施建设力度，提升社会保障水平，提高农村牧区基本公共服务的均衡性和农村牧区公共服务质量，在农村牧区形成人才、土地、资金、产业及信息汇聚的良性循环发展，健全待遇留人、事业留人、感情留人相结合的农村牧区振兴人才激励保障机制。通过提供创业指导和资金支持，鼓励农牧民自主创业，发展乡村产业，从而带动更多农牧民留在农村。

（三）深入推进人居环境治理

加大宣传力度，充分利用电视、广播、网络等媒体、结合村庄清洁行动、厕所革命等活动，采用群众喜闻乐见的形式，大力开展农村牧区环境整治宣传。充分调动群众参与建设的积极性和主动性，建设内容、项目工程、工作监督等过程鼓励群众积极参与，使群众看得见、摸得着、主动参与，让广大群众真正成为乡村建设的主力军、实践者、受益者。坚持因地制宜，突出地域特色，有序推进、务实规划，根据各地民风习俗、经济水平和农民期盼，科学确定各地区整治目标任务，坚持“治理”与“提升”相结合，加大生活污水处理设施建设力度，集中力量解决人居环境整治中遇到的难点、堵点问题，有效提升农村牧区生活污水处理能力，使农村牧区更加宜居宜业。

报告撰稿：汪传敬　王艳伟　曹源源

辽宁省乡村振兴监测报告

县域是连接城市和乡村的纽带，以县域经济发展助推乡村振兴，是中国式现代化进程中实现乡村振兴发展的有效路径。作为传统农业大省，辽宁锚定打造现代化大农业发展先行地目标，以学习运用“千万工程”经验为引领，按照“产业兴旺、生态宜居、乡风文明、治理有效、生活富裕”总要求，立足资源禀赋优势，发展“一县一业”特色产业，奋力谱写新时代乡村全面振兴的“辽宁篇章”。

国家统计局科学构建乡村振兴统计监测指标体系，收集全国2675个县、县级市和市辖区的基础指标数据，综合评价全国乡村振兴发展情况。监测结果显示，2023年辽宁乡村全面振兴发展指数为68.2，较2022年提高2.9，增长4.4%，乡村振兴发展稳中有升，稳中向好，对推动全省经济高质量发展起到良好支撑作用。

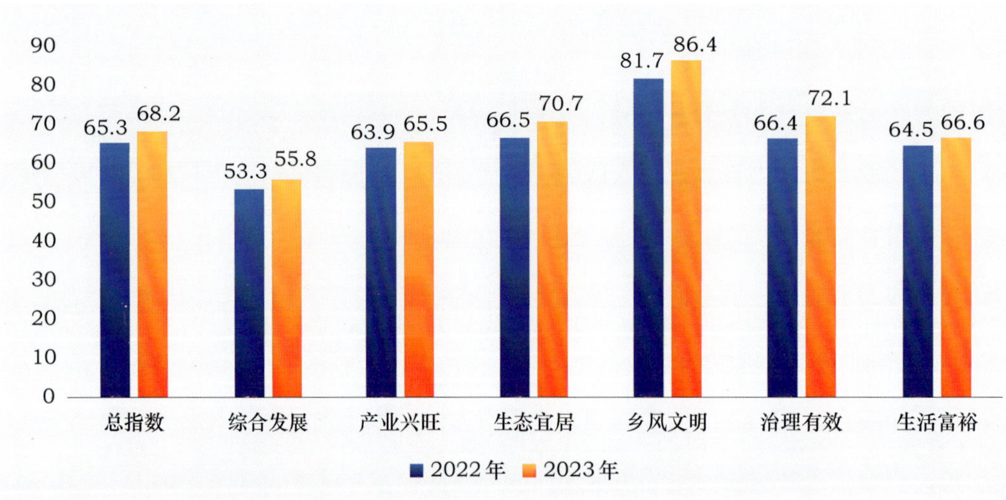

图1 2022—2023年辽宁分领域乡村全面振兴发展指数

一、乡村建设稳步推进，人居环境持续改善

（一）综合实力逐步增强

2023 年，辽宁综合发展指数为 55.8，较 2022 年提高 2.5，增长 4.7%。全省 71 个涉农县（市区）地区生产总值 12517 亿元，较 2022 年（12004 亿元）增加 513 亿元。县均地区生产总值 176 亿元，较 2022 年（169 亿元）增加 7 亿元。地区生产总值超过 1000 亿元以上的县（市、区）有 1 个，为瓦房店市（1136 亿元）；600–700 亿元的有 2 个，海城市（642 亿元）和庄河市（636 亿元），300–600 亿元的有 5 个，为兴隆台区（417 亿元）、鲅鱼圈区（409 亿元）、大洼区（344 亿元）、新民市（309 亿元）和大石桥市（307 亿元），其中新民市和大石桥市均首次突破 300 亿元。全省地方一般公共预算收入 820 亿元，较 2022 年（702 亿元）增加 118 亿元，增长 17.0%，有 63 个县实现正增长。

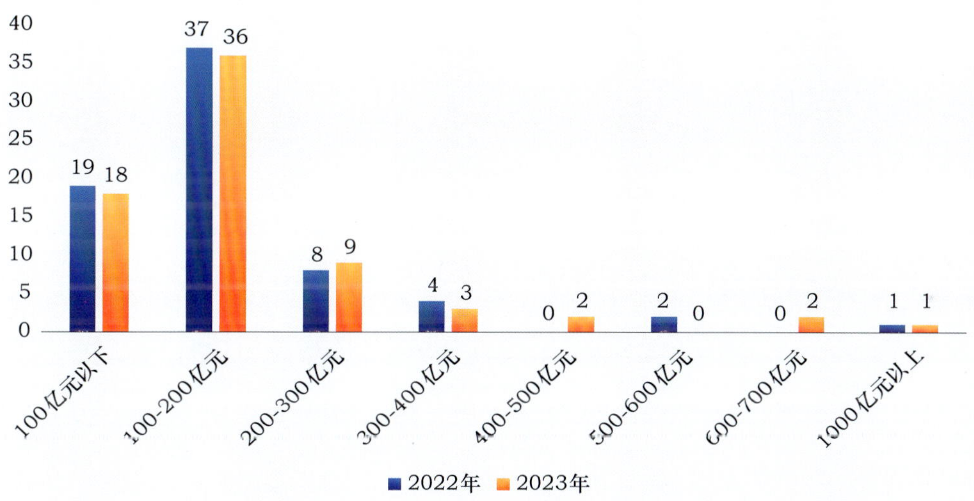

图 2 2022—2023 年辽宁地区生产总值分布

（二）乡村产业蓬勃发展

2023 年，辽宁产业兴旺指数为 65.5，较 2022 年提高 1.6，增长 2.5%，全省有效使用绿色食品标志的企业总数达到 596 家，产品 1250 个。经中绿华夏认证的有机农产品企业 18 家，产品 72 个。农产品地理标志登记产品品牌 100 个，全国名特优新农产品登录品牌 9 个。此外，着力培育大基地、大企业、大产业，如盘锦将农业生产优势从稻田、苇田农业等传统产业，拓展到生产、加工、物流和销售等产业链各个环节，加快建设粳稻、大豆 2 个百亿级产业集群，为第一产业带来更多增值空间。

专栏1

培育辽宁特色优品 推动乡村全面振兴

2023年年初以来，辽宁省委、省政府印发了《中共辽宁省委 辽宁省人民政府关于学习运用“千村示范、万村整治”工程经验有力有效推进乡村全面振兴的实施意见》，提出做强做精特色产业，深入推进乡村产业高质量发展。目前该项政策初见成效。

一是叫响“辽字号”品牌。充分利用各地资源禀赋，不断推动瓦房店樱桃、东港草莓等高附加值品种落地生根、发展壮大，形成规模和品牌效应，打造辽宁具有鲜明特色的农业产业标识。如东港草莓品牌价值达到300亿元以上，盘锦大米品牌价值达到500亿元以上。二是打造优势特色产业集群。挖掘优势特色产业潜力，积极创建国家“鲜花村”“葡萄镇”优势特色产业集群。如朝阳凌源每年举办“百合节”，开展郁金香新品种洽谈会、永生花订货会等系列活动，将花区变成景区、花园变成公园，积极打造农业休闲旅游名片。三是培育新质生产力。以科技赋能引领乡村振兴，推动新质生产要素加快蓄积。如被誉为“中华国宝”的辽宁绒山羊，育种方面采用先进基因工程技术，扩繁方面应用胚胎工程、高频繁殖技术，种羊成为全国各绒山羊产区改良和新品种培育的首选副本，推动乡村产业高质量发展。

撰稿：孟厦

（三）乡村环境宜居宜业

2023年，辽宁生态宜居指数为70.7，较2022年提高4.2，增长6.3%。截至目前，辽宁累计创建美丽宜居村3000余个，占全省行政村的30%左右。通三级及以上公路的乡镇占全省涉农乡镇比重为98.7%，同比增加100个村，较上年（89.8%）提高8.9个百分点。农村自来水普及率87.8%，较上年（84.7%）提高3.1个百分点；畜禽粪污综合利用率87.1%，较上年（65.6%）提高21.5个百分点；行政区5G通达率82.4%，较上年（68.2%）提高14.2个百分点。

（四）乡风文明持续提升

2023年，辽宁乡风文明指数为86.4，较2022年提高4.7，增长5.8%。全省村综合性文化服务中心覆盖率为86.1%，同比增加780个村，较上年（79.4%）提高6.7个百分点。有体育健身场所的村占全省行政村比重为96.2%，同比增加400个村，较上年（94.6%）提高1.6个百分点。有农民业余文化组织的村占全省行政村比重为72.5%，同比增加1840个村，较上年（56.6%）提高15.9个百分点。

专栏2

建设美丽乡村 加快乡村蝶变

近年来，辽宁先后制定出台《关于学习借鉴浙江“千万工程”经验 进一步推进美丽乡村建设的实施意见》《“五好两宜”和美乡村建设》等政策措施，着力提高辽宁农村人居环境质量，美丽乡村建设取得良好进展。

一是垃圾治理取得成效。积极为垃圾处置解决 “出口”问题，探索推行农村各类垃圾先分流、生活垃圾再分类模式，实现垃圾处置设施终端跨省共享 1 处、省内共享 6 处，新配备垃圾收运处置设施设备 8.3 万台（套）。积极引导村民每家每户在庭院设置小型沤粪池，全省禽畜粪污综合利用率达到 87.1%。二是村庄绿化加快推进。抓准绿化工程“小切口”，坚持见缝插绿，见空插树，打造和美乡村“高颜值”。如锦州义县免费提供果树苗和花籽，全县村屯、道路两侧栽植各类树木 16 万余株、花草绿化 4 万余平，基本实现家家有树、户户有花。三是净化整治行动持续开展。开展“小手拉大手”“寻找最美庭院”“星级文明户”等活动，落实门前“三包”责任制。如沈阳实施“美丽庭院、美丽村屯、美丽田园”建设，创建美丽庭院示范街 1000 条，统筹实施村内道路硬化、亮化、绿化及农村垃圾、污水、改厕等工程，推进美丽宜居村建设提质扩面。

撰稿：公锦凤

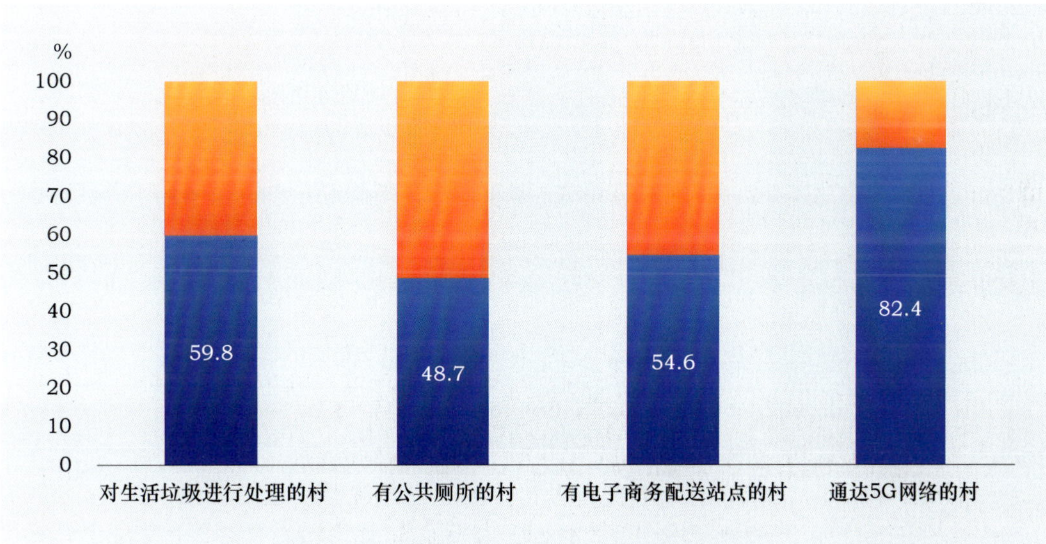

图 3 2023 年辽宁部分生态宜居指标比重

（五）乡村治理和谐有序

2023 年，辽宁治理有效指数为 72.1，较 2022 年提高 5.7，增长 8.6%。全省大专及以上学历村党支部书记人数占全部村党支部书记人数比重为 62.9%，较上年（59.5%）提高 3.4 个百分

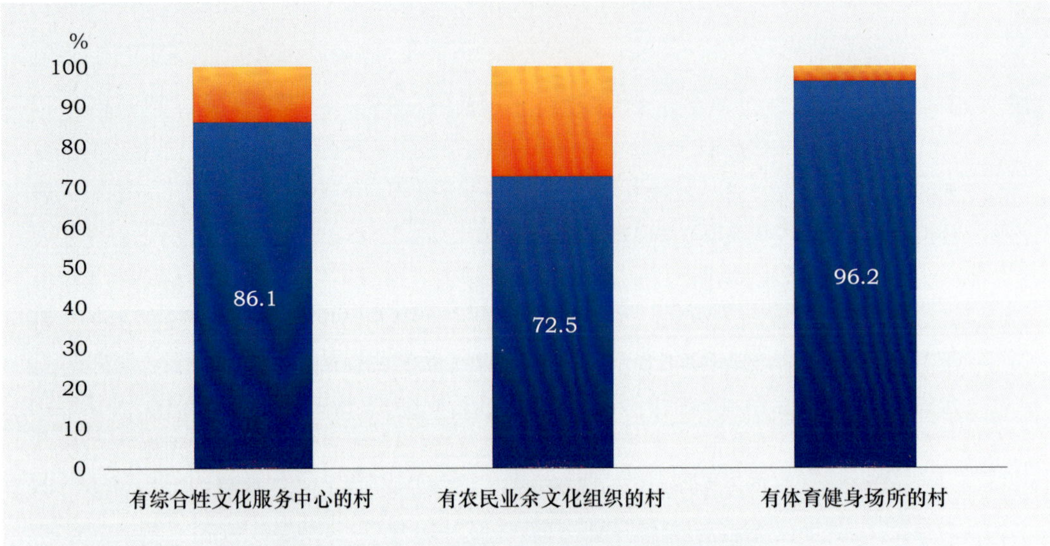

图 4 2023 年辽宁部分乡风文明指标比重

点。有综合服务站的村占全部行政村比重为 86.1%，较上年（75.4%）提高 10.7 个百分点。有公共法律服务中心的村占全部行政村比重为 83.1%，较上年（72.0%）提高 11.1 个百分点。

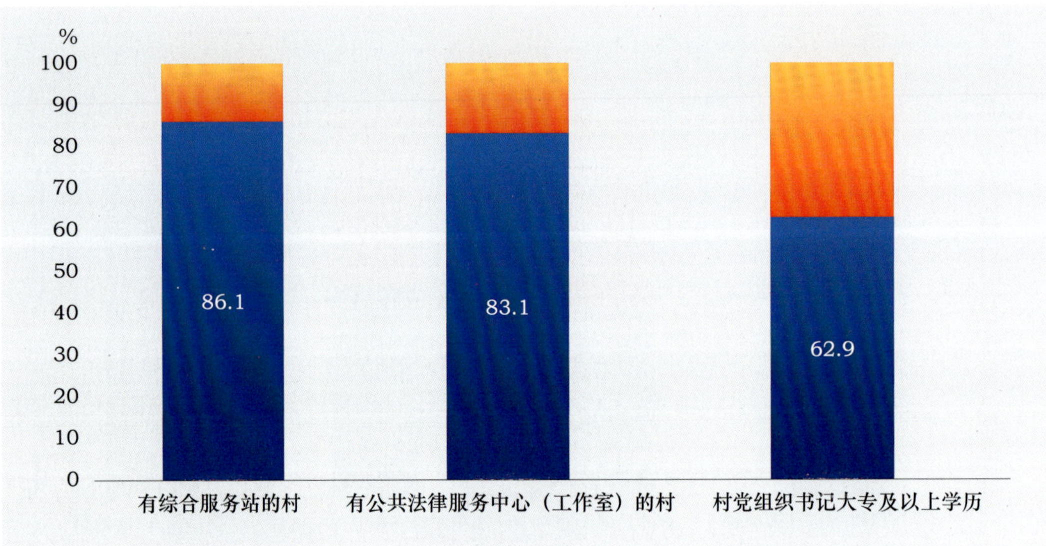

图 5 2023 年辽宁部分治理有效指标比重

（六）农民生活更加富裕

2023 年，辽宁生活富裕指数为 66.6，较 2022 年提高 2.1。全省农民人均可支配收入 21483 元，首次突破 2 万元大关，在全国各省（区、市）中居第 9 位，实际增长 8.1%，较全国高 0.5 个百分点。

其中，农民经营净收入增长 6.9%，拉动人均可支配收入增长 3.8 个百分点。全省农民工月均收入为 4697 元，比上年同期增加 405 元，增长 9.4%，有效带动农民增收。

二、数字农业引领发展，乡村治理推陈出新

与其他省份相比，辽宁在产业发展和乡村治理方面具有相对优势。2023 年，辽宁产业兴旺指数为 65.5，较全国（63.9）高 1.6；治理有效指数为 72.1，较全国（66.4）高 5.7。

（一）大连庄河：党建工作引领乡村治理

庄河市岭东村创新乡村综合治理模式，开办“道德积分超市”，鼓励村民以道德积分换物，村委会定期开展典型人物评选，让好媳妇、好公婆等好人形象引领道德风尚，以家庭美德带动社会公德。村两委班子成员、乡贤能人、党团员、妇女青年代表等在村力量组成志愿服务队，对“滥办酒席、大操大办”等行为进行及时劝阻，将“好人好事、文明家庭”等信息进行推介宣传。在村党支部带领和全村村民共同努力下，岭东村先后荣获“全国森林乡村”“全国文明村”“辽宁省乡村治理示范村”等省级以上荣誉。

（二）沈阳新民：数字农业打造种业芯片

新民市涌现出一批引领行业发展的农业产业化龙头企业，相关企业集聚力量推动科技创新，研发高效智能 AI 农业系统，有效提升当地设施农业现代化水平。以沈阳秋实农业科技发展有限公司为例，该企业通过数字赋能，利用计算机打造高精度生产控制环境，确保种苗质量，创建“植物工厂”。这座“植物工厂”占地面积为 5000 平方米左右，仅需一人管控，每年可不间断批量育苗 1 亿株，产品辐射黑吉辽、内蒙古和京津冀等多个地区。作为重点龙头企业，秋实公司与当地设施农业合作社结成联盟，向农户提供优质种苗和技术指导，并在农产品成熟时进行集中回购，形成从种苗发放到产品回购的“一条龙”产业链。在秋实公司带动下，2023 年新民市设施蔬菜播种面积 27.5 万亩，设施产量 104.3 万吨，分别占全市播种面积和产量的 57.6% 和 52.2%，设施农业收入占农民人均纯收入比重为 30% 左右，有效带动行业发展和农民增收。

（三）丹东东港：物联网嵌入草莓产业

东港市改造提升传统设施农业，发展“物联网 + 水肥”一体化技术，实现装备作业、环境参数和产品质量统筹管理。高科技研发的智能分选装备，能够根据草莓的糖度、重量和颜色等指标，自动进行产品分选，并对外包装进行产地赋码，实现一码知产地、一码辨真伪。为满足特殊客户群体

需要，部分草莓温室安装了监控摄像头，客户可以通过认养和订购的方式，实现草莓“私人订制”。通过设施农业改造升级，久久草莓成为具有较强竞争力的特色品牌，实现了农产品优质优价。目前，东港设施草莓种植面积 64.3 万亩，占丹东和辽宁草莓种植面积的 81.5% 和 38.2%；年产鲜果 20.6 万吨，占丹东和辽宁草莓产量的 83.3% 和 41.2%；九九草莓品牌价值突破 200 亿元。

三、认清差距补齐短板，释放乡村发展潜力

（一）经济总量有待进一步提高

从县域层面看，2023 年，全国县域地区生产总值占全国 GDP 总量比重为 40% 左右，江苏、浙江、山东、四川和湖北等省份均超过 40%，河南比重超过 50%，而辽宁比重为 26.9%，不到全省经济总量的 30%。此外，同一区域经济发展不够均衡。比如，毗邻沈阳的新民市和法库县，2023 年经济总量分列全省 71 个县（市、区）第 7 位和第 14 位，而同处于沈阳都市圈的清源县、宽甸县、西丰县、开原县和调兵山市均靠后，经济总量是新民和法库的 30%–40% 左右。毗邻大连的瓦房店市和庄河市分列第 1 位和第 3 位，而同处于沿海经济带的绥中县、建昌县和兴城市经济总量是瓦房店市的 10%–15% 左右。

（二）产业融合有待继续加强

辽宁初级产品供应较为丰富，高附加值产品供应相对不足，如盘锦河蟹产量占全国产量 8%，而江苏阳澄湖大闸蟹产量占全国产量 40% 以上；大连樱桃产量占全国 10% 左右，而烟台樱桃产量占 40% 左右。高附加值产品产量相对不足，导致辽宁农业企业难以积累资金，农产品加工业多集中在链条相对较短、资金需求量相对较少的农副食品加工业企业，向食品制造业等高端环节延伸不够。2023 年，辽宁农副食品加工业营业收入占规上工业营业收入比重为 7.0% 左右，而全国为 4.0% 左右；食品制造业比重不到 1.0%，而全国为 1.6%。此外，特种产品供应难以满足工业企业原材料需求，造成一二产业衔接不够紧密。如烟草制品业同为辽宁和云南占农产品加工业增加值比重较大的行业，云南烟叶产量约占全国 40%，而辽宁占比不到 1%。

（三）乡村建设有待持续推进

与全国先进省份相比，辽宁农村生活污水治理管控率和农村卫生厕所普及率较低，个别村屯生活垃圾、生产垃圾、建筑垃圾等堆放较为随意，与全国先进省份存在一定差距。此外，农村人居环境整治是涉及面广、内容多、任务重、牵扯部门多的系统工程，但各部门制定的政策往往针对自己

领域，对其他领域考虑不够充分，整合优势没有完全释放。

四、乡村发展前景“辽”阔，“宁”聚全面振兴力量

（一）因地制宜做强特色产业

立足产业基础，找准发展定位，发展特色产业。一方面，结合资源禀赋、区位条件和产业基础等本地实际，选择合适的特色产业和支柱产业，集链成群，集群成势，形成具有竞争力的产业集群。加快引育新企业和新动能，为经济增长蓄积新力量。另一方面，找准发展定位，实现共同发展。对于毗邻市区的周边乡镇，要围绕城区主导产业做好物流基地、专业市场等配套服务。对于远离市区的乡镇，要立足本地资源禀赋发展特色经济和支柱产业，成为先进制造、商贸流通、文化旅游等专业功能县城。对于区位优势较为明显的地区，要吸引黑龙江、吉林、内蒙古地区的初级特色产品向辽宁集中，利用密集的港口和高速铁路物流网络向关内辐射。

（二）加快推动乡村产业融合

当前，与辽宁毗邻的京津冀地区，沈阳、大连等中心城市均开启新一轮“腾笼换鸟”，各县（市、区）具有厂房、土地等生产资料成本优势，土地发展空间较为充足，能够较好承接溢出产业转移。一方面，深化省际合作做强做大乡村工业，利用好京津冀产业转移窗口期，吸引一批补链延链强链项目和配套企业落地，激活乡村“造血”功能。另一方面，对接省内工业集群做好配套协作，支持县域企业围绕产业集群和龙头企业发展配套产业，积极延链补链强链，开展精准服务，引领乡村经济整体提升。

（二）营造宜居宜业良好环境

树立系统观念，先规划后建设，统筹推进农村改厕、生活污水与垃圾治理等农村人居环境整治提升重点工作，将重点突破和综合整治、示范带动和整体推进相结合。一方面，结合国土空间规划编制，统筹考虑地下施工与地面建设、项目先建与后建关系，推动农村改厕、生活污水与垃圾治理等各类工作规划在村域层面“多规合一”，做到不规划不建设、不规划不投入，避免重复建设。另一方面，建立财政奖补、帮扶单位争取、受益群体自筹、农村集体经济补充及乡贤社会力量支持相结合的多元化投入机制。鼓励社会资金参与治理工作，采用“村集体经济＋农户（土地）＋公司运作”模式，实现人居环境与乡村产业发展双提升、双促进。

报告撰稿：李晓棠

吉林省乡村振兴监测报告

2023 年，吉林省委、省政府深入贯彻落实习近平总书记视察吉林和在新时代推动东北全面振兴座谈会上的重要讲话重要指示精神，全面落实中央一号文件部署，举全省之力推动农业农村优先发展，学习运用“千村示范、万村整治”工程经验，加快发展现代化大农业，在全力推进乡村全面振兴各项重点任务落实上下功夫，取得明显成效。

一、振兴发展成效明显，监测指数明显提高

根据国家统计局 2023 年乡村全面振兴发展指数测算结果，全省乡村全面振兴发展总指数为 66.6，较 2022 年提升 0.9。

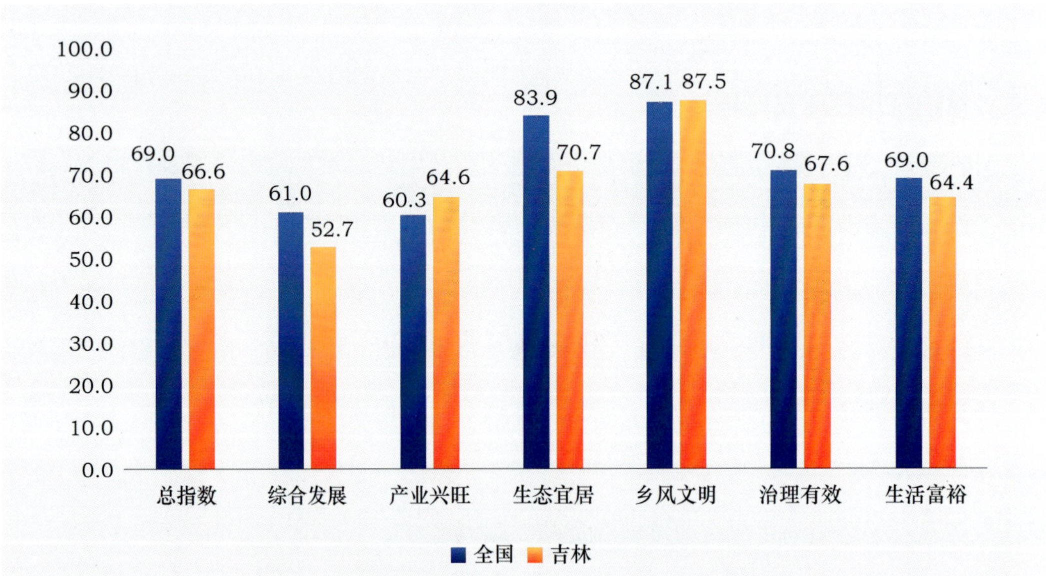

图 1 2023 年全国和吉林乡村全面振兴发展指数

（一）综合发展欣欣向荣

2023 年，吉林省实现地区生产总值 13531 亿元，位列全国第 26 位。增速为 6.3%，比全国平均水平高 1.1 个百分点，位列全国第 7 位。按常住人口计算（下同），人均实现地区生产总值 5.8 万元，人均水平位居全国第 27 位。全年实现地方一般公共预算收入 1075 亿元，排名全国第 26 位。增速 26.3%，位列全国第 2 位，人均实现地方一般公共预算收入 4595 元。

（二）农业生产日增月盛

2023 年，吉林省粮食总产量达 4187 万吨，创历史新高，从全国第 5 位跃升至第 4 位，单产居全国粮食主产省第 1 位。肉类总产量达 309 万吨，增长 6.3%，人均肉产量 132 千克，人均水平居全国第 1 位。实现第一产业增加值 1645 亿元，同比增长 5.0%，增速位居全国第 6 位，人均实现第一产业增加值 7031 元。吉林省严格执行黑土地保护政策，累计建成高标准农田 4304 万亩。主要农作物耕种收综合机械化率达到 94%，比全国高近 20 个百分点。认定的绿色农产品、有机食品和地理标志农产品合计 1654 个。

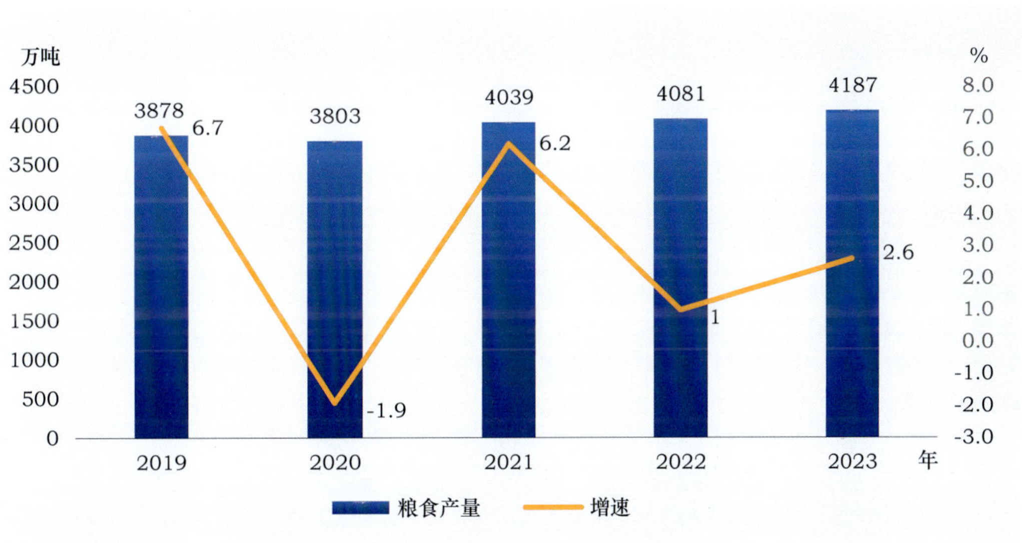

图 2 2019—2023 年吉林省粮食产量及增速

（三）美丽乡村建设方兴未艾

2023 年，吉林省农村生活污水治理管控率 27.7%。对生活垃圾进行处理的村占比 96.5%。农村卫生厕所普及率 43.5%，全年完成农村厕所改造 4.7 万户。畜禽粪污综合利用率 84%。农村自来水普及率 97.8%。行政村 5G 通达率 69.9%，全年新建 5G 基站 12049 个，实现乡镇级以上 5G 网络连续覆盖。较大人口规模自然村（组）通硬化路比例达 98.6%。

（四）乡风面貌不断改善

2023 年，吉林省省级以上文明村 507 个，省级以上文明乡镇 172 个，省级以上文明村镇合计占比 7.3%。全省村综合性文化服务中心覆盖率 93.6%。全省有农民业余文化组织的村 6406 个，占比 69.3%。有体育健身场所的村 8854 个，占比 95.8%。吉林省实施乡村振兴文明创建工程，常态化开展“美丽庭院”“干净人家”“文明村镇”“文明家庭”创建活动，农民精神面貌不断改善，文明乡风、良好家风、淳朴民风蔚然成风。

（五）乡村治理蒸蒸日上

2023 年，吉林省集体经济强村 485 个，占比 5.3%。县级及以上民主法治示范村 1466 个，占比 15.9%。全省有综合服务站的村 8989 个，占比 97.3%。有公共法律服务中心（工作室）的村 7095 个，占比 76.8%。村党组织书记大专及以上学历占比 47.7%。

（六）生活富裕快速追赶

2023 年，吉林省农村居民人均可支配收入 19472 元，城乡居民人均可支配收入比为 1.93，比上年缩小 0.03，农村居民人均可支配收入实际增长 7.9%。农村居民人均消费支出 14354 元，实际增长 13.3%。农村居民家用汽车拥有量 78 万辆，汽车普及率 24.8%。农村养老服务机构 884 家，设施覆盖率 9.6%。乡村居民月人均领取养老金 142 元。农村义务教育学校专任教师本科及以上学历比例达 80.5%。乡村医生中有执业（助理）医师资格的人员占比 38.8%。

专栏1

吉林省“千亿斤粮食”产能建设工程

吉林省委省政府牢记殷殷嘱托，坚决扛起习近平总书记赋予吉林“争当农业现代化排头兵”的重任，主动承接好国家新一轮“千亿斤粮食”产能提升任务，于 2023 年开始实施“千亿斤粮食”产能建设工程。围绕提高粮食产能目标，谋划实施良田建设工程、种业振兴工程、农业机械化提升工程、新型农业经营主体和服务主体培育工程、智慧农业建设工程、产粮大县振兴工程、盐碱地综合利用等八大重点工程项目。重点推进良田、良种、良机、良法、智慧农业“四良一智”建设。深入实施“藏粮于地、藏粮于技”战略，持续加大黑土地保护力度，加快推进高标准农田建设，推动现代种业振兴发展，促进农机农艺融合，大力发展智慧农业，全面夯实粮食安全根基，提高粮食综合生产能力，确保到 2035 年粮食产能跨上千亿斤台阶，努力实现再增加粮食产量 200 亿斤的目标，在更高水平上保障国家粮食安全。

撰稿：张铁瀛

二、多领域齐头并进，“三农”硕果累累

吉林省着力推进乡村产业蓬勃发展，打造宜居宜业和美乡村，建设平安和谐乡村社会，充分释放乡村发展活力，不断强化乡村振兴人才支撑，取得了显著的成绩。

（一）第一产业蹄疾步稳

吉林省始终把保障国家粮食安全作为重大政治任务，省市县党政主要领导任粮食安全领导小组双组长，严格落实耕地保护和粮食安全党政同责，深入实施“藏粮于地、藏粮于技”战略，以“千亿斤粮食”产能建设工程为主线，凝心聚力抓好粮食生产，粮食产能稳步提升。深入实施“秸秆变肉暨千万头肉牛”工程，肉牛产业蓬勃发展。2023 年，全年新增千头以上肉牛产业化项目 235 个、万头以上牛场 25 个，肉牛存栏量达 427 万头，出栏量达 290 万头，同比分别增长 9.5% 和 10.5%。

（二）一二三产业加快融合

吉林省立足农业资源禀赋，着力打造万亿级农产品及其深加工和食品细加工产业。优化产业布局，依托 8 个国家农业现代化示范区和 8 个国家级产业园，大力发展玉米水稻、杂粮杂豆、生猪、肉牛肉羊等“十大产业集群”，以“群长制”“赛马机制”推动强链扩群，启动实施 5000 万元以上集群项目 219 个，完成投资 116 亿元。省级农业产业化重点龙头企业发展到 709 户，国家级龙头企业发展到 71 户。突出特色优势。认定省级农业产业化联合体累计达 171 个。深入实施乡村旅游“十百千万”工程，打造休闲农业精品旅游线路 36 条，45 个村镇入选全国乡村旅游重点村镇，A 级以上乡村旅游经营单位达到 603 家。全省农村网络零售额实现 450 亿元，同比增长 10%。

（三）乡村建设稳步推进

吉林省坚持农业现代化和农村现代化一体设计、一体推进，全面启动实施乡村建设专项方案，全面改善农村生产生活条件。着力提高基础设施完备度，新改建农村公路 3175 公里，新增 24 小时农村供水工程 2004 处，惠及 150 万农村居民，新建 5G 基站 12049 个，实现乡镇级以上 5G 网络连续覆盖。着力提高公共服务便利度，招录农村义务教育“特岗计划”教师 2700 人，建成新时代文明实践中心 70 个、乡镇实践所 610 个、行政村实践站 9340 个。着力提高人居环境舒适度，启动实施“十县引领、百村示范、千村美丽、万村整治”工程。首批打造高标准示范村 201 个、美丽乡村 995 个。村庄清洁行动保持行政村全覆盖，创建干净人家 30 万户。累计 10 个县获评全国村庄清洁行动先进县。全年完成农村厕所改造 4.7 万户。

（四）治理结构不断改进

吉林省坚持系统治理、依法治理、综合治理、源头治理，不断健全党组织领导的自治、法治、德治相结合的乡村治理体系。坚持党建引领乡村治理。开展五星级乡村党组织创建，全面推行“党建＋网格”模式，打造农村网格。选拔优秀“四方面人员”进入乡镇领导班子，招录287名乡镇机关选调生充实到乡村一线。常态化整顿软弱涣散村党支部，向脱贫村、重点边境村选派驻村干部5471人。创新乡村社会治理方式，推行“文明积分”乡村治理模式，充分调动农民参与村级公共事务的积极性、主动性、创造性。创建国家级民主法治示范村（社区）91个、省级示范村（社区）552个，提升乡村社会文明程度。

（五）发展活力持续释放

吉林省全面激活农村资源要素，促进农业增产、农民增收、农村致富。稳慎推进农村土地制度改革，稳步推进九台、梅河口、通榆等3个国家级宅基地制度改革试点。农村乱占耕地建住宅专项整治国家级试点任务完成进度达到57.8%，位居全国试点地区前列。规范发展新型农业经营主体。全省农民合作社、家庭农场分别发展到8.1万个和9.8万个。农机专业合作社达到6685个，农机应用装备主体基本实现产粮大县乡镇全覆盖。加快发展农业社会化服务。落实中央农业生产托管项目面积300万亩，探索实施关键生产环节统一服务模式。农业社会化服务组织托管服务6831万亩次，带动农户125万户，为农民节本增效100亿元以上。

（六）人才建设效果显著

吉林省坚持以人兴促振兴，让各类人才在农村大显身手。全面引进人才，精准对接服务乡村需求，推进“特岗教师计划”“大学生乡村医生”“畜牧养殖大村大学生兽医”等培养项目，设置“乡村振兴专干”3631人。大力培养人才。开展冬春农业科技大培训，每年培训100万人次，组织高素质农民、青年农场主赴省外培训5000人次。实施农村劳动力务工增收行动、农民工学历提升计划，每年培训农民工12万人次。有效激励人才。积极推进职业农民评定，连续三年共评出高级职称900人、初中级职称5034人，按高中初职称等级由财政每年给予补贴3000元、2000元、1000元，连续发放5年，让职业农民受尊重、有保障。

专栏2

吉林省秸秆变肉暨千万头肉牛工程

2021 年，吉林省实施“秸秆变肉”工程，启动千万头肉牛工程建设，建设承载粮食及副产物转化增值的畜牧大产业，打造全国“大肉库”，明确到 2025 年，全省肉牛发展到 1000 万头，其中存栏 600 万头、出栏 400 万头，肉牛全产业链产值达到 2500 亿元。

吉林省先后制定出台了《吉林省“秸秆变肉”工程实施方案》《吉林省做大做强肉牛产业十条政策措施》《关于实施“秸秆变肉”暨千万头肉牛建设工程的意见》《吉林省肉牛产业发展规划》《关于支持全省肉牛产业发展有关政策措施》和《关于应对肉牛市场价格波动促进产业稳定发展十四条措施》等政策性文件；组建成立了省长任组长的“秸秆变肉”暨千万头肉牛工程领导小组，组建了吉林省“政银保担”联动支牧联盟，建立了金融机构与肉牛产业资金需求衔接机制，创新推出“吉牛・云上繁改贷”产品，在全国率先建设了“吉牛云”大数据平台，创新推出“吉牛普惠”小程序。

截到 2023 年底，全省肉牛存栏 427 万头，全年出栏 290 万头，存出栏合计 717 万头，较 2020 年增长 36.8%。

撰稿：张铁瀛

三、基础和环境制约，短板弱项仍较为明显

受城镇化快速发展的影响，吉林省乡村人口不断减少，尤其是乡村劳动力人口的快速减少给吉林省乡村振兴带来了较大困难。粮食、畜牧业生产一直是吉林省农民收入的主要来源，经营净收入占比全国最高，农民工资性收入较低，产业发展对乡村振兴的带动作用还不够强。农村基础设施还不够完善，生态宜居等方面仍存短板。

（一）乡村空心化程度不断提高

受城镇化、工业化快速发展虹吸效应影响，乡村人口逐年减少。2023 年，吉林省乡村人口为 825 万人，占总人口的 35.3%，较 2022 年减少了近 27 万人。乡村人力资源逐渐短缺，人口年龄偏大，乡村空心化程度不断加剧，给乡村振兴带来较大的困难。

（二）产业发展对乡村振兴的带动作用还有待提高

吉林省集体经济强村占比低，人均第一产业增加值、耕地产出率、“绿色有机地理标志”农产品数量及规模以上农产品加工业产值等发展指标落后于全国。农产品加工企业总量较少，品牌影响力不强，联农带农的能力有待提高。2022 年，吉林省规模以上农产品加工业企业合计仅为 1117 家，规模以上农产品加工业产值与农林牧渔业总产值比仅为 44.8%。一二三产业融合度还处在追赶阶段，

大部分农产品仍处于出售原材料和初级加工阶段，精深加工程度不高，产业链不够完善，产品附加值低，农村生产生活服务能力还不强，乡村价值开发尚不充分。

（三）生态宜居还存在短板

虽然吉林省在生态宜居等方面做了大量卓有成效的工作，但受制于基础较差和自然条件束缚的影响，吉林省农村生活污水治理管控率仅为27.7%，农村卫生厕所普及率仅为43.5%，对生活垃圾进行处理的村占比、电子商务配送率相对较低。生态宜居指数为70.7，落后全国13.2，是乡村振兴监测指标体系里与全国平均水平差距最大的板块，严重落后于发达省份。

四、对标问题补齐短板，实现乡村可持续发展

乡村振兴是一项长期而艰巨的战略任务，要想实现吉林省乡村的全面振兴，必须进一步吸引人才回流乡村，牢牢抓住产业振兴这条主线，尽快补齐生态宜居等短板弱项。

（一）吸引人口回流乡村

人力资源是乡村振兴的首要因素，人口流失不仅是阻碍乡村振兴的一大障碍，更是制约乡村发展的关键因素。因此，要想乡村振兴，首先要解决的就是人口流失问题。一是通过产业发展吸引新“乡贤”、青年创客等创新性人才回流乡村，盘活乡村资源，丰富产业新业态，提供更多就业岗位，让更多外出打工的农民回乡就业。二是对教育资源匮乏、医疗水平较低等导致农村居民流失的因素有针对性地补齐短板，增强乡村的吸引力。

（二）抓牢产业振兴“牛鼻子”

持续提升粮食和重要农产品稳产保供能力，大力发展智慧农业，稳步发展农业适度规模经营。促进农村一二三产业融合发展，加快构建粮经饲统筹、农林牧渔并举、产加销贯通、农文旅融合的现代乡村产业体系，培育万亿级大农业集群。打造全国高端食品加工基地。持续壮大“十大产业集群”，引导农产品加工业向县乡村下沉、向食品加工和销售等中下游延伸，加快从“卖原料”向“卖产品”转型。持续培育“一村一品”示范村镇。做大叫响“吉字号”农产品品牌。构建多元发展农业产业体系。做优“土特产”文章。推动“千万头肉牛”工程提质增效，加快完善农村物流体系，培育农村物流服务品牌。让产业振兴提供更多就业岗位，更多机会，从而带动乡村整体振兴。

（三）努力提升乡村建设水平

扎实推进和美乡村建设，深入实施农村人居环境整治提升行动，统筹推进农村生产生活废弃物

资源化处理和综合利用，健全畜禽粪污收储运体系，推进畜禽粪污就地转化、就近还田利用。加快补齐农村基础设施短板，持续推进生活污水治理管控能力，加快推进农村卫生厕所改造，推行农村电网巩固提升工程，加快新能源乡村振兴项目建设。完善农村公共服务体系，优化公共教育服务供给，完善乡村医疗卫生服务体系，加强村级卫生室建设，完善县乡村三级养老服务体系。保护农村生态环境，深入实施绿美吉林行动。让农村真正吸引人、留住人，实现可持续的发展和繁荣，成为人民向往的美好家园。

报告撰稿：张铁瀛　郝立军

黑龙江省乡村振兴监测报告

党的十九大提出乡村振兴战略后，中共中央、国务院对新发展阶段优先发展农业农村、全面推进乡村振兴作出总体部署。近年来，黑龙江省乡村振兴工作在省委省政府的领导下，取得了长足的进步和丰硕的成果。黑龙江省统计局根据2023年乡村全面振兴发展指数测算结果，对全省巩固和拓展脱贫攻坚成果同乡村振兴有效衔接进行监测分析，力求更加客观准确反映乡村振兴战略规划进程，现将监测情况报告如下。

一、各项工作总体向好，产业兴旺成果亮眼

2023年乡村全面振兴发展指数测算结果（以下简称“测算结果”）显示，黑龙江省乡村全面振兴发展指数为66.4，比上年高1.2。其中，产业兴旺发展成效显著。

（一）综合实力稳步提升

测算结果显示，2023年全国综合发展指数为61.0，黑龙江省综合发展指数为52.8，比上年提高1.0。2023年，面对复杂严峻的发展环境和艰巨繁重的改革发展稳定任务，黑龙江省坚持稳中求进工作总基调，完整准确全面贯彻新发展理念，积极服务和融入新发展格局，全力克服经济发展面临的困难和挑战，着力推动高质量发展、可持续发展。从经济发展层面看，2023年黑龙江省地区生产总值为15884亿元，按不变价格计算，比上年增长2.6%。从财政收入看，2023年，全省一般公共预算收入完成1396亿元，同比增长8.2%，其中税收收入860亿元，增长8.3%。近年来，黑龙江省经济稳步发展，为乡村振兴工作开展营造了良好氛围，为乡村人民生活水平提升提供了坚实保障。

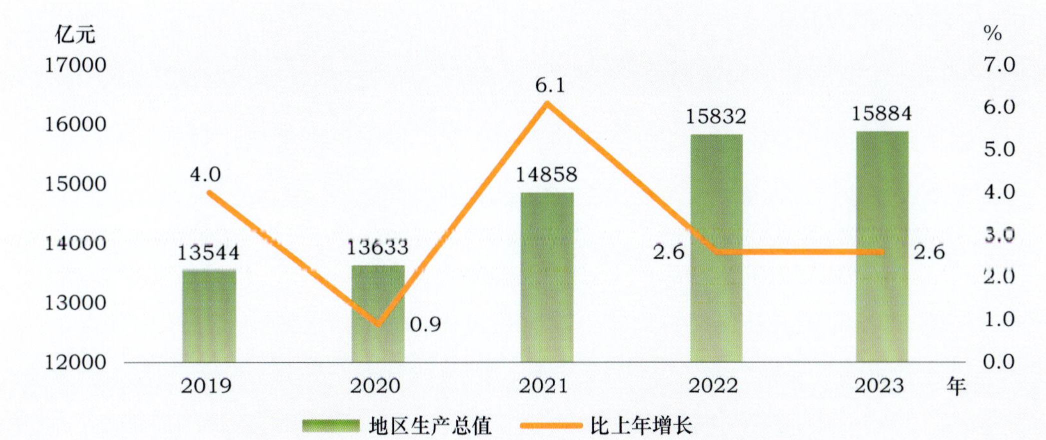

图 1 2019—2023 年黑龙江地区生产总值及增速

专栏 1

“畜”势待发正当时

近年来，黑龙江省深入贯彻落实习近平总书记关于树立大食物观重要讲话精神，加快推进畜牧业现代化建设。此项工作有利于节约土地、饲草料等资源，有利于留住乡村劳动力、提高乳肉产品的综合生产能力和市场竞争力，更有利于巩固拓展脱贫攻坚成果，助力乡村振兴和农业强省建设。

北大荒集团大山种羊场（引自黑龙江省人民政府网站）

畜牧业是黑龙江省农业经济的第二大产业，其产值占农林牧渔业总产值近 3 成。为高质量发展畜牧业，黑龙江省印发种业振兴行动方案，推进畜禽良种繁育体系建设，现有东北民猪、东北黑蜂、鄂伦春马、林甸鸡和籽鹅 5 个遗传资源保护品种，建有 2 家国家级核心育种场。东北农业大学与福建圣农联合培育的 3 个肉鸡品种，解决了我国快大型白羽肉鸡种源“卡脖子”问题。猪、蛋鸡、肉鸡的良种化率接近 100%。

在一系列“组合拳”的带动下，2023 年，黑龙江省生猪出栏 2414 万头，同比增长 4.2%；牛出栏 326 万头，增长 4.6%；羊出栏 913 万只，增长 1.9%；活家禽出栏 32684 万只，增长 4.6%。在产能加快释放带动下，畜产品产量再上新台阶。2023 年，全省猪牛羊禽肉产量创历史新高，达到 327 万吨，同比增长 5.1%，比全国高 0.6 个百分点。

撰稿：雷丽

（二）产业发展活力显现

测算结果显示，2023 年，全国产业兴旺指数为 60.3，黑龙江省为 63.7，比上年低 0.8，比全国高 3.4。黑龙江省认真落实党中央、国务院决策部署，扎实推进稳粮稳豆，有效应对局地洪涝灾害影响，粮食生产实现“二十连丰”，2023 年，全省粮食播种面积 2.2 亿亩，比上年增加 89.8 万亩；粮食产量达 7788 万吨，占全国粮食产量的 11.2%，连续 14 年居全国首位。2023 年，全省实现农林牧渔业总产值 6493 亿元，按可比价计算，同比增长 2.6%，比上年提升 0.1 个百分点。全省猪牛羊禽肉产量创历史新高，达到 327 万吨，同比增长 5.1%，高于全国 0.6 个百分点。黑龙江省实施农产品精深加工业高质量发展三年行动计划，积极打造食品和饲料产业集群，推动初加工企业在乡村布局，全省规上农产品加工企业突破 2000 家。

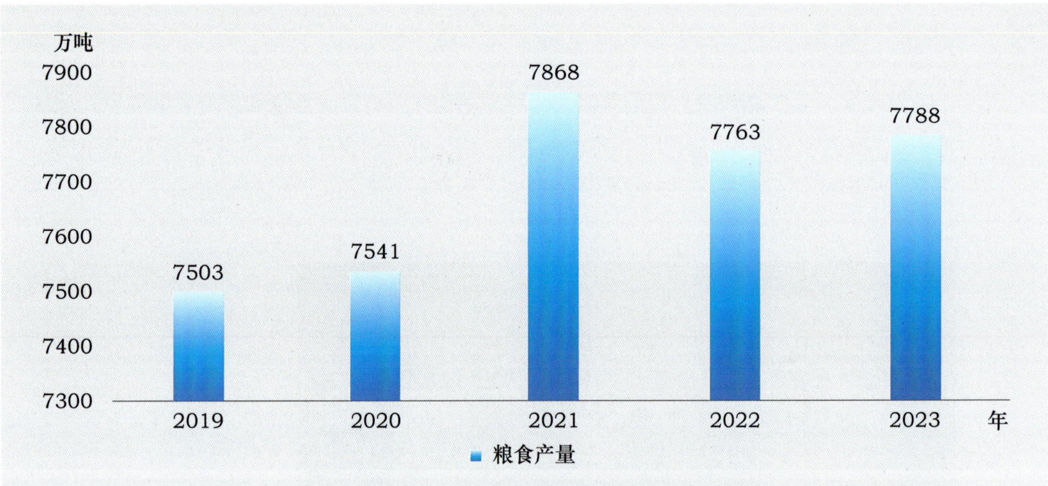

图 2 2019—2023 年黑龙江省粮食产量

（三）生态宜居尚需加力

测算结果显示，2023 年，全国生态宜居指数为 83.9，黑龙江省生态宜居指数为 70.3，比上年高 1.2，比全国高 13.6。省级财政每年投入约 8 亿元地方政府一般债券资金，专项用于农村饮水工程提档升级。农村自来水普及率达到 97%，比全国平均水平高近 10 个百分点，农村集中式饮水总体合格率 93.6%，全国排名前五。积极稳妥推进农村“厕所革命”，开展问题厕所整改“百日攻坚”行动，大力推进“农民自建、先建后补、市场化运维”机制试点，新建卫生户厕 2 万余户，整改问题厕所 16.7 万户。以“六清一修一改一建”为重点，发动农民群众投工投劳 310 万人次，清理农村生活垃圾 284 万立方米，加强农村生活污水和黑臭水体治理，95% 以上村庄实现干净整洁有序。

建立“龙江民居”省级试点村 24 个，推荐 13 个村为年度国家级美丽宜居村庄创建示范村。

专栏2

以“三链”赋能乳制品产业提升

近年来，黑龙江省以打造“三链”为抓手，持续保持全国最大奶粉和婴幼儿配方乳粉生产基地优势，乳制品加工能力、婴幼儿配方奶粉产量稳居全国首位。2023 年，黑龙江省生牛奶产量 504 万吨，占全国的 12%。

一是做强乳粉产业链。发布生鲜乳购销交易参考价格，定期调度市县奶牛养殖生产、生鲜乳生产成本和购销价格情况；组建专家服务团队，一对一帮扶养殖场（户）应用节本增效技术；协调金融机构帮助企业缓解资金压力；支持大型乳企开发差异化新产品，促进乳品消费，减少库存压力。

二是做优液态奶产业链。北大荒完达山乳业股份有限公司在省重大科技专项“功能性液态奶的研制及产业化”项目支持下，近三年累计开发上市液态奶新产品 40 余项，实现销售收入 24.4 亿元，两项产品获得中国乳制品工业协会液体乳制品大赛质量金奖。

三是做大乳制品精深加工产业链。飞鹤乳业有限公司工厂具备自产乳铁蛋白的能力，解决了“卡脖子”的资源问题。飞鹤（哈尔滨）智能化产业园 2022 年投产，配方奶粉的年产量能达到 4 万吨，飞鹤国内 9 家工厂生产的产品都汇集于此，一仓发全国。

撰稿：曲晶

飞鹤乳业哈尔滨工业园区内的智能制造显示屏（引自黑龙江省人民政府网站）

（四）乡风建设成效显现

测算结果显示，2023年，全国乡风文明指数为87.1，黑龙江省乡风文明指数为85.0，比上年高4.4，比全国低2.1。近年来，黑龙江省充分利用新时代文明实践中心、县级融媒体中心等宣传阵地和农村“大喇叭”等宣传载体，组织理论宣讲志愿者深入农民中间和田间地头开展百姓宣讲，注重把宣讲活动与惠民服务、文化生活、情景体验结合起来，让基层群众坐得住、听得懂、记得牢，打通农村理论传播“最后一公里”。以“丰富农民文化生活、繁荣发展乡村文化”为主题，广泛开展系列文化活动，不断满足农村群众的文化需求。持续开展“除陋习、树新风”专项整治活动，大力推广积分制、清单制、数字化、接诉即访等治理方式，创建全国乡村治理示范乡（镇）3个、示范村30个。

（五）治理力度不断加大

测算结果显示，2023年，全国治理有效指数为70.8，黑龙江省治理有效指数为66.5，比上年高4.6，比全国低4.3。黑龙江省在全国率先从省级层面出台县级党委抓乡村振兴责任清单指引、乡镇职责清单指导目录，深化党建引领“强乡赋能”改革，全域推行农村网格化管理服务，划分农村网格4.7万个，不断强化县乡村三级治理体系功能。“抓党建促乡村振兴”工作在全国会议上作经验交流。黑龙江省持续开展打击整治农村赌博违法犯罪专项行动，加强电信网络诈骗宣传防范。开展农村道路交通、燃气、消防、渔船等重点领域安全隐患治理攻坚。加强农村防灾减灾工程、应急管理信息化和公共消防设施建设，提升防灾避险和自救互救能力。持续推进法治乡村建设，加大法治宣传工作力度，增强农民法律意识。

（六）各项保障逐年完善

测算结果显示，2023年，全国生活富裕指数为69.0，黑龙江省生活富裕指数为65.9，比上年高0.9，比全国低3.1。从收入看，2023年，黑龙江省全体常住居民人均可支配收入29694元，同比增长4.8%，其中，农村居民人均可支配收入19756元，同比增长6.3%，增速比上年高2.5个百分点。脱贫地区经济社会发展保持良好态势，脱贫人口人均纯收入普遍增加，继续实现平稳增长。实施教育薄弱环节改善提升工程，给予13个省级乡村振兴重点帮扶县资金2.3亿元，用于支持学前教育发展和义务教育、普通高中办学条件改善。乡村医疗卫生服务实现全覆盖，重点监测对象入户核实率、家庭医生签约率、4种重点慢病规范管理率、30种大病救治率均高于国家要求。落实医保资助政策，在乡、村两级设立8403个医保服务站，省医保救助基金支出21.5亿元，脱贫人口和农村低收入人口实现“应保尽保、应报尽报”。

二、深入落实国家部署，乡村振兴逐项发力

黑龙江省深入学习贯彻习近平总书记重要讲话重要指示精神，特别是习近平总书记视察黑龙江省期间重要讲话重要指示精神，压实政治责任，推进乡村振兴工作。

（一）以上率下层层压实责任

省委主要领导带头到巩固拓展脱贫攻坚成果任务重的县，走村入户调研，以上率下带动五级书记抓巩固拓展脱贫成果、推进乡村全面振兴。省委省政府印发《做好2023年全面推进乡村振兴重点工作的实施意见》，明确9个方面、35项重点任务。省委常委会会议、省委农村工作领导小组会议、省政府常务会议多次传达学习习近平总书记关于巩固拓展脱贫攻坚成果、全面推进乡村振兴最新重要讲话重要指示批示精神，研究部署产业发展、农民增收、兜底保障、问题整改等相关重点工作。编印《习近平总书记对脱贫攻坚、巩固拓展脱贫攻坚成果工作重要讲话重要指示批示学习资料汇编》，组织党员干部持续深化学习、提高认识。省委、省政府靠前指挥、密集调度，定期深入联络点开展调研，加强对住房、饮水等重点工作调度，及时解决问题，推动工作。县乡党政主要领导和村党支部书记开展集中遍访行动，实现脱贫人口和监测对象走访全覆盖，全省上下形成一级带一级、齐抓共管良好态势。

（二）持续加力强化政策支撑

对标国家衔接政策，跟进出台33项具体政策文件，主要帮扶政策总体稳定。2023年落实中央和省级财政衔接资金53.02亿元，实施巩固拓展脱贫攻坚成果和乡村振兴项目2506个，其中安排省级衔接资金23.6亿元，保持投入力度不减。继续深化金融支持乡村振兴机制，涉农贷款余额9763亿元，同比增长4.9%；稻谷、小麦、玉米三大粮食作物完全成本保险和种植收入保险实现产粮大县全覆盖。落实“脱贫劳动力外出就业与家庭自主发展生产经营奖补政策”，更多脱贫群众实现外出就业和家庭生产两兼顾、双增收。实施助力乡村振兴“千人行动”“万人计划”和干部人才“组团式”援边行动，全面开展驻村干部集中选派（轮换）工作，向3295个行政村选派8193名驻村干部，落实派出单位捆绑责任，合力推动乡村振兴。强化对13个省级乡村振兴重点帮扶县的政策倾斜和优先保障，投入中央和省级衔接资金10.7亿元。

（三）多措并举推动工作落实

举办新任职驻村第一书记、防止返贫监测帮扶集中排查等培训，累计受训干部15.5万人次，编制印发政策要点“口袋书”12万册，提升工作人员业务水平。组织乡村干部、驻村工作队等17

万余人次开展两轮集中排查，采取线上线下结合方式指导基层入户核实疑似问题数据 18.8 万余条，确保账账相符、账实相符。对有巩固拓展脱贫攻坚成果任务的县（市、区）开展 5 轮专项督查，实地走访 382 个行政村、3646 户农户，向县级反馈问题 1338 条，目前全部完成整改。

三、直面短板弱项，深挖问题根源

虽然黑龙江省采取了一系列措施，全面提升乡村振兴工作的效能和水平，并取得了较好的成绩。但也要看到，工作还不同程度存在着短板和弱项。

（一）农村居民收入可持续增长受制约

近年来，得益于农村改革和各种政策的红利，黑龙江省农村居民收入不断提高。但也要看到，2023 年黑龙江省农村居民人均可支配收入增速比全国低 1.4 个百分点，比吉林、辽宁和内蒙古分别低 1.1 个、1.6 个和 1.7 个百分点。制约收入增长的主要因素，在于农业产业化水平较低，农业产业链相对较短，黑龙江省乡村特色种植业、特色养殖业和乡村特色旅游业比较难形成完善的产业链，农户分散经营，组织化程度较低，劳动生产效率相对较低。

（二）农村节能环保意识亟待增强

经过多年努力，黑龙江省在生态安全方面取得的成就有目共睹。但在乡村绿色生产生活、污染防治工作方面黑龙江省仍面临挑战。2023 年黑龙江省仅有 74.9% 的村实现生活垃圾分类，32.9% 的村实现生活污水全部集中处理，可提升空间较大。说明在农村生活污水治理、生活垃圾处理、农村卫生厕所、畜禽粪污综合利用、农村自来水普及等农村基础建设方面，投入力度还不够，宣传教育较为薄弱，居民环保意识和参与度还有较大提升空间。此外，化肥农药减量措施、耕地土壤污染、种养结合的生态循环农业发展等问题也是黑龙江省生态宜居方面的薄弱环节。

（三）人才储备不够丰富且回流困难

随着城市化快速发展，农村青壮年劳动力向城市单向流动，乡村存在“空心化”现象，缺乏人气。这不仅造成“人、地、财、物”等要素严重流失，乡村老龄化不断加重，也进一步加剧了城乡之间要素配置不均衡的情况。按照黑龙江省第七次全国人口普查公报显示，与黑龙江省第六次全国人口普查相比，乡村人口减少 603.8 万人；平均每个家庭户的人口 2.22 人，减少 0.62 人。大学毕业生、退役军人、有技术特长的人员回流难，造成优秀人才数量少，需要优秀人才主导的创业项目也少，乡村经济转型升级难度较大。同时，教育、医疗、养老服务等相关配套设施不够完善。

四、树立坚定信心，扎实推进工作

（一）保障农民获取更多利益

加大对农业的投入和支持力度，加强农业科技创新和推广，引进先进的农业技术和设备，提高农业生产的技术含量和机械化水平，发展精深加工、特色养殖、生态旅游等新兴行业，引导新型经营主体与农户建立紧密的利益联结机制，加强农业产业链的纵深发展，让农民获得更多产业链延长增值收益，促进农民增收致富。

（二）切实改善乡村生态环境

加强普惠性、基础性、兜底性民生建设，提升农村基础设施完善度、基本公共服务便利度，让乡村面貌生态宜居、各具特色。注重生态农业、循环农业建设，坚持把推行绿色发展方式和生活方式作为乡村振兴的重要任务，开展乡村资源节约活动和绿色清洁能源推广工作，大力整治提升农村人居环境，统筹推进农村改厕、生活垃圾处理、生活污水治理和农业面源污染防治。合理规划乡村基础设施和公共服务布局，推进公共基础设施往村覆盖、往户延伸，努力让农民群众过上现代文明生活。

（三）不断完善人才培养机制

把乡村人才培养作为缩小城乡发展差距的关键支撑，坚持内外结合并举，采取多项措施，包括完善职业能力培训机制、建设产业协同创新平台、开展技术创新孵化等，全力推进乡村振兴人才队伍建设。培育家庭农场经营者、农民合作社带头人、种养大户、“土专家”“田秀才”、乡村工匠等人才，打造具备市场洞察力、经营能力、管理能力和使命意识的农村致富带头人队伍，为农业农村优先发展提供坚实的人才支持。强化农村劳动力就业创业能力培训，加强技术指导和政策支持，推动产业发展，提振农民精气神。

报告撰稿：曲晶

上海市乡村振兴监测报告

近年来，上海坚持以习近平新时代中国特色社会主义思想为指导，深入贯彻落实习近平总书记关于“三农”工作的重要论述和考察上海重要讲话精神，学习运用“千万工程”经验，围绕率先基本实现农业农村现代化的目标，在综合发展、治理水平、共同富裕等领域不断发力，高质量建设美丽家园、绿色田园、幸福乐园，在推进乡村全面振兴战略中发展成果不断巩固，都市农业农村现代化水平不断提升。2023年，上海乡村全面振兴发展总指数为78.8，高于全国水平9.8，发展成效显著。

一、农业农村全面振兴，区域发展齐头并进

根据国家统计局《乡村振兴统计监测工作方案（试行）》（国统字〔2024〕52号）开展的指数测算和发展评价结果，2023年上海乡村全面振兴发展指数为78.8，比2022年提高0.4，综合发展、生态宜居、乡风文明、治理有效等分项指数也呈现稳定发展态势（见图1）。分区域看，金山、嘉定、浦东乡村全面振兴发展总指数位居前列，宝山、崇明、青浦进步较快。各区乡村全面振兴发展指数介于70至80之间，中位数79.1，有5个区高于全市水平，所有区域高于全国市辖区平均水平。

（一）综合发展稳中有进

上海落实落细国家宏观调控部署要求，坚持稳中求进工作总基调，宏观经济内生动力不断增强，城市能级和核心竞争力进一步提高。2023年全市综合发展指数为91.7，高于全国水平30.7，与2022年相比，提高0.9。其中，浦东、嘉定、闵行位居前三。经济发展稳中求进。上海地区生产总值47219亿元，比2022年增长5.0%；财政收入8313亿元，增长9.3%。从地区生产总值增速看，金山、青浦、浦东位居前列。人均水平再创新高。高水平开放不断深化，高质量发展惠及民生。上海人均地区生产总值达19.0万元，浦东、嘉定、金山居前列；人均地方一般公共预算收入3.3万

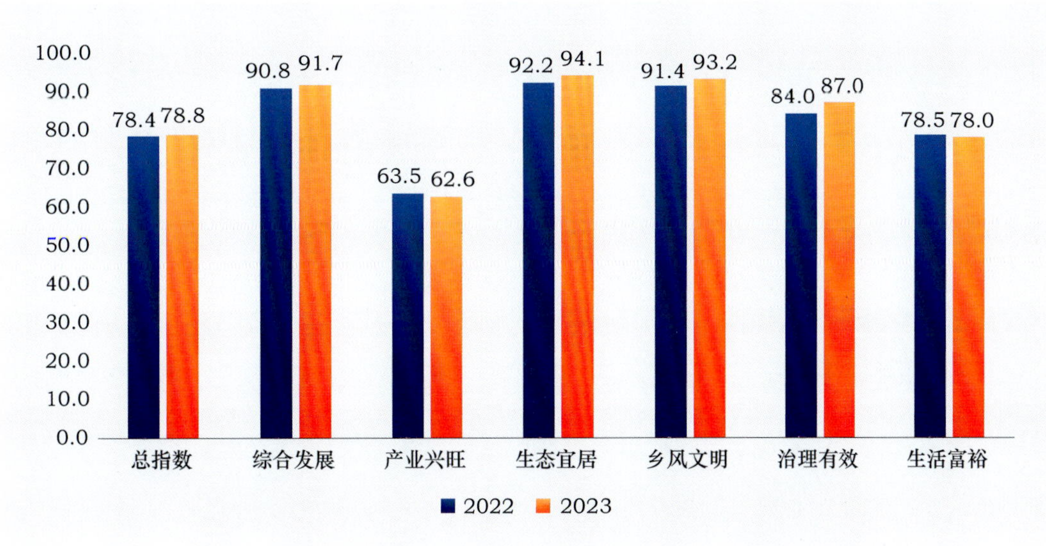

图 1 2022—2023 年上海分领域乡村全面振兴发展指数

元，浦东、奉贤、青浦居前列。科技支撑作用不断增强。上海农业科技进步贡献率达 80.1%[1]，其中浦东最高，为 91.2%。

（二）乡村产业发展水平不断提升

上海抓好粮食等重要农产品生产供给，落实落细各区粮食安全责任制，确保粮食播种面积稳定、主要农副产品稳产保供，不断推进高标准农田和现代农业设施建设。2023 年全市产业兴旺指数为 62.6，高于全国水平 2.3。其中，崇明、奉贤、金山位居各区前三。农业生产稳中有进。2023 年全市粮食总产量 102 万吨，比上年增长 6.6%；肉类总产量 12.2 万吨，比上年增长 27.5%。崇明、金山、松江粮食和肉类总产量均较高，金山、浦东增速较快。高标准农田面积占耕地面积平均占比 54.7%，奉贤、崇明、嘉定较领先。耕地产出率接近 4000 元 / 亩，浦东、宝山、金山位居前列。农业品牌化巩固发展。全市经认定的绿色农产品、有机食品和地理标志农产品标识合计 2370 个，比上年增加 440 个，其中，崇明、浦东、奉贤认定品牌数领先。

（三）生态环境持续改善

上海以乡村规划为引领、以示范村建设为突破，巩固提升乡村基础设施，打造宜居宜业“江南水乡”。2023 年全市生态宜居指数为 94.1，高于全国水平 10.2，与 2022 年相比，提高 1.9。其中，宝山、青浦、金山位居前三。全市围绕“用水”“用能”“用厕”“用网”“交通”等农民实际需

1. 考虑到部分县域指标存在缺漏，为确保可比性和延续性，省级指标优先使用公开数、部门数，其次根据指标内涵使用各区汇总数或平均数。

求开展硬件提标建设和整治优化，人居环境持续改善。2023 年，全市农村生活污水治理管控率、对生活垃圾进行处理的村占比、农村卫生厕所普及率、通三级及以上公路乡镇占比、行政村 5G 通达率均达 95.0% 以上，农村自来水普及率、较大人口规模自然村（组）通硬化路比例达 100.0%。生态可持续性提升。各区畜禽粪污综合利用率普遍达 95.0% 以上、近八成的村主要使用电、气等清洁能源。

（四）文明乡风继续弘扬

上海不断推进农村文化建设，整合乡村现有公共设施，丰富戏剧演出、电影放映、体育健身等文体服务，深化农村精神文明建设，推进农村移风易俗。2023 年全市乡风文明指数为 93.2，高于全国水平 6.1，与 2022 年相比，提高 1.8。其中，金山、崇明、奉贤位居前三。文明村镇、文明家庭创建水平不断提升。全市文明村镇占比达 64.2%，其中省级及以上文明村镇占比 17.9%，闵行、金山、嘉定相对领先。文化体育软硬件覆盖纵深拓展。上海村综合性文化服务中心覆盖率 86.5%，有农民业余文化组织的村占比 77.6%，不断推动农村地区体育场地设施提档升级，有体育健身场所的村占比 94.6%，上述三项指标金山、奉贤、崇明相对领先。

（五）基层治理体系进一步完善

上海坚持党建引领提升乡村治理水平，强化各涉农区党委抓乡促村责任。开展“平安乡村”，实施“雪亮工程”，弘扬新时代“枫桥经验”等强化基层党组织战斗堡垒作用，完善基层监督体系和法治建设。2023 年全市治理有效指数为 87.0，高于全国水平 16.2，与 2022 年相比，提高 3.0。其中，嘉定、松江、金山位居前三。基层服务体系日臻完善。运用数字化、积分制、清单制等方式，探索切实管用的乡村治理路径模式，通过村务公开化、服务透明化，健全村民民主监督的长效机制，完善基层综合服务供给能力。目前，全市有综合服务站的村占比 98.3%，闵行、浦东、崇明占比靠前。基层服务能力、专业化水平不断提高。2023 年全市村党组织书记大专及以上学历占比 93.4%，金山、松江、闵行位居前列。全市集体经济强村（集体经济收益超 50 万元的村）占比 48.6%，嘉定、奉贤、金山位居前列。法治建设取得新进展。推进民主法治示范村（社区）建设，全市县级及以上民主法治示范村占比 26.4%。有公共法律服务工作室的村占比 93.3%，浦东、金山、崇明占比居前。

（六）共同富裕持续推进

上海坚持推进共同富裕建设不断迈上新水平。2023 年全市生活富裕指数为 78.0，高于全国水平 9.0。其中，金山、嘉定、崇明位居各区前三。主要特点有：农民收入全国领先。不断拓展农民增收渠道，通过强化产业发展联农带农机制，促进农民经营增收，在乡村建设中推广以工代赈，助力农民劳动增收。2023 年全市农村居民人均可支配收入 42988 元，接近全国水平 2 倍，比上年增长 8.2%。农村居民保障较好。积极落实年度城乡居民养老保险待遇调整方案，提高老年农民养老金水平，全市城乡居民月人均领取养老金金额 1704 元，其中松江、闵行、青浦、嘉定高于全市平均水平。生活水平迈上新台阶。农民出行自由度、就医质量、教育保障不断提升。全市农村居民家用汽车普及率为 46.0%，农村义务教育学校专任教师本科及以上学历比例达到 85.5%，乡村医生中执业（助理）医师资格的人员比例达到 74.1%。

二、“三园”建设整体推进，都市农业亮点纷呈

上海深入贯彻落实习近平总书记关于“三农”工作的重要论述和考察上海重要讲话精神，学习运用“千村示范、万村整治”经验，结合超大城市乡村振兴特点，高质量建设美丽家园、绿色田园、幸福乐园，都市农业发展亮点纷呈，“住有所居”取得新成效。

专栏1

实施“三园工程” 全面落实乡村振兴

实施“三园工程”是上海全面贯彻乡村振兴战略总要求的重要抓手，是围绕“产业兴旺、生态宜居、乡风文明、治理有效、生活富裕”总要求的具体实践，是准确把握超大城市乡村振兴特点的上海方案。

“美丽家园”筑魂，提升农村环境面貌。主要聚焦发展乡村振兴示范村、美丽乡村示范村和农村人居环境优化提升。推进农民相对集中居住，创新安置方式，强化风貌保护，优化空间布局。

“绿色田园”筑基，实现农业提质增效。大力发展都市现代绿色农业，建立绿色生态为导向的制度体系，提升绿色农业装备水平，强化农药、化肥等追溯管理。加快构建现代农业经营体系，培育新产业新业态，搭建绿色农产品产销平台，发展区域公用品牌、地理标志和特色农产品。

“幸福乐园”筑业，促进农民持续增收。深入开展农村综合帮扶，建设一批收益稳定长效的帮扶“造血”项目。通过建档立卡、技能培训等促进农民高质量就业。加强农村基层组织建设，利用数字化手段提升农村民主监督水平。不断提升农村养老、医疗、教育、文化服务等均衡化供给水平，促进城乡融合发展。

推进“三园工程”建设，明确把乡村作为超大城市的稀缺资源、城市核心功能的重要承载地、提升城市能级和核心竞争力的战略空间，凸显出农业农村的经济价值、生态价值、美学价值，城乡融合发展取得了实实在在的成效。

下阶段，上海将开展“五好两宜”和美乡村试点，高质量建设“三园工程”，打破村行政边界，由点及面推进乡村建设，进一步提升“水乡江南”发展能级。

撰稿：倪静华

（一）“三园”工程建设整体推进

上海整体推进乡村战略顶层设计完善、工作目标明确、统筹协调有力。上海自 2019 年起每年制定贯彻中央一号文件的《实施意见》，出台《战略规划》，确立了以实施“三园”工程作为全市推进乡村振兴的重要抓手，即以全面提升农村环境面貌为核心的“美丽家园”工程；以全面实现农业提质增效为核心的“绿色田园”工程；以全面促进农民持续增收为核心的“幸福乐园”工程。通过推进“三园”工程建设，上海准确把握超大城市乡村振兴特点，在发展阶段上进一步认清空间稳定、地位凸显、功能复合这“三个趋势”，在整体布局上优化新城、镇域、乡村这“三个空间”，在价值取向上凸显农业农村的经济价值、生态价值、美学价值这“三个价值”，城乡融合发展取得了实实在在成效。至 2023 年底，全市已全面建成五批共 112 个乡村振兴示范村，第六批 28 个示范村创建工作正在推进过程中。通过乡村振兴示范村创建，着力提升风貌、导入产业、连片布局，农村面貌焕然一新，示范作用日益显现。

（二）都市农业发展亮点纷呈

近年来，上海狠抓“四个农业”，打造超大城市背景下的现代农业。抓好绿色农业，提升水平。依托各区农业资源禀赋和特色产业发展基础，大力发展蔬菜、瓜果、花卉等经济作物，促进现代绿色农业高质量发展。抓好规模农业，提升效益。积极引入种业、禽蛋等一批现代化农业项目，用市场化驱动产业链纵深发展，壮大龙头企业、家庭农场、产业化联合体等各类现代农业经营主体。2023 年，全市规模以上工业企业营业收入中，农产品加工业企业营业收入达 1277 亿元，相当于第一产业增加值的 6.3 倍。多数涉农区农作物耕种收综合机械化率超 98%。抓好科技农业，提升实力。聚焦育种、温室和植物工厂等农业科技新赛道，推进原始创新和成果落地。鼓励高校、科研院所和企业共建创新平台。加快智慧农业技术攻关、整合数据采集和网络信息系统建设。全市农业技术推广人员达 2448 人，部分区农业生产信息化率已达 99%。抓好品牌农业，提升美誉度。近年，通过全市范围品鉴评优、借力拼多多、盒马等知名电商平台，不断提升南汇水蜜桃、8424 西瓜、马陆葡萄、崇明羊肉、金山蟠桃、鲜食玉米、新品种稻米、草莓等一批特色农产品知名度、美誉度，打响全市区域农产品公用品牌。

（三）集中居住改革稳妥推进

上海稳妥推进农民相对集中居住。通过修订地方性规章、融通资金渠道，设计出一条“平移、上楼、货币有偿退出”三种供农民自由选择的、由农村向城镇聚集的集中居住改革路线。截至 2023 年底，全市已累计签约5.2万户农民集中居住，安置方式以“上楼”为主。通过抓好集中居住这项“牛鼻子”工程，破解了大都市在深度城镇化过程中“人地矛盾”，解决都市农村的散、乱、小、旧等难题，进一步整合乡村资源，为农村集体经济发展和公共服务提升创造条件。在空间和形态上，留住了都市“乡愁”，保留了上海传统江南水乡文化的根基。

专栏2

高质量、高水平推进乡村振兴示范村建设

2019年以来，上海乡村振兴示范村建设驶入快车道。按照市委、市政府的总体部署和《上海市乡村振兴“十四五”规划》，全市6批次140个村列入创建计划，计划至2025年建设完成150个以上乡村振兴示范村。

在上海市委、市政府主要领导亲自部署和推动下，部门协同工作机制有效建立。各部门积极参与，各涉农区、镇领导挂帅督导，研究制定示范村建设年度任务清单，实施“挂图作战”。专业规划引领作用不断加强。全市完成84个郊野单元规划编制，为示范村建设提供规划依据。资金投入机制持续完善。出台《上海市美丽乡村建设项目和资金管理办法》，市、区、镇均提供财政配套保障。土地保障机制深入探索。盘活闲置房屋等存量资源，优化土地资源利用效率，示范村建设标准化程度、推动能级不断提升。

截至2023年底，乡村振兴示范村已建成112个，在建28个，成功打造了一批乡村产业融合发展、村容风貌优化提升、公共服务设施提档升级、乡村治理共治共管共建的都市乡村，形成了可推广可复制的乡村建设路径，持续彰显乡村经济价值、生态价值、社会价值和文化价值，增强了农民群众的获得感、幸福感、安全感。

撰稿：倪静华

三、短板弱项不容忽视，补弱找差仍需发力

上海在推进乡村全面振兴中虽取得积极成绩，但也要看到部分领域、部分区域暴露出的短板弱项和相关制约因素，具体包括：

（一）产业发展制约因素多

受土地、劳动力和环境等多因素制约，上海农业生产的规模化提升难度大、发展空间小，农业从业人员正逐年减少、老龄化趋势难以改善。2023年，第一产业从业人员仅20.0万人，较上年净减1.0万人。受经济作物、渔业生产不及预期等影响，第一产业增加值96.1亿元，下降1.5%。分区看，崇明、金山在粮食、肉类总产量上居于领先，宝山因粮食、肉类产量、增加值增速下降，农作物耕种收综

合机械化率较低，农业品牌数量较少等多个指标制约，产业兴旺指数仅 52.5，低于全国市辖区平均水平 6.4，各区产业发展存差异。

（二）促进共同富裕仍有空间

农民增收仍有空间。2023 年，上海农村居民人均可支配收入 42988 元，绝对值不及周边苏州、无锡、杭州、宁波等兄弟城市，较上年净增 3259 元，净增量不及全市城镇居民人均可支配收入（5443 元）。2023 年，上海城乡收入比为 2.1，仍高于全球主要发达国家 1.3 左右的平均水平。多角度看，上海农民增收仍有空间。集体经济发展强弱不均，持续造血能力需补足。2023 年全市有 61 个行政村集体经营收益超 1000 万元，行政村数量占全市 4.2%，经营收益占全市 47.8%，致富能力强弱不均。同时有 316 个行政村无集体经营收益甚至亏损，平均每村亏损 66.3 万，持续供血能力需补足。

（三）人口结构深刻变化

外来人口比重高。上海 2023 年全部行政村外来人口占常住人口比重达 56.1%，其中，近百个行政村外来人口比重超 90.0%，行政管理难度大、有效治理复杂度高。本地人口“老龄化”现象严重。随着人口老龄化加剧，农村养老、托底问题日益凸显。全市留守老人 5600 余人，是留守群体中的主要人群。农村生活困难农户数 9.1 万人，相关托底工作任务较重。部分行政村趋于“空心化”。因产业单一、人口外流等，2023 年全市常住人口不足 50 人的行政村有 22 个，占全部村数量比重 1.5%。根据各区反馈，“老龄化”“空心化”导致农村养老服务机构和设施投入难度较大、社会资本参与意愿不足。2023 年，全市农村养老服务机构和设施占比 18.8%，仍有提升空间。

四、努力巩固发展优势，进一步推进全面振兴

下阶段，上海要以一张蓝图绘到底的定力，持之以恒瞄准率先实现农业农村现代化的目标，不断探索国际大都市城乡融合型乡村全面振兴新路径，进一步巩固优势、补足短板、敢于创新，推动乡村振兴各项工作整体提升、彰显特色、拓展内涵。

（一）巩固优势：进一步健全软硬件建设

进一步健全示范村建设机制，提高资金使用效率。通过细化专项资金使用分类，进一步发挥示范村带动效应，实现以点带面的有效突破。夯实各级软硬件维护主体责任，保障硬件改造、乡村治理、环境提升过程中道路、绿化、水土、服务设施等得以有效维护，通过环境攻坚整治行动和常态化数字管理相结合的方式，有序推进人居环境持续改善。

（二）补齐短板：产业均衡化、融合化发展

推动乡村产业向集约化、品牌化、多样化纵深发展。结合各区资源禀赋及产业基础，加快探索数字农业、设施农业发展，按需提高各类设施装备覆盖率，破解土地约束，推动农企工业化、技术化、集约化发展，推动种苗技术攻关和应用，推进农产品高端化、品牌化发展。促进农民收入有效性提升。一方面要提高集体经济发展水平。通过引导社会多元化投入，推进农村集体经济实现新旧动能转换，拓宽农民增收渠道。另一方面要加强引导、培训。针对农民就业意愿低等情况，要发挥乡镇集体经济和平台抱团发展作用，提高农民参与积极性。加强农民职业技能培训，提升农民非农就业水平。加强对弱势群体系统性支持。持续开展“三下乡”活动，注重对农村老人、妇女、未成年人和残疾人等人群的关爱服务，精准对接村民和村干部的现实需求。同时重点兼顾老年人等弱势群体，确保基本工作机制托底保障，通过强化智能终端的适老化设计、加强数字技能指导和培训等方式，弥合不同群体间的数字鸿沟。

（三）敢于创新：多举措提升行政效能

破解外来人口多的治理难题。积极借鉴“枫桥经验”，强化党建引领、创新外来人口参与乡村自治机制。同时进一步完善“社区云”“一网统管”等数字化应用的覆盖广度和深度，细化服务监管内容。强化顶层设计，加快部分行政村合并。针对部分村行政开支大、资源利用率不高等问题，建议结合各区资源集聚、人口集中、产业发展等特点，在完善规划保留村基础上加快推进行政村合并。

报告撰稿：陈永奇　陆昕　赵军　倪静华

江苏省乡村振兴监测报告

2023 年，江苏深入学习贯彻习近平总书记关于“三农”工作重要论述和对江苏工作重要讲话重要指示精神，坚持农业农村优先发展，以乡村全面振兴推动农业农村现代化建设，致力于在推动产业高质量发展、实现农业高科技引领、推进乡村高标准建设、创造农民高品质生活、促进城乡高水平融合上走在前列，加快建设农业强、农村美、农民富的新时代鱼米之乡。根据国家统计局 2023 年乡村振兴统计监测测算结果，江苏乡村全面振兴取得明显成效。

一、聚力五大振兴，江苏推进乡村全面振兴成效明显

监测结果显示[1]，2023 年江苏乡村全面振兴发展指数为 78.3，比全国平均水平高 9.3。

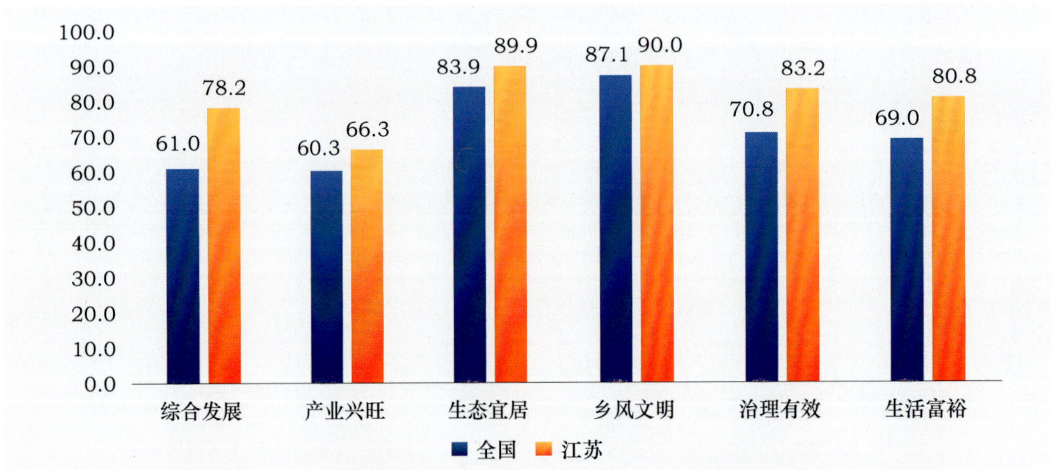

图 1 2023 年全国和江苏分领域乡村全面振兴发展指数

1. 监测结果是指 79 个监测县汇总数据，本文中监测县数据是以 79 个监测县为总体计算得出。文中部分指数计算结果受数据四舍五入的影响略有差异。

（一）综合实力实现新提升

2023 年，江苏综合发展指数为 78.2，高于全国平均水平 17.3。县域经济实力持续增强，79 个监测县（市、区）实现地区生产总值 9.7 万亿元，占全省 76.0%；实现地方一般公共预算收入 6379 亿元，占全省 64.2%。全省农业科技进步贡献率达 71.8%，高出全国近 10 个百分点。

（二）产业发展焕发新活力

2023 年，江苏产业兴旺指数为 66.3，高于全国平均水平 6.1。江苏扛牢农业大省责任，实现“米袋子”“菜篮子”“果盘子”稳产保供。粮食连续七年增产，总产量连续十年保持在 700 亿斤以上，单产再创历史新高，其中水稻单产首次突破 600 公斤。推进农产品多元供给，全年肉类产量同比增长 4.3%，蔬菜及食用菌产量增长 2.7%，水果产量增长 1.3%，水产品产量增长 3.4%。农业现代化水平显著提升，新建高标准农田 120 万亩、改造提升 207 万亩，监测县高标准农田面积占耕地面积 80.1%。全省农作物耕种收机械化率达 87.2%，特色机械化率 62.0%，分别高出全国 10 个和 20 个百分点。监测县耕地产出率为 4269 元 / 亩，“绿色有机地理标志”农产品数量达到 8238 个，规模以上农产品加工业产值与农林牧渔业总产值比为 1.4:1。

（三）乡村建设迈出新步伐

2023 年，江苏生态宜居指数为 89.9，高于全国平均水平 6.1。人居环境明显改善，农村生活污水治理率提升到 51.0%。基本实现农村生活垃圾收运处置体系自然村全覆盖，收运率超过 99.0%。改造农村户厕 68.5 万户，监测县农村卫生厕所普及率达到 94.3%，畜禽粪污综合利用率达到 97.6%。监测县中通三级及以上公路的乡镇占比 98.5%，较大人口规模自然村（组）通硬化路比例已达到 100%。监测县中有电子商务配送站点的村占比 78.6%，5G 网络通达的村占比 92.1%，主要使用清洁能源的村占比 87.4%。

（四）乡风文明呈现新面貌

2023 年，江苏乡风文明指数为 90.0，高于全国平均水平 2.9。农村精神文明建设成效明显，新时代文明实践中心、道德讲堂等载体建设质效不断提升，文明村镇创建不断强化。监测县中省级及以上文明村镇 1388 个，村综合性文化服务中心覆盖率达到 97.6%，有农民业余文化组织的村占比达 74.2%，有体育健身场所的村占比达 95.6%。

（五）治理效果取得新突破

2023 年，江苏治理有效指数为 83.2，高于全国平均水平 12.3。江苏致力于加强和创新乡村治理，强化农村基层党组织领导作用，健全乡村治理体系，确保农村社会的和谐稳定。监测县中受教育程度大专及以上的村党组织书记占比 82.2%，有综合服务站的村占比 98.6%，有公共法律服务工作室的村占比 84.2%，县级及以上民主法治示范村占比 42.8%。

专栏1

高位推进宜居宜业和美乡村建设

江苏坚持把“千万工程”经验运用到乡村建设具体实践中，加快建设新时代鱼米之乡。强化规划引领。全面完成镇村布局规划优化完善工作，初步构建具有江苏特色的“镇村布局规划 + 村庄规划”的乡村规划体系，全省已开展 8300 余个行政村村庄规划编制工作。持续开展“共绘苏乡”规划师下乡活动，千余名规划师活跃在乡村一线，实现市县全覆盖。健全长效机制。指导各地因地制宜探索实施不同类型管护模式，宣传推介运行管护典型案例，发挥引领带动作用。健全督导考评机制，对涉农区县农村人居环境整治提升年度工作情况进行综合评估。开展专项整治。组织实施 1066 个行政村整村推进农村厕所革命省政府民生实事项目，实施 727 个行政村生活污水治理项目建设，农村生态河道覆盖率达 45.5%。组织开展“一部、四沿、五旁”村庄垃圾清理专项行动，开展清理攻坚 4 万多场次。提升基础设施。推动农村基础设施提档升级，重点改善农房、新建农村生态河道、改造农村供水管网等。改进乡村治理。强化党建引领，选树“百名示范”村（社区）书记，落实新时代“枫桥经验”和“四下基层”制度，深入实施“精微网格”工程，提升乡风文明，有序推进乡村公共空间治理。

撰稿：王丽

（六）农民生活出现新变化

2023 年，江苏生活富裕指数为 80.8，高于全国平均水平 11.8。农民收入稳定增长，江苏农村居民人均可支配收入 30488 元，突破 3 万元，同比增长 7.0%，高于同期 GDP 增幅，城乡居民收入差距继续缩小，收入比缩小至 2.07:1。农村居民人均消费支出 25029 元，增长 10.8%。监测县中农村居民家用汽车普及率达到 55.9%，农村义务教育学校专任教师本科及以上学历比例达到 97.6%，乡村医生中有执业（助理）医师资格的人员比例为 58.3%。

二、以“走在前”的使命担当，创新探索乡村振兴举措

江苏依托坚实稳固的农业农村发展基础，挖掘发展潜力，不断开展实践创新探索，在乡村全面振兴推进过程中有特色、有亮点、有成效。

（一）推动改革激发农业农村活力

不断深化农业农村改革创新，为全面推进乡村振兴增动力、添活力。4 项基于农村改革试验形成的做法入选全国农村改革典型案例，数量居全国首位。启动首批农村综合性改革试点试验，扩大“小田变大田”改革经验的试点范围，在 9 个县市开展农村集体经营性建设用地入市国家试点工作，推广“乡村公共空间治理 +”等典型做法。持续推进农村产权交易规范化建设，全省农村产权交易市场成交额累计突破 2000 亿元。

专栏 2

农业科技创新和改革双轮驱动

江苏持续提升农业科技创新和现代物质装备水平，推进农村综合改革集成应用，为乡村全面振兴增添新动能。加快农业新质生产力培育。超前部署一批农业前沿技术和关键共性技术，加快种源等“卡脖子”技术攻关。积极建设陆基和深远海养殖渔场，推进农业产业“智改数转网联”，持续提升农业科技装备水平。启动实施 6 个国家农业生物育种重大项目，推进种业创新重点研发计划。持续推进南京国家农高区建设，加快建设长三角农业科技成果转化交易中心。累计建成高标准农田 4280 万亩，占到全省永久基本农田面积的 80%。加大农业设施设备更新力度。聚焦老旧农机报废更新、规模畜禽养殖场设施设备提档升级、海洋渔业设施设备提升、农产品产地冷藏保鲜设施建设等 8 项重点任务，统筹相关支农资金，系统化推动先进设施设备在农业领域应用，进一步扩大农业农村领域投资。持续深化农村改革。扩大“小田变大田”改革试点，扎实开展第二轮土地承包到期后再延长 30 年试点工作，推进闲置宅基地及闲置住宅流转线上交易省级试点，持续深化农村集体经营性建设用地入市试点制度研究。

撰稿：王丽

（二）产业扶持拓展农村发展空间

大力扶持发展农村特色产业，提升产业发展质效。构建“4+13+N”全产业链体系，培育 10 亿元以上县域优势特色产业 204 个，建成国家现代农业产业园 16 个、产业集群 4 个、产业强镇 71 个。抓好农村重大项目，建设农产品精深加工、新产业新业态、高技术农业项目 795 个。培育发展农村新产业新业态，开展“苏韵乡情”乡村休闲农业专场推介会，乡村休闲农业强势复苏。推动县域电商产业集聚发展，农产品网络销售额同比增长 10.8%。实施农业品牌精品培育计划，10 个农产品区域公用品牌入选全国农业品牌精品培育计划。

（三）科技推广提升农业现代化水平

着力强化农业技术研发突破，加快运用推广到农业生产中。集成推广粮食绿色高产高效技术，全省粮食亩产再创历史新高。组织实施种业创新重点项目 19 项，育成主要农作物新品种 86 个。推进南京国家农高区建设，引导高校院所与农高区共建新型研发机构或与企业联合建设研发中心等创新平台 52 个。组织实施创新支撑计划乡村产业振兴科技 73 项，示范应用农业新品种、新技术和新装备 200 项。实施农业生产过程全面机械化推进和农机装备智能化绿色化提升，全省 66 个粮食主产县全部整县实现粮食生产全程机械化。扎实推进农业电商、农业农村大数据、信息进村入户、农业物联网试点，数字乡村发展水平达 58.7%。推动智慧农业发展，新建 45 个智慧农业园区、97 个数字农场（牧场、渔场）。

（四）政策支持加快乡村建设

坚持农业农村优先发展，做好政策支持。健全财政支农投入稳定增长机制，保障农林水基础设施建设、农业保险费用、涉农贷款等支出。持续整治提升农村人居环境，新增省级特色田园乡村 159 个，改善农房 10.8 万户，新建农村生态河道超 6000 公里，改造农村供水管网 1560 公里，新改建农村公路 3064 公里，新建 5G 基站 1.2 万座。乡镇快递网点覆盖率在全国率先达到 100%。

（五）民生改善提高农民获得感

持续推进城乡基本公共服务均等化，不断提高农民获得感。统一城乡居民基本养老保险基础养老金、居民医保财政补助标准、城乡低保平均保障标准，城乡居民基本养老保险基础养老金省定最低标准每人每月 208 元，城乡低保平均保障标准每人每月 847 元。推进省级义务教育优质均衡发展，建成 157 个县域医共体。强化党建引领改进乡村治理，开展乡风文明提升工程。深入实施富民强村帮促行动，扶持新型农村集体经济发展项目。开展农民就业创业政策支持，举办农民工职业技能培训，全年培训 35.6 万人次。

三、对照乡村全面振兴总要求，多个短板弱项仍需关注

当前江苏乡村振兴取得了明显成效，但是由于资源环境等约束条件趋紧以及长期以来乡村发展投入不均衡，在多个方面仍存在短板弱项。

（一）乡村振兴区域差距明显

受发展水平、区位条件、资源禀赋等影响，江苏各地乡村振兴差距明显。监测结果显示，虽然

全省各监测县的乡村全面振兴发展指数均高于全国平均水平，但是省内区域间差距较大，发展指数90以上的县（市、区）集中在苏南地区。苏南县（市、区）高于等于全省总指数的地区数量占比，市辖区为33.3%、县级市为42.9%，明显高于苏中、苏北的两类地区所占比重。

表1 江苏分区域县域乡村全面振兴发展指数分布

	高于全省（≥78.3）的个数					
	苏南	占全省比重（%）	苏中	占全省比重（%）	苏北	占全省比重（%）
市辖区	13	33.3	1	2.6	4	10.3
县级市	9	42.9	5	23.8	1	4.8
县	-	-	2	10.5	3	15.8

（二）产业发展水平还需提高

江苏农村产业链在产加销贯通、农文旅融合方面，仍需加大力度。龙头企业、家庭农场、合作社等新型经营主体核心竞争力培育力度还要加强。农村集体经济组织等传统经营主体需要进一步发展壮大，江苏监测县集体经济强村比例仅为31.9%，集体经济经营性收入超过全省平均水平的村比例只有11.0%。产业融合主要是依托特色农产品和乡村特色资源优势来实现全链发展，而江苏“土特产”文章特别是品牌建设做得还不足。2023年，全省年销售额超10亿元的区域农业品牌10个以上，超1亿元的品牌100个以上，江苏优势特色农业品牌区域性强，多而不壮，品牌价值仍需继续提升。

（三）乡村基础服务水平仍然薄弱

长期以来，城乡基础设施水平和公共服务质量的差距大，是乡村吸引和留住人才的障碍，也是城乡融合发展的短板。当前江苏城乡差距依旧很大，农业生产和农村生活基础设施建设存在短板，农村公共服务供给不足。江苏基础设施往村覆盖、往户延伸存在薄弱环节，部分地区供水管网老化漏损，污水治理率苏中、苏北仅为40%左右，运行管护的长效机制尚未完全建立。养老等公共服务覆盖率距离乡村振兴总要求还有差距，2023年，监测县农村养老服务机构和设施覆盖率只有33.1%。

（四）农村人口整体素质无法满足乡村振兴需求

江苏工业化城镇化发展速度快，加之城乡发展差距，导致农村人口特别是受教育程度高的中青年人口大量流失，农村劳动力老龄化问题严重，农业兼业化现象普遍，低收益的农村产业无法吸引人才返乡，农业生产乃至乡村振兴所需人才面临匮乏的困境。全省农业劳动力调查结果显示，全职或兼职务农为主的劳动力受教育程度小学及以下、初中、高中中专、大专、本科及以上的比重分别为28.6%、42.8%、17.4%、8.0%、3.1%，而全职非农或兼职非农为主所占比重分别为9.0%、28.4%、26.6%、17.7%、18.3%，整体受教育程度明显高于务农劳动力水平。全职或兼职务农的劳动力中，40岁及以下的比重仅为11.2%，71.2%在50岁以上，其中60岁以上占33.5%，而全职或兼职非农的劳动力40岁及以下占比为42.9%。

四、学习运用“千万工程”经验，多方发力推进乡村全面振兴

对照乡村全面振兴总要求，江苏要以学习运用“千万工程”经验为引领，聚焦关键领域重点环节，补短板抓弱项，蹄疾步稳推进全省乡村全面振兴。

（一）因地施策推动乡村全面振兴

因地制宜、分类施策是“千万工程”的宝贵经验。江苏各地要立足区位条件、资源禀赋和发展基础，探索形成适合本地乡村振兴的发展模式。苏南等乡村振兴起步早、基础好的地区，应加快城乡一体化发展，在推动农业农村现代化上走在前做示范。苏中、苏北等地区要结合本地产业发展实际，抓住产业发展、城乡一体化发展的关键领域，有所侧重地补齐乡村振兴发展短板，循序渐进地推动乡村全面振兴。

（二）多措并举加快乡村产业升级

产业升级是乡村产业振兴的重要举措。江苏应加快促进农业产业提档升级，增加投入产出效益，提升农业附加值和竞争力，不断夯实产业融合的基础。依托特色规模优势农产品生产，加快初加工、精深加工等第二产业的发展，加强农产品流通、品牌推广、休闲旅游等第三产业的衔接。重视农业产业园建设，形成产业集群，增强产业竞争力。培植龙头企业和新型农业经营主体，注重产业富农，扶持村集体经济发展，加大品牌宣传力度。

（三）多点发力统筹城乡一体化发展

城乡融合发展是中国式现代化的必然要求。江苏依托工业发展基础，统筹推进新型工业化、新型城镇化和乡村全面振兴，夯实乡村持续发展的基础。补齐农村人居环境整治短板，建立农村垃圾收运处置常态化机制，推进农村改厕和生活污水治理，提高全省农村生活污水治理率。深入推进县域医共体建设，提高乡村基础医疗水平，补齐养老等民生短板，加大农村基础民生事业的投入。

（四）分类培育壮大乡村人才队伍

人才是乡村振兴的关键。江苏要着力培养一批适应农业现代化发展需要的高素质农民队伍，重点关注家庭农场经营者、农村合作社带头人等“新农人”的培养，发挥创业创新带头人的作用。提高农民职业技能培训覆盖率，加强电商直播、生活服务业技能等专业技术的培训，将技能培训与就业创业更紧密结合，拓展农村劳动力就业空间。加强党建引领乡村振兴，选优配强乡村党政队伍，选好用好村党组织带头人。出台人才创业引进政策，吸引青年群体扎根农村创业就业。

专栏3

建强“新农人”队伍激发乡村振兴动能

2023 年，江苏紧紧围绕乡村人才振兴总体目标，大力培育“新农人”队伍，为高水平建设农业强省、实现乡村全面振兴提供坚实人才保障。分类培育新型农业经营主体。实施支持 1000 个新型经营主体领头雁工程，新评定 301 家省级示范家庭农场，省级示范家庭农场总数达到 3134 家，全省纳入名录的家庭农场超过 16 万家。农民合作社市场登记数 5 万余家，累计培育国家示范社 461 家、省级示范社 1156 家，县级以上示范社达到 9100 余家。大力提升职业技能培训质效。开展高素质农民培训 19.4 万人、农民工职业技能培训 35.6 万人次，培训“乡村建设带头工匠”1211 名。遴选建设 10 家省级乡土人才传承示范基地、30 家省级乡土人才大师示范工作室和 100 家省级乡土人才大师工作室。新建省级高素质农民培育田间学校 87 所，推介全省共享田间学校 50 所。组建专家跟踪服务团队，持续提供生产经营指导、技术支持和信息服务。持续加强农村青年人才培育。深入推进“四进四促”乡村振兴青春行动，建设“乡村振兴青年先锋”人才库，培育本土青年人才。实施“大学生志愿服务乡村振兴”计划，启动“百校牵百县兴千村”活动，招募大学生志愿者，服务覆盖到全省涉农县市区。

撰稿：王丽

报告撰稿：王丽　陈长华　俞姝

浙江省乡村振兴监测报告

2023年，是全面贯彻落实党的二十大精神的开局之年，也是实施“八八战略”、推动“千村示范、万村整治”工程20周年，浙江坚持创新深化、改革攻坚、开放提升，紧扣“勇当先行者、谱写新篇章”新定位新使命，全力推动三个“一号工程”在乡村落地，统筹推动“强城”“兴村”“融合”体制机制，高水平推进乡村全面振兴，全省农业农村发展迈上新台阶、取得新突破。

一、“千万工程”久久为功，村美民富欣欣向荣

根据国家统计局测算结果，2023年，浙江乡村全面振兴发展指数为78.7，比全国（69.0）高9.7。从六大领域看，综合发展指数（74.5）、产业兴旺指数（62.9）、生态宜居指数（94.1）、乡风文明指数（89.3）、治理有效指数（81.3）和生活富裕指数（86.3），分别比全国高13.5、2.6、10.2、2.2、10.5和17.3。

（一）经济发展迈出坚实步伐

浙江持续推动“八八战略”走深走实，全面加强“三支队伍”建设，大力实施“十项重大工程”，经济持续较快增长。2023年，全省地区生产总值为82553亿元，比上年增长6.0%。分产业看，第一产业增加值2332亿元，增长4.2%；第二产业增加值33953亿元，增长5.0%；第三产业增加值46268亿元，增长6.7%。人均地区生产总值为125043元（按年平均汇率折算为17745美元），增长5.3%。一般公共预算收入8600亿元，增长7.0%。

（二）乡村产业深度融合发展

坚决守牢耕地保护红线和粮食安全底线，全面落实和践行“大食物观”“大农业观”，粮食和重要农产品综合生产能力全面提升。2023年，全省粮食播种面积1537万亩、总产量639万

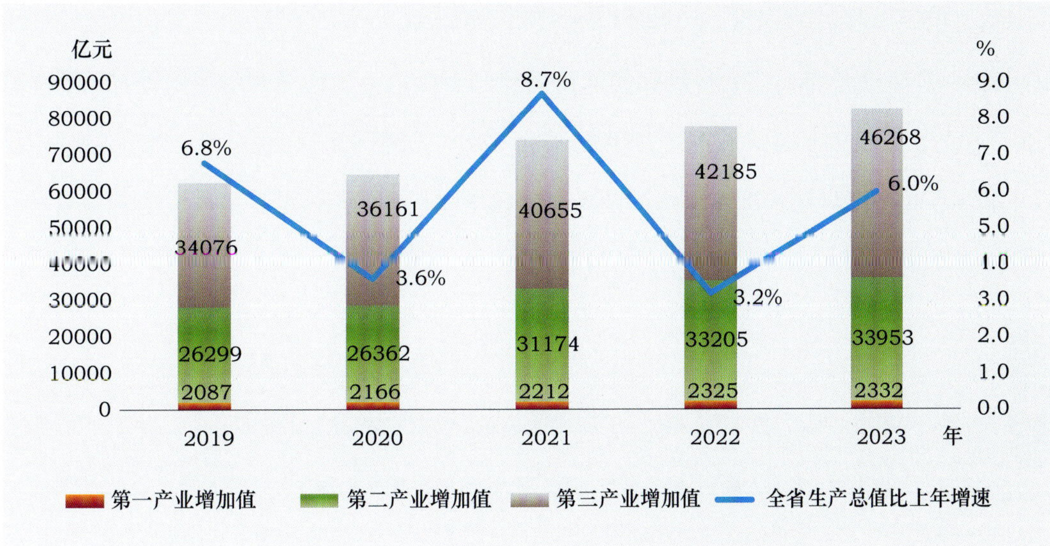

图 1 2019—2023 年浙江地区生产总值及增速

吨，均创近十年新高；出栏生猪 953.23 万头，增长 12.1%；蔬菜产量 1975.64 万吨，增长 0.8%。持续推进产业链条升级，立足乡村特色资源，探索乡村特色产业发展，深化农文旅融合发展，推动新产业新业态蓬勃发展，乡村产业不断提质增效，2022 年全省农业及相关产业增加值 7734 亿元，占当年全省地区生产总值的比重为 10.0%。

（三）生活环境更显美丽底色

推进公共基础设施向村级覆盖、往户延伸，推动畅达、平安、智慧、共享的“四好农村路”2.0 版高质量建设，2023 年，乡镇通三级公路比例 90.6%，提升 2.5 个百分点，行政村通双车道及以上公路占比 85.8%，提升 6.6 个百分点。深入践行“千万工程”，切实提高农村人居环境整治效率，巩固治理成效。2023 年，统筹推进农村生活污水处理设施建设改造与标准化运维，建设改造处理设施 3462 个，农村生活污水治理行政村覆盖率 93.2%，提升 8.7 个百分点；农村生活垃圾分类、生活污水处理设施、无害化卫生厕所实现行政村基本全覆盖；农业生产方式绿色转型，畜禽粪污综合利用率达 93.0%，秸秆综合利用率达 97.5%。

（四）乡风文明浸润千家万户

深化开展“浙江有礼”省域文明实践，培塑弘扬时代新风，大力加强农村公共文化建设，全力推进乡村文化振兴，弘扬尊亲睦邻、守望相助、诚信重礼的乡风民风。持续擦亮“浙里好家风”品牌，景宁畲族自治县、海宁市斜桥镇获评第四批全国“文明乡风建设”典型案例。2023 年，全省实现新时代文明实践阵地全覆盖，省级及以上文明村镇占比 7.5%；村综合性文化服务中心覆盖率 96.7%，提升 1.0 个百分点；广泛开展农民体育健身赛事活动，有体育健身场所的村比例 96.0%，提升 1.3 个百分点；有农民业余文化组织的村占比 73.9%，提升 9.6 个百分点；推动教师资源向乡村倾斜，加快乡村中小学现代化建设，扩大乡村优质学前教育资源供给，乡村义务教育学校专任教师本科及以上学历比例 94.5%，提升 2.1 个百分点。

专栏1

深化新时代“千万工程” 全面打造乡村振兴浙江样板

2003 年，浙江启动实施“千万工程”，从农村环境整治入手，由点及面、迭代升级，20 年持续努力造就了万千美丽乡村，造福了万千农民群众，全面打造乡村振兴浙江样板。

以“千村示范，万村整治”工程重塑农村人居环境。在“千万工程”引领下，浙江全域开展农村垃圾、污水、厕所三大专项整治，成为首个通过国家生态省验收的省份，农村人居环境测评持续位居全国第一。2018 年，“千万工程”获联合国最高环保荣誉——“地球卫士奖”。

以“千村精品，万村美丽”工程驱动农业转型升级。浙江以深化乡村土特产“百链千亿”行动为抓手，推动一产向二产、三产延伸，以全产业链思维推动高效生态农业发展。全省已累计建成产值超十亿的农业全产业链 92 条、超百亿的全产业链 7 条，总产值 2800 亿元以上。

以“千村未来，万村共富”工程赋能乡村全面振兴。浙江聚焦地区差距、城乡差距、收入差距，以建设未来乡村、打造共同富裕现代化基本单元为重点，先后开展四批共 917 个未来乡村建设，推动城乡区域发展更加协调，共同富裕取得新成效。

撰稿：汤婉卉

（五）乡村治理呈现缤纷亮点

深入推进万村善治工程，坚持和发展新时代“枫桥经验”“后陈经验”，着力打造清廉村居，创新实施构建“村民说事”制度，推进全国村级议事协商创新实验试点，推广运用民主恳谈会、圆桌会议等民主协商模式，村民自治机制不断健全。2023 年，全省坚持抓基层打基础固基本，村支部书记大专及以上学历比例 52.3%，提升 5.6 个百分点；建有综合服务站的村占 98.9%，提升 2.9 个百分点。推进乡村“法律明白人”培育工程，加强公共法律服务一站式云平台建设，有公共法律服务工作室的村占比 92.5%，提升 9.4 个百分点；出台《关于进一步推动德治融入基层治理体系的实施意见》，桐乡市探索德治融入乡村治理的创新实践入选全国首批典型案例。

（六）农民增收推动共同富裕

始终把农民增收、改善民生放在首位，聚焦持续缩小收入差距、城乡差距、区域差距，深入实施先富带后富“三同步”行动，深化新型帮共体建设，联动推进农民农村“扩中提低”、山区海岛高质量发展。2023 年，全省农村居民人均可支配收入达到 40311 元，增长 7.3%，城乡居民收入倍差缩小至 1.86：1；低收入农户人均可支配收入达到 21440 元，增长 13.4%，增速高出农村居民 6.1 个百分点。农村居民人均消费支出 30468 元，增长 10.9%，增速高出城镇居民 3.6 个百分点。推动优质公共服务资源向农村下沉，向欠发达地区边远地区倾斜，集中力量做好普惠性、基础性、兜底性民生建设，城乡居民月人均领取养老金金额 450 元，增长 10.2%。

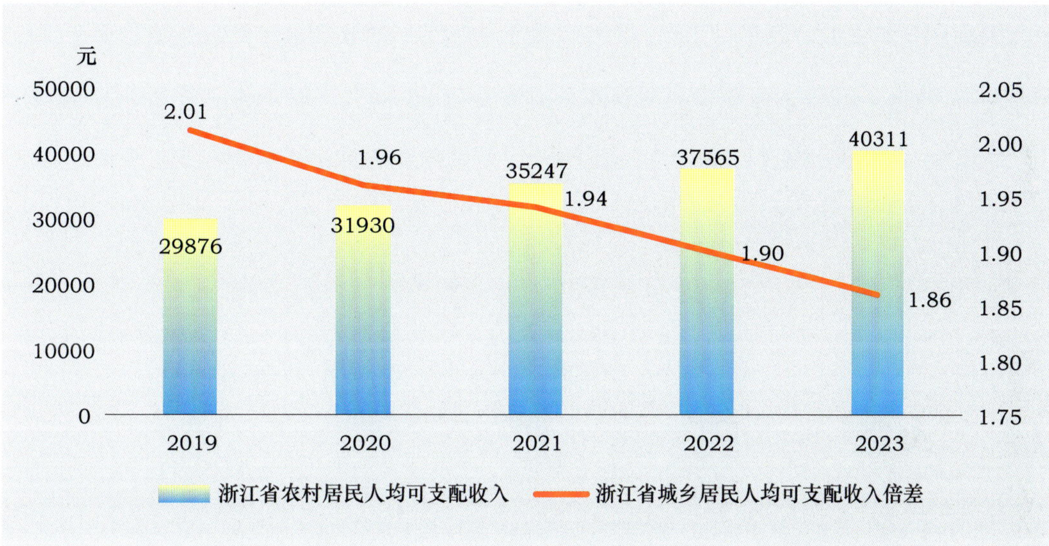

图 2 2019—2023 年浙江农村居民人均可支配收入及城乡收入倍差

二、改革创新先行先试，“浙”里乡村特色凸显

浙江统筹新型城镇化和乡村全面振兴，实施强城兴村“八大提升行动”，高水平推进乡村产业、人才、文化、生态、组织“五个振兴”，持续擦亮“三农”工作金名片，乡村振兴发展呈现新特点，取得新成效。

（一）“浙”里乡村更宜居

以“千万工程”为引领，以美丽乡村为底色，以未来乡村为示范，以共同富裕为追求，建设宜居宜业和美乡村。集成推进“美丽乡村＋数字乡村＋共富乡村＋人文乡村＋善治乡村”建设，点线面结合推进和美乡村片区化、组团式、带状型发展，构建“示范引领—特色精品—达标覆盖”的梯度创建体系。2023 年，打造（提升）85 条迎亚运村庄环境整治美丽风景线，建成和美乡村示范县 14 个、示范乡镇 111 个、示范带 22 条、示范村 292 个、特色精品村 435 个，全省和美乡村覆盖率达到 25.5%，乡村基础设施完备度、公共服务便利度、人居环境舒适度不断提高。

（二）“浙”里乡村多智慧

扎实推进全国唯一部省共建数字乡村引领区建设，发挥统筹协调机制作用，探索数字乡村发展新模式、新路径，发布全国首个县域数字乡村省级标准。加快农村网络普及覆盖与升级换代，推进农田、水利、公路和仓储保鲜、冷链物流等生产生活设施的数字化升级，完善乡村物流基础设施网络布局，城乡数字基础差距不断缩小，90% 涉农县（市、区）县域数字乡村发展水平超过全国总体水平。深入实施智慧农业“百千”工程，探索“数字化基地—数字农业工厂—未来农场”建设路径，构建“数字 + 设施 + 机械”智慧农业发展体系。截至 2023 年末，累计认定未来农场 33 家、数字农业工厂（基地）417 家。推进智慧养老、智慧医疗、智慧教育等数字场景率先在未来乡村集成落地，制定《乡村数智生活馆建设指南》，创新建成“一站式、多功能、智能化、可持续”乡村数智生活馆 137 个。

专栏2

“数字之力”赋能乡村振兴　走好浙江共富路

2003 年，启动“数字浙江”建设，奋力推动数字化改革走深走实，数字新基建扎实推进，数字驱动力更加强劲，数字服务链延伸拓面，数字应用端多点发力，数字乡村引领区建设开局良好。

瞄准全链条实现产业数字赋能。智慧数字农田引入阿里云的数字技术和中国水稻研究所的植物低碳作业数字模型，依靠北斗当行技术的厘米级高精准定位，市县联动精准灌排、无人农机、绿色防控三大智控系统和在线自动检测体系，远程智能指导种植工作。

融合数字基因厚植共富每一步。大力推进各领域数字资源和重大应用向乡村延伸。“乡村大脑”综合运用大数据、云计算、人工智能等数字技术，综合集成数字资源全面赋能“三农”，智慧种田、智慧帮扶、智能选品等多个应用场景展现着大智慧，以数字技术助力浙江农业农村现代化。

数治模式助力乡村善治新实践。浙江乡村治理正向“大治理”拓展，聚焦多种手段、多种主体、多样目标的融合共治成为趋势。以农村集体资产“一张图”赋能集体经济发展，搭建农村集体经济“智管家”数字应用，探索全链条集体经济数字管理方案。

撰稿：柳艳

（三）“浙”里乡村有品牌

推动村级集体经济发展定位向整体提升转变、经营机制向市场化转变、发展方式向增强造血功能转变、管理手段向数字化转变，建立健全长效发展机制，新型农村集体经济焕发生机，2023 年，全省 56% 的行政村集体经济总收入达到 50 万元以上。实施点亮乡村行动，探索创新投资主体多元、运营团队专业、利益联结紧密的村庄经营新模式，推广余杭农村职业经理人、临安乡村运营师等合伙人形式，涌现出红色旅游村淳安下姜村、特色产业村余杭永安村、历史文化村落浦江新光村、特色文化村落上虞晋生村、生态优势村落余杭小古城村等一批具有差异化特征的品牌乡村。

（四）“浙”里乡村驻电商

深入推进电子商务进农村综合示范工程，大力培育直播电商、跨境电商等新业态，有力发展乡村数字经济，有效提振乡村产业活力。2023 年，全省有电子商务配送站点的村占 77.4%，提升 4.5 个百分点。深入推进“互联网 +”农产品出村进城越洋、电子商务进农村综合示范工程，创新“浙农优品”“网上农博”等应用场景，大力培育直播带货、社区团购、跨境电商等新业态，农村地区网络零售额达 1.2 万亿元。全省拥有活跃涉农网店 2 万余家，网络零售额超千万的电商专业村 2642 个，电商镇 365 个，农产品网络销售额达 1300 亿元，占农产品总销售额 42.1%，高出全国 27.3 个百分点。

（五）“浙”里乡村闯天下

瞄准“地瓜经济”提能升级“一号开放工程”，坚持高水平走出去与高质量引进来有机统一，产业发展空间持续拓宽，为化解浙江人多地少的瓶颈制约，开辟出一片新的天地。推广台州“追着太阳种西瓜”、嵊州“三界种粮队”外拓种粮等模式，全省农业“走出去”近 30 万农民，在省外承包土地 300 万亩。青田县发挥侨乡优势打造优质农产品“全国买全球卖”集散中心，成为省“地瓜经济”提能升级最佳实践案例之一。远洋渔业不断发展，公海大洋性渔业作业区域遍布 10 个国家（地区）专属经济区，以投资换渔权建设基里巴斯海外基地，推动嵊泗贻贝全产业链项目落地见效。

三、发展难点深入剖析，短板问题仍需关注

浙江在坚持农业农村优先发展、全省域建设宜居宜业和美乡村、加快推进农业农村现代化先行方面成效显著，但三方面问题仍需重点关注。

（一）农产品加工发展不均衡亟需改善

农产品加工是连接工业与农业、城市与农村的产业，具有行业覆盖面广、产业关联度高、辐射带动作用强等特点，发展农产品加工业，不仅有利于促进农业提质增效、农民就业增收，更有利于农村一二三产业融合发展。2023 年，全省规模以上农产品加工业企业营业收入增幅为 3.2%，但地区发展不平衡，最高与最低市相差 24.7 个百分点，且有 3 个设区市负增长。

（二）农村公共服务体系不完善亟需优化

农村基本公共服务均等化对于促进社会公平正义、缩小城乡差距、提升农村居民生活品质具有至关重要的作用，是乡村全面振兴的重要基石。2023 年，全省通天然气的村仅占 17.6%，有新能源电动汽车公共充电桩的村仅占 26.3%，全国义务教育优质均衡县创建比例仅为 20%，农村公共服务仍有很大的提升空间。同时，部分设施或组织全省总体水平较好，但地区间发展不平衡，如村（社区）气象防灾减灾标准化覆盖率最高与最低市相差 40.2 个百分点，有农民业余文化组织的村比例最高与最低市相差 41.5 个百分点。

（三）农村养老支出压力增大亟需破题

根据“全面覆盖 + 精准画像”基础数据库，浙江目前农村常住人口中，60 岁及以上占 28.2%，65 岁及以上占 20.7%，分别高于全省 21.5% 和 15.4% 的水平，老龄化日趋严重，全省城乡居民基本养老保险覆盖人群不断扩大，加上人均待遇水平逐年提高，养老支出快速增加，2023 年，全省财政补助城乡居民基本养老保险基金支出 280 亿元，增长 16.2%，增幅比上年提高 1.4 个百分点，养老基金支付压力持续增大。

四、夯基固本持续发力，乡村振兴全面推进

（一）均衡促进农产品加工业发展

农产品加工业是农业现代化的支撑力量和国民经济的重要产业，对于高质量推进乡村振兴和农民农村共同富裕具有重要意义。推进“产业提升 + 产销结合”，支持加工企业加快技术改造、装备升级和模式创新，促进加工企业经营规模由小到大、加工层次由粗（初）到精（深）、加工业态由少到多、加工布局由散到聚，建立农产品加工业主体培育体系。推进“产业融合 + 富农强农”，引导农产品加工业与休闲、旅游、文化、教育、科普、养生养老等产业互联互通、深度融合，积极发展农商直供、加工体验、个性定制等新模式，建立农产品加工业融合发展体系。推进“产学研用 +

人才培育”，依托本地高职院校等教学研究机构，构建“产学研用”深度融合的科技创新体系，提升产业科技创新能力和企业技术装备水平。推进“产业帮扶＋强化服务”，围绕初加工、精深加工、食品加工等重要领域，着眼于技术设备研发应用、专用原料基地建设、加大产业主体培育等重要环节，加强政策扶持力度。

（二）着力提升农村公共服务水平

提升农村基本公共服务水平是推进乡村振兴、实现城乡融合发展的重要举措。加大财政支持力度，通过设立专项资金、优化财政支出结构等方式，为农村公共服务提供稳定的资金来源。加强乡村清洁能源建设，推动新能源汽车下乡力度，满足新时期农村基础设施的建设需求。合理配置资源，根据农村人口分布和实际需求，科学规划公共服务设施布局，确保设施的可及性和便利性。引导社会资本投入，鼓励社会资本参与农村公共服务供给，通过政策扶持、税收优惠等方式吸引社会资本投入农村公共服务领域。

（三）持续健全农村社会保障体系

统筹推进城乡社会保障一体化、养老保障资金供给多元化、贫困群体帮扶常态化，做好劳动自养、社会保障、家庭供养和政府供养等结合文章。提升农村居民收入，加快推进收入分配制度改革，缩小城乡居民收入差距，提高失能老人、高龄老人养老补贴；创造“银发”岗位，鼓励低龄老人就业增收。弘扬“孝道”传统文化，倡导子女多探视、陪伴父母，鼓励有条件老年人去专业机构养老。优化养老服务供给，优先发展日托、晚托、短期照料护理，助餐送餐、生活服务上门，家庭医生定期巡诊，家庭养老床位、居家适老改造等实用性强、呼声高的农村养老服务项目。

报告撰稿：钟彦琰　尹家晴

安徽省乡村振兴监测报告

推进乡村全面振兴，是党的二十大作出的重大决策部署，是新时代新征程"三农"工作的总抓手。近年来，安徽坚持以习近平新时代中国特色社会主义思想为指导，全面贯彻落实党的二十大精神和习近平总书记关于"三农"工作的重要论述、关于安徽工作的重要讲话重要指示精神，聚焦重点任务、细化政策举措，农业强省建设向高质高效发展。国家统计局最新反馈的乡村全面振兴统计监测结果显示，全省农业农村呈现稳中向好发展态势，"在推进乡村全面振兴上走在前列"迈出坚实步伐。

一、加快建设农业强省，全力推进乡村振兴

根据国家统计局测算结果，2023 年安徽乡村全面振兴发展指数为 71.8，比全国高 2.8。分领域看，安徽在乡风文明、生态宜居、治理有效、生活富裕和产业兴旺等 5 个分领域指数高于全国平均水平，发展成效较为明显。其中，乡风文明指数最高，为 88.2；治理有效指数超全国平均水平最

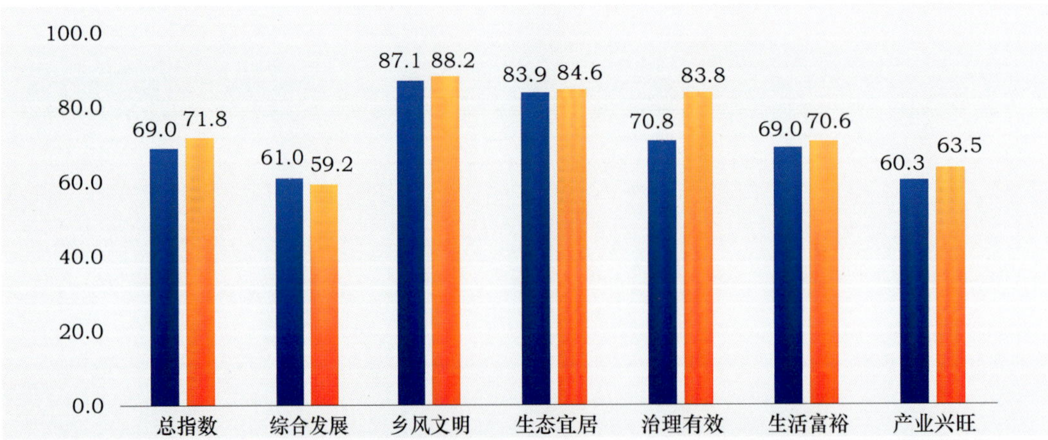

图 1 2023 年全国和安徽分领域乡村全面振兴发展指数

多，比全国高 13.0。

（一）乡风文明建设焕发新气象

近年来，安徽推动新时代文明实践向村庄、集市等末梢延伸，组织开展文化科技卫生“三下乡”活动，扎实推进农村移风易俗重点领域突出问题专项治理工作，营造良好社会氛围，推动乡村焕发文明新气象。2023 年，安徽乡风文明指数为 88.2，比全国高 1.1，为 6 个分领域指数首位。持续推进乡村公共文化服务体系建设，村综合性文化服务中心覆盖率为 97.7%，比上年提高 0.6 个百分点。农村共有体育健身场所 3.6 万个，增长 16.8%，有体育健身场所的村占 98.4%，提高 0.3 个百分点；有农民业余文化组织 1.7 万个，增长 19.3%，有农民业余文化组织的村占 71.1%，提高 11.7 个百分点。

专栏 1

金寨县：党建引领 信用促振兴

金寨县系统推进党建引领信用村建设，蹚出了一条党建引领、金融助力、信用为媒、群众受益的乡村发展新路子。相关做法入选 2021 年度“安徽省十大改革案例”，获央视主频道宣传报道。

一是信息生信用筑平台。归集户籍、住房、土地等基础信息 237.8 万条。创新信用等级自主申报、村级复审、组织评议、系统评定、结果反馈、颁证授牌“六步工作法”，建立守信激励失信惩戒、信用修复和动态调整三项机制。

二是信用变信贷旺产业。推出 18 款“信易贷”支农金融产品，组建乡村产业发展服务团，建立“信用村吹哨、服务团报到”机制，引导资金、人才、技术等向乡村聚集、向产业聚焦。

三是评议振乡风促治理。推行“6+X”乡风文明评比活动，完善农户、涉农经济主体信用档案，将信用等级与信贷额度、评先评优等挂钩，推动“一户一码”“秒批秒贷”等场景运用，构建信用治理格局。

四是党建强引领聚合力。在 218 个村设立“红色评议站”，搭建党员干部履职平台。对村集体经济实体实行信用等级差异化信贷，推动山林土地资源、闲置资产开发利用。

“党建 + 信用”发展新模式的成功实践，密切了干群关系，厚植了产业动能，促进了乡村治理，建强了基层组织。用信用服务激活乡村发展新动能，以信用管理提升基层治理新水平，找到了解锁老区乡村振兴的“红色密码”。

撰稿：宋锐修

（二）生态宜居优化展现新面貌

近年来，安徽深入推进农村人居环境整治，农村面貌发生深刻变化，以环境“高颜值”提升农民“幸福值”。2023 年，安徽生态宜居指数为 84.6、比全国高 0.7。完成农村改厕 31.9 万户，农村卫生厕所普及率为 88.4%、比上年提高 1.4 个百分点，农村生活污水治理率 31.8%，农村生活垃圾无害化处理率 81.5%。组织实施安徽省农作物秸秆综合利用和畜禽养殖废弃物资源化利用两个五年提升行动计划，全省主要农作物秸秆和畜禽粪污综合利用率分别达到 93.0% 和 83.0% 以上。主要使用太阳能、天然气等清洁能源的村占比达 67.8%。

（三）乡村治理体系取得新成效

近年来，安徽乡村治理体系进一步完善，农民群众获得感、幸福感、安全感不断提升。2023 年，安徽治理有效指数为 83.8、比全国高 13，对总指数正向拉动作用明显。强化农村基层党组织建设，村党组织书记大专及以上学历占 80.6%，比上年提高 3.3 个百分点。90.5% 的村有公共法律服务中心，提高 8.1 个百分点；82.2% 的村有综合服务站，提高 13.6 个百分点；36.9% 的村属于县级及以上民主法治示范村，提高 2.6 个百分点。成立全国第一家省级新农人协会，打造高学历、年轻化、专业化的全省新农人交流合作平台。启动首批乡村振兴人才评审工作，千余人获评高级职称。

（四）居民生活水平迈上新台阶

近年来，安徽深入实施产业扶贫工程，实行“企业 + 基地 + 家庭农场 + 农户”模式，建立农企利益联结机制，推动粮食增产、农民增收。2023 年，安徽生活富裕指数为 70.6、比全国平均水平高 1.6。扎实推进巩固拓展脱贫攻坚同乡村振兴有效衔接，2023 年全省农村居民人均可支配收入首次突破 2 万元，为 21144 元，增长 8.0%、高于全国 0.2 个百分点、高于城镇 2.9 个百分点。城乡居民可支配收入比为 2.2，比上年缩小 0.07，比疫情前的 2019 年缩小 0.2。农村居民恩格尔系数为 34.7%，比上年下降 0.6 个百分点，与全国的差距缩小到 2.3 个百分点。有家用汽车的常住户为 577 万户、增长 4.0%，占 43.9%、提高 2.9 个百分点。农村居民教育文化娱乐消费支出 2083 元，占人均生活消费支出 11.0%、提高 0.3 个百分点。

（五）产业发展取得新升级

安徽作为粮食生产大省，多年来坚决扛稳粮食安全责任，始终把保障粮食等重要农产品供给作为头等大事来抓，落实中央各项支持粮食生产的政策举措，加大改革和投入力度，引导农民多种粮、种好粮。2023 年，安徽产业兴旺指数为 63.5、比全国高 3.2。启动建设千亿斤江淮粮仓，粮食产量 830 亿斤，比上年增加 10.1 亿斤，增长 1.2%，连续 7 年保持在 800 亿斤以上，居全国第 5 位；以占全国 4.3% 的耕地，生产了全国 6.0% 的粮食。粮食播种面积 1.1 亿亩，增加 30.3 万亩。粮食单产 377 公斤 / 亩，增加 3.6 公斤 / 亩，增长 1.0%、比全国高 0.2 个百分点。首创“按图索粮”模式，全省优质专用粮食占比超80%，粮食良种覆盖率为98%。杂交水稻良种出口量连续4年居全国第1位，育成的5个杂交水稻品种进入全国推广面积10强。年末，全省农业机械总动力7195万千瓦，比上年末增长1.8%。全省耕云农业大模型落地应用，农作物耕种收综合机械化率为85%，高于全国10个百分点。选派科技特派员1万人以上，实现所有行政村全覆盖。农业科技进步贡献率为66.5%、上升0.5个百分点，比全国高3.3个百分点。

专栏2

池州市：数字农业赋能乡村振兴向“新”提质

一是加速农业生产数字化应用。大力推进农业生产数字化转型升级，全市共建成省级数字农业工厂12个。聚焦“高精特新”技术，不断扩大农业数字化应用场景，累计建成数字农业农村应用场景74个，数字化农业成为池州农业农村经济发展的新亮点。

二是拓宽数字农业经营新渠道。推进农产品电商对接、直播带货等活动，鼓励电商企业、互联网企业等各类市场主体开拓农业农村业务。举办多项直播活动，宣传推介特色农产品。15款产品参加安徽省好货网大赛，6款产品入选大赛百佳企业名单。

三是完善乡村数字化治理体系。探索开展各类农业农村信息化管理系统创新应用，创新实施青阳县农村人居环境“线上+线下”长效管护试点、东至县农村宅基地管理系统等，搭建霄坑村数字乡村智慧管理平台、“数字木塔”智慧治理小程序，优化提高基层工作效率。

四是提升数字农业服务水平。积极推进农机、统防统治等社会化服务数字化建设，开发全市农机服务一体化系统，采集录入大中型农机机械6102台、合作社等服务组织744家数据，实现动态监管、信息共享。推进信息进村入户工程，整合涉农服务入驻益农社平台，全市共建益农信息社611个，县级运营中心4个，行政村覆盖率100%。

撰稿：汪舒洁　王啸远

（六）经济发展回升向好

2023年，安徽锚定打造“三地一区”战略定位、建设“七个强省”奋斗目标，攻坚克难，开拓奋进，经济回升向好，高质量发展扎实推进，现代化美好安徽建设迈出坚实步伐。全省综合发展指数为59.2。全年全省地区生产总值47051亿元，比上年增长5.8%。其中，第一产业增加值3497亿元，增长3.9%；第二产业增加值18872亿元，增长6.1%；第三产业增加值24682亿元，增长5.8%。三次产业结构由上年的7.9：40.2：51.9调整为7.4：40.1：52.5。按常住人口计算，人均地区生产总值76830元，增长5.7%。全年全省一般公共预算收入3939亿元，增长9.7%，其中税收收入2593亿元，增长15.4%。

二、挖掘乡村特色，彰显徽风皖韵

（一）产业链不断升级

近年来，安徽聚焦全产业链开发、全价值链提升，做大做强农产品加工业，坚持种养一起抓、粮肉一起抓、头尾一起抓，不断提升农业发展水平。2023 年，全省农林牧渔业总产值 6248 亿元，比上年增长 4.4%，其中，一产产值 5822 亿元、增长 4.2%。下大力气做好“粮头食尾”“畜头肉尾”“农头工尾”增值文章，深入实施农产品加工业提升工程，稻米、生猪、茶叶等十大绿色食品全产业链产值 1.2 万亿元。新建、改造高标准农田 443 万亩，累计建成高标准农田 6256 万亩，占耕地面积 75.2%、提高 9 个百分点。绿色食品、有机农产品和地理标志农产品总数达 6648 个。其中，绿色食品 4850 个，有机农产品 1679 个，绿色有机地标总量居全国第一方阵，皖产绿色食品市场占有率和影响力进一步扩大。

专栏3

霍山县：“小民宿”跻身乡村振兴“新赛道”

近年来，霍山县搭乘成功创建首批“国家全域旅游示范区”东风，全力打造“全省乡村振兴先行示范区”，探索形成一条发展快、投入小、收益高、可持续的民宿经济发展之路。

一是规划引领让民宿“站上舞台”。将民宿发展纳入全域旅游总体规划，对全县 158 户闲置民房和宅基地以及 49 处闲置校舍、敬老院、三线军工资产等公共设施进行盘活，由政府统筹进行民宿项目开发。

二是产旅融合让民宿“抱团取暖”。探索“民宿 +”产业模式，将乡村民宿打造成霍山石斛等特色农产品的展销平台，推出“十大海”“养生霍膳”等系列民宿特色菜；打造“又见霍山”民宿品牌，融入特色民俗文化。

三是创新施策让民宿“红利共享”。构建“投资入股”“乡村创客 + 政策扶持”“出租合作”“村民自我管理”等模式，为外来投资人士、返乡创业人士、本地有志青年等量身定制扶持政策，充分保障投资人、就业者效益、收益最大化。

民宿产业已成为全县产业振兴的重要抓手。2022 年以来，全县已建成精品旅游民宿 46 家，成功打造“大别山人家”“漫宿 +”等本土特色民宿品牌，评定星级“大别山人家”25 家。 民宿接待游客 340 万人次，综合收入 69.3 亿元，惠及 43 个脱贫村集体经济、3.4 万户脱贫群众。

撰稿：宋锐修

（二）“油瓶子”“菜篮子”保供有力

近年来，安徽坚决落实稳粮扩油政策，加大油料生产力度，加速推进长三角绿色“大菜园”建设，积极推进特色农产品发展，狠抓生猪稳产保供，积极发展家禽业，大力推进稻渔综合种养工程，稳定渔业生产，绿色养殖能力有效提升，重要农产品供给能力大力提升，城乡居民对农产品的多样化需求得到有效满足。全年全省油料播种面积迈上 900 万亩台阶，为 965 万亩，比上年增长 14.5%，提高 10.9 个百分点；产量 189 万吨，增长 9.0%，提高 5.2 个百分点。蔬菜播种面积增长 2.3%，产量增长 3.6%；水果产量增长 3.8%，茶叶产量增长 3.2%。肉蛋奶产量 750 万吨，增长 6.2%，其中，禽蛋产量 206 万吨、增长 10.5%，猪牛羊禽肉产量 496 万吨、增长 4.5%。启动实施“秸秆变肉”暨肉牛振兴计划，牛养殖规模 183 万头、增长 1.6%。水产品产量 254 万吨，增长 3.5%。

专栏 4

合肥市：创新社会化服务机制 推进农业现代化进程

合肥市创新社会化服务机制，运用“土地托管”、“代耕代种”、“联耕联种”模式，激发乡村资源要素活力。全市各类农业生产社会化服务组织超过 7300 个，服务面积 660 万亩，社会化服务贯穿农业生产全环节。长丰县《创新农业社会化服务机制引领“小草莓”做成大产业》案例，入选 2023 年全国农业社会化服务典型案例；庐江县以标准化服务提升粮食生产水平经验，被农业农村部推广。

一是聚焦“稳粮保供”，促进粮食作物有效种植。突出解决农村个体农户、生产经营主体一家一户“难做到、做不到、不愿做”等难题，通过政府支持、市场运作，贯通社会化服务组织—农户（场、社、企）联农带农“服务链”，促进粮食生产“种满、种足、种好”。

二是聚焦“绿色生产”，促进地力养护和品牌建设。通过测土配方、机械施肥等技术集成服务，有效降低了化肥农药使用量，保障了种植产品的质量安全，促进了耕地地力的养护。

三是聚焦“多元收入”，促进农民增收。通过 “良种、良机、良技、良法、良品、良态、良治、良制”集成配套，降低农户的物化投入成本和劳动强度，实现了降成本、提产量、减损耗、提品质，有效促进农民增收。

撰稿：刘璐

（三）乡村生活条件有效改善

2023 年，安徽省委、省政府出台实施“千村引领、万村升级”工程的意见，全面启动实施“千村引领、万村升级”工程，加快建设彰显徽风皖韵的宜居宜业和美乡村，并将其作为推进全省农业农村现代化的“一号工程”。建设首批精品示范村 200 个，已建和在建和美乡村中心村 11869 个（2023 年建设省级中心村 838 个），占全省行政村 83%。农村水电路气网等基础设施建设全面提速，启动新一轮“四好农村路”建设，提质改造农村公路4166公里，完成投资118亿元。截至2023年底，全省农村公路总里程21万公里、农村公路密度149.8公里/百平方公里；20户以上自然村通硬化路比例为99.7%，建制村通双车道公路比例超60%。通三级及以上公路乡镇维持在96%以上。农村移动电话用户5173万户、增长7.4%，固定互联网宽带接入用户2185万户、增长16.1%。通5G网络的村1.2万个，占90.6%、提高11.5个百分点。

（四）农业农村改革持续深化

安徽始终坚持深化农业农村体制改革，作为全国首批3个整省推进农村土地承包经营权确权登记颁证试点省之一，在全国率先完成土地确权登记颁证试点，完成农村集体产权制度改革整省试点，全省开展“三变”改革的村1.4万个。推广农业生产“大托管”模式，全省农业社会化服务组织5.5万个，服务面积2.4亿亩次，带动农户超过450万户。年末，在市场监管部门注册登记的家庭农场数量为30.7万个，农民合作社11.6万个，分别居全国第1和第4位。

三、聚焦短板弱项，精准施策发力

（一）领军企业规模待进一步壮大

2023年，安徽营业收入超百亿元的农业企业有4家，山东有18家，江苏、黑龙江、四川均分别有7家。省内营业收入最高的是辉隆农资，为183亿元，在全国农业企业500强中排第62位；河南最高的牧原实业为1264亿元、排第5位，辉隆农资营业收入不及其两成。

（二）品牌意识待进一步强化

作为农业大省，安徽农特产品种类齐全、特点突出、产量稳定、口碑良好。但多数农产品仍存在品控不规范、加工产业链短、品牌意识不强、产品附加值不高、同质化竞争等短板。砀山酥梨、怀远石榴、宁国山核桃、怀远黑猪等地方特色农产品普遍缺乏规范严格的品控标准，初级产品多、加工成品少，省外知名度不高。

（三）区域发展平衡性待进一步提升

从总指数看，有64个县区高于全省、占62.1%，其中，阜阳、芜湖分别有7个，安庆、黄山、宣城分别有6个，淮南市仅1个县区高于全省。有39个县区低于全省，黄山市所有县区均低于全省；指数最低的县区比全省平均水平低8.8，比最高的县区低15.5。

四、学习“千万工程”，推进乡村全面振兴

（一）大力培育农业龙头企业

在优质粮油、绿色果蔬、徽派预制菜、休闲食品等领域培育打造一批头部企业、创制一批领衔单品，加快改变“粮大壳、菜大帮、果大皮、猪变肉”等初级加工为主的局面。加强农业产业化联合体培育，扶持一批龙头企业牵头、家庭农场和农民合作社跟进、广大小农户参与的农业产业化联合体，实现抱团发展。

（二）充分发挥农特产品资源优势

大力发展特色经济林果、食用菌、中药材、苗木花卉、本木油料和竹产业等特色产业，大力实施“秸秆变肉”工程，加快补齐良种育繁、标准化规模养殖等短板。大力发展农产品精深加工，利用本地优质资源发展绿色食品产业，提高全产业链增值效益。积极发展农村电商、仓储保鲜、冷链物流，引导农民用好直播带货等手段，缩短特色农产品“从源头到餐桌”的距离，给农产品“梳妆打扮”，确保产得好卖得好。

（三）持续推进区域协调发展

加快农村一二三产业融合发展，大力推广种养循环模式，重点发展优质专用小麦、优质水果、道地中药材、优质肉牛肉羊生猪等，打造皖北循环农业产业带；聚焦大中城市绿色食品需求，重点发展优质稻米、绿色蔬菜、特色家禽、名优水产等，打造皖中都市农业产业带；科学开发利用农林生态资源，重点发展徽茶、中药材、山区食用菌和林特产品等，大力发展高端生态农产品，打造皖西南特色农业产业带。突出徽文化、淮河文化、大运河文化、红色文化等徽风皖韵内涵特质，打造皖北田园风光、江淮错落有致、沿江水乡风韵、皖西生态山村、皖南山水徽韵的特色乡村集群。

报告撰稿：魏越　戴炜

福建省乡村振兴监测报告

近年来，福建深入贯彻中央农村工作会议和经济工作会议精神，坚持农业农村优先发展，学习借鉴“千万工程”经验，有力有效推进乡村全面振兴。全省县域综合实力不断增强，乡村产业发展取得积极成效，乡村生态宜居水平显著提高，乡风文明建设取得新进展，乡村自治德治法治稳步推进，乡村富裕再上新台阶。

一、乡村振兴成就喜人，“三农”发展成效显著

为深入贯彻党的二十大精神，认真落实党中央关于加强乡村振兴统计监测的部署要求，全面反映乡村振兴进展和实施效果，按照国家统计局《乡村振兴统计监测工作方案（试行）》，福建围绕乡村振兴进展情况开展统计监测分析，全省 77 个涉农县（市、区）参加乡村振兴统计监测。从监测结果来看，2023 年，福建乡村全面振兴发展指数为 73.3，高于全国平均水平。其中，综合发展、产业兴旺、生态宜居、生活富裕指数高于全国平均水平。

（一）县域综合实力不断增强

2023 年，全省上下认真贯彻省委、省政府工作部署，深入实施“深学争优、敢为争先、实干争效”行动。认真落实稳经济各项政策，经济运行呈现持续恢复向好态势。77 个涉农县（市、区）地区生产总值达 44761 亿元，比上年增长 4.7%。人均地区生产总值达 11.9 万元，增长 4.7%。地方一般公共预算收入达 1851 亿元，增长 9.6%。人均地方一般公共预算收入 4935 元，增长 9.8%。以上各指标增速均高于全省水平。

表 1 2023 年福建省县域综合实力主要指标

指标	77 个县（市、区）		全省	
	总量	增速（%）	总量	增速（%）
地区生产总值（亿元）	44761	4.7	54355	4.5
人均地区生产总值（万元）	11.9	4.7	13.0	4.5
地方一般公共预算收入（亿元）	1851	9.6	3592	7.6
人均地方一般公共预算收入（元）	4935	9.8	8587	7.7

（二）乡村产业发展取得积极成效

产业发展是乡村振兴的重要基础，近年来，福建着力提升乡村产业发展水平，有力推动乡村产业高质量发展。农业综合生产能力稳步提升。2023 年，全省第一产业增加值和主要农产品产量继续保持增长，供给保障水平进一步提高。第一产业增加值达 3218 亿元，增长 4.2%。粮食总产量 511 万吨，增长 0.4%。肉类产量 311 万吨，增长 5.1%。水产品产量 890 万吨，位居全国第三，增长 3.3%，详见图 1。农业规模化经营稳步发展。近年来，福建农业规模化种植、养殖保持发展势头，对于稳定农业生产和农产品供应，起到了积极作用。2023 年，全省乡村种植规模户 3.3 万户、增长 9.6%；养殖规模户 1.3 万户，增长 4.8%。乡村旅游和休闲农业较快发展。福建充分发挥乡村特色旅游资源富集、生态环境优美的优势，大力发展休闲农业和乡村旅游，培育乡村产业发展新动能。2023 年疫情防控全面放开后乡村旅游业复苏，乡村旅游和休闲农业也呈现快速增长势头。全省 16.0% 的村开展休闲农业和乡村旅游，比上年提高 4.0 个百分点。开展休闲农业和乡村旅游服务的农户快速增长，达 1.1 万户，增长 26.2%。

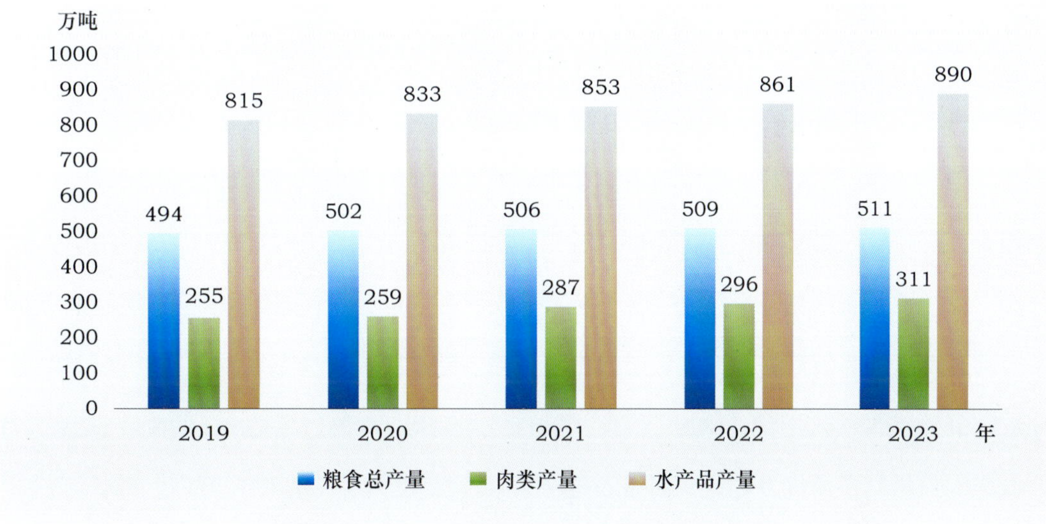

图 1 2019—2023 年福建主要农产品产量

专栏1

水系绕古村　焕发新活力

游洋镇天马村位于仙游县东北部山区，全村有2个自然村，村域面积7.9平方公里。村内保留了数量较多、建筑完好的成片传统古厝群，属宅邸民居，历史风貌保存完整。天马外石门何氏、陈氏古厝群建筑结构为土木结构，整体以长方形坐落在天马溪的环抱中，共有房间300间，占地面积6500平米，建筑总面积约12000平米，2023年被列入“中国传统村落”名录。

天马村以建设宜居宜业和美乡村为目标，通过保护修缮天马古厝群建筑，改造古厝群内的沟渠，变“臭水沟”为“网红沟”，建设“五个美丽”水系环绕微景观，将传统文化与乡愁记忆保存留给后来人。围绕“干干净净、整整齐齐、漂漂亮亮、舒舒服服、红红火火”20个字的工作目标，创新探索“古厝生态水陆缸”保护开发模式，即通过科学规划、修缮，保存古厝群整体的固有风貌，活化利用古厝古迹，配合周边山水生态治理，用水系环绕古民居微景观，实现古民居水韵灵动。同时引进人才共同开发，以文旅资源撬动经济循环，促进村财增收。

天马村积极探索实践“上级资金整合一点、政府投一点、企业让一点、成本降一点、群众筹一点”的建设模式，激活“政府求发展、企业能盈利、群众得实惠”的“三方共赢”效应，通过“五回一新”政策措施，吸引本地人才回归、引进外地团队入驻，主要围绕“有的看、留得住、带得走、想再来”的理念，不断丰富业态场景，发展乡村旅游产业。

撰稿：温海涛　何素蓉

（三）乡村生态宜居水平显著提高

乡村振兴，生态宜居是关键。近年来，福建加快推进乡村人居环境整治提升行动。乡村人居环境全面改善，基础设施提档升级。乡村生活垃圾和污水处理水平显著提高。2023年，全省农村生活污水治理管控率达67.9%，提高3.3个百分点。86.8%的村实现生活污水全部或部分集中处理，提高5.0个百分点。生活垃圾分类及收运处理更加规范，74.5%的村对生活垃圾进行了分类，提高12.9个百分点。95.3%的村对生活垃圾进行了收运处理。乡村卫生条件明显提高。近年来，福建积极改造提升乡村厕所，改善乡村环境卫生状况。2023年，全省96.2%的村有公共厕所，提高0.9个百分点。农村卫生厕所普及率达96.9%，提高0.6个百分点。乡村基础设施更新换代。近年来，福建乡村管道燃气、宽带互联网等基础设施不断完善。持续扩展乡村互联网覆盖广度和深度。全省乡村固定互联网宽带接入用户达429万户，增长3.1%。80.9%的村通达5G网络，提高12.6个百分点。管道燃气供气设施向乡村地区延伸，全省乡镇管道燃气用户达218万户，增长8.7%；乡镇管道燃气覆盖率为32.8%，提高1.0个百分点。7.9%的村通天然气，提高1.5个百分点。推动城乡客运一体化建设，公交化改造农村客运路线。2023 年，全省 77.6% 的村通公交，提高 13.5 个百分点。乡村物流交通更加畅通。近年来，福建稳步推进乡村交通及物流配送体系建设。2023 年，全省通三级及以上公路的乡镇占比达 96.9%。较大人口规模自然村（组）通硬化路比例达 85.3%，提高 8.3 个百分点。60.9% 的村拥有能够同时提供寄送和揽收服务的电子商务配送点，提高 4.8 个百分点。

（四）乡风文明建设取得新进展

乡村振兴，乡风文明是保障。近年来，福建积极推动乡村文化振兴，焕发乡风文明新气象，繁荣兴盛乡村文化。乡村公共文化设施建设加快推进。福建加大乡村公共文化设施投入，加快推进基层综合性文化服务中心建设。2023 年，全省 89.8% 的村有综合性文化服务中心，提高 6.7 个百分点。乡村体育健身场所持续完善。近年来，福建加快乡村健身设施建设，广泛开展形式多样的群众性体育活动。2023 年，全省 92.1% 的村拥有体育健身场所，提高 2.9 个百分点。乡村体育健身场所达 2.6 万个，增长 9.7%。乡村文化活动日益丰富。近年来，福建加强乡村公共文化建设，鼓励支持成立各类群众文化团队，开展形式多样的文化娱乐活动。2023 年，全省 63.6% 的村有农民业余文化组织，提高 12.0 个百分点。各类农民业余文化组织 1.5 万个，增长 19.6%。全省乡镇拥有电影院 301 家，增长 7.5%。

（五）乡村治理能力和水平稳步提升

乡村振兴，治理有效是基础。福建积极推动乡村组织振兴，打造充满活力、和谐有序的善治乡村，乡村治理体系更加完善。乡村基层党组织建设不断加强。福建扎实推进以党组织为核心的农村基层组织建设，村干部学历结构不断优化。2021 年村（居）两委换届选举，大量年富力强、文化程度较高的干部走上工作岗位。2023 年，全省村支书受教育程度为大专及以上的村占 54.9%，提高 4.8 个百分点。乡村基层服务不断优化。福建加快村（社区）综合服务站建设，为广大群众提供社会保障、劳动就业和社区教育等服务，提高乡村基层服务水平。2023 年，全省 93.8% 的村有综合服务站，提高 9.1 个百分点。智慧综合管理服务平台覆盖全省 49.4% 的村，提高 13.5 个百分点。乡村自治德治法治持续深化。福建大力加强乡村法治建设，推进基层群众自治实践。2023 年，全省 99.9% 的村制定了村规民约。94.8% 的村制定了合法村庄规划，提高 2.3 个百分点。全省县级及以上民主法治示范村占比为 28.0%，提高 4.8 个百分点。有公共法律服务工作室的村占比达 78.4%，提高 13.8 个百分点。

（六）乡村富裕再上新台阶

乡村振兴，生活富裕是根本。福建多措并举大力发展乡村经济，拓宽乡村居民增收渠道，增进乡村民生福祉。乡镇经济实力不断增强。2023 年，全省 22.4% 的乡镇资产总额在 1 亿元及以上，占比提高 3.8 个百分点；11.0% 的乡镇资产总额在 5000 万元～ 1 亿元，提高 0.7 个百分点；66.6% 的乡镇资产总额在 5000 万元以下，下降 4.5 个百分点。农村集体经济发展壮大。2023 年，全省村集体企业 2323 家，其中规模以上企业占比达 10.8%。村集体收入 128 亿元，增长 3.8%。其中，经营收入 35.6 亿元，增长 9.3%。乡村居民生活水平持续提高。一是农村居民收入较快增长。2023 年全省农村居民人均可支配收入达 26722 元，增长 6.9%，高于城镇居民人均可支配收入增长幅度 2.6 个百分点。城乡居民人均可支配收入比为 2.10（农村居民可支配收入为 1），比上年减少 0.05，城乡居民生活水平差距持续缩小（详见图 2 和图 3）。二是农村居民消费结构优化升级。2023 年农村居民人均消费支出 21746 元，增长 6.3%。其中，生活用品及服务、教育文化娱乐和医疗保健消费增幅均在 10.0% 以上。全省 288 万户农村居民拥有家用汽车，增长 4.0%；农村居民家用汽车普及率为 39.0%，提高 2.0 个百分点。

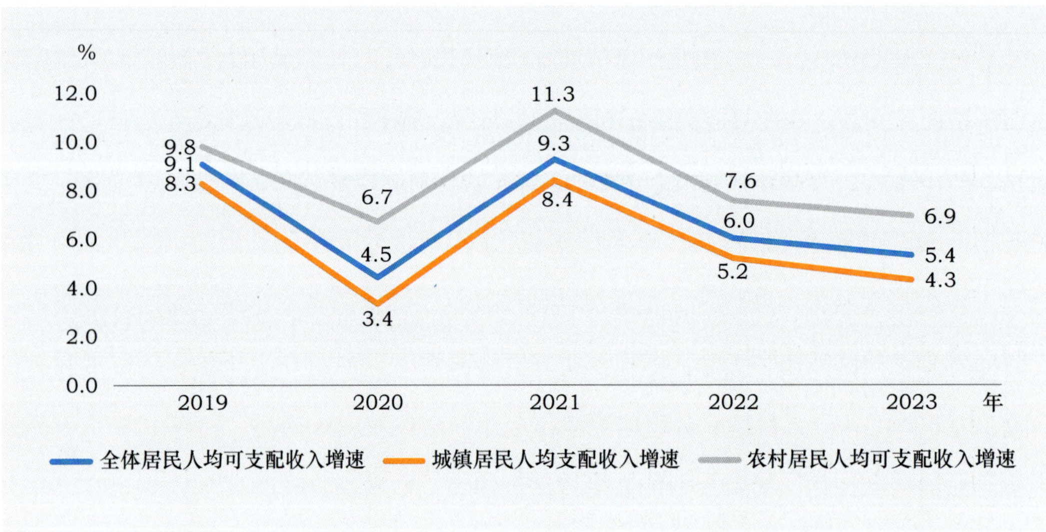

图 2 2019—2023 年城乡居民人均可支配收入增速

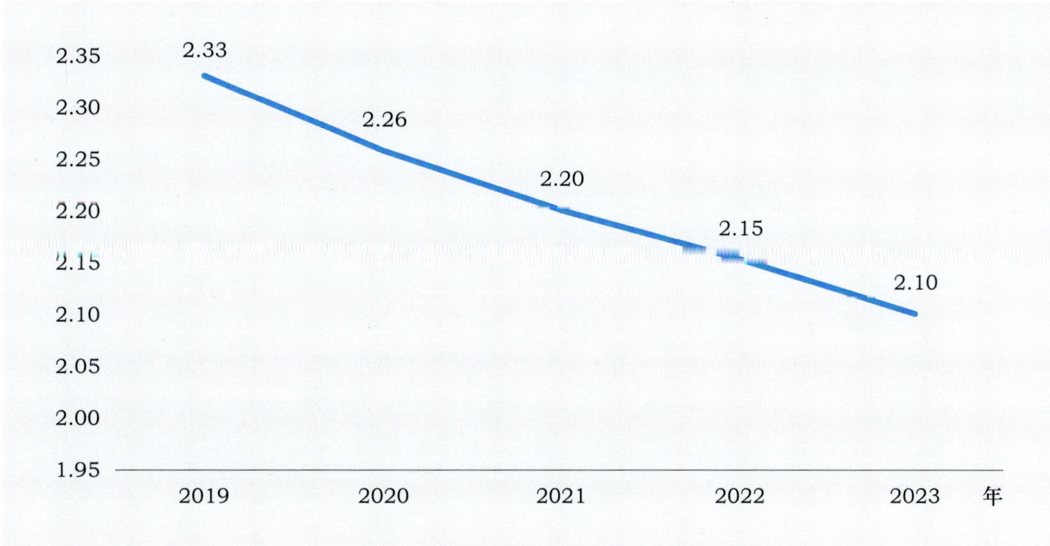

图 3 2019—2023 年城乡居民人均可支配收入比

二、乡村发展亮点凸显，多维发力助力添彩

（一）特色现代农业加快发展

发展壮大乡村特色产业。福建深入实施特色现代农业高质量发展“3212”工程，加快创建一批省级以上优势特色产业集群、现代农业产业园、农业产业强镇、“一村一品”专业村，点线面协同推进乡村产业发展。2023 年，福建新创建 1 个国家优势特色产业集群，2 个国家现代农业产业园，7 个国家农业产业强镇。提升“福农优品”品牌影响力。福建全方位打造“福农优品”品牌矩阵，启用品牌管理数字化平台，出台品牌标识管理办法，创建国家现代农业全产业链标准化示范基地，增强绿色优质农产品供给能力。截至 2023 年底，福建拥有全国名特优新农产品累计达 135 个，福建名牌农产品 210 个，“福农优品”竞争力不断增强。

（二）农业科技创新推广不断增强

福建积极推进省级以上农业领域创新平台建设发展。深化产学研用协同创新，积极探索与国家科研院所协作攻关的新模式新路径。2023 年，全省杂交水稻面积、产量连续 6 年保持全国第一，“圣农 901”白羽肉鸡品种走向非洲等国外市场。农业设施装备持续改善，工厂化育秧、高速插秧机、植保无人机、山地轨道运输系统、粮食烘干设备等加快普及，5G 茶园、智慧农场、蛋禽养殖机器人等数字农业应用不断取得突破。增强农业科技推广能力。福建着力加强现代农业产业技术体系建设，培育一批具有示范带动作用的科技基地和主体，建设一批“科技村落”和产业研究院，增强“科

专栏2

点线面协同发展，探索乡村振兴龙岩模式

龙岩各县（市、区）依托各自的文化、生态资源和产业优势，按照串点连线成片、片区化打造的思路，打造乡村振兴“一县一片区”。

新罗区依托厦龙合作区“工旅新城、富美银雁”发展战略，重点打造银雁片；建设“千里江山·只此青绿”片区，按照“区域协调发展、产业推动发展、发展各具特色”的思路科学编制规划，打造红色研学、绿色双碳、农旅融合、共同富裕的“江山模式”。永定区围绕“文化瑰宝·土楼人家”特色，通过招商引资、跨村联建方，重点打造“土楼十里长廊”片区，成为撬动乡村振兴的新支点。上杭县以古田会议会址为核心，按照“农村景观化、产业融合化、全域景区化”思路，重点打造红古田片区，同时，依托才溪浓厚的历史文化底蕴，实现红色、民俗、农耕和绿色等多种文化共融。武平县以环梁野山、环千鹭湖、环六甲水库乡村振兴三大示范片“15 朵金花”示范村建设为中心，重点打造“环梁野山”片区，创建立足资源禀赋，发挥良好生态资源、厚重文化底蕴、多元产业体系等优势，促进农旅、文旅深度融合，建成旅居武平的核心区。长汀县突出水土流失治理“长汀经验”，重点打造“红旗跃过汀江·两山实践走廊”片区，擦亮“绿色”、唱响“红色”、保护“古色”、创建特色，推进片区飞跃发展，打造全国水土保持高质量发展的乡村振兴样板。连城县利用冠豸山 4A 级景区资源，重点打造“湖光山色、冠豸氧吧、温泉康养、国际骑行”环冠豸山片区；利用“美味莲南、整训新泉”片区充分挖掘“整训”红色文化资源优势，赋能带动温泉、美食、旅游、农业等“绿色产业”，带领干部群众强村富民，闯出了一条“红＋绿”的乡村发展振兴之路。漳平市围绕台湾农民创业特色，重点打造“台湾小镇”片区，大力推动花卉、茶叶、蔬菜特色产业升级转型、融合发展，漳平台创园已连续七年在国家级台湾农民创业园发展建设考评中位居第一。2023 年，全市实施乡村振兴“一县一片区”建设项目 126 个，完成投资 15.3 亿元。

撰稿：阙伟华　陈铁平

技小院”服务能力。深入推进科技特派员制度服务乡村振兴，组织和推进科技特派员服务团下乡开展服务，强化科技成果示范推广与转化应用工作。

（三）乡村建设行动扎实推进

提升村庄规划建设水平。福建强化县域国土空间规划对城镇、村庄、产业园区等空间布局的统筹。推进新一轮村庄分类，印发《福建省村庄分类工作指南（试行）》，引导推动乡镇行政区划与村级建制调整优化。编制《福建省乡村建设导则》，针对不同村庄类型精准施策，因地制宜推进村庄建设。推进农村人居环境整治。福建持续深化乡村“五个美丽”建设，引导农民积极参与乡村微改造、精提升。截至 2023 年底，全省累计建设美丽乡村庭院 9.3 万个、美丽乡村微景观 2.9 万处、

美丽乡村小公园（小广场）5874个、美丽田园2378片、美丽休闲旅游点653个。

专栏3

谱“发展曲”，奏“振兴乐”

夏茂镇俞邦村是革命老区村，历史文化底蕴深厚，被誉为“沙县小吃第一村”，是国家3A级旅游景区。先后获得全国乡村治理示范村、全国乡村旅游重点村、全国先进基层群众性自治组织、中国美丽休闲乡村、省级乡村振兴实绩突出村、省级财政奖补产业振兴示范村、全省首批美丽乡村建设标准化试点村等荣誉称号。

党建引领，唱好共同富裕“主题曲”。一是“跨村联建”聚合力。充分发挥“沙县小吃第一村”品牌优势，打破区域限制，探索建立“跨村联建”党建引领机制。二是“优选结构”添动力。顺利完成村级组织换届工作，引进新生力量，优化年龄结构，选优配强村两委干部队伍，使之充满凝聚力和战斗力。三是“机制创新”增活力。俞邦村积极推进乡村振兴战略实施，建立了乡村振兴责任落实、组织推动、要素保障、监督考核等机制。

发展特色，谱好产业融合“进行曲”。一是推动联建经济发展。以跨村联建为载体，探索“党建+产业振兴”新举措，“一盘棋”推动片区产业发展。二是推动小吃文旅经济发展。加强与小吃文旅集团合作，注册“俞邦村”“寻味俞邦”商标，开发“小吃源乡，寻根追味”系列文创产品。三是推动改革经济发展。盘活“房”资源，通过宣传发动动员引导，将村部、村民的闲置房产、店面租赁给第三方公司，用于打造民宿、特产店、餐饮店等，实现村民村财双增收。

三治融合，弹好乡村振兴“协奏曲”。“自治”管理显成效。一是建立健全俞邦村道德评议委员会、调解委员会等群众自治组织，创新建立“村民夜谈会”机制，形成村民共同参与、共同管理、共同提升的建设氛围。二是“德治”引领树新风。深入挖掘传统特色文化，编制小吃、生态、和谐、文化4张名片丛书，形成具有俞邦特色的群众文化品牌。三是“法治”建设促和谐。建立俞邦村公共法律服务工作室，组建由村干部和纠纷信息员组成的法治宣传队和“法律明白人”队伍，打通法律服务“最后一公里”。

撰稿：魏朗泠　黄彬

三、乡村发展存在不足，三大难题亟待破解

（一）乡村治理效能仍需提升

乡村振兴统计监测结果显示，2023年福建治理有效指数70.2，低于全国平均水平。治理有效指数高于全国水平的县（市、区）占比为48.1%，未超过50%。福建在乡村法治建设和自治实践效能方面仍需进一步提升。从具体指标来看，县级及以上民主法治示范村占比较低，仅为28.0%。村综合服务站覆盖率为93.8%，村公共法律服务中心（工作室）覆盖率为78.4%，均未实现全覆盖。

村党组织书记大专及以上学历占比为 54.9%，还有较大的提升空间。村民自治组织主要集中于村民议事会，道德评议会和禁赌禁毒会覆盖率均不高。

（二）乡风文明建设存在薄弱点

乡村振兴统计监测结果显示，2023 年福建乡风文明指数为 85.0，低于全国平均水平。全省乡风文明指数高于全国平均水平的县（市、区）占比为 45.5%，未超过 50.0%。福建在乡风文明建设方面仍存在不足。从具体指标来看，村综合性文化服务中心覆盖率为 89.8%，乡镇文化站覆盖率为 90.1%，体育健身场地覆盖率为 92.1%，均未实现全覆盖。农民业余文化组织覆盖率为 63.6%，占比也不高。

（三）村居卫生人才队伍尚不充实

2023 年，福建村卫生室（诊所）覆盖率达 88.5%，有卫生室（诊所）且配备了执业（助理）医师的村占比仅为 55.9%。相当一部分村居卫生室（诊所）没有执业（助理）医师，或由乡镇卫生院安排执业（助理）医师巡诊。村（居）卫生人才队伍亟待充实加强。

四、多措并举固强补弱，推进乡村全面振兴

（一）持续加强和改进乡村治理

增强农村基层党组织政治功能和组织功能。坚持大抓基层鲜明导向，强化县级党委抓乡促村责任，开展村党组织书记教育培训。健全县乡村三级联动争创先进、整顿后进机制。完善农村基层党组织对同级其他各类组织领导制度，全面推行“四议两公开”“六要”群众工作法及村级议事协商目录制度。按“三个一遍”要求开展“党建体检”，常态化整顿转化软弱涣散村党组织。加强村干部队伍建设，健全选育管用机制，实施村党组织带头人后备力量培育储备三年行动。全面培训提升乡镇、村领导班子领导乡村振兴能力。发挥乡村党员先锋模范作用。健全基层群众自治机制，完善网格化管理、精细化服务、信息化支撑基层治理平台，推广运用积分制、清单制等治理方式。

（二）深化乡村精神文明建设

持续推进城乡精神文明融合创建工程和文明村镇创建，实施“循迹再奋进”新时代文明实践提质培优工程。加强乡村优秀传统文化保护传承和创新发展，强化历史文化名镇名村、传统村落保护和利用。优化布局基层公共文化设施，加大乡村公共文化设施建设投入。办好中国农民丰收节系列庆祝活动，打造“百姓大舞台”公共文化服务品牌，开展四季“村晚”“福建乡村音乐会”等群众

性文化活动。完善群众文艺扶持机制，鼓励乡村地区自办文化，支持成立各类群众文化团队。

（三）稳定充实乡村卫生人才队伍

推广“县管乡用”“乡聘村用”等人才管理模式，引导县域医共体内人才柔性流动，形成上级医院医师定期下基层的长效机制。通过开展村卫生室服务能力提升培训项目，推进乡镇卫生院延伸举办一体化村卫生室和实施大学生乡村医生专项计划，为村卫生室引进具有执业（助理）医师资格或具备报考执业（助理）医师资格条件的人员。

报告撰稿：林清海　周万春

江西省乡村振兴监测报告

近年来，江西省深入贯彻落实习近平总书记关于“三农”工作重要论述和考察江西重要讲话精神，学习运用“千村示范、万村整治”工程经验，强化组织领导，完善政策举措，夯实发展基础，不断加大乡村振兴力度，实现了乡村振兴的新跨越。江西省乡村呈现出产业振兴、治理规范、生态优化、群众安康、活力增强的美好景象，赣鄱大地乡村魅力释放，乡村全面振兴扎实推进为奋力谱写中国式现代化江西篇章提供重要支撑。

一、坚持三农优先发展，实现乡村振兴新跨越

根据国家统计局乡村振兴统计监测方案，江西局认真开展相关统计监测，据国家统计局反馈监测结果显示：2023年江西省乡村全面振兴发展指数为70.2，较上年提高1.1，高于全国平均水平1.2。其中，产业兴旺、乡风文明、治理有效和生活富裕四项分领域指数高于全国平均水平。

（一）综合发展质效显著提升

江西省聚焦习近平总书记提出“走在前、勇争先、善作为”的目标要求，聚力打造“三大高地”、实施“五大战略”，统筹做好各项工作，经济总量与人均水平取得连续性突破。2017年，全省地区生产总值突破2万亿元，2022年突破3万亿元，到2023年达32200亿元，十年间翻了一番，稳居全国第15位；2018年、2021年、2022年全省人均地区生产总值连上5万元、6万元、7万元台阶，到2023年达71216元，达到中等偏上收入国家水平。2023年，全省19.4%的县（市、区）（以下简称“县”）人均地区生产总值高于全国平均水平，比上年提高（以下简称“提高”）5.4个百分点。

全省经济运行稳中向好的同时，发展质效也大幅提高。2015年，全省一般公共预算收入跨越2千亿元，2023年达到3060亿元，实现3千亿元重大跨越。2023年，全省

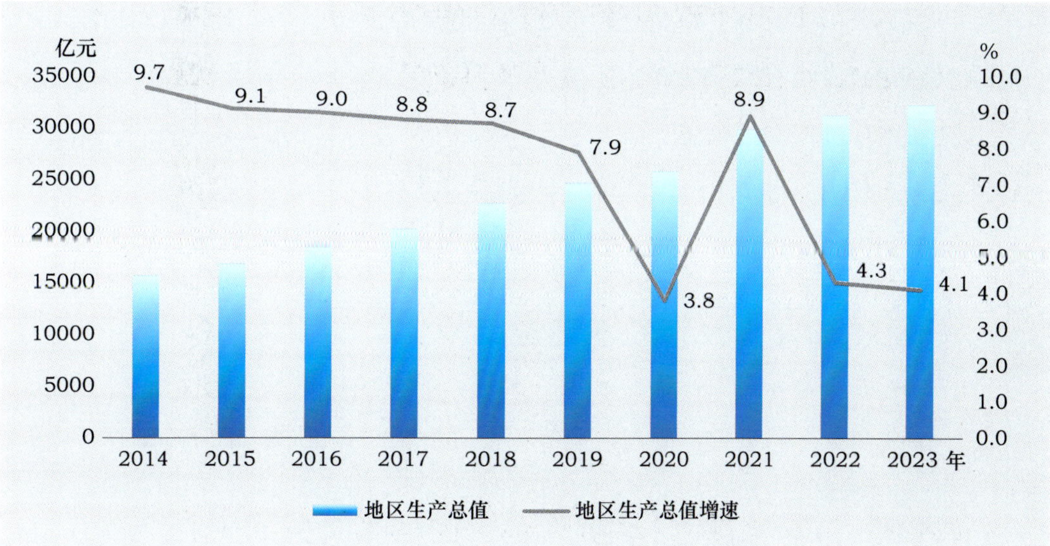

图 1 2014—2023 年江西地区生产总值

20.4% 的县一般公共预算收入增速超过 10%，三分之一的县人均公共预算收入达 5000 元，经济持续增长动力强劲，发展潜力巨大。

（二）支柱产业培育成效明显

江西省委、省政府先后印发《江西省“十四五”乡村产业发展规划》《江西省农业七大产业高质量发展三年行动方案（2023–2025 年）》等指导性政策文件，加大农业产业培育力度，以全产业链方式加快推进农业产业化。全省先后培育了稻米、油料、果蔬、畜牧、水产、茶叶、中药材等七大优势产业。2023 年，全省粮食总产量 440 亿斤，连续 11 年稳定在 430 亿斤以上。油料面积 1212 万亩，比上年增长（以下简称“增长”）9.6%，其中油菜籽面积 889 万亩，增长 13.0%，稳居全国第 4 位。全省农业产业化省级以上龙头企业总数达 1058 家，位居全国第 4 位，其中超亿元 930 家，新增 144 家；培育“龙头企业 + 合作社 + 家庭农场”农业产业化省级联合体 131 个，累计带动农户 80.9 万户，户均增收 4504 元。

（三）乡村生态环境美丽宜居

江西省深入践行习近平生态文明思想，坚持走“生态优先、绿色发展”之路，努力将广袤乡村打造成宜居宜业的美丽家园。在亮底色上，持续开展农村人居环境整治提升五年行动。2023 年，全省全面完成新（改）建卫生户厕 30 万个，93.7% 的村普及卫生户厕，94.4% 的村实现生活垃圾收运处理，畜禽粪污综合利用率超 80%。在提成色上，因地制宜打造美丽宜居乡村。2023 年，全省培育推介中国美丽休闲乡村 10 个，新创建美丽宜居乡镇 151 个、美丽宜居村庄 1509 个；全省较大人口规模自然村（组）通硬化路比例达 100%，93.5% 的村通公共交通，其中 14 个县村村通公交；88.6% 的村 5G 网络通达，16 个县实现全覆盖，70.5% 的村设有电子商务配送站点。

专栏1

做优特色农业 描绘“硒”望蓝图

江西省天然富硒土壤资源丰富，全省已探明富硒土壤面积 3980.5 万亩，占国土面积 15.9%，覆盖 11 个设区市 90 个县。近年来，江西全省上下深入贯彻习近平总书记关于“三农”工作重要论述和视察江西重要讲话精神，牢记习近平总书记“打响富硒农产品品牌”殷殷嘱托，大力实施“硒 +X”发展战略，推动富硒功能农业发展，助力乡村产业振兴。

赣州市大余县恒裕生态富硒贝贝小南瓜基地

2023 年，江西省委、省政府出台实施《加快推动富硒功能农业发展三年行动方案（2023-2025）》，锚定“产业规模扩大、发展水平提升、标准体系完善、富硒品牌唱响”目标，科学确定赣西、赣南 24 县域布局，全面推进科技创新、标准引领、产业提升、品牌培育、服务支撑、开放合作六大行动。累计安排省财政资金 6600 多万元，大力打造富硒稻米、富硒水果、富硒蔬菜、富硒油菜、富硒茶叶、富硒禽蛋等特色富硒种养产业，辐射发展精深加工、康养旅游产业，打造乡村振兴样板之地。

2023 年，全省富硒功能农业综合总产值达 860 亿元，认定富硒地块数全国第二，确定富硒省级地方标准排名全国第三，获富硒认证的省级龙头企业达 219 家，认证有效期内富硒农产品个数达 1846 个，“最好的富硒农产品在江西”唱响全国。

撰稿：黄小平

（四）乡风文明建设推进有力

江西省各地持续推进移风易俗乡风文明三年专项行动，加强农村思想道德和文明素养建设，完善公共文化服务体系，深入实施文化惠民工程，扎实开展农村群众性文化体育活动，激发乡村文化的内生活力。通过开展典型示范案例征集、媒体推介等活动，宣扬移风易俗正面典型，加快形成示范带动效应，推动全省农村地区乡风文明建设向更高层次迈进。2023 年，有 785 个村镇被评为省

专栏 2

“宅改”焕发农村新天地

2016 年 12 月，按照原国土资源部要求，鹰潭市在全市推广所辖余江区农村宅基地改革经验（以下简称“宅改”），拆旧建新，盘活土地、集约资源，催生乡村活力，成为国家城乡融合发展试验区典型成功做法，入选“中国改革 2023 年度地方全面深化改革典型案例”，被中央办公厅秘书局、人民日报内参、新华社等权威刊物专刊编发，并被中央深改委作为示范样板向全国各地推荐。

鹰潭市余江区洪湖乡板桥宅改新村

作为全国农村宅基地制度改革试点区，自 2015 年 3 月起，鹰潭市余江区针对破解农村宅基地建设无序、浪费土地、安全隐患等突出问题，坚持“土地公有制性质不改变、耕地红线不突破、农民利益不受损、粮食生产能力不减弱和农村社会和谐稳定”五个原则，以农民自发自愿为主推力，成功探索出“改造利用、联建利用、整合利用、整治利用、保护利用”五种模式，走出通过盘活闲置宅基地和闲置农房，促进村民自治、改变村庄面貌、改善人居环境、壮大集体经济、繁荣乡村文化等乡村振兴特色之路。

历经 7 年探索，鹰潭市城市规划区外宅改覆盖率达 95%，累计退出宅基地 18.8 万宗、面积 2.5 万亩，收取宅基地有偿使用费 1308 万元，整治退出宅基地 94.3 万平方米，实施增减挂项目 66 万平方米。宅基地成为农村经济发展的“金土地”。

撰稿：梅梦琪

级及以上文明村镇，占比 4.3%，较上年新增 35 个。全省创建农民业余文化组织 18921 个，增长 16.1%；97.8% 的村设有综合性文化服务中心，提高 0.9 个百分点；94.9% 的村建有体育健身场所，提高 0.5 个百分点，其中 12 个县实现全覆盖。

（五）乡村治理机制规范有序

江西省着力加快乡村治理建设，建立健全自治、法治、德治相结合的乡村治理体系，开展省级乡村治理示范村镇创建，培育和树立一批乡村治理典型，稳步推进乡村治理体系和治理能力现代化。2023 年，全省创建国家级乡村治理示范乡镇 3 个、示范村 32 个，省级乡村治理示范乡镇 35 个、示范村 250 个，10.4% 的村被评选为县级及以上民主法治示范村，较上年均有所增长。全省持续提升村级综合服务能力，着力推进法治乡村建设。99.7% 的村设有综合服务站，提高 2.3 个百分点；85.0% 的村建设有公共法律服务工作室，为村民提供法律保障。全省加快推进农村集体经济改革，因地制宜发展多种集体经济形式。2023 年集体经济强村占比 9.1%，提高 2.4 个百分点。

（六）农民生活水平稳步提高

江西省全力促进脱贫攻坚成果转化，深化农村改革，拓宽农民增收渠道，促进城乡居民共同富裕。2023 年，全省农村居民人均可支配收入首次突破 2 万元，达 21358 元，比 2014 年增长 1.1 倍，年均增长 7.8%；城镇居民人均可支配收入 45554 元，城乡居民人均可支配收入比为 2.13，较 2014 年收窄 0.27，城乡居民收入差距持续缩小。农村居民消费水平也随着收入水平的增长持续提高。

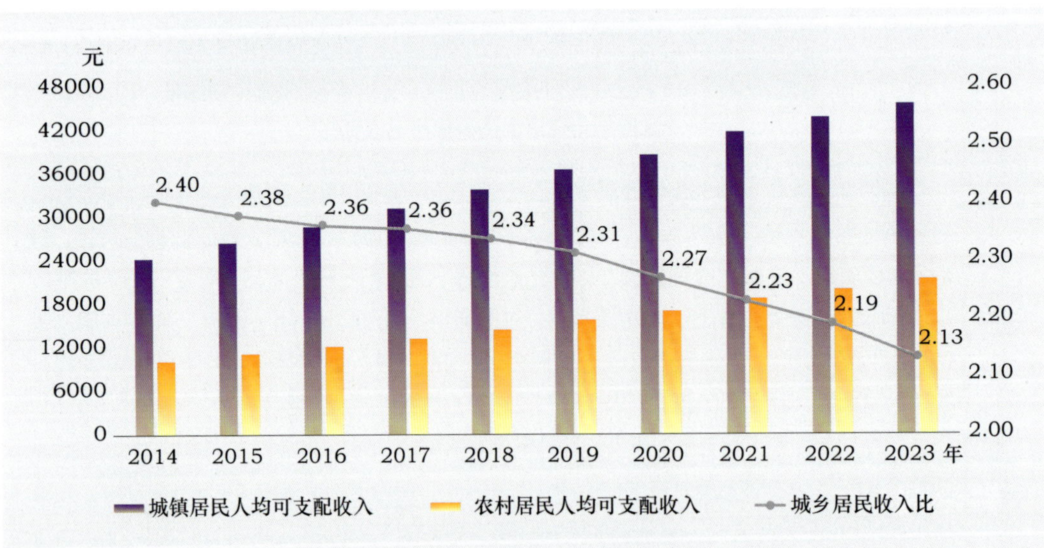

图 2 2014—2023 年江西城乡居民收入变化情况

2023 年，全省农村居民人均消费支出 18421 元，比 2014 年增长 1.4 倍，年均增长 9.3%。农村居民家用汽车普及率达 43.4%，提高 3.3 个百分点。

同时，全省各地扎实推进民生工程，建立健全社会保障体系。生活保障上，农村养老服务机构和设施覆盖率达 45.7%，提高 29.5 个百分点，95.7% 的县城乡居民月人均领取养老金金额呈现增长趋势；教育保障上，92.5% 的县乡村义务教育学校专任教师本科及以上学历比例超过 60%，提高 16.2 个百分点；医疗保障上，53 个县乡村医生中具备执业（助理）医师资格的人员比例稳步提升。

二、挖掘地域资源禀赋，构筑乡村振兴新优势

江西省在推进乡村全面振兴的过程中，坚持党的领导不动摇，不断加大政策资源投入，注重发掘区域资源禀赋，扬优成势，打造品牌亮点，凸显江西特色。

（一）三农政策举措丰富完善

江西省始终贯彻落实习近平总书记关于“三农”重要论述和考察江西重要讲话精神，对标中央要求，科学谋划推进乡村全面振兴重点方向，按照国家《乡村振兴战略规划（2018–2022 年）》工作指引，先后出台了《关于推进农业农村高质量发展奋力打造新时代乡村振兴样板之地的意见》《关于全力做好 2023 年全面推进乡村振兴重点工作的实施意见》《关于学习运用“千村示范、万村整治”工程经验有力有效推进乡村全面振兴的实施意见》等系列化政策举措，探索构建了省市县三级联动、省直多部门协同的工作机制，凝聚起各部门各方面共同推动乡村振兴战略的合力，持续坚持以新发展理念为引领，以促进农民增收为主线，以农业产业化为抓手，扎实推进农业农村高质量发展，助力乡村全面振兴。

（二）特色优势产业方兴未艾

江西省坚持以结构调整为抓手，利用全产业链拓展产业增值增效空间，大力实施农业结构调整“九大工程”和农产品加工“七大行动”，推进农产品多元化开发、多层次利用，推动农业产业高质量发展。比如，统筹建设“四绿一红”（四绿：狗牯脑、婺源绿茶、庐山云雾、浮梁茶，一红：宁红茶）茶叶优势产区，持续打造柑橘为主的“一主多特”水果产业格局，培育优质地方鸡和水禽等区域特色产业。赣南脐橙、南丰蜜桔、赣南茶油、庐山云雾茶、狗牯脑茶、崇仁麻鸡等 6 个江西区域品牌（地理标志）产品入选“2023 中国品牌价值评价信息”榜单，上榜数量居中部地区第一。同时，大力发展乡村旅游、休闲农业、文化体验等新产业新业态，提升乡村特色产业附加值，着力

打好龙头昂起、加工升级、产业融合“组合拳”，促进农业多环节增值、农民多渠道增收。2023 年，全省休闲农业共接待人次 1.7 亿人次，营业收入 367.3 亿元。

图 3 景德镇市寒溪村茶园史子园

（三）乡村生态面貌焕然一新

江西省牢记习近平总书记“绿水青山就是金山银山”的重要要求，始终保持战略定力，把牢生态保护红线、环境质量底线和资源利用上线，为乡村振兴注入“绿色动能”。一方面，坚持农业绿色发展，推进农业面源污染防治，抓好化肥农药增效、白色污染防治、畜禽粪便和秸秆资源化利用，提高农业可持续发展能力。另一方面，大力实施乡村生态保护和修复工程，统筹做好山水林田湖草沙综合治理。全面推行河长制、湖长制、林长制，率先在全国实施全流域生态补偿机制。持续巩固提升长江流域重点水域禁捕退捕成果，打好长江“十年禁渔”持久战。2023 年，全省农用化肥施用量（折纯量）和农药使用量比上年分别下降 0.5%、2.0%，秸秆综合利用率达 95.7%；全省森林覆盖率达 63.4%，为全国首个实现设区市“国家森林城市”全覆盖省份；“五河”干流禁捕实现建档立卡退捕渔民 4585 户、回收退捕渔船 4788 只，“水清岸绿、鱼跃鸟飞、花草成趣”成为江西乡村独特美景。

（四）党建引领作用发挥充分

江西省毫不动摇地坚持和加强党对“三农”工作的全面领导，健全党管农村工作领导体制机制，确保党在农村工作中始终总揽全局、协调各方，为推进乡村全面振兴提供坚强有力的政治保障。强化五级书记抓乡村振兴工作机制，发挥好党委农办牵头抓总、统筹协调作用，完善健全议事协调、督查考核等机制；加强党对乡村人才工作的领导，加快建设政治过硬、本领过硬、作风过硬的乡村振兴干部队伍。加强农村基层党组织建设，实施村党组织带头人后备力量培育储备三年行动，充分发挥农村基层党组织领导作用，持续抓党建促乡村振兴；坚持力度不减、标准不降，完善向重点乡村选派驻村第一书记和工作队制度，选优派强 5858 个驻村工作队、1.8 万名驻村干部到村帮扶。2023 年，村党组织书记具有大专及以上文化程度的占比为 57.8%，提高 8.7 个百分点。

图 4 九江市修水县双井村

三、正视发展差距不足，开拓乡村振兴新思路

乡村全面振兴是历史性系统工程，近年来江西省工作虽取得了长足进步，但对照国家乡村振兴规划要求，仍受制于一些因素，还存在一些短板需要努力克服，实现更大跨越。

（一）农业产业结构调整还要有更大力度

江西省是“农业大省”，离“农业强省”还有一段距离，农业与二、三产业之间没有全面形成“接二连三”格局，农产品精深加工缺乏、供应链企业不足、产地冷链物流成本偏高等短板较明显，产业竞争力还不强，制约农业产业规模化、集约化、特色化发展，影响附加值提升。2023 年，全省规模以上农产品加工产值与农林牧渔业总产值比值不到 1.0，处在较低位，有待提质增效。

（二）农村生产经营方式转变还要下更多功夫

江西省农村人口占比较大，农村传统粗放式、小农式的生产经营方式无法满足现代化农业生产的需要。农业市场主体集中度偏低，不少特色农副产品经营以小户、散户为主，在成本控制、抵御风险、规模效益等方面难以形成竞争优势。2023 年，全省粮食单产 388 公斤 / 亩，油料单产 122 公斤 / 亩，分别比全国亩均低 1.4 公斤、62.8 公斤，综合生产能力有待提高。

（三）农民群众增收渠道还要想更宽路子

江西省农民收入来源较为单一，集中在农业种植和养殖层面，产业联农带农机制不够紧密，增收主要停留在“大水漫灌”式的传统方式上，增收方法不够精准，依靠产业联农带农方式单一、效果不够明显，农民真正能分享到的产业链增值收益仍然偏少。十年间城乡居民收入的绝对差距从 14192 元扩大至 24196 元，农民增收渠道有待挖掘。

四、深耕细作三农沃野，打造赣鄱乡村新天地

推进乡村振兴必须持续发力、久久为功。下一步，江西省应深入贯彻党的二十届三中全会精神，强化城乡融合发展，按照国家乡村振兴战略部署，扎实推动乡村产业、人才、文化、生态、组织全面振兴，采取更多突破性举措，实现乡村振兴的更大进步。

（一）推进农业产业全链条融合发展

完善农业产业体系，全链条推进农业产业化，保障农业不脱链。聚焦基地建设、项目扶持、科研支撑等方面，将优势特色产业打造成富民强县的支柱型产业，把稳生产链；坚持外引内培齐步走，围绕优势特色产业开展精准招商，内培一批头部企业建设农产品加工产业园，把稳加工链；加快产地冷藏保鲜设施和冷链物流骨干网络建设，创新发展“冷链物流 +”模式，把稳流通链；加快引进和培育供应链企业，构建“综合性 + 专业性”的供应格局，把稳供应链；唱响“赣字号”农产品品牌，打造“精品”“爆品”，建设“线上线下、省内省外、国际国内”的立体营销网络，把稳销售链。

（二）推进农村生产经营方式全方位变革

发展农业多种形式的适度规模经营，推进农村经营方式改革，强化农业产业韧性。着力培育新型农业经营主体，通过加强政策支持、加大宣传引导、搭建融资平台、开展技术培训等扶持发展专业大户、家庭农场、农民专业合作社、农业企业等多种经营主体，提高农业生产规模化和组织化程度，为农业生产赋能；持续探索农业农村生产“大托管”新型经营模式，以村集体经济为纽带，引

导土地从小农户向新型经营主体有序流转，实现专业化生产、一体化经营、社会化服务、企业化管理，推动小农户与现代农业发展有机衔接。

（三）推动农民群众全要素增收致富

加强新型农业经营主体的培育力度，提升产业经营水平和效益，建立健全联农带农益农机制，让农民能分享到产业发展带来的更多“红利”；大力发展农村电商、农产品加工、乡村旅游和休闲农业，增加就业岗位。盘活农村闲置宅基地、农房和各类资产，大力发展乡村民宿，释放农村生态文化价值和财产价值，发展壮大村级集体经济，让广大农民更多分享集体经济带来的收益。

报告撰稿：刘卫红　艾昕玥　梅梦琪

山东省乡村振兴监测报告

山东深入学习贯彻习近平总书记关于“三农”工作的重要论述和对山东工作的重要指示要求，加快推进农业农村现代化，深入打造乡村振兴齐鲁样板，奋力在加快建设农业强省上走在前、挑大梁。2023 年山东乡村全面振兴发展指数 71.9，比 2022 年提高 1.8。

一、锚定强省建设 打造乡村振兴齐鲁样板取得新成效

国家统计局反馈监测结果显示，2023 年山东乡村振兴保持良好发展态势，乡村全面振兴发展指数为 71.9，高于全国平均水平 2.9。分领域看，六个领域发展全面提升，其中，乡风文明发展水平最高，达到 88.4；治理有效提升幅度最大，发展指数为 63.2，比 2022 年提高 2.6；分县（市、区）看，胶州市乡村全面振兴指数 80.3，高于全国县级市平均水平 9.1，发展水平居全省领先地

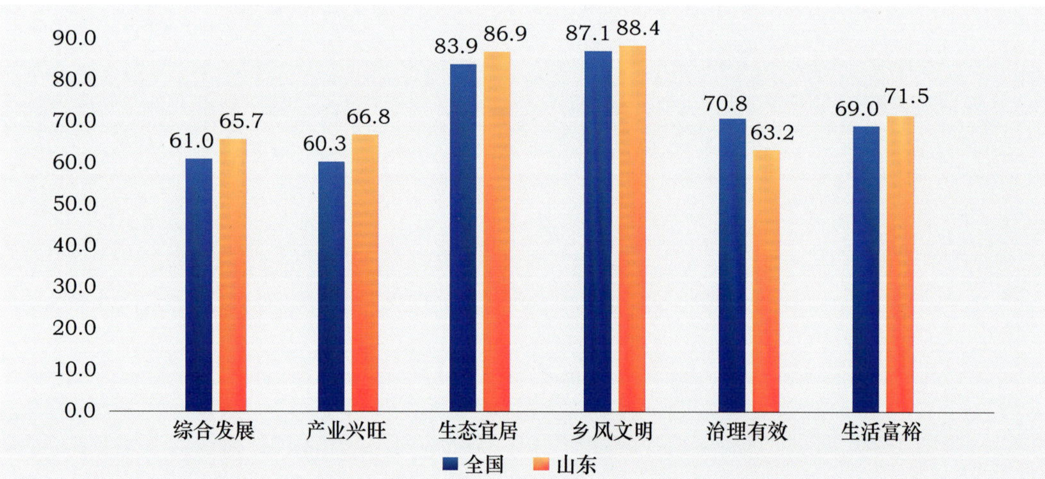

图 1 2023 年全国和山东分领域乡村全面振兴发展指数

位。与全国相比，除治理有效外，其他五个领域均高于全国平均水平，其中，产业兴旺发展水平最高，高于全国平均水平 6.5。

（一）综合实力持续增强

全省经济回升向好，实现质的有效提升和量的合理增长，经济结构不断优化，新质生产力加快形成。综合发展指数 66.7，高于全国平均水平 4.7，比 2022 年提高 1.3。初步核算，2023 年实现地区生产总值 92069 亿元，按可比价计算，比上年增长 6.0%。其中，第一产业增加值 6506 亿元，增长 4.5%。黄岛区经济发展取得历史性突破，地区生产总值达 5003 亿元，成为山东省第一个迈上 5000 亿元台阶的区县。加力提效实施积极的财政政策，全省一般公共预算收入 7465 亿元，比上年增长 5.1%，为全省经济稳中有进、量质齐升提供有力保障。

（二）乡村产业质效提升

产业兴旺是乡村振兴战略的核心，是实现农民增收、农业发展和农村繁荣的基础。全省产业兴旺指数 66.8，高于全国平均水平 6.5，比 2022 年提高 1.6，发展水平居全国前列。寿光市拓展创新“寿光模式”，以蔬菜全产业链提升为核心，加快以产业振兴带动乡村全面振兴，产业兴旺发展指

专栏 1

发展设施农业 赋能乡村振兴

20 世纪 80 年代末，寿光最先将冬暖式蔬菜大棚引进山东试验推广，开启了山东设施农业生产的科技之路。发展设施农业能够提高土地生产效率，满足居民多元化食物消费需求。

近年来，全省各级将发展设施农业作为重要农产品稳产保供的重要渠道，走出一条具有山东特色的现代设施农业发展路子。设施生产规模不断扩大。2023 年，山东设施种植面积 948 万亩，其中设施蔬菜种植面积 734 万亩，产量 3419 万吨。高端设施带动单产持续提升。现有智能温室、日光温室等高端设施超 70 万个，占地面积达 181 万亩，同比分别增长 7.8%、9.2%。高端设施蔬菜单产达 5647 公斤 / 亩，比设施蔬菜平均单产高 990 公斤 / 亩。技术装备逐步改善。2023 年，新建种植业设施 13.7 万个，大部分新建设施中安装了温湿度传感器、水肥一体机、自动打药机等智能化设备，智能化程度大大提升。产业链条更加健全。调研显示，有种业、冷链、烘干、仓储、加工等完整配套产业链的超过四成，产业链不断延伸和健全。

目前，山东 38.4% 的蔬菜、49.2% 的瓜果、47.0% 的花卉都来自于设施农业，与 2013 年相比，设施蔬菜、瓜果、花卉占比分别提高 19.4、26.3、18.5 个百分点。设施产量的稳步提升，充盈民众的“菜篮子”“果盘子”“花瓶子”。

撰稿：姜珊

数 76.1，发展水平领跑全省。粮食产量再创历史新高。2023 年粮食总产量 5655 万吨，增长 2.0%，列黑龙江、河南之后，稳居全国第 3 位。平度市粮食总产量 149 万吨，连续 11 年获得山东省产粮冠军，连续 12 年获全国超级产粮大县。畜牧业生产稳步增长。供给保障能力持续提升，肉类总产量达到 910 万吨，继续居全国首位。沂南县培育畜禽养殖百亿级产业集群，肉类总产量达到 25.5 万吨。高标准农田建设稳步加快。全省累计建成高标准农田 7644 万亩，为保障粮食和重要农产品供给提供了基础支撑。农业现代化进程加快推进。物联网、大数据、人工智能等现代信息技术在农业生产中加快应用，农业生产信息化率达到 32.6%。着力打造一批信誉过硬、品质高端、市场认可、公众信赖的优质绿色农产品精品品牌，占领农业高质量发展“制高点”，“绿色有机地理标志”农产品达到 5486 个。现代设施农业发展壮大，耕地产出率、农作物耕种收综合机械化率等呈稳步提升态势。

（三）生态建设成效显著

以乡村绿色发展、环境靓丽为主攻方向，加快补齐农村人居环境突出短板，生态宜居指数 86.9，高于全国平均水平 3.0，比 2022 年提高 2.4。农村人居环境改善提升。探索多种路径模式，因地制宜推进农村生活垃圾处理、污水治理，全省对生活垃圾进行处理的村占比 76.3%，农村生活污水管控率 50.4%。东明县统筹做好农村生活污水、畜禽养殖、农业面源污染整治，以高品质生态环境支撑农业高质量发展，农村生活污水管控率 71.4%，同比提高 21 个百分点。加快畜牧业绿色循环发展，全面推进畜禽粪污资源化利用，畜禽粪污综合利用率稳定在 90% 以上，高于全国 12 个百分点。乡村基础设施提档升级。山东把“四好农村路”建设作为赋能乡村振兴的有力抓手，不断加大农村公路建设投入，健全交通网络，全省较大人口规模自然村（组）通硬化路比例达到 100%。农村供水保障能力稳步提升，农村自来水普及率 98%。稳妥推进农村地区清洁取暖，96.3% 的村居民做饭、取暖主要使用电或天然气等清洁能源。健全完善农村改厕后续管护机制，农村卫生厕所普及率达 80.8%。人居生活更加舒适便利。72.7% 的村有电子商务配送站点，90.8% 的村通达 5G 网络。

（四）乡风文明焕发活力

培育和践行社会主义核心价值观，大力培育文明乡风、良好家风、淳朴民风，传承乡村文脉，提高农村社会文明程度，激发乡村振兴创造活力。乡风文明指数为 88.4，高于全国平均水平 1.3，比 2022 年提高 1.7。持续深化文明村镇创建，以文明村镇创建绘就农民幸福生活底色，省级及以上文明村镇占比为7.7%。乡村基层公共文化服务阵地不断完善，村综合性文化服务中心覆盖率为88.0%，有农民业余文化组织的村占比为80.3%。98.3%的村有体育健身场所，满足群众体育健身需求得到满足。

专栏2

长岛持续推进生态海洋牧场建设

长岛是山东省海洋生态文明综合试验区，地处胶辽半岛之间、黄渤海交汇处，由151个岛屿组成，海域面积3242.74平方公里，海岸线187.64公里。长岛海洋生物资源富集，盛产贝藻鱼类海珍品200多种，是中国鲍鱼之乡、扇贝之乡、海带之乡。

长岛区贯彻落实习近平总书记视察烟台时作出“海洋牧场是发展趋势，山东可以搞试点”的重要指示，坚持生态效益、社会效益、经济效益并重，紧紧依托优良的生态资源和海域环境，耕海牧渔，建设海上牧场、蓝色粮仓。目前已获批国家级海洋牧场示范区6处、省级海洋牧场示范区8处，在远海区域确权海洋牧场用海129宗35.9万亩。以智能化大网箱为主导的现代化海洋牧场正在逐步成型，海洋牧场建设生态效益不断显现。

发挥“长岛海珍”区域公用品牌带动效应，提升长岛生态产品价值。严格“育种—养殖—加工—销售”全流程操作监管，实施全过程水产品质量追溯制度。建立联农带农机制，与周边渔民深度合作，探索致富新路径。结合海域特点和资源优势，推动海洋牧场与旅游业深度融合发展，探索构建“海洋牧场＋海工装备＋休闲海钓＋游艇”的休闲渔业发展模式，将传统海洋牧场注入时尚、旅游、文化等元素，为海洋牧场综合发展提供生动样板。

撰稿：孙智勇

（五）乡村治理取得实效

治理有效是乡村振兴的重要组成部分，乡村治理是实现乡村振兴的基础和重要保障。治理有效指数63.2，比2022年提高2.6，在六个领域中提升幅度最大。城阳区开展“抓社区党建 强基层基础”行动，基层治理成效显著，治理有效指数87.3，位居全省县（市、区）前列。基层干部素质不断提高。29.7%的村党支部书记文化程度在大专及以上，同比提高1.9个百分点。广饶县狠抓村“两委”班子建设，村党支部书记文化程度大专及以上占比为90.6%，远超全省平均水平。基层综合服务水平有效提升。91.1%的村设立综合服务站，60个县（市、区）的村综合服务站全覆盖，农民足不出村享受便捷生活。公共法律服务水平持续提升。积极推进公共法律服务建设，全面提升基层矛盾纠纷调解能力和化解效率，63.7%的村设有公共法律服务工作室，同比提高9.9个百分点。

（六）农民生活更加富足

加快构建农民持续增收的长效机制，促进农村居民更多更好共享发展红利。生活富裕指数71.5，高于全国平均水平2.5，比2022年提高1.7。槐荫区生活富裕发展指数85.6，高于全省平均水平14.1。农民收入稳定增长。全省农村居民人均可支配收入23776元，同比增长7.5%，高于城镇2.4个百分点。城乡居民人均可支配收入比为2.17∶1，较上年缩小0.05。农村消费扩容升级。农村居民人均消费支出16075元，同比增长9.5%，高于城镇3.6个百分点。农村居民家用汽车普及率45.4%，同比提高1.5个百分点。养老服务水平不断提升。农村养老服务机构和设施覆盖率20.9%。全省城乡居民月人均领取养老金220元，比上年增加14元。崂山区城乡居民月人均领取养老金780元，高于全省560元。公共服务持续向农村延伸。乡村教育发展优化，教师队伍建设取得长足进步，农村义务教育学校专任教师本科及以上学历比例达到88.3%。加快构建基层卫生服务体系，扩大基层医疗保障服务能力，乡村医生中执业（助理）医师资格的人员比例为31.2%。

二、发挥引领示范 三农篇章展现山东发展特色

打造乡村振兴齐鲁样板，是习近平总书记交给山东的重大政治任务。山东牢记嘱托，坚定扛牢农业大省责任，勇探新路、砥砺深耕，不断推动乡村振兴齐鲁样板提档升级。

（一）党建引领强村富民

深化实施“党建引领 齐鲁前行”行动，推进抓党建促乡村振兴，持续用党的创新理论凝心铸魂。烟台市推行村党支部领办合作社，将党支部的政治优势、组织优势同合作社的经济优势以及群众的能动性相结合，通过股份合作的形式，把农民组织起来，构建起集体与农户之间新的联结机制，推动村强民富实现双赢。临沂市代村党委书记王传喜团结带领全体村民，以创新农村经济经营管理模式为抓手，探索构建农业与二、三产业融合发展的现代产业体系，使代村从一个“脏乱穷差”的贫困落后村，发展成为乡村振兴“排头兵”。

（二）产业升级步伐加快

农业经济实现跨越式发展。农业经济总量继2020年率先突破万亿元以后，2021年突破1.1万亿元，2022年迈上1.2万亿元新台阶，2023年达到12532亿元，增长5.1%。市场供给保障有力。粮食连年稳产丰收，蔬菜产量超过9000万吨，水果、牧业、渔业等多项指标稳居全国前列，为全国稳产保供做出重大贡献。农村三次产业融合发展。农村农产品加工业持续壮大，规模以上农产品

加工业营业收入与农林牧渔业总产值之比为1.81∶1。曹县深入推进农村一二三产业融合发展，助推“土特产”发展为富民大产业，成为全国三大千亿级板材加工基地之一、全国领先的木制工艺品加工基地和全国著名的人造板生产基地，规模以上农产品加工业营业收入与农林牧渔业总产值之比 7.2∶1。

（三）新质生产力激发乡村发展新动能

农业科技创新能力进一步提高，推动农业关键核心技术攻关不断取得新突破，农业科技进步贡献率 66.8%，比 2022 年提高 0.5 个百分点，为农业高质量发展提供强劲动能。深入贯彻落实国家新一轮千亿斤粮食产能提升行动，良田、良种、良机、良法、良制集成发力，推动山东粮食总产量连续 3 年稳定在 1100 亿斤以上。加快新技术新装备推广，深化北斗系统在农业领域的应用，为大型联合收获机、拖拉机等加装辅助驾驶系统实现自动驾驶，提高农机化作业质量和效益。推动盐碱地农业增产增效，助力山东建设更高水平“齐鲁粮仓”。大力培育渔业新质生产力，把深远海养殖作为海洋渔业发展主攻方向，探索发展重力式深水网箱、管桩围网、桁架类大型养殖网箱、养殖工船等四类深远海养殖方式，形成了一批具有山东特色的深远海养殖路径和模式。打造过硬科技人才队伍，加大高素质农民教育培训。逐步建成 31 个省级现代农业产业技术体系，汇集 500 多名农业专家，农技推广队伍达到 2.7 万人。

专栏3

盐碱地播种新希望

推进盐碱地综合利用，是拓展农业生产空间、保障国家粮食安全的重要抓手。山东省现有盐碱地面积约 890 万亩，遍及 11 个市 47 个县区。近年来，山东立足实际，对盐碱地进行了长期不懈地治理和改造，取得了显著成效。

一是加快盐碱耕地改造提升。整治农田，配套相关灌溉设施，灌排结合，让盐分随水下沉，结合使用客土改良、掺杂改良剂等物理或化学手段，降低盐碱度。使用秸秆还田、土地覆膜等手段，减少蒸发，更好地淋盐和控制土壤返盐。潍坊青阜农业综合体通过工程改造，使昔日基本颗粒无收的“盐碱滩”变成如今的“吨粮田”。

二是因地制宜发展特色农业。坚持粮经饲统筹，多维立体利用盐碱地，坚持宜耕则耕、宜草则草、宜渔则渔、宜林则林，粮食、渔业、油料、蔬菜四大特色产业多元发展。无棣县大力发展适宜盐渍化土地种植的芝麻高产品种，发展壮大芝麻全产业链，打造北方最大的优质芝麻标准化种植基地。

三是科技支撑作用日益凸显。强化科技驱动，加快推动自主创新，耐盐碱品种选育不断取得突破。如耐盐碱大豆“齐黄 34”亩产达 302.6 公斤，“济麦 60”亩产达 511.9 公斤，多次打破中度盐碱地小麦高产纪录。围绕盐碱地地力提升与培肥，推广应用科研成果 100 余项。如“盐碱地花生高产高效栽培技术”，在含盐量 2‰ -3‰地块上增产 20%-30%，亩均增收 350 元以上，成为农业农村部粮油生产主推技术。

撰稿：李志鹏

三、聚焦农业农村 短板弱项制约乡村振兴进程

山东学习运用“千万工程”经验，建设宜居宜业和美乡村，持续改善农村生产生活条件，农业综合效益和竞争力不断提升。同时，农业农村发展依然面临比较效益偏低、区域发展不平衡、农村集体经济不强等现实问题，在一定程度上制约了乡村振兴进程。

（一）农业比较效益偏低

农业主体中小农户仍占据多数，规模化程度不高，劳动生产率偏低。2023 年全省全员劳动生产率 17.1 万元 / 人，第一、二、三产业分别为 5.1 万元 / 人、19.8 万元 / 人、21.7 万元 / 人，第一产业劳动生产率不仅低于其他产业，也低于全国的 5.2 万元 / 人。近年来，农资价格不断上涨，人工成本、土地成本逐年增加，农产品价格相对稳定，利润空间受到挤压。农业投资回报周期较长，抗风险能力偏弱，尤其在遭受自然灾害时容易造成较大损失，影响了农业经营者的积极性。同时，农产品精深加工能力不强，产业链条短，产品层次低等问题给农业农村发展带来不小挑战。

（二）发展不平衡问题依然突出

从城乡收入来看，全省城乡居民可支配收入比虽连年下降，但仍处于高位区间。2023 年达到 2.17:1，居全国第 14 位（正向排名），远高于浙江的 1.86:1。同时，城乡居民人均可支配收入差额呈逐年扩大趋势，2023 年相差 27795 元，比上年扩大 855 元。城乡居民公共服务水平差距较大。农村寄递物流体系还不健全，全省仅有 6 个县（市、区）的村农村物流全覆盖。农村人居环境整治水平参差不齐，部分地区推行生活垃圾分类处理速度较慢，全省还有 18 个县（市、区）农村推行生活垃圾分类处理的村占比不足 50%。

（三）农村集体经济弱项亟待加强

经营收益是衡量村集体经济发展水平的核心，村集体具备可持续、稳定的经营收益，才能增强村级自我保障和服务群众的能力。全省村集体经营收益超过 50 万元的经济强村仅占 9.6%，26.1% 的村集体经营收益是负数，74 个县（市、区）经济强村占比 10% 以下。村集体经营收益低，缺乏财力保障，拖慢乡村振兴建设。全省村支部书记初中及以下学历占比 26.3%，村两委年龄偏大，文化素质偏低，普遍存在求安稳、怕亏损心理，多采取对外租赁的方式获取集体收入，不愿不敢不想发展乡村产业。

四、汇聚发展合力 有力有效推进乡村全面振兴

以提升乡村产业发展水平、提升乡村建设水平、提升乡村治理水平为重点，强化科技和改革双轮驱动，提升农业生产效率，强化农民增收举措，加快建设农业强省，推动乡村全面振兴。

（一）全面提升农业生产效率

强化农业农村资金投入，提升农业科技创新水平，转变农业发展方式；深化农村改革，加快农村新型基础设施建设，推动资源要素向农村流动；培育壮大新型农业经营主体，推动农业产业化、规模化生产；畅通城乡经济循环，让更多优秀人才在农村施展才华；拉长农业产业由生产向服务的链条，促进一二三产业融合发展；加大现代设施农业支持力度，提供财政补贴和税收优惠政策，吸引更多投资者进入设施农业领域。加快老旧设施改造和提档升级，因地制宜发展现代设施农业，提高农业生产效率，提高农产品品质，为农业生产注入新的活力。

（二）持续拓宽农民增收渠道

强化产业振兴助农增收。打造特色农业品牌，加快推进乡村产业升级，高效提升农产品加工业，鼓励支持农产品加工企业与农户、农村集体经济组织建立更加紧密的利益联结机制，把农产品增值收益更多留在农村、留给农民。拓展农业多种功能，挖掘乡村多元价值，通过乡村产业高质量发展带动农民就业增收。加快培育新型职业农民，推动更多科技成果应用到田间地头。推动公共服务均衡发展，根本解决城乡发展不平衡、农村发展不充分的问题。

（三）加快发展壮大农村集体经济

发展壮大村集体经济是实现乡村振兴的重要支撑，加快推进新型农村集体经济项目建设，持续丰富农村集体经济业态，不断强化村集体“造血”功能，助力农村集体经济高质量发展。引导鼓励村集体通过领办合作社、与龙头企业开展订单农业、培育家庭农场和种养大户等模式，拉长特色农产品产业链，夯实产业基础，推进乡村产业兴旺，确保村集体有钱办事。大力推进村干部队伍建设，广纳贤才，把能力强、懂经济的同志选配到村两委岗位上。强化专业培训，努力提高村干部的政治素质和经营管理能力，为村级集体经济发展提供人才保障。

报告撰稿：周颖颖　张秋菊　孙靖

河南省乡村振兴监测报告

2023年是全面贯彻党的二十大精神的开局之年，河南省“三农”工作以习近平新时代中国特色社会主义思想为指导，全面贯彻落实党的二十大和中央农村工作会议精神，深入贯彻落实习近平总书记关于“三农”工作重要论述、视察河南重要讲话重要指示和在新时代推动中部地区崛起座谈会上对河南乡村振兴提出的具体要求，落实省第十一次党代会部署，锚定“两个确保”、全面实施“十大战略”，坚持农业农村优先发展，坚持城乡融合发展，着力推进乡村发展、乡村建设、乡村治理，加快建设农业强省，建设宜居宜业和美乡村，为全面建设社会主义现代化河南开好局起好步提供有力支撑。

2023年，河南省乡村经济稳步发展，乡村产业发展势头良好，农村基础设施建设不断完

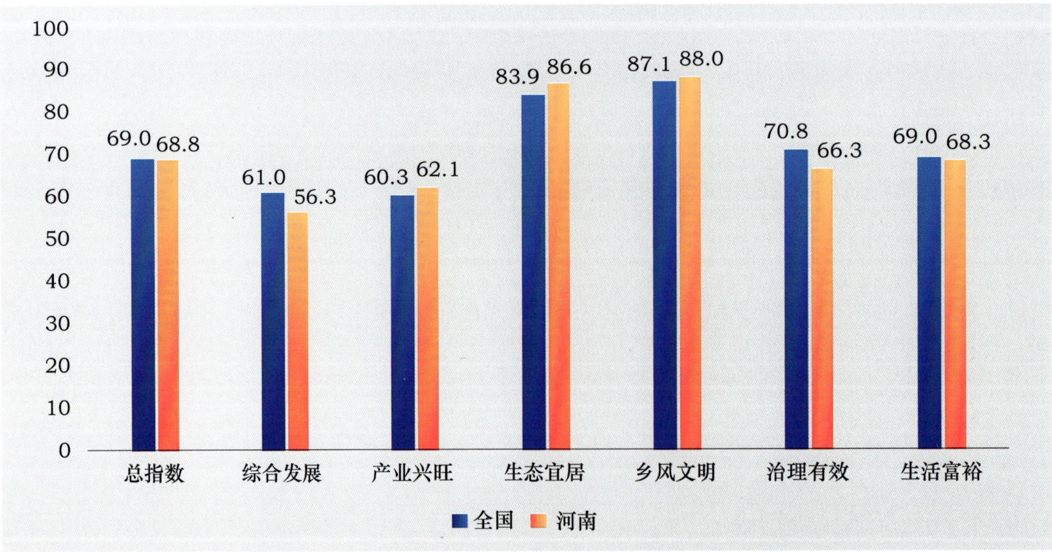

图1 2023年全国及河南乡村全面振兴发展指数

善，乡村环境整治稳步提升，乡风文明有力推进，基层治理更加健全，乡村全面振兴正稳步推进。在全国乡村全面振兴发展指数测算中，河南省总指数为 68.8。分领域来看：综合发展指数 56.3，产业兴旺指数 62.1，生态宜居指数 86.6，乡风文明指数 88.0，治理有效指数 66.3，生活富裕指数 68.3。

分区域看，在参加测算的 39 个涉农市辖区中，有 10 个市辖区的发展总指数高于全国市辖区发展总指数。在参加测算的 21 个县级市中，有 9 个县级市的发展总指数高于全国县级市发展总指数。在参加测算的 82 个县中，有 65 个县的发展总指数高于全国县发展总指数。

表 1 河南分县域六大领域指数高于全国的单位个数分布

单位：个

指标	综合发展	产业兴旺	生态宜居	乡风文明	治理有效	生活富裕
市辖区	5	15	22	25	7	15
县级市	5	9	18	18	5	11
县	18	62	75	65	18	50

一、乡村振兴稳步推进，各领域持续向上发展

（一）乡村综合发展水平不断提高

河南省坚持把解决好“三农”问题作为全省工作重中之重，坚持农业农村优先发展，健全完善“三农”工作体制机制，全面落实乡村振兴责任制。巩固拓展学习贯彻习近平新时代中国特色社会主义思想主题教育成果。严格落实“四下基层”制度，深入调查研究，推动解决农民群众反映强烈的问题。

乡村经济是实现全面振兴的内生动力，河南乡村经济总量稳步攀升。2023 年，在乡村振兴统计监测的 142 个县（县级市、涉农区）中，河南省县域地区生产总值达到 52642 亿元，同比增长 2.4%。县域地区生产总值占全省地区生产总值的 89.0%，彰显了县域经济在全省经济社会发展中的重要地位和作用。

河南省坚持把农业农村作为一般公共预算优先保障领域，创新乡村振兴投融资机制，确保投入与乡村振兴目标任务相适应。2023 年，河南省县域地方一般预算收入达到 2822 亿元，占全省地方一般预算收入的 62.5%；地方一般预算支出为 6227 亿元，占全省地方一般预算支出的 56.3%。县域财政收支稳中求进，为乡村全面振兴提供坚实的保障。

（二）乡村产业持续提质增效

产业振兴是乡村振兴的重中之重。河南学习运用“千万工程”经验，在持续发展优势特色农业

的基础上，依托资源禀赋和比较优势，大力发展强县富民产业，推动农业全产业延链强链。乡村产业发展稳定向好，略优于全国平均水平。

产业结构持续优化。2023 年，河南省县域一二三产业增加值分别为 5265 亿元、20680 亿元、26698 亿元。三次产业结构由 2022 年的 11.1：39.2：49.7 调整为 10.0：39.3：50.7。

产业融合持续推进。2023 年，河南省县域农业产业园区达到 990 个，同比增加 123 个；规模以上农产品加工业企业营业收入总额达到 4413 亿元，同比增长 18.9%。在乡村振兴统计监测的 4.7 万个村、涉农居委会中，开展休闲农业和乡村旅游的户数达到 2.6 万户，同比增长 27.5%。

新型农业经营体系建设加快。2023 年，河南省县域家庭农场总数达到 19.6 万个，同比增长 39.0%；农业社会化服务组织达到 6.5 万个，同比增长 35.0%。河南省乡镇（涉农街道办）共有农业企业 2.5 万个，同比增加 614 个。河南省村（涉农居委会）有实际经营活动的农民专业合作社达到 6.6 万个，同比增长 2.3%。

农业科技创新能力稳步提升。农业科技进步贡献率由 2022 年的 62.4% 提升至 64.9%。2023 年，河南省县域"绿色有机地理标志"农产品数量达到 3 万个，同比增长 18.3%。农作物耕种收综合机械化率平均值由 2022 年的 91.3% 提高到 2023 年的 92.0%。

（三）乡村建设不断推进

河南省大力推进乡村建设行动，加强农村人居环境整治，完善农村基础设施，提高农民生活便捷程度和生活质量。

农村人居环境整治取得阶段性成效。河南省积极推进农村生活垃圾治理、厕所革命、村庄清洁等行动，让良好生态成为乡村振兴支撑点。2023 年，河南省农药化肥减量增效实现途径不断丰富，主要农作物肥料利用率 40.54%，化肥、农药实用量连续 4 年负增长。全省畜禽规模养殖场粪污综合处理设施配套率达 99.8%，畜禽粪污资源化利用率 82%、秸秆综合利用率 91%、农膜综合回收率 90% 以上。河南村（涉农社区）中，89.9% 的村民小组实现了生活垃圾收运处理，68.6% 的村实现了垃圾分类，80.8% 的村有公共厕所，68.8% 的农户使用卫生厕所，同比分别增长 2.5、17.0、4.0、4.7 个百分点。

农村基础设施进一步完善。2023 年河南村（涉农社区）常住农户中，91.0% 的农户用上了自来水，49.2% 的农户接通了互联网，41.0% 的村民小组中通天然气，89.8% 的村有电子商务配送站点，同比分别增长 0.4、5.3、4.4、0.1 个百分点。5G 通达率达到 90.5%。乡镇（涉农街道办）中，通三级及以上公路的乡镇占比达到 95.1%，县域较大人口规模自然村（组）通硬化路比例达到了 100%。

专栏1

河南农村垃圾污水整治不停歇　农村人居环境明显改善

改善农村人居环境，是以习近平同志为核心的党中央从战略和全局高度作出的重大决策部署，是实施乡村振兴战略的重点任务。近年来，河南立足农村实际，学习运用“千万工程”经验，先后出台了《河南省农村人居环境整治三年行动实施方案》《河南省乡村生态振兴五年行动计划》等一系列政策措施，不断加大农村人居环境集中整治力度，农村人居环境得到明显改善。

一是扎实推进农村垃圾综合治理。河南积极探索符合农村特点和农民习惯、简便易行的分类处理模式，推进示范县农村生活垃圾分类全面实施，并对各地农村生活垃圾分类工作开展情况进行跟踪评价，确保农村生活垃圾分类有完善的运行机制，实现常态化运行。2023 年，河南村（涉农社区）中，生活垃圾实现分类处理的村占比 68.6%，比 2022 年增长了 17.0 个百分点。

二是全面开展农村生活污水治理。河南紧盯农村生活污水治理、黑臭水体整治等重点任务，完善治理体制机制，不断加大对农村生活污水治理的投入力度，合理规划治理时序，抓牢工作重点，因地制宜选好模式，确保实际成效。2023 年，河南村（涉农社区）中，生活污水实现集中处理的的村占比 64.5%，比 2022 年增长了 18.3 个百分点。

撰稿：薛冰莹

（四）乡风文明建设不断推进

乡风文明是乡村振兴的保障。河南省高度重视农村精神文明建设，以培育和践行社会主义核心价值观为主线，坚持守正创新，弘扬良好风尚，用实践活动厚植新风正气，为乡村振兴提供强大的精神动力。

乡风文明建设不断推进，文明新风已吹入广袤农村。2023 年，河南省村（涉农社区）中，有 408 个国家级文明村，1197 个省级文明村，4673 个市级文明村，17989 个县级文明村，占比分别达到 0.8%、2.5%、9.6%、38.4%。县级及以上的文明家庭户数达到 23.4 万户，同比增长 17.1%。89.3% 的村（涉农社区）成立了村民议事会，76.6% 建立了道德评议会，82.7% 成立了禁毒禁赌会，91.6% 成立了红白理事会。

2023 年，河南深入实施乡村教育底部攻坚，取得了积极成效。有小学校的村（涉农社区）占比达到 48.0%，有幼儿园、托儿所的占比达到 45.6%。文化场馆建设不断完善，10.4% 的乡镇有电影院，同比增长 5.4 个百分点；83.2% 的乡镇有文化站。文化服务中心和业余文化组织建设持续加强，

97.5% 的行政村建设有综合性文化服务中心，75.4% 的行政村拥有农村业余文化组织，同比分别增长 0.4、7.9 个百分点。

（五）农村基层治理体系不断加强

乡村治理是实施乡村振兴战略的重要内容，是推进国家治理体系和治理能力现代化的重要任务。河南省全面提升乡镇领导班子抓乡村振兴能力，开展乡镇党政正职全覆盖培训和农村党员进党校集中轮训。深化“五星”支部创建，增强农村基层党组织政治功能和组织功能。加强村干部队伍建设，健全选育管用机制，实施村党组织带头人后备力量培育储备三年行动。推行村级议事协商目录制度。认真落实村级组织工作事务、工作机制、挂牌和证明事项四个省级指导目录，减轻基层负担。

基层治理基础不断夯实，治理有效逐步实现。2023 年，66.7% 的村（涉农社区）建设有智慧综合管理服务平台；98.0% 建设有村服务站，同比分别增长 10.1、4.8 个百分点。县级及以上民主法治示范村占比达到 25.3%，同比增长 8.5 个百分点；88.9% 的村（涉农社区）有公共法律服务工作室，同比增长 12.4 个百分点。县级及以上先进基层党组织占比达到 23.0%。村干部作为乡村治理的主力军，需要具备较高的综合素质和较强的工作能力。2023 年，村支部书记大专及以上学历占比达到 27.0%，同比增长 3.1 个百分点。

（六）乡村经济实力不断增强

近年来，河南多项举措推进乡村经济发展，加大强农惠农富农政策力度，以市场为导向，加快调整农业结构，积极发展高质高效农业，促进农民经营增收。积极挖掘农业农村资源要素价值，扎实推进资源变资产、资金变股金、农民变股东，稳步发展村集体企业，持续促进农民增收。不断拓展农民财产性收入来源，促进农民财产增收。

乡村集体经济蓬勃发展，经营收入持续增长。2023 年，河南村（涉农社区）有 22.3 万个有实际经营活动的企业；其中，村集体企业 6467 个，规模以上企业 2491 个。全年村集体收入 116.7 亿元，其中，经营收入 49.9 亿元。村集体给本村居民的分红达到 15.1 亿元，平均每个村实现分红 3.2 万元。

农民收入持续增长，消费能力持续提升。2023 年，河南农村居民人均可支配收入 20053 元，同比增长 7.3%，增速高于城镇居民人均可支配收入 2.8 个百分点。城乡居民人均可支配收入比值为 2.01，比上年缩小 0.05。农村居民人均消费支出 16638 元，同比增长 12.2%，增速高于城镇居民人均消费支出 3.6 个百分点。拥有家用汽车的户数占比达到 42.6%，同比增长 2.7 个百分点。

二、学习运用“千万工程”经验，建设宜居宜业和美乡村

二十年来，从“千村示范、万村整治”示范引领，到“千村精品、万村美丽”深化提升，再到“千村未来、万村共富”迭代升级，“千万工程”为河南推进乡村全面振兴，加快农业农村现代化提供了科学路径和实践样本。省委、省政府一以贯之高位推进，学习运用“千万工程”经验，建设宜居宜业和美乡村，建设农业强省。

（一）扎实推进和美乡村建设

围绕“农村基本具备现代生活条件”的目标，不断提高乡村基础设施完备度、公共服务便利度、人居环境舒适度，尽快让农民就地过上现代文明生活。组织实施乡村建设行动，创建了 20 个示范县、100 个示范乡镇、1000 个示范村。完善乡村治理体系，加强农村精神文明建设，加强法治教育，推进移风易俗，引导农民自觉遵守村规民约，弘扬敦亲睦邻、守望相助、诚信重礼的乡风民风。

（二）大力培育农业新业态

河南在全国率先提出高标准农田示范区建设，坚持把乡村和农田一体谋划、一体设计、一体建设，农田承载功能得到拓展，乡村生态环境持续优化。如新乡市获嘉县位庄乡鱼池村被规划为高标准农田示范区，采取投融建运管“五位一体”模式，示范区建设与乡村建设双轮驱动，农田周边栽下防

专栏 2

河南着力推动乡村产业全链条升级　农业现代化进程再加速

河南是我国重要的粮食生产基地、粮食生产大省。当前，河南农业正处于由“大”向“强”跨越的关键时期，面对新形势新任务，河南坚持学习运用“千万工程”经验，探索“千万工程”河南实践，不断强龙头、补链条、兴业态、树品牌，推动乡村产业全链条升级。持续加快建设优势特色农产品生产基地，全省优势特色农业产值占比 57.8%。实施冷链食品、休闲食品、特色功能食品等升级行动，河南农产品加工业是全省两个万亿级产业之一，双汇、牧原、三全、思念等行业旗舰保持优势地位，卫龙、蜜雪冰城、千味央厨等新兴企业迅速崛起，预制菜规模超过 150 亿元，酸辣粉占全国 80% 以上市场份额，初步实现了从“国人粮仓”到“国人厨房”、再到“世人餐桌”的华丽蝶变。

在乡村产业全链条升级的推动下，现代农业产业园大量涌现。河南因地、因产业制宜，创建不同类型、不同特色的现代农业产业园，形成了特色鲜明、功能互补、活力充足的现代农业产业园体系。2023 年，河南县域共有涉农产业园区 990 个，比 2022 年增加了 123 个。其中，新增河南省永城市现代农业产业园、河南省新乡市平原城乡一体化示范区现代农业产业园等 2 个国家现代农业产业园。

撰稿：薛冰莹

护林，田间道路与硬化沟渠纵横交织，新型喷灌设备成为农田一景。

（三）强化科技创新驱动

河南高度重视农业科技创新，着力构建一流创新平台、汇聚一流创新人才、培育一流创新主体、营造一流创新生态，河南省委、省政府立足打造国家农业创新高地，以世界眼光和战略魄力谋划建设“中原农谷”，加快构建现代农业创新体系，中国农科院中原研究中心等 37 家省级以上农科教研平台已进驻，主要农作物耕种收综合机械化率达 87.0%，5G+ 智慧农业、智能灌溉、苗情监测等一大批数字农业场景加快呈现，中原传统农业正在向智能现代农业加速转变。以市场化方式推进农技、农机、农经“三支队伍”改革，着力打通科技进村入户“最后一公里”，全省农业主推技术到位率超过 95.0%。

（四）深化农业领域“人人持证、技能河南”建设

2023 年，为有效激发乡村的内生动力，河南省深化农业领域“人人持证、技能河南”建设，探索构建农业职业技能培训、评价、持证体系，全年完成乡村人才培训 58.3 万人，新增技能人才 32.4 万人。依托高素质农民培育计划，培训新型农业经营和服务主体带头人、种养加销能手、农村创业创新者、乡村治理及社会事业发展带头人等 10.2 万人，为乡村振兴培养了一支“生力军”。建立职业技能评价体系。2023 年，18.2 万人获得了农民职业技能证书，农民就业有了“新名片”。目前，河南省高素质农民队伍持续壮大，形成了“头雁”领航、“雁阵”齐飞的良好态势，涌现出 1 名“全国十佳农民”和 10 名“全国乡村振兴青年先锋”等优秀代表，使得一大批农民的技能增收动力更强。

三、河南在乡村全面振兴进程中，仍有短板弱项需重点关注

（一）乡村经济实力仍有上升空间

河南作为粮食主产区，用占全国 1/16 的耕地，生产了全国 1/10 的粮食、1/4 的小麦。保粮食生产，势必要放弃部分发展工业、服务业的机会，不少粮食主产县基本农田占比超 90%，种粮大县往往是财政穷县。在 2023 年乡村全面振兴发展指数测算中，河南综合发展指数低于全国平均指数 4.7 分，142 个县（县级市、涉农区）中，只有 12 个市辖区，8 个县级市、2 个县高于全国平均水平。就地区生产总值来说，仅有新郑市、中牟县巩义市超千亿元，89.2% 的县（市、区）少于 500 亿元。河南县域产业中二产多处于产业链前端和价值链低端且优质企业数量少、带动能力不强，三产现代属

性较弱且企业规模偏小。

（二）乡村治理能力有待进一步提高

在 2023 年乡村全面振兴发展指数测算中，河南治理有效指数低于全国平均水平 4.5 分，在 142 个县（市、涉农区）中，只有 12 个市辖区、6 个县级市、12 个县治理有效指数高于全国平均水平。调研中发现，个别地方在乡村建设中发动群众不充分，存在“上热下冷”“干部干、群众看”现象，“如何提高村党组织的组织力、凝聚力、战斗力，提升乡村基层的治理能效”仍是广大乡村的主要问题。

（三）乡村产业培育力度需要进一步加强

河南乡村多以传统农业为主，大多数乡村产业单一、产业链不完善，需要进一步加大培育力度。乡村涉农工业多以初加工为主，农产品加工、储运、销售等环节的相对薄弱，限制了农产品的附加值和食品精深加工产业链的形成。服务业以本地生活为主，多是服务于农村居民的基础生活需求，如超市、快递站，能够吸引外部资金流入、带动乡村发展的“可贸易服务业”明显较少。

四、补短板、强弱项，加快实现乡村全面振兴

河南乡村是中国乡村的缩影，我们立足河南省情和农村发展阶段，扬优势、补短板、强弱项，活学活用“千万工程”经验，充分挖掘河南地大物博的坚实基础、历史文化的丰厚底蕴，必能打好乡村全面振兴漂亮仗，绘就和美乡村新画卷。

（一）着力增强乡村产业实力

聚焦优势特色产业。推行“一县一业”“一镇一特”“一村一品”，深入推进“三链同构”，积极践行大食物观，立足河南省两个万亿级产业之一的农产品加工业，打造“豫农优品”金名片，推动河南“大粮仓”“大厨房”“大餐桌”全面对接“大市场”。提升乡村产业链创新能力。实施延链补链强链专项行动，按照“一链一图一策”原则，主动融入河南食品生产和装备制造两大万亿产业链，深化与链主企业“一对一”对接合作，推动产业链由粗加工、中间品向中高端、关键环延伸。

（二）激发基层党组织战斗堡垒作用

建强基层战斗堡垒，深入实施基层党组织建设堡垒工程和“头雁”工程，选好配好乡村振兴带头人。发挥群众主观能动性，乡村振兴为农民而兴，乡村建设为农民而建。只有坚持“群众事群众办”，充分发挥群众的主人翁精神，干群同心，党群携手，才能真正把农民的事办好。

（三）进一步推进县域城乡融合发展

要统筹新型城镇化和乡村全面振兴，促进县乡村功能衔接互补、资源要素优化配置。优化县域产业结构和空间布局，构建以县城为枢纽、以小城镇为节点的县域经济体系，扩大县域就业容量。统筹县域城乡基础设施规划建设管护，推进城乡学校共同体、深化紧密型县域医疗共同体建设。实施新一轮农业转移人口市民化行动，鼓励有条件的县（市、区）将城镇常住人口全部纳入住房保障政策范围。

报告撰稿：杨争　魏晓亮　薛冰莹　李文鹏

湖北省乡村振兴监测报告

近年来，湖北省始终坚持以习近平新时代中国特色社会主义思想为指导，深入学习贯彻党的二十大精神和中央一号文件精神，聚焦实施乡村振兴战略重点任务，坚持以确保国家粮食安全、确保不发生规模性返贫为底线，以提升乡村产业发展水平、提升乡村建设水平、提升乡村治理水平为重点，强化科技和改革双轮驱动，强化农民增收举措，努力推动农村高质量发展，促进共同富裕，绘就宜居宜业和美乡村新画卷。2023 年乡村振兴统计监测结果显示，湖北省乡村振兴总指数高于全国平均水平，推进乡村全面振兴工作取得明显成效。

一、乡村振兴稳步推进，各项指数稳中向好

国家统计局乡村振兴统计监测结果显示，2023 年湖北乡村全面振兴发展指数 69.3，比 2022 年提高 0.7，比全国平均水平高 0.3。在六大分领域指数中，产业兴旺、生态宜居、乡风文明等领域指数高于全国平均水平。

（一）综合发展水平不断提高

综合发展指数 60.0，比 2022 年提高 0.6。从参与评价的指标看，地区生产总值、财政收入等指标均保持稳定增长。综合经济实力不断增强。湖北省克服新冠疫情等不利因素影响，实现经济社会平稳发展，地区生产总值跨过 5 万亿台阶，达到 55803.6 亿元，同比增长 6.0%。人均地区生产总值为 95538 元，增长 5.9%。综合经济实力的不断增强为乡村振兴战略实施奠定坚实基础。科技进步促进农业劳动生产率提升。2022 年全省农业科技进步贡献率达 66.3%，比 2021 年提高 1.6 个百分点，比 2018 年提高 6.5 个百分点，预计 2023 年仍将稳中有升。湖北发挥科研院所集中的优势，促进农业科技进步贡献率不断提升。以种业、柑橘、优质稻米及禽蛋养殖产品为例，武汉“中国种

都”核心区种业全产业链产值已达 450 亿元，是全国种业规模与聚集度最高区域之一。农业科技进步带来生产效率提高，2023 年湖北农业劳动生产率已达 5.63 万元 / 人，比 2022 年增长 2.1%。

图 1 2014—2023 年湖北地区生产总值及可比价增速

（二）产业兴旺基础持续巩固

2023 年湖北产业兴旺指数 63.2，比全国平均水平高 2.9，其中农业生产指标和农业生产条件指标较上年均有不同程度提升。坚决守住粮食安全底线。荆楚大地，鱼米之乡。作为农业大省和全国重要粮食主产区之一，湖北深入实施乡村振兴战略，坚决贯彻国家粮食安全战略，牢牢守住粮食安全底线，端牢“中国饭碗”。2023 年全省粮食产量达 2777 万吨，连续 11 年稳定在 500 亿斤以上。不断提升农业生产条件。持续加大对农业基础设施的投入和农业机械补贴，促进农业生产条件不断改善。2023 年全省通过验收的高标准农田面积 2977.90 千公顷，比上年增长 22.4%，占耕地面积比例达 62.2%，比 2022 年提高 10.2 个百分点。农作物耕种收综合机械化率达 62.6%（未计算免耕面积），比 2022 年提高 1.0 个百分点。湖北是全国最大的淡水产品生产基地，淡水产品产量连续 17 年保持全国第一。近年来，湖北持续加大渔业设施改造力度，深入推进淡水产品结构转型升级。全省累计建成圈养桶超过 1300 个、陆基圆池超过 4900 个、池塘跑道超过 800 条，设施渔业总规模超过 450 万立方米，比 2020 年增长近 6 倍。渔业基础设施的巩固促进湖北渔业产业结构加速升级，小龙虾、黄鳝、长江刀鱼等高价值品种占比快速提升。

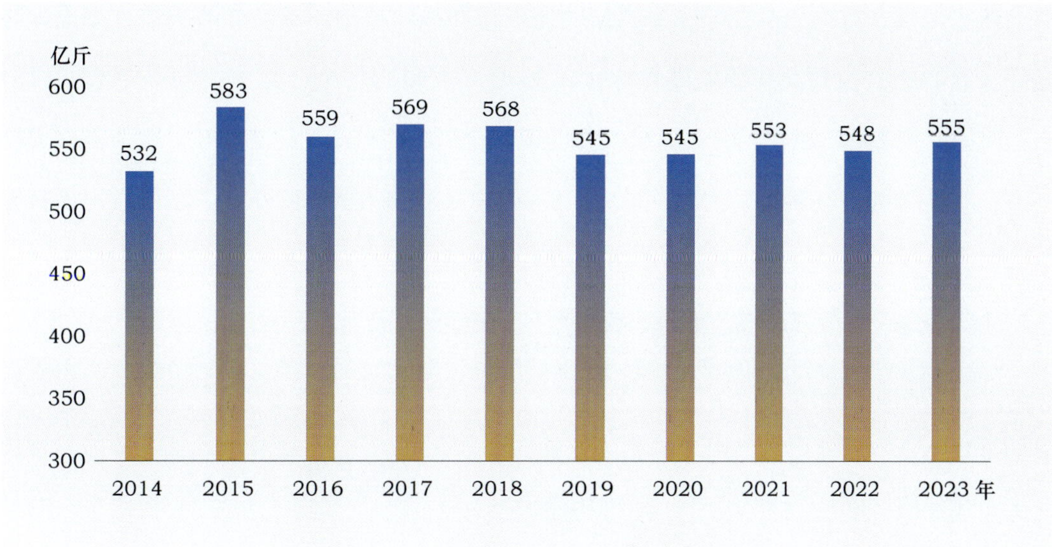

图 2　2014—2023 年湖北省粮食产量

（三）乡村人居环境日益改善

2023 年湖北生态宜居指数 85.3，比 2022 年提高 2.7，比全国高 1.4。生态宜居指数在湖北六大分类指数中位列第 2，数据显示湖北在生态宜居建设方面走在全国前列。从各项监测指标看，湖北在农村人居环境建设、生态环境保护等方面措施得力，成效显著。人居环境不断改善。2023 年末有 8 个县农村生活污水管控率达到 100%，比上年增加 1 个；35 个县农村生活污水管控率达 50% 以上，比上年增加 8 个。垃圾处运覆盖面更广，全省 19.8 万个村民小组中，有 17.6 万个实现对生活垃圾进行收运处理，占比达 88.9%，比 2022 年提高 5.1 个百分点。卫生厕所普及率不断提高，全省使用卫生厕所的农户占常住户数的 86.9%，比 2022 年提高 1.4 个百分点。畜禽粪污综合利用率始终保持较高水平，89 个有农业部门行政记录的县（市、区）平均利用率达 90.4%。基础设施稳步提高。饮水安全有保障 ,94 个有部门行政记录的涉农县（市、区）农村自来水普及率平均达 97.4%，29 个县达到 100%，湖北农村居民已基本实现自来水供应全覆盖。村民出行条件有改善，全省 1106 个乡（镇、涉农街道）中，97.3% 通三级以上公路；88 个县的较大规模自然村（组）通硬化路比例达到 100%，最低的县也达到 89.0%，真正实现乡村道路质量上的飞跃。农村基础服务设施有提高，快递收发更加便捷，2.2 万个行政村（涉农社区）中 ,91.0% 有电子商务配送站点；83.7% 通达 5G 网络，比 2022 年提高 12.4 个百分点。

（四）乡风文明建设百花齐放

2023 年湖北乡风文明指数 87.5，比 2022 年提高 1.2，比全国高 0.4。乡风文明指数在湖北六大分类指数中最高，数据显示湖北在乡风文明建设方面成效突出。从监测情况看，各指标比上年均有提高。着力提升农村文化服务硬件水平。2023 年全省有村综合性文化服务中心的村占比达 95.9%，比 2022 年提高 1.0 个百分点；有农民业余文化组织的村占比达 72.7%，比 2022 年提高 7.9 个百分点；有体育健身场所的村占比 95.3%，比 2022 年提高 0.8 个百分点，湖北农村体育健身场所已基本实现全覆盖。文化建设夯实乡风文明底蕴。全省在推进乡风文明建设时，充分发掘文化资源，依托各地独特的文化资源开展特色鲜明的农村文化创建活动，着力提升文化“软实力”，寓教于“游”，寓教于乐。荆州市深度挖掘当地红色资源，实现新时代文明实践中心、县级融媒体中心建设全覆盖。共创建和孵化“荆州广播电视台垄上频道”“乡村振兴在荆州”等 30 多个社交媒体账号宣传荆州乡村文化，服务超 3000 万乡村用户。该市的宣传经验获中宣部、国家广电总局等部门多次推广。

（五）乡村治理面貌焕然一新

2023 年湖北治理有效指数 70.2，比 2022 年提高 0.4，各监测指标均有一定幅度提高。持续优化乡村治理基层基础。2023 年全省有综合服务站的村占比 98.8%，较 2022 年提升 4.2 个百分点；有公共法律服务中心（工作室）的村占比 84.9%，较 2022 年提升 10.0 个百分点。乡村综合服务硬件基本完备，2023 年全省村党支部书记大专及以上学历占比 45.5%，比 2022 年提高 3.1 个百分点，乡村治理人才队伍更加充实。因地制宜提升乡村治理能力。各地风俗文化存在差异，乡村治理的重点难点也不尽相同，全省充分考虑实际情况，找准工作重心，采取不同对策做好乡村治理工作。宜昌市针对当地乡村治理弱点和短板，从两方面着手完善乡村治理。一是加强精神文明建设，选树一批群众身边先进典型，持续开展听党话、感党恩、跟党走宣传教育。二是打造平安乡村，坚持和发展新时代“枫桥经验”，全面推广“双基强化、三治融合”“三约四治”等经验做法，持续推进“雪亮工程”“天网工程”“智慧小区”建设。全面落实一村一辅警制度，实现了 100% 全覆盖。

（六）农村居民收入和保障力度大幅增长

2023 年湖北生活富裕指数 66.6，比 2022 年提高 0.2，农民生活富裕程度不断提高。农村居民收入水平快速提高。2023 年全省农村居民人均可支配收入 21293 元，增长 8.0%，高于全省居民人均可支配收入增速 1.2 个百分点，比 2014 年增长 96.3%；城乡居民人均可支配收入比为 2.11，比 2014 年下降 0.18，城乡居民收入差距收窄。农村居民人均生活消费支出和耐用消费品普及率提升。2023 年全省农村居民人均生活消费支出 20922 元，增长 10.2%，比 2020 年增长 44.6%。2023 年农村居民家用汽车普及率 42.0%，比 2022 年提高 3.2 个百分点。农村居民生活更有保障。2023 年

94 个县（除黄石市下陆区外）城乡居民月人均领取养老金金额的平均值为 198 元，比 2022 年增加 25 元，增幅 14.5%。

图 3 2014—2023 年湖北省农村居民人均可支配收入

二、强县工程战略引领，湖北特色乡村振兴

湖北省委、省政府加快实施强县工程和十大重点农业产业链建设，大力促进农业产业化发展，针对湖北千湖之省及河流众多的省情，深入推进流域综合治理，广泛开展美好环境与幸福生活共同缔造创新型基层社会治理模式，走出了一条适应湖北省情的乡村振兴发展之路。

（一）加快实施强县工程建设

湖北深入实施强县工程，科学把握各地功能定位和发展方向，让该干什么的地方干什么，统筹城乡区域和资源环境，以流域综合治理为基础推进“四化”同步发展，将乡村振兴纳入本地国民经济和社会发展规划、党委和政府工作重点统筹谋划部署。以强县工程考核为抓手，一体推进农业农村现代化，促进农业高质高效、乡村宜居宜业、农民富裕富足。

（二）持续推进十大重点农产品产业链建设

2021 年湖北出台一系列关于加强农业产业化发展的政策举措，部署开展十大重点农产品产业链建设工程，提出了实施培育壮大龙头企业“十百千万”工程的具体工作目标。3 年来，全省十大重点农产品产业链建设稳步推进，农业生产向精细化、标准化、品牌化和深加工不断延伸发展。

2023年末全省有效期内“两品一标”农产品总量达3975个，比2020年末增长59.4%。以恩施玉露茶叶、潜江小龙虾等为代表的一大批优质农产品唱响了荆楚品牌。

图4 “长龄1299”恩施玉露基地

（三）创新开展“共同缔造”治理模式

湖北广泛开展美好环境与幸福生活共同缔造，激活城乡基层治理共建共管活力，创新基层社会治理模式。通过组织群众、发动群众决策共谋、发展共建、建设共管、效果共评、成果共评，凝聚人心和力度，共同实现美好生活的目标，构建了“纵向到底、横向到边、共建共治共享”的城乡社会治理体系，为乡村治理提供有效治理模式。通过共同缔造，广泛开展乡村净化、绿化、亮化、美化行动。引导群众通过入股、就业、创业等方式参与乡村建设，让群众在共同建设中得到实实在在的红利，实现共同缔造人人参与、发展开果人人享有，有力提高了湖北乡村基层治理的能力和水平。

（四）积极培养乡村振兴“领头雁”

持续推深做实村党组织书记选育管用全链条机制，依托村党组织书记县级党委组织部门备案管理制度，切实将县级备案管理村党组织书记队伍选育管用全链条，整体优化提升村党组织队伍质量。对于新任村党组织书记，湖北实施村党组织书记振兴能力培训计划，坚持“书记讲给书记听”，通

专栏1

恩施市下村坝村

——运用“共同缔造”理念绘就武陵山区绿水青山振兴图

曾是贫困村的湖北省恩施市白果乡下村坝村，如今田园变公园、农区变景区、颜值变产值，“绿水青山”变“金山银山”。塑生态之“形”。通过村庄提升行动，推动企业绿色转型，实现村庄布局优化、环境美化、道路硬化、卫生洁化、河道净化、道路亮化。锻产业之“骨”。融农业生产、农村生态、农民生活“三生”为一体，创造公共品牌“塘里堂外”IP，打造民宿、亲子乐园、“塘里1314田野栈道”等精致打卡点。走市场化模式，组建研学文旅运营公司。筑文化之“魂”。守护好一泓清泉，以观音塘为中心营造核心公共空间，打造成村民与游客的互动交流场所和沟通对接平台。保护好一棵古树。观音塘旁一棵两百余年的枫香树，树下老屋曾是中共白果地下党小组秘密活动点。挖掘该红色旅游和教育资源，导入社会主义核心价值观。夯群众之“本”。以共谋共建办好群众身边可感可及的实事为切口，精准对接群众急难愁盼问题，求好民意“最大公约数”。实施“政府+企业+村民+创客”的共融共创模式，将土地入股到共同开发中，实现风险共担、利益共享。邀请艺术家、网红达人、直播创客进驻创作，发展网红流量经济。打造抱团发展“乡村共富带”，以一村繁荣带动全域发展。

撰稿：张康

过举办“书坛”“支书微讲堂”，建立乡村振兴名书记师资库和高频问题解案例库等，让村党组织书记见贤思齐、学习身边榜样。同时培养储备村“两委”后备力量，每个村建立乡土人才库和力量库，持续实施“一村多名大学生”计划，近年来已有万余名高校毕业生、1.2 万余名致富能手返乡能人、4400 余名退伍军人进入后备力量库。今年，湖北即将启动实施村党组织后备力量培养储备三年行动，确保下一轮换届时，每个村都至少有 2 名成熟可用的村党组织书记作为后备力量。

专栏2

罗田县燕窝湾村

——从北京回乡企业家罗田县燕窝湾村党支部第一书记徐志新带领村民打造大别山深处三产融合发展的典范

罗田县骆驼坳镇燕窝湾村地处大别山腹地南麓，人口 1368 人，面积 6. 8 平方公里，是精准扶贫重点村，旅游扶贫重点村。自 2014 年起，村集体依托燕儿谷公司发展旅游业，村企共建生态宜居环境，打造“燕儿谷景区 ”品牌，连片挖掘整合自然人文资源，建成了中国最大的茶梅基地，打造“公司 + 集体 + 农户 ”利益共同体和“旅游 + ”产业平台，建成集休闲、旅游、健康养老、研学教育等为一体的乡村旅游产业扶贫示范综合体，努力实现“产业兴旺、生态宜居、乡风文明、治理有效、生活富裕 ”的奋斗目标。2014 年 12 月被评为国家 3A 级景区。2018 年 3 月，成为全国产业扶贫现场会参观点。先后荣获全国文明村、全国优秀基层党组织、全国旅游扶贫试点村、国家森林康养基地、湖北省休闲农业示范点、黄冈市农业产业化市级重点龙头企业等多项荣誉称号。

通过打造黄冈版“ 良品铺子 ”燕儿谷电商平台品牌，推广销售罗田板栗、天麻茯苓、有机蔬菜等黄冈地标优品，为农民增收 3000 余万元。燕儿谷北纬三十度乡村电商公司创造了在一个小时内线上成交 1.2 万单，销售 35 吨“刺球 ”板栗和 5 万斤“红安苕 ”的抖音官方农产品交易记录。总成交额累计超 3 亿元，最高纪录进入同时段全国带货榜第一名。

撰稿：徐秉东

（五）坚决守住脱贫攻坚成果

提高农民收入的重点是提高低收入农户的收入，防止脱贫户返贫，全省各地建成动态监测预警平台，完善监测帮扶机制，坚决防止出现规模性返贫。2021 年以来，湖北省以“两不愁三保障”和安全饮水为主要指标，以脱贫户、监测户等为重点对象，对全省 189.3 万农村低收入人口开展了防止返贫监测帮扶集中排查。在排查的基础上，湖北省各地严格按照“四个不摘”的要求，落实各项帮扶措施，确保稳定脱贫不返贫、监测人口尽快消除风险。一方面，重点实施巩固衔接项目帮扶，尤其是产业、就业等促进增收类项目，为有效推进资金项目进度还专门建立了月调度预警机制。另一方面，重点实施就业帮扶，联合人社部门落实脱贫人口稳岗就业政策，按月调度湖北省脱贫人口务工情况。针对脱贫人口因病返贫风险，多部门协作加以破解，确保脱贫户不因病致贫返贫。截至目前，全省脱贫人口、监测人口均已纳入医保参保范围。

三、产业发展仍存短板，基层建设有待加强

（一）产业链竞争力有待进一步提升

一是十大重点农业产业链的生产加工不够，多数农产品还是以初级产品形态在市场上交易，附加值还不高。二是农业产业链研发创新强度不高，根据 2023 年重点农业产业链监测统计，全省农业研发投入 24.92 亿元，占农业产值比为 0.4%。三是农业产业链销售触网不深，目前湖北省农产品销售仍以传统模式为主，订单生产、网上销售、直播带货等新型农产品销售方式占比不高。四是农业产业链品牌竞争不强，湖北省极具影响力的农产品品牌占比还不高，全省中国驰名商标（农产品类）91 个，占全部商标核准注册数的 2.5%。

（二）农村集体经济和居民收入有待进一步提振

尽管近年来湖北省农村居民人均可支配收入实现较快增长，但仍低于全国农村居民人均可支配收入（21691 元）。监测显示，湖北省产业兴旺指数在六大分类指数中高出全国平均水平最多，而生活富裕指数则低于全国平均水平最多，产业兴旺优势没有转化成农民收入提升，农民增产不增收问题突出。

湖北省集体经济强村数量较少，全省村集体收入大于等于 50 万元的村有 3688 个，仅占全部村（居）的 16.6%。其中村集体经营性收益大于 50 万元的更少，仅有 721 个，占比仅 3.4%。村集体收益较低影响农村公共事业发展，2023 年湖北省拥有农村养老服务机构和设施的村仅 5309 个，农

村养老服务机构和设施覆盖率仅23.9%，随着城镇化不断深入，农村留守老人的晚年生活应该引起各地各部门的高度重视。

（三）人才队伍建设水平有待进一步提高

近年来湖北省村“两委”换届引进了大量高学历人才，2023年全省村党支书大专及以上学历占比已达45.5%，为乡村振兴人才队伍注入新活力，但年轻干部对农业生产和农村社会的认识仍需深入，随着老一辈经验丰富的村干部陆续退休，村干部学历和能力的矛盾有待解决。另一方面，县乡村基层资源和发展前景有限，基层的现实条件往往让优秀人才望而却步，加之缺乏完善的激励机制，造成基层人才短缺，缺少能够长期扎根农村的“土专家”“田秀才”，农业技术人员面临断层的困境。农村教育、卫生等领域的人才也存在数量不足、学历层次不高、服务能力不强的问题。留住人、留住年轻人的机制尚未建立起来。

四、精准施策补齐短板，筑牢乡村振兴基础

（一）以产业链建设促进农业产业化发展

一是支持产业链龙头企业发展，推动产业精深加工。通过龙头企业带动向产业链两端发展，实现一二三产业深度融合。在生产端，以龙头企业为核心，农民合作社、家庭农场和农户跟进，社会化服务组织参与，提升农业生产组织化程度，带动农业规模化、集约化经营。在消费端，依托龙头企业的资金、品牌优势，扩大市场，推动消费。二是立足县域特色产品，强力打造县域精品。积极推进县域“一县一品”，通过发展小龙虾、茶叶、柑橘、香菇、莲、蕲艾等特色县域精品，带动一批农文旅融合发展的休闲农业园或示范点。三是促进种业高质量发展，推动特色产业升级。充分发挥湖北科研院所集中的优势，加大财政资金投入，促进产学研融合，以“卡脖子”种源技术为关键突破口，大力发展种业。

（二）以新型农村集体经济建设实现强村富民

党的二十大报告和2024年中央一号文件均提出“要巩固和完善农村基本经营制度，发展新型农村集体经济”。要因地制宜，积极探索发展新型农村集体经济的有效途径，支持农业生产合作社等适度规模经营组织发展，带动小农户合作经营、共同增收；要逐步提高发展新型农村集体经济补助标准，支持具备条件的乡村充分挖掘利用当地资源，有效改造利用资产，提升农村集体经济实力；要夯实产权制度基石，促进要素有序流动，完善利益实现机制，激发产权活力。

健全农村养老服务体系，让农村老人也拥有幸福晚年。创新农村养老服务发展体制机制，增强农村养老服务发展内生动力，围绕老年人周边建设施、促服务，力争不出村、不离乡解决农村养老问题；要加强农村养老服务网络建设，拓展县级特困人员供养服务机构功能、推进乡镇（街道）区域养老服务中心建设、增加村级养老服务点，不断提升农村老年人的获得感、幸福感、安全感。

（三）以良好条件确保乡村振兴人才队伍稳定

一是强化乡镇领导班子建设。把优质干部资源向乡镇倾斜，把热爱乡村、有闯劲、有干劲的年轻干部选派到乡镇领导班子。在用人制度上对乡镇干部评先选优、提拔重用等激励措施进一步予以明确细化，引导干部主动担当作为、干事创业，确保党的方针政策在基层准确执行不走样。二是创新实用人才培养体系。要鼓励培育“农村带头人”并引导其成长，盘活农村人才培养机制，培养一批新型职业农民、家庭农场主等扎根农村、热爱农业的“本土能人”。三是加大人才引进力度。加强人才引进，在农村人才引进方面开绿灯，引导原籍大学生、优秀外出务工人员回乡创业，担任村干部，提升基层治理水平。

报告撰稿：刘传勇 黄 华 周 真

湖南省乡村振兴监测报告

习近平总书记在湖南考察时强调，推进乡村全面振兴是新时代新征程“三农”工作的总抓手。湖南聚焦实施乡村振兴战略重点任务，把保障粮食和重要农产品稳定安全供给作为头等大事，培育壮大特色产业，提高乡村治理效能，全面推进乡村振兴取得显著成效，农业大省向农业强省跨越迈出坚实步伐。

一、六大领域协调向好，乡村振兴成效显著

湖南坚持农业农村优先发展，高位推动“三农”工作，着力锻长板、补短板、优机制、守底线，扎实推进乡村全面振兴。2023 年乡村振兴统计监测结果显示，湖南乡村振兴总体保持较快发展态势，“综合发展、产业兴旺、生态宜居、乡风文明、治理有效、生活富裕”六个领域协调向好发展。2023 年湖南乡村全面振兴发展指数为 69.6，较上年提高 0.7；比全国平均指数高 0.6，整体处于较高水平。

分类别[1]看，湖南 74.3% 的市辖区乡村全面振兴发展指数高于全国市辖区平均指数，57.9% 的县级市乡村全面振兴发展指数高于全国县级市平均指数，65.7% 的县乡村全面振兴发展指数高于全国县平均指数。分地区看，省会长沙表现亮眼，有 3 个县市在 2023 年全国乡村振兴评价测算结果中位居前列。

（一）综合实力迈上新台阶

湖南锚定“三高四新”美好蓝图，以“发展六仗”为总抓手，全省经济稳中有进、进中提质，

1. 湖南共有 122 个县市区，此次纳入国家统计局乡村振兴统计监测的有 121 个县市区（不含芙蓉区），其中市辖区 35 个、县级市 19 个、县 67 个。

高质量发展取得新进展。测评结果显示，2023 年湖南综合发展指数为 58.8，较上年提高 0.5。地区生产总值迈上新台阶，2023 年湖南经济总量突破 5 万亿大关（详见图 1），同比增长 4.6%。狠抓财源建设和收入征管，积极培育新的财源增长点，2023 年地方一般公共预算收入同比增长 8.3%，高于全国 0.5 个百分点；地方税收增长 10.2%，非税收入占比降低 1.1 个百分点，湖南经济实现质的有效提升和量的合理增长。在综合发展指数高于省平均水平的38个县市区中，长株潭地区占15个，区域集群发展成效明显。

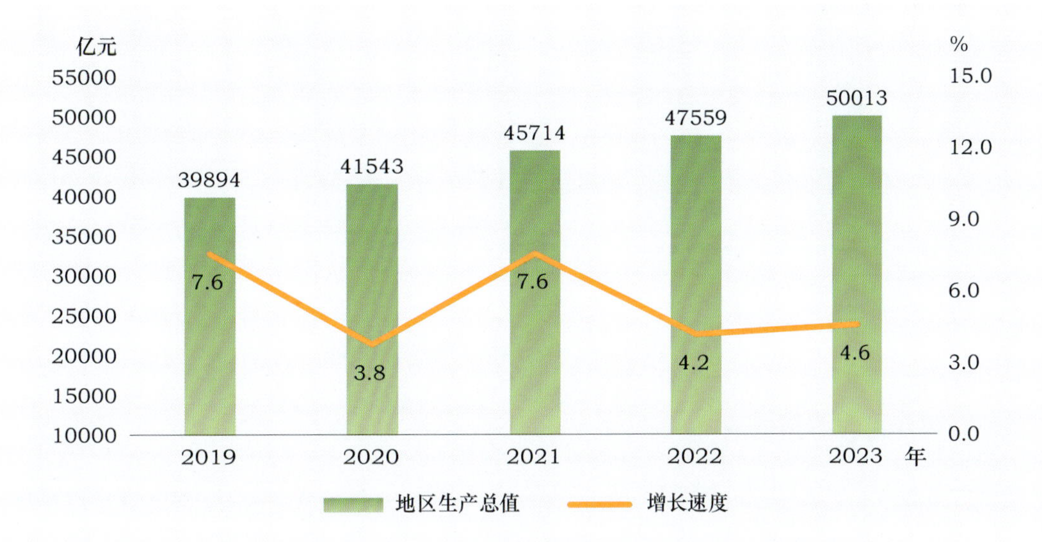

图 1 2019—2023 年湖南地区生产总值及增长速度

（二）乡村产业激发新活力

2023 年湖南产业兴旺指数为 61.5，较全国平均水平高 1.2，乡村产业发展势头良好、成效显著。湖南将粮猪菜、果油茶等农业优势特色产业作为推动乡村振兴的重点产业培育，激活乡村发展“造血”功能。累计建设国家农业现代化示范区 13 个、现代农业产业园 10 个、农业产业强镇 71 个、国家优势特色农业产业集群 7 个，乡村振兴“根基”更加坚实。2023 年湖南实现第一产业增加值 4621 亿元，同比增长 3.5%。扛牢粮食大省重任。全年粮食播种面积 7145 万亩、超国家任务 10.3 万亩，总产量 3068 万吨、比上年增加 50 万吨（详见图 2），水稻面积、产量跃居全国第一位。优化生猪产能调控。出台稳定生猪生产“十条措施”，积极开展肉类招商和外销市场拓展，全省出栏生猪 6286 万头，居全国第 2 位。强化农业品牌推介。制定“湘猪乡味”“洞庭香米”等品牌管理规范，实施“湘媒”推“湘品”行动，举办第二十四届中国中部（湖南）农业博览会，至2023 年累计创建“两品一标”农产品 3995 个、居全国前列；2023 年农产品出口额达 218 亿元，同比增长 21.2%，其中蔬菜出口额增长 42.4%。

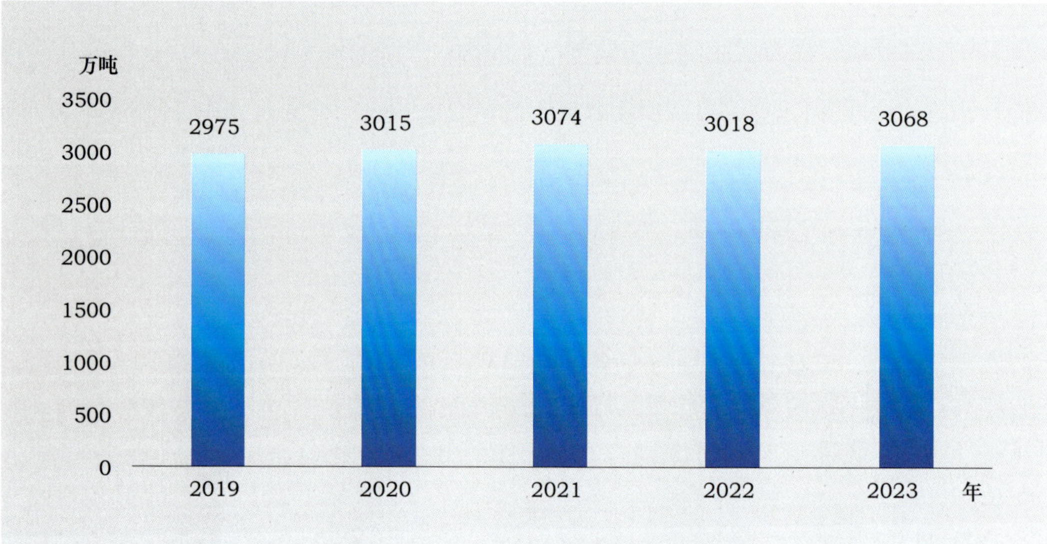

图 2 2019—2023 年湖南粮食产量

（三）宜居乡村取得新成效

和美城乡，大美湖湘。湖南以美丽宜居为着力点，强化人居环境改善，扎实推进乡村建设行动。2023 年，湖南生态宜居指数为 83.2，比上年提高 1.6。80.2% 的县市区生态宜居指数高于上年，63.6% 的县市区生态宜居指数高于省平均水平。在顶层设计上，出台学习借鉴浙江“千万工程”经验实施“五千工程”建设“和美湘村”的意见，制定乡村建设“三细则、两清单”，开展村庄规划“回头看”，精细推进乡村建设。2023 年全省 96.2% 的村有合法村庄规划，较 2021 年提高 5.4 个百分点。在基础建设上，持续推动水、电、路、气、通讯、物流等基础设施在村级层面的横向覆盖，在农户层面的纵向延伸。2023 年湖南完成农村供水工程 682 处、158 万人受益。全省有电子商务配送站点的村占比为 84.1%，较 2021 年提升 6.6 个百分点；5G 网络通达的村占比为 82.4%，较上年提升 12 个百分点。在环境整治上，扎实推进农村生活垃圾源头分类减量和资源化利用，全省对生活垃圾进行分类的村占比为 73.7%，较上年提升 13.6 个百分点。以点带面示范引领，全力打造和美乡村，湖南累计创建省级美丽乡村示范村 1079 个，“湘”村焕发新活力。

（四）乡风文明焕发新气象

湖南着力打造和谐乡村，坚持乡村建设物质文明和精神文明一起抓，让农民群众既“富口袋”、又“富脑袋”。2023 年，湖南乡风文明指数为 87.1，较上年高 2.3。84.3% 的县市区乡风文明指数高于上年，68.6% 的县市区乡风文明指数高于省平均水平。以示范带动促进乡风文明。深化文明培育、文明实践、文明风尚行动，深入开展文明村镇创建活动。2023 年，湖南乡镇中省级以上的文明镇占比为 13.2%，比 2021 年提高 1.3 个百分点；省级以上文明村为 702 个，较 2021 年增加 43 个。以场所建设保障乡村文明。构建县、乡、村三级全民健身场地设施网络，持续推进农村基层综合性文化服务中心建设。2023 年，93.1% 的村建有体育健身场所，村综合性文化服务中心覆盖率达 97.2%。以丰富活动涵养乡风文明。发展农村网络文化阵地，面向农民群众提供公共数字文化服务；开展“欢乐潇湘”“湖南公共文化进村入户・戏曲进乡村”“村 BA、村跑、村厨”等文化活动，增加富有农耕农趣农味的乡村文化产品供给。2023 年，湖南 73.7% 的村有农民业余文化组织，较 2021 年提高 9.7 个百分点。以移风易俗推动乡风文明。2023 年，湖南 98.5% 的村建立了村规民约，91.5% 的村成立了红白理事会，91.7% 的村成立了村民议事会。各地将文明村风、良好家风、淳朴民风融入村规民约，通过立约、传约、践约，推动形成文明自觉，助力乡村全面振兴。

专栏1

“湘”村风景处处新 湖南特色文旅赋能乡村振兴

党的二十大报告提出，要坚持以文塑旅，以旅彰文，推进文化和旅游深度融合发展。湖南作为文化旅游资源大省，近年来立足省域特色，全力发展文旅经济。一是制度聚势。2023 年出台《关于进一步推动文化和旅游赋能乡村振兴的若干措施》等系列文件，系统总结了红色演绎、非遗破圈、湘村雅居、地标活化等文旅赋能乡村振兴的八大“湖南模式”。二是资源聚能。发掘乡村优质旅游资源，推动优质公共文化服务向基层延伸，启动实施乡村旅游“四个一百”工程，分别培育精品民宿聚集区、精品营地、精品村、精品廊道 100 个以上。创新性地将四季“村晚”示范展示活动与四季乡村文化旅游节结合举办，盘活地理标志农产品、文化地标等沉默地标资产，打造一批手艺村、美术村、摄影村、书法村、戏剧村等主客共享的美好生活空间。三是合作聚力。有序推进“送客入村”工程，引导旅行社积极参与文旅产业扶贫，输送更多游客体验神韵大湘西、神奇湘东等精品线路。深度挖掘乡贤资源，通过“乡贤 +”模式延伸乡村旅游链条，整合农家文化。打造“湖南精品线路云平台”，集中展示推介 689 个特色村镇文化和旅游数字化资源，助力送客入村。

撰稿：王丹

（五）乡村治理呈现新风貌

湖南积极探索运用清单制、积分制等方式优化乡村治理手段，利用互联网、大数据等信息技术提升服务治理水平，乡村面貌呈现可喜变化。2023 年，湖南治理有效指数为 71.5，较上年提高 2.6，较全国平均水平高 0.6。85.1% 的县市区治理有效指数高于上年，54.5% 的县市区治理有效指数高于省平均水平。坚持党建为纲，引领乡村治理。深入推进抓党建促乡村振兴，全面摸排确定软弱涣散村党组，夯实基层战斗堡垒。总结推介娄星区“三屋同治”等典型模式，扎实开展乡村治理示范村镇创建，湖南 5 个镇、50 个村入选第三批全国乡村治理示范村镇。选优配强党支部书记，推动“能人治村”，2023 年村党组织书记大专及以上学历比例为 44.5%，较 2021 年提高 3 个百分点。坚持法治为本，夯实保障基础。农村公共法律服务体系不断健全，农村普法力度不断加大。2023 年，湖南县级及以上民主法治示范村占比为 11.6%，比 2021 年提高 3.5 个百分点；80.5% 的村有公共法律服务工作室，较 2021 年提高 12.8 个百分点。坚持以人为先，优化乡村服务。以解决群众办事难为切入点，推动乡村公共服务提档升级，2023 年湖南 99.5% 的村建有综合服务站。以数字化技术推动村级事务转型升级、民生服务精准便捷，2023 年湖南 85.6% 的村建有智慧综合管理服务平台，乡村治理效能稳步提升。

（六）生活水平实现新跃升

2023 年湖南生活富裕指数为 70.3，比全国平均水平高 1.4。分县看，52.9% 的县市区生活富裕指数高于上年，46.3% 的县市区生活富裕指数高于省平均水平。农村居民收入增速加快。2023 年，湖南农村居民人均可支配收入 20921 元，同比增长 7.0%，比上年快 0.2 个百分点，增速比城镇高 2.9 个百分点。城乡居民可支配收入比由 2021 年的 2.45∶1 缩小至 2023 年的 2.35∶1，城乡居民收入差距逐步缩小，农村居民福祉持续改善。农村居民消费水平量质提升。湖南城乡消费差距明显缩小，城乡居民消费结构得到明显优化。2023 年，湖南乡村消费品零售额 2758 亿元，同比增长 6.7%，增速比城镇快 0.8 个百分点；湖南农村居民人均消费支出 19210 元，同比增长 6.3%，比城镇快 1.4 个百分点。消费提档需求升级，2023 年湖南农村居民家用汽车普及率为 37.2%，较 2021 年提高 1.9 个百分点。

二、特色产业多点开花，乡村振兴亮点纷呈

乡村振兴，产业先行。湖南以发展乡村特色产业为突破口，推动构建现代乡村产业体系，有效促进农业增效、农民增收和农村繁荣，有力促进乡村全面振兴。

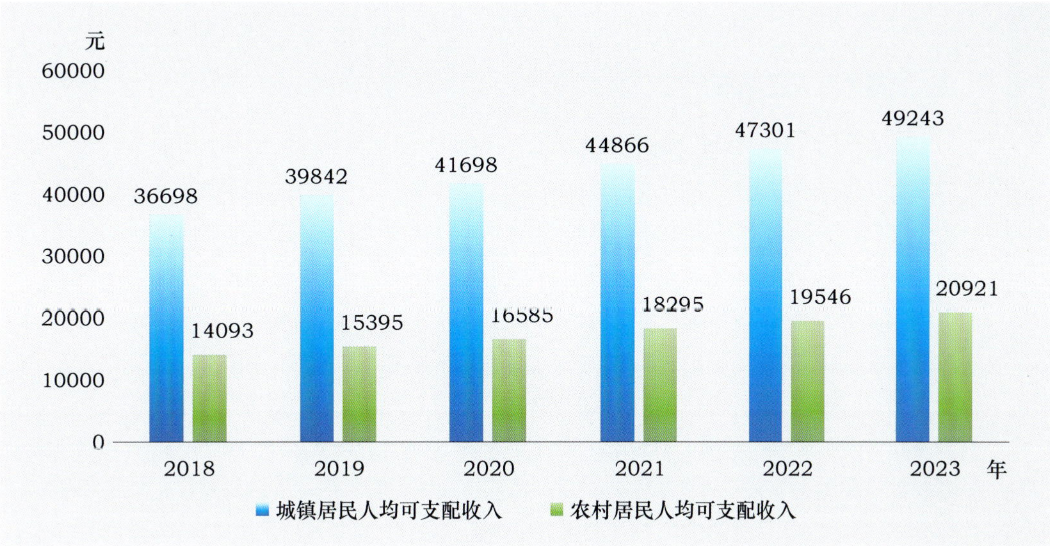

图 3 2018—2023 年湖南城乡居民人均可支配收入

（一）因产施策扬优势补短板

湖南以系统思维推进稻米产业高质量发展，既立足当下努力祛除重金属超标顽瘴痼疾，又着眼长远发掘打造稻虾共生特色优势产业。抓好耕地修复治理，推广镉低积累水稻新品种、农艺调控类技术；延伸稻米产业链条，创新发展特色优势产业，在益阳市南县打造湖南最大的稻虾种质资源培育基地，探索推广“一稻三虾”“稻稻虾”“深水虾”等高效生态种养新模式，实现产业升值增值；推广智慧农业管理，在沅江市建成湖南省首家智慧农业示范基地，以机械化播种和远程监控作业等方式，实现亩均节约化肥及人工成本 270 元、亩均增产 100 斤，推动稻米产业节本增效。

（二）因地制宜选产业助发展

推动各市县结合自身区位优势和市场需求，找准特色产业，下好产业选择“先手棋”。麻阳县结合当地紫色富硒红砂土壤实际，选育新品种、引进新技术、改造低效林，开展优质冰糖橙品质改良，延伸产业链和提升附加值；采取电商、直播、商超等线下线上并举方式销售冰糖橙，实现“卖掉到卖俏”的升级，擦亮“冰糖橙之都”品牌。邵东县依托本地丰富的中药材等优势原材料，创建中药材省级现代农业产业园区，建设中药材仓储物流交易中心，形成集种植、加工、经营、仓储、物流、科研为一体的中药材产业集群，“南国药都”加快崛起。

（三）因势利导促转型提质效

湖南引导各地正视产业振兴中面临的问题与挑战，立足资源禀赋，加速转型升级，实现“弯道

专栏2

做强湖南“农业芯”

农稳社稷，种子为基。种子作为农业的“芯片”，是发展新质生产力的重要领域。湖南奋力打造有核心竞争力的种业科技创新高地，为保障国家粮食安全和种业振兴贡献湖南力量。打造创新平台。总投资100亿元的岳麓山实验室完成主体工程建设，启动实体化运行。杂交水稻、耐盐碱稻、畜禽、淡水鱼、木本油料、柑橘等十大种业创新平台加快建设，累计创建3个国家重点实验室、1个国家技术创新中心、3个国家工程技术研究中心、9个国家育种中心或改良中心。聚力技术攻关。超级杂交稻再创世界纪录，粒两优8022攻关亩产达1251.5公斤；杂交辣椒育种与应用技术国内领先，成功研发全国首款辣椒液相芯片，为精准高效育种提供“利器”。育成首个经国家审定的低镉水稻品种“西子3号”，被农业农村部认定为近年来三大标志性成果之一；抓好镉低积累水稻品种选育推广，特定绿色水稻品种臻两优8612成功推广107万亩。培育种业企业。加快构建育繁推一体化产业体系，依托“隆平”品牌，建设国家现代农业（种业）产业园，集聚种业上下游企业400多家，市场主体不断壮大。湖南3A级种子企业共24家（占全国总数的20.5%），6家企业荣获“十年AAA信用企业奖”，受表彰企业数量全国最多。隆平高科综合实力居全国第1位、全球第8位，杂交水稻、玉米、杂交谷子、食葵、辣椒、黄瓜等作物种子国内市场占有率位列第一。

撰稿：陈晗文

超车”。岳阳市华容县作为全国最大的芥菜生产集中区，在媒体曝光加工企业酸菜腌制存在卫生问题后，其芥菜产业一度濒临衰落。湖南化危机为整改机遇，根治顽瘴痼疾，推动技术重造，建设华容芥菜大数据管理平台和芥菜产品溯源体系，把住“从田间到餐桌”质量关口；推动利益重整，财政出资与省、市担保公司合作，通过实行订单种植、推广订单腌制、出台保底价等方式引导建立新型利益联结机制；推动体系重组，扶持产销能力强、发展潜力大的芥菜生产龙头骨干企业，带动芥菜产业集团化、规模化发展，全力打响华容芥菜的口碑和品牌。芥菜产业已涅槃重生为华容乡村振兴支柱产业、县域特色富民产业。益阳市安化县是万里茶道的起点之一，被称为“中国黑茶之乡”，但与西湖龙井、信阳毛尖等相比，安化黑茶知名度、美誉度较低。为做好茶叶文章、实现兴业富民，当地政府坚持科技赋能，充分发挥院士专家工作站作用，创新黑茶加工技术，鼓励茶企自主研发便携式、功能性黑茶，满足消费多元化需求；创新品牌推广，积极探索“全域电商直播带货”致富模式，举办“安化黑茶文化节”，提升品牌影响力；深化文旅融合，打造茶乡花海生态体验园、百花寨等一批茶园景区，形成文旅融合特色产业集群。安化成为湖南茶叶综合产值唯一破百亿的县（区），

“一片茶叶兴盛一座县城”的乡村振兴蓝图正徐徐展开。

三、三大问题亟需破解，全面振兴仍存短板

乡村振兴是一项复杂的系统工程，也是一场可持续的乡村革命。尽管近年来湖南推进乡村振兴取得了可圈可点的成效，但整体来看，实现农业农村现代化、乡村全面振兴的基础还较薄弱，在实际工作中还存在一些亟待解决的问题。

（一）粮食稳产保供基础尚不稳固

大型灌区、中小型灌区骨干支渠完好率分别为 65%、40% 左右，高标准农田建设领域不同程度存在选址不合理、适耕性差等问题，粮食稳产增产基础不牢。生产成本上涨、劳动力投入大、季节矛盾突出，农民种粮特别是种植双季稻的积极性不高，粮食生产内生动力不足。

（二）农业绿色发展任重道远

“七山一水二分田”的湖南，耕地资源紧缺，人均耕地仅为全国平均水平的 60% 左右。化肥、农药依赖程度较深，pH 值小于 5.5 的强酸性耕地占比 30.2%，受污染耕地治理任务相对较重。2023 年全省农村生活污水治理率为 36.7%，农村人居环境整治仍存在薄弱环节。

（三）农民持续增收压力犹存

尽管近年来湖南城乡居民收入比逐步缩小，但收入绝对值差距还在扩大。2023 年全省农村居民人均可支配收入增速尽管高于城镇居民收入和 GDP 增速，但低于全国平均水平。分区域看，省内县市区发展不平衡，2023 年湖南县市区中农村居民可支配收入最高的望城区比最低的古丈县多 2.75 倍。

四、精准施策多点发力，绘就乡村宏伟画卷

锚定蓝图启新程，实干笃行谱新篇。要深入贯彻落实习近平总书记考察湖南重要讲话和指示精神，以学习运用“千万工程”经验为引领，聚合资源力量，激活内生动力，更加有力有效推进乡村全面振兴。

（一）全方位夯实农业生产根基

持续实施小农水建设和管护行动，畅通农田灌溉“中梗阻”；提高高标准农田建设标准和质量，规范有序推进农村土地流转，提高农业生产规模化、集约化水平。完善主产区利益补偿机制，从价

格、补贴、保险等方面强化政策举措，保护调动产粮大县和种粮农民的积极性。树立大农业观、大食物观，在稳定耕地面积、提升单产水平、保障粮食安全的同时，保证生猪、蔬菜、油料等重要农产品稳定安全供给，坚决扛起农业大省政治责任。

（二）高质量建设生态宜居乡村

落实好秸秆还田、土地酸化治理，稳步提升耕地质量等级。坚持“增产、环保、经济”并重施肥施药理念，狠抓高耗肥耗药主要作物、规模经营主体和主推技术模式等关键环节，推进农作物秸秆饲料化、肥料化、原料化等综合利用。开展农村人居环境整治提升行动，实施千村美丽示范建设工程，抓好农村厕所革命、生活污水垃圾治理等工作，提升美丽乡村建设水平，打造乡村环境“高颜值”。

（三）多维度促进农民持续增收

发展乡村特色产业，提高经营性收入。以新质生产力为引领，以做强做优做大县域经济为抓手，因地制宜、精准发力，构建“一主一特”产业集群。重点支持发展就业带动力强的产业，实现以产业发展带动农民就业，以产业振兴带动乡村富裕。突出抓好返乡创业，提高工资性收入。大力实施千万农户增收共富工程，打好“乡情牌”、筑好“创业台”，引入更多返乡创业主体，推动企业到乡村建设“车间”，让农民群众可以在家门口就业、分时段灵活就业，推动形成创业促就业、就业促增收的良好局面。持续深化农村改革，提高财产性收入，积极探索新型农村集体经济实现方式，推进农村集体经营性资产股份制改革、农村集体资源性资产确权和活权改革，激发农村集体经济新活力，拓宽农民增收途径，在全面推进乡村振兴中实现共同富裕。

报告撰稿：王丹　陈晗文

广东省乡村振兴监测报告

2023年，中央一号文件强调，坚持不懈把解决好“三农”问题作为全党工作重中之重，举全党全社会之力全面推进乡村振兴，加快农业农村现代化。广东省委、省政府深入贯彻落实中央一号文件精神，坚持农业农村优先发展，聚焦实施“百县千镇万村高质量发展工程”，扎实推进乡村发展、乡村建设、乡村治理等工作，重点支持一批县、镇、村开展乡村振兴示范创建，全省乡村振兴工作取得新成效。

一、乡村振兴成绩亮眼，“三农”发展稳中向好

2023年广东深入实施乡村振兴战略，认真落实党中央关于加强乡村振兴统计监测的部署要求，对本地区乡村振兴进展情况开展监测分析。广东有48个市辖区、20个县级市、37个县，共计105个县（市、区）参与乡村全面振兴发展指数测算。监测结果显示，广东农业农村发展稳中向好，农民生活水平稳步提升。2023年广东乡村全面振兴发展总指数为71.5，比全国平均水平高2.5。分项看，广东在综合发展、产业兴旺、生态宜居、治理有效、生活富裕五个方面测算结果高于全国平均水平，工作成效较为显著。其中，生态宜居全省测算结果在各项中最高，为89.8；治理有效全省测算结果超全国平均水平最多，比全国平均水平高8.1。

（一）综合实力再上新台阶

2023年，广东坚决贯彻落实党中央、国务院决策部署，认真落实“1310”具体部署，以“再造一个新广东”的信心与决心，推动全省经济回升向好。2023年，广东地区生产总值迈上13万亿元新台阶，达135673亿元，经济总量连续35年居全国首位，同比增长4.8%。广东在经济发展过程中，不仅注重总量增长，更关注人均水平的提升，让更多人享受到经济增长带来的红利。2023

年人均地区生产总值为 106986 元（按年平均汇率折算为 15182 美元），比 2022 年 102217 元增长 4.7%。受益于经济恢复向好等因素，广东财政收入保持恢复性增长，2023 年广东地方一般公共预算收入 13851 亿元，同比增长 4.3%；人均地方一般公共预算收入 10923 元，同比增长 4.4%。农业科技实力不断累积，科技创新持续取得新突破，2023 年农业科技进步贡献率达到 73.3%，比上年提高 1.2 个百分点。

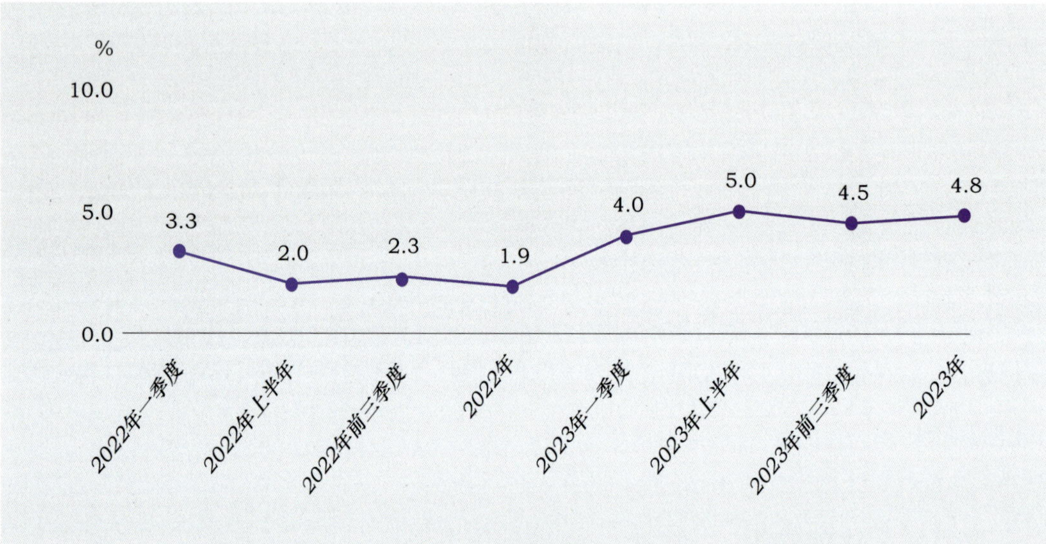

图 1 2022—2023 年广东地区生产总值累计同比增速

（二）乡村产业全链条升级

广东持续加快构建现代乡村产业体系，严选培育市场主体、补强产业链条、深入推进现代农业产业园建设、推动一二三产业融合发展。在一系列举措之下，现代乡村产业焕发新活力。2023 年，广东第一产业增加值 5541 亿元，同比增长 4.8%，人均 4369 元，比上年增加 147 元，规模以上农产品加工企业营业收入与农林牧渔业总产值比为 1.1。粮食产量 1285 万吨，比 2022 年减少 6.4 万吨，略降 0.5%，人均 101 公斤，与上年基本持平；肉类产量 507 万吨，增长 5.5%，人均 40 公斤，比上年增加 2 公斤。同时，持续加大力度推进高标准农田建设，建成高标准农田 170 万亩，超额完成国家下达的年度任务；设施农业种植面积 61.1 万亩，同比增长 4.6%；耕地产出率达到 6440 元 / 亩，同比增长 2.1%。农业强省建设取得新进展，新创建国家优势特色产业集群 2 个、国家现代农业产业园 3 个。不断推进农业安全绿色发展，截至 2023 年末，“绿色、有机、地理标志”农产品共 992 个，较 2022 年增长 7%。

表 1 2022—2023 年广东产业兴旺领域部分指标

年度	粮食产量		肉类产量		第一产业增加值	
	总量（万吨）	人均（公斤）	总量（万吨）	人均（公斤）	总量（亿元）	人均（元）
2023 年	1285.19	101.30	507.46	40.00	5540.70	4369.15
2022 年	1291.54	101.90	481.01	38.00	5350.09	4222.51
增速（%）	-0.5	-0.6	5.5	5.3	4.8	3.5

（三）构建美丽宜居乡村

广东通过实施乡村建设行动，加快补齐乡村基础设施和公共服务短板，进一步提升农民群众生产生活条件。2023 年，农村规模化供水工程覆盖率从 78% 提高到 83%，惠及 5200 多万群众；2023 年农村自来水普及率达 99%；新建和改造提升农村公路 6958 公里。通三级及以上公路乡镇占比、有电子商务配送站点的村占比、行政村 5G 通达率占比分别为 97.7%、70.5%、92.9%，均较上年有所提升。以美丽圩镇建设和乡村建设行动为抓手，用心治理村庄垃圾、厕所、污水、“三线”乱搭乱建，全面推进农村人居环境整治，全省村庄环境焕然一新。90% 以上村庄达到干净整洁村标准，创建美丽宜居村 110892 个、特色精品村 8968 个。全省农村卫生无害化户厕普及率达 96% 以上，自然村生活污水治理率提升到 60%，提前完成国家规定任务。对生活垃圾进行处理的村占比为 94.9%，比上年提高 1.6 个百分点。

（四）聚力乡风文明新建设

乡风是农民的精神家园，也是乡村发展的力量源泉。2023 年，广东持续推进乡村精神文明建设，按需求建设综合性文体活动中心，加强乡村文化空间规划布局，让群众的生活更加丰富多彩。村综合性文化服务中心覆盖率为 96.4%、有农民业余文化组织的村占比为 52.6%、有体育健身场所的村占比为 95.9%，占比均较上年有所提升。

（五）乡村治理效能不断提升

广东作为改革开放先行地，通过不断地探索和创新，坚持党建引领，“自治、法治、德治”联动融合，探索出一条具有鲜明现代化乡村治理特色的“广东路径”。2023 年新增全国乡村治理示范镇 5 个、示范村 49 个，乡村风貌不断改善。县级及以上民主法治示范村占比为 27%、有公共法律服务中心（工作室）的村占比为 92.7%，分别比上年提高 1.2 个、12.9 个百分点。以“群众满意”作为乡村治理的宗旨，推进城乡公共服务均等化，全力提升农民幸福感、获得感。有综合服务站的村占比为 99.7%，基本做到全覆盖。村党组织书记大专及以上学历占比为 65.5%，比上年提高 6.6 个百分点，高学历“领头雁”乡村治理能力更强，成为广东乡村振兴的“助推器”。

（六）农民生活富裕富足

广东各地围绕“增加农民收入”这个“三农”工作中心任务，积极探索创新发展新型农村集体经济的有效路径，拓宽农民的增收渠道，让农民的腰包越来越鼓。2023 年农村居民人均可支配收入增长 6.5%，城乡居民收入比从 2.41:1 缩小至 2.36:1，农村居民人均消费支出增长 6.8%，农村居民家用汽车普及率达到 42.5%，比上年提高 2.8 个百分点。

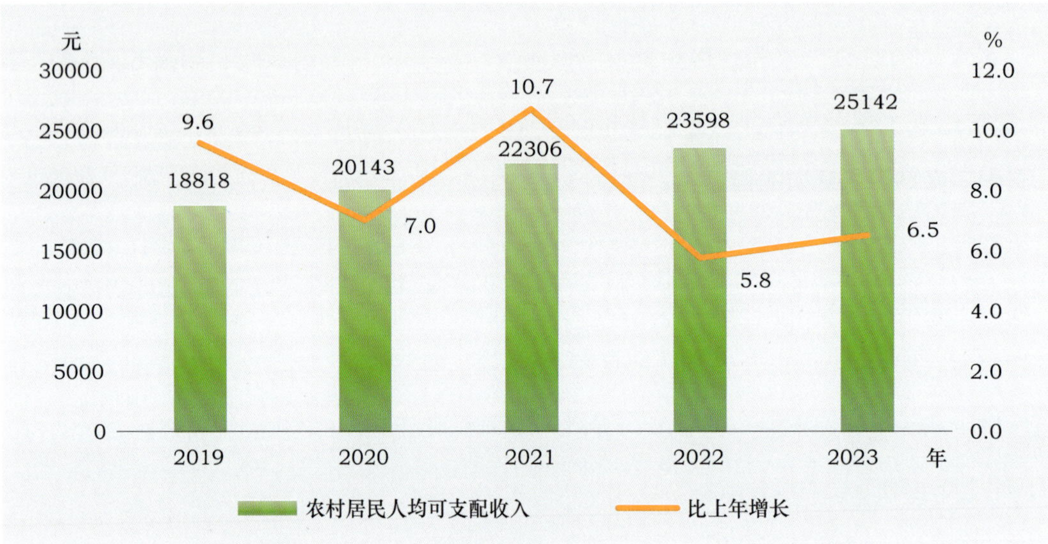

图 2 2019—2023 年广东农村居民人均可支配收入及增速

二、奏响乡村振兴“协奏曲”，发掘农村特色资源

（一）乡村示范带“一颗子”激活乡村振兴“一盘棋”

为更好地落实国家乡村振兴战略，广东省谋划、建设一批具有特色鲜明、辐射带动能力强的乡村振兴示范带，在带动全省实施乡村振兴战略过程中起到了非常积极的作用。乡村振兴示范带以改善环境为基础、以提升风貌为标志、以发展产业为核心、以特色文化为内涵、以农民增收为目的，整合优势资源，发挥集聚效应。全省规划建设乡村振兴示范带416条，初步建成5800余公里，完成“广东省十大乡村振兴示范带”评选。各地依托乡村振兴示范带建设，促进美丽乡村与乡村产业、乡村旅游等融合发展，“带”出乡村振兴新气象。其中汕尾乡村振兴示范带覆盖面积最广，广州 10 条新乡村示范带、佛山“百里芳华”、茂名“精彩 100 里”等初具规模。

专栏1

广东广州落下新乡村示范带“一颗子”激活乡村全面振兴“一盘棋”

广东省广州市积极挖掘乡村多元价值，形成“一村一特色”“一带一主题”生动格局，有力激活广州乡村全面振兴“一盘棋”。

一是全域谋划乡村建设“新路径”。坚持高位谋划部署，强化党建引领，市、区、镇街三级联动，充分发挥区委“一线指挥部”和镇街“一线施工队”作用，抓高质创新落实。二是护航推动乡村建设“顺运行”。落实“一带一方案”工作体系、“一带一特色”工作格局和“一月一调度”工作机制，量身定制，明确规划，分类分批推进，实行差异化建设与多样化发展。三是着力打造乡村建设“新高地”。实施“五大行动”，打造美丽生态新高地。全市 90% 以上行政村达到省定美丽宜居村标准，180 个行政村达到省定特色精品村标准；推进产业融合发展，打造美丽经济新高地。聚集 23 个国家和省级现代农业产业园，深度打造花卉等 6 大特色农业产业链，培育 157 个国家级和省级特色农产品专业镇村，搭建隆平院士港等一大批农业科创平台，培育“乡村 +”旅游休闲与创意农业等新业态；推进圩镇建设与新基建向乡村延伸，打造美丽生活新高地，着力提升综合服务能力。四是强化三大保障，通过政策配套、金融服务、实绩考核等，有效构建乡村建设“好模式”。

撰稿：胡海 朱志国

专栏2

深挖“紫土地”禀赋 做好“土特产”文章

习近平总书记指出：“产业振兴是乡村振兴的重中之重，也是实际工作的切入点。各地推动产业振兴，要把‘土特产’这 3 个字琢磨透。”广东省委组织部、广东粤财投资控股有限公司结对组成的驻南雄市湖口镇驻镇帮镇扶村工作队坚持寻求破题“金钥匙”，立足南雄盆地“弱碱性、富含钾磷钙”的紫土资源禀赋，打造“紫土香米”乡土产品，助推南雄市丝苗米产业高质量发展。

一是提质增效激发新动能。推动南雄市政府与华南农业大学共建烟田香米产业研究院，氮气保香技术、产业园数字平台、移动农情监测车等技术赋能农业发展。助力南雄市申报建设丝苗米省级现代农业产业园（扩容提质），总投资 2.065 亿元，涵盖一二三产业项目 20 个，形成“育 - 种 - 烘 - 储 - 加 - 销”产业链。二是打响紫土香米新品牌。通过建立“十百千万”营销体系，创新“滴滴农服 + 米票 + 金融”模式，参加广东省现代农业博览会等方式，推动“紫土香米”“南雄烟田香米”品牌走出南雄，走出广东。三是建立增收共富新机制。构建农民、企业、村集体三方共赢的产业合作及效益分配机制，把农产品增值收益更多留在农村、留给农民。湖口镇有 5 个村 70 多户种植烟田香米的农户亩均增收 200 余元，有 16 个村通过折股量化方式参与入股分红，10 年预计分红 873 万元。

撰稿：赵子亮 朱志国

（二）高质量书写“土特产”文章

产业振兴是乡村振兴的重中之重。2023 年，在做好粮食和重要农产品稳产保供给的同时，广东围绕做好“土特产”文章，加快构建现代乡村产业体系，农业强省建设取得新进展。新增创建 3 个国家农业现代化示范区、2 个国家优势特色产业集群、3 个国家现代农业产业园、10 个国家农业产业强镇。着力打造清远鸡、英德红茶、西牛麻竹笋和徐闻菠萝、电白沉香、廉江妃子笑荔枝等特色“土特产”产业，推动广东特色农业产业纷纷向 100 亿、50 亿产值目标前进。2023 年广东携手广西、贵州制订出台协作打造产业集群工作方案，将广西、贵州能源、土地、劳动力等资源与广东市场、科技、人才优势有机结合起来。遴选出广西百色市芒果、黔东南雷山县民族文化旅游等 13 个主导产业，成功打造为优势特色产业集群。2023 年，13 个产业集群总产值超 800 亿元。

（三）活力人才注入乡村生机

乡村振兴，人才为要。习近平总书记强调，要推动乡村人才振兴，把人力资本开发放在首要位置，强化乡村振兴人才支撑。2023 年广东正式启动农村职业经理人培育工作，采取集中授课、远程教学、基地实训、驻村实训等实操实训教学方式，计划三年为全省乡村持续培养超过 1000 名满

专栏3

广清帮扶增动力 瑶乡振兴焕新颜

驻清远市连南瑶族自治县三排镇帮镇扶村工作队统筹少数民族地区资源禀赋和组团单位资源优势，突出抓好产业帮扶“造血”、干部群众“主动参与”，取得明显成效。

写好“土特产”文章，增强造血能力。引进龙头企业发展现代油茶产业，建设油茶示范培育基地，预计投产后可实现全链条产值超 2000 万元、年利润超 400 万元。流转三排古寨老旧房屋、整合闲置宅基地共 354 亩，联合县镇国企和村集体共同开发千年瑶寨民宿产业。

树牢共同富裕理念，健全联农机制。强化“产业 + 就业”帮扶机制，推动三排镇成立国企—兴瑶公司，在南岗村试点成立集体企业，累计引导 22 家帮扶企业到三排镇投资达 9000 余万元，带动 1877 名低收入人口增收。

抓党建强组织，提升人才素质。探索完善“党组织 + 企业 + 基地 + 农户”的产业发展模式，打造 5 个农业种植示范基地，推动 2100 亩撂荒地复耕复种。6 次组织村“两委”干部到广州、贵州、广西等地调研学习。先后开设“民宿运营管理”“电商培训”“粤菜师傅”“农民工匠”等培训班，培训 1200 余人次。

2023 年，全镇 10 个行政村集体经营性收入均超过 15 万元、平均达 34.86 万元，是 2020 年的 8 倍有余。2024 年，三排镇入选省文化和旅游特色镇（入库级），正在申报省“百千万工程”典型镇。

撰稿：朱志国　余晓东

足未来乡村发展需求的经营型人才，并通过他们对接都市动能，将城市圈的人流、资源和管理模式带到乡村，打造乡村产业经济、品牌经济、数字经济、文旅经济。同时，广东积极建立农业科技人才库，及时提供农业科技技术指导，打通科技进村入户“最后一公里”，目前共有入库机构 9128 个、专家 23224 人，累计开展专题活动超 1350 场次，深入一线开展指导服务超 20 万人次，为广东乡村振兴贡献力量。

三、乡村发展不易，振兴之路面临几大难题

（一）乡风文明建设存在薄弱点

2023 年广东乡风文明方面的测算结果稍低于全国平均水平，其中 85.4% 的市辖区低于全国市辖区平均水平、75% 的县级市低于全国县级市平均水平、86.5% 的县（自治区）低于全国县（自治县、旗、自治旗、林区、特区）平均水平。分指标看，2023 年省级以上文明镇村仅有 131 个，比往年减少 3 个；有农民业余文化组织的村占比为 52.6%，比例仍较低，接近半数的村庄无业余文化组织，文化氛围较弱。

（二）农村社会养老保障功能不足

广东省第七次人口普查数据显示，全省乡村 60 岁及以上老年人口数量接近 600 万人，占比为 18%，随着经济和社会的转型，农村年轻劳动力不断外出务工或者迁入城镇，传统的家庭养老模式逐渐式微。此外，受到农村基础设施薄弱等因素的影响，社会养老服务发展也相对迟缓，农村养老难的问题日渐凸显。现阶段大部分农村的经济财政状况不容乐观，部分养老服务机构合并，农村地区还不具备支撑社区养老模式高质量发展的能力。2023 年全省农村养老服务机构和设施覆盖率为 17.8%。

（三）农民专业合作社数量减少

农民专业合作社是广大农民群众在家庭成本经营基础上自愿联合、民主管理的互助性经济组织。目前全省农民专业合作社绝对数量较多，但综合实力不强，存在部分“空壳社”“僵尸社”“休眠社”。2023 年有实际经营活动的农民专业合作社为 25507 个，与上年相比减少 1855 个；有实际经营活动的农民专业合作社成员为 27.7 万人，与上年相比减少 2.4 万人。大多数合作社规模小，平均成员仅有 10 人左右，辐射农户数量方面存在明显不足。

四、统筹乡村全面振兴，建设宜居宜业和美乡村

（一）持续推进乡村精神文明建设

农村精神文明建设是一个复杂的系统工程，特别要重视欠发达乡镇农村精神文明建设，坚持因地制宜，采取强有力的措施。一方面深化文明村镇创建，持续推进农村移风易俗。依托新时代文明实践中心（所、站）建设加强传统文化阵地和新兴的、无形的文化阵地建设，大力推进乡村文化广场、村文化室、农家书屋及其他文化场馆建设。另一方面实施乡村文化更新计划，丰富乡村公共文化服务供给，积极开展深受群众喜爱的文艺演出和民俗传统活动，把文艺汇演、戏曲表演、“送电影下乡”等方式运用到农村。大力推进乡村文化和艺术的结合，对农村特有的传统文化进行深度挖掘，创作具有地方特色的艺术作品，通过戏曲、舞蹈等艺术形式，展示农村优秀传统文化，提升乡村文化的影响力。

（二）健全农村养老服务体系

农村养老属于供给服务事业之一，具备福利性、普遍性、实惠性等特点，在此环节中政府部门肩负着重要的服务责任，需加快完善农村养老服务模式。一是政府牵头对养老建设全局进行统筹规划，加大对养老机构建设的资金、场地、设施等投入，同时进行最低限度的保障和兜底。对养老机构提供指导和支持，充分发挥养老服务机构自主性、积极性和专业性的同时，确保养老机制的高效运作和资源的高效配置利用。二是利用村级集体资源建立村级养老服务常态化组织机构，配备一定数量的志愿者，为全村老年人及时提供全方位多样化精准服务。三是开启智慧养老新模式，打造农村养老信息平台，安装各项智能化安全监测设备，通过数字化手段获取老人日常生活需求，确保老年群体在紧急情况下获得及时支持。

（三）选育标杆农民专业合作社

农民专业合作社作为新型农业经营主体的主要形式，是助推乡村振兴的重要力量和主要载体，进一步提升农民专业合作社高质量发展水平，才能为建设农业强省提供有力支撑。一方面依托产业壮大合作社，以当地优势产业、地方特色产品或潜在新兴产业的规模化、品牌化、效益化为主要发展目标，通过与农户紧密合作、利益共享，吸引更多农户主动参与到合作社来，使农户成为合作社的主人，通过自己的辛勤努力在产业发展中真正实现增产增收的目的。另一方面加大政策扶持力度，打造标杆合作社。政府有关部门设立合作社发展资金，支持农民自发成立能满足社会需求的专业合作社，并承担技术攻关、人员培训、新品种研发任务。同时，通过培育和宣传推介典型合作社，带动各地区合作社发展。

报告撰稿：张锦平　何婷　余晓东　朱志国

广西壮族自治区乡村振兴监测报告

习近平总书记视察广西时强调，乡村振兴是建设农业强国的基础性工程，要落实规划、扎实推进。广西先后印发《广西乡村振兴战略规划（2018—2022年）》《广西乡村振兴产业发展基础设施公共服务能力提升三年攻坚行动方案（2021—2023年）》等文件，对乡村振兴工作进行全面部署。2023年，广西各涉农县（市、区）乡村振兴统计监测数据及国家统计局测算指数[1]显示，广西乡村全面振兴发展指数态势向好，综合发展、产业兴旺、生态宜居、乡风文明、治理有效、生活富裕等各分项指数全面提升，乡村振兴工作不断取得新成效。

一、乡村振兴成效显著，各维度协调共进

坚持系统思维，注重整体谋划，以乡村振兴为总抓手，推动经济社会全面发展。2023年广西乡村全面振兴发展指数65.8，比上年提高2.3，提升幅度比全国高1.0，6个一级指标指数均有不同程度提高。分县域看，110个县（市、区）乡村全面振兴发展指数平均数（65.7）与中位数（65.5）接近，离散系数（0.04）较低，各县（市、区）之间分布较为均匀，差异程度较小，发展总体较为均衡。

（一）经济发展稳中向好

加压奋进，全力推动经济回升向好，经济总量和财政收入规模持续扩大，为经济全面发展和社会进步提供了坚实基础和强劲动力。2023年广西综合发展指数54.4，比上年提升0.7。具体来看：2023年全区地区生产总值27202亿元，增长4.1%；人均地区生产总值54005元，增长4.2%。其

1. 广西40个市辖区、10个县级市、60个县（自治县），共110个县（市、区）参与监测。

中，第一产业增加值 4468 亿元，增长 4.7%，比全国平均增速高 0.6 个百分点；第二产业增加值 8924 亿元，增长 3.2%；第三产业增加值 13810 亿元，增长 4.4%。第一、二、三产业增加值占地区生产总值的比重分别为 16.4%、32.8% 和 50.8%。地方一般公共预算收入 1784 亿元，增长 5.7%。

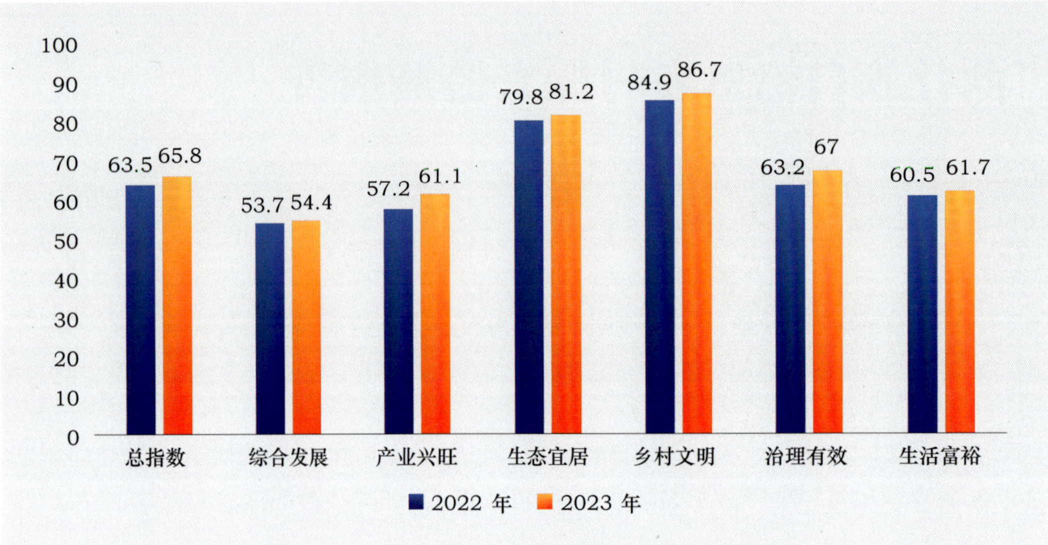

图 1 2022—2023 年广西乡村全面振兴发展指数

（二）乡村产业持续蓬勃兴旺

大力发展特色优势产业，加快构建现代化产业体系，农业经济发展势头强劲。2023 年广西产业兴旺指数 61.1，高于全国 0.9，比上年提高 3.9，提升幅度比全国高 3.8。2023 年广西农林牧渔业总产值 7233 亿元，增长 4.7%，2014–2023 年年均增长 4.9%。全区耕地产出率 4464 元 / 亩，比全国高 1082 元 / 亩，农业生产效率和经济收益处于相对较高水平。农业基础设施不断完善，重要农产品稳产保供能力不断增强，群众“米袋子”更加安全，“糖罐子”更加甜蜜，“肉案子”更加稳定，“菜篮子”更加充盈，“果盘子”更加丰富。全区累计建成高标准农田 2788 万亩，新增 111 万亩；粮食产量 1395 万吨，增长 0.2%，连续四年实现面积、产量双增长；甘蔗产量 7223 万吨，近十年均稳定在 7000 万吨左右，约占全国七成，是全国最大甘蔗生产区；肉类产量 479 万吨，增长 5.3%；蔬菜及食用菌产量 4425 万吨，增长 4.4%；园林水果产量 3233 万吨，增长 5.0%，产量连续 6 年稳居全国首位。

（三）生态环境更加美丽宜居

实施生态环境优化工程，乡村生产生活生态协调发展，农村面貌持续改善。2023 年广西生态宜居指数 81.2，比上年提高 1.4。接续推进农村人居环境整治提升五年行动，农村人居环境不断改善。2023 年对生活垃圾进行收运处理的村小组占 83.5%，比上年提高 2.4 个百分点；农村生活污水治理管控率 26.9%，比上年提高 9.8 个百分点；农村卫生厕所普及率 95.2%，比上年提高 0.3 个百分点。加大基础设施建设，农村生产生活更加便利。通三级及以上公路乡镇占 98.5%，比上年提高 5.0 个百分点；农村自来水普及率 88.0%，比上年提高 1.1 个百分点；行政村 5G 通达率 100%；有电子商务配送站点的村占 62.2%。

专栏 1

持续做强“甜蜜事业” 筑牢国家糖业安全防线

广西牢记总书记嘱托，切实发挥广西糖业在维护国家食糖安全、助力蔗农增收、促进民族团结、维护边疆安宁等方面的重要作用。广西糖料蔗种植面积占全国 70% 左右，食糖产量占全国 60% 左右，已经连续 33 个榨季居全国第一。2023/24 年榨季，农民种蔗收入 278 亿元，比上榨季净增 62 亿元，增长 28.7%。

一是聚焦良种，打造糖业发展芯片。广西糖料蔗良种覆盖率 98.62%、自育品种覆盖率近 91.1%，牢牢把种业“芯片”安全攥在手上。

二是聚焦良田，夯实产业发展基础。健全动态平衡机制，开展糖料蔗生产保护区“桉退蔗进”专项行动，种植面积多年稳定在 1100 万亩以上。其中，建成 500 万亩优质高产高糖糖料蔗基地，稳产基础不断夯实。

三是聚焦良机，提升农机装备水平。2020 年以来，补贴支持购买甘蔗机械 1.2 万台套、支持机械化作业 1700 万亩。甘蔗耕种收综合机械化率达 70.8%，比“十三五”末提升 5.4 个百分点。

四是聚焦良法，推动农技农艺融合。2020 年以来，推广糖料蔗脱毒、健康种苗面积约 1418 万亩。蔗渣、糖蜜、滤泥利用率达 100%，蔗叶离田利用率达 33%。环保餐具、酵母、生物肥等综合利用产品超过 30 个。

五是聚焦良制，促进农民持续增收。推行糖料蔗完全成本保险和种植收入保险机制，投保面积 560 万亩。实施“首付价 + 糖价”联动机制，以二次结算方式提高蔗农收入。建立种蔗、单产达标等奖励机制，惠及蔗农 9.5 万户。

撰稿：李雪

（四）乡风文明水平不断提升

深入学习运用“千万工程”经验，推进文化惠民重大工程，乡风文明建设取得积极进展。2023 年广西乡风文明指数 86.7，比上年提高 1.9。文体服务基础设施不断完善，全区有综合性文化服务中心的村占 94.5%，有体育健身场所的村占 96.3%，县级以上公共图书馆 115

图 2 2014—2023 年广西农林牧渔业总产值

个。全区有农民业余文化组织的村占 62.9%，比上年提高 12.5 个百分点，文化队伍不断壮大，群众精神文化需求基本得到满足，为构建健康、活力、和谐的乡村社会奠定了坚实基础。

（五）乡村治理能力有效增强

实施治理能力提升工程，推动组织振兴，乡村更加和谐稳定，农民群众幸福感、安全感不断增强。2023 年广西治理有效指数 67.0，比上年提高 3.8。乡村法治建设不断推进，2023 年县级及以上民主法治示范村占 9.4%，比上年提高 0.2 个百分点；有村（社区）服务站的村占比达 98.2%，比上年提升 6.9 个百分点；有公共法律服务中心（工作室）的村达到 100%。基层队伍学历结构不断优化，乡村治理能力逐渐提升，村支书学历大专及以上的村占 39.9%，比上年提高 5.8 个百分点。

（六）共同富裕迈出坚实步伐

全面统筹社会民生各领域，千方百计增加居民收入，群众获得感、幸福感持续提升。2023 年广西生活富裕指数 61.7，比上年提高 1.2。农村居民人均收入稳步增长，2023 年全区农村居民人均可支配收入 18656 元，比上年增加 1223 元，名义增长 7.0%，比地区生产总值增速高 2.9 个百分点；农村居民人均可支配收入连续 11 年增速跑赢城镇居民，城乡居民人均可支配收入比从 2022 年的 2.28 缩小至 2.21。农村居民消费能力持续复苏，消费水平和生活品质不断提高。2023 年全区农村居民人均生活消费支出 15435 元，名义增长 5.3%；农村居民家用汽车普及率 37.9%，比上年提高 3.3 个百分点。基层医疗卫生、教育服务体系日益完善，2023 年全区基本医疗保险参保率保持在 97%

以上；乡村医生中执业（助理）医师资格的人员比例 16.9%；农村义务教育学校专任教师本科及以上学历比例 67.3%；新增 50 个县、265 万农村义务教育学生纳入营养改善计划，所有县（市、区）432 万农村义务教育学生都吃上了营养餐。

二、创新求变拓宽路径，民族地区高质量发展

（一）产业集群集聚发展势能

紧紧围绕“10+3+N”的现代特色农业产业体系，打造粮食、蔗糖、水果、蔬菜、渔业、优质家畜 6 个千亿元产业集群，糖料蔗、水果、蚕桑、茉莉花（茶）等产量长期雄踞全国榜首，累计创建国家级优势特色产业集群 7 个、农业现代化示范区 3 个、现代农业产业园 8 个、国家产业强镇 55 个、“一村一品”示范村镇 142 个。百色芒果种植面积 129 万亩，产量 114 万吨，是全国最大的芒果产地。广西蚕茧产量 46.1 万吨，增长 5.6%，连续 19 年居全国首位，是全国最大的原料茧产地。横州市打造茉莉花“1+9”产业集群，种植面积 11.0 万亩，鲜花产量 9.5 万吨，是全国最大的茉莉花生产基地。

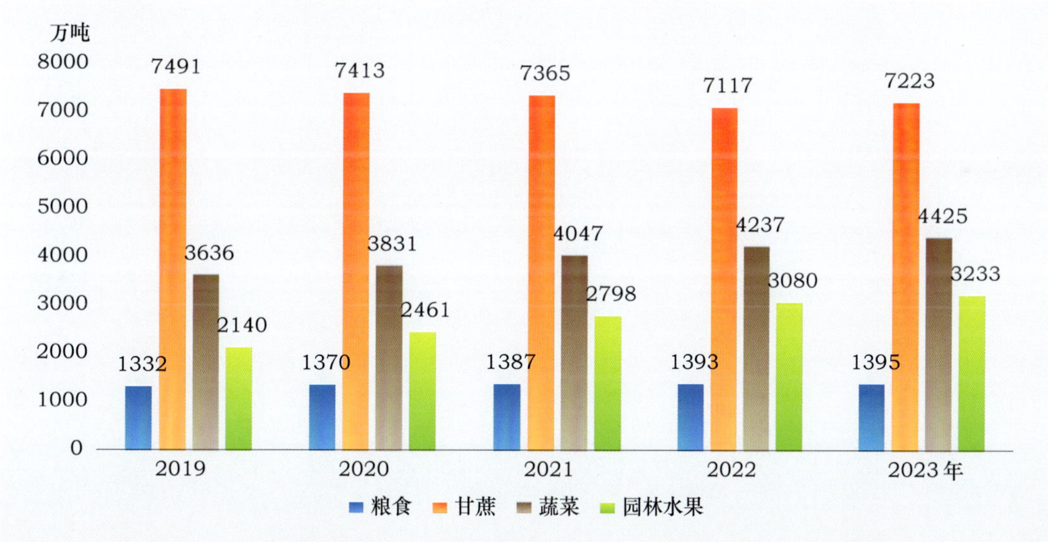

图 3 2019-2023 年广西主要农产品产量情况

（二）“桂字号”叫响大江南北

加快实施品牌强农战略，“桂字号”助力加快农业强区建设。2023 年全区累计遴选发布“桂字号”品牌 603 个，品牌总价值超 5000 亿元；“三品一标”产品总数 2554 个，其中，地理标志农产品 165 个，

数量居全国前列；百色芒果、梧州六堡茶列入全国农业品牌精品培育名单；横县茉莉花茶、柳州螺蛳粉、百色芒果、武鸣沃柑、恭城月柿等 14 个地理标志区域公用品牌入围 2023 中国品牌价值评价区域品牌（地理标志）百强榜，数量居全国第二。

专栏 2

做足“土特产”文章　拓宽产业帮扶增收渠道

广西深入贯彻落实习近平总书记关于发挥广西林果蔬畜糖等特色资源丰富优势，发展现代特色农业产业，做优做强特色农业产业集群的重要指示，围绕“土特产”做文章，千方百计拓宽脱贫地区群众增收渠道，巩固脱贫攻坚成果，全面推进乡村振兴。

一是下足“实”字功，强化产业帮扶。2023 年，投入中央和自治区财政衔接资金 113 亿元。累计发放产业以奖代补资金 30.7 亿元，助益脱贫人口（含监测对象）151.6 万人次，产业帮扶覆盖率保持在 90% 以上；新增发放脱贫人口小额信贷 78.6 亿元，同比增长 57.3%，惠及 16.4 万户脱贫户。

二是下足“新”字功，培育设施农业。2023 年新增实施 533 个现代设施农业项目。“桂惠贷”投向农业 181 亿元，支持涉农主体 15873 户。向金融部门推荐支持建设 323 个现代设施农业项目。实施农产品冷藏保鲜设施建设工程，广西农产品商品化处理能力提高 15% 以上，鲜活农产品平均溢价收益提高 25%。

三是下足“优”字功，高质量发展果业。2023 年广西园林水果产量达 3233 万吨，连续 6 年排名全国第 1，更多“桂字号”优质水果叫响大江南北。举办产销活动 49 场次，签约总金额 66.1 亿元。54 个脱贫县有 38 个将水果列为主导产业，带动脱贫人口 1500 多万人。

四是下足“绿”字功，发展乡村旅游。创建国家休闲农业重点县 6 个、中国美丽休闲乡村 70 个、自治区级休闲农业与乡村旅游示范点 356 个。脱贫地区旅游总收入约 287 亿元，占脱贫地区第三产业收入的 20.5%。

撰稿：吴秀丽

（三）绿水青山就是金山银山

切实加强空气、水和土壤污染防治，协同推进降碳、减污、扩绿、增长，筑牢祖国南方生态安全屏障。2023 年，生物多样性丰富度居全国第三，城市环境空气质量优良天数比例 97.9%，地表水水质优良比例达 98.2% 以上。发展壮大林产业，拓宽绿水青山转化为金山银山路径。2023 年林业产值 544 亿元，木材采伐 5221 万立方米，主要特色林产品油茶籽、天然松脂、八角、桂皮产量分别为 41.9 万吨、77.1 万吨、21.9 万吨、5.5 万吨。全区林下经济产值达 1348 亿元，林下经济经营和利用林地面积 7079 万亩，惠及林农 1178 万人。

（四）文化旅游赋能乡村振兴

以建设桂林世界级旅游城市为引领，立足“老、少、边、山、海、寿”特色资源，打造文旅精品，实施“串珠成链”工程，区域联动，推动旅游业强劲发展。广西拥有壮族歌圩、侗族大歌、苗族斗马节、瑶族盘王节等丰富民俗文化和资源；桂林龙胜大寨村获评联合国旅游组织“最佳旅游乡村”，9 个案例获评世界旅游联盟——旅游助力乡村振兴案例；拥有国家级旅游度假区 4 个、国家 5A 级旅游景区 10 个、国家级旅游休闲街区 6 个、全国乡村旅游重点村镇 53 个。2023 年，6 条线路入选全国乡村旅游精品线路，乡村旅游接待人数 2.5 亿人次，增长 85.5%；乡村旅游收入 2265 亿元，增长 78.3%，实现以文化和旅游赋能乡村振兴发展、富民增收。

（五）乡村工匠注入人才活力

加大乡村工匠培育力度，聚焦挖掘培养一批、传承发展一批、提升壮大一批乡村工匠，截至 2023 年底，全区共培育认定各级乡村工匠 825 名，后备人才库入库 1211 人，辐射带动 24.2 万人就业和发展产业增收。支持乡村工匠领办创办传统工艺特色产业发展项目，创新“乡村工匠 + 非遗传承”“乡村工匠 + 就业帮扶车间”“乡村工匠 + 技能培训”“乡村工匠 + 庭院经济”等模式，充分发挥乡村工匠联农带农作用，为乡村注入本土人才活力。

三、短板弱项仍需关注，追赶步伐有待加快

2023 年广西乡村全面振兴发展指数提升明显，但仍比全国低 3.2 个百分点，部分县（市、区）指数处于偏低位置，经济发展实力仍然较弱，乡村振兴发展还面临三方面问题。

（一）农业产业链条短、附加值低

农业产业发展总体上呈现中间强、两头弱的特点，农产品生产具有较大规模，但前端种质资源开发利用水平低，后端产业链韧性不强。在冷链物流方面，全区农产品冷藏保鲜需求总量约 760 万吨，目前冷藏能力仅 220 万吨左右，不足需求总量 1/3。在经营主体方面，国家级重点龙头企业数量占全国总数 2.5%，全国排名为 22 位。2023 年中国农业企业 500 强中，广西仅占 15 家。

（二）集体经济强村比重有所下降

巩固和发展壮大村级集体经济是促进农村经济社会发展，加快农业和农村现代化建设的重要内容和实现农民共同富裕。广西仍属于欠发达地区，产业发展规模小，村级集体经济底子较薄，保值增值能力和抵御风险能力较弱，与全国水平还有差距。2023 年，全区集体经济强村占比 2.0%，比

上年下降 0.7 个百分点，比全国水平低 5.9 个百分点。

（三）农民持续增收面临较大压力

农村人口基数大，有 2238 万人口生活在农村，农民持续增收面临较大挑战。2023 年广西农村居民人均可支配收入 18656 元，与全国水平还有一定差距（相当于全国平均水平的 86.0%）。工资性收入增速低于预期，经营净收入、财产性收入增速减缓，促农增收面临较大压力。

四、全面协同发力，共筑乡村振兴梦

（一）强链补链做强特色产业

提升农产品加工和流通水平，支持储藏保鲜、精选分级、鲜切包装等初加工设施建设，打造一批农产品骨干冷链物流基地和产地冷链集配中心，加快补齐冷链物流短板。立足本地，打造提升柳州螺蛳粉、梧州六堡茶等一批“桂字号”品牌，发展特色农产品初加工和精深加工，科学发展“桂味”预制菜，推动乡村产业协同发展。

（二）创新机制提升治理效能

深化粤桂东西部协作，开展“万企兴万村”行动，提升乡村自主“造血”能力。稳妥深化农村改革，开展农村产权流转交易规范化建设，全面推进农村集体资产线上交易，不断增强村集体经济活力。强化党建促乡村振兴，部署推进广西清廉乡村建设提质增效三年行动，全面推行“党建 + 网格 + 大数据”乡村治理模式，扩大积分制、清单制、数字化覆盖面，创新乡村治理体系建设，集中力量抓好办成一批群众可感可及的实事。

（三）多措并举促进农民增收

抓牢乡村产业拓展经营性收入，坚持因地制宜做好“土特产”文章，让农民获得更多产业增值收益。提高就业拓展工资性收入，加强农民技能培训和就业服务，开发乡村公益性岗位，加大以工代赈力度，强化东西部劳务协作，促进农民工稳岗就业。抓好农村改革拓展财产性收入，加快“三变”改革步伐，充分挖掘农村特色资源、盘活闲置资产，完善农村土地流转、集体分红等机制，让农民资产稳步增值。抓实政策落实拓展转移性收入，落实好各项支农惠农政策，加大涉农补贴发放力度，确保农民及时、足额获得政策红利。

报告撰稿：吴秀丽　付天德　邓彦秋

海南省乡村振兴监测报告

2023 年，海南深入贯彻党的二十大精神和习近平总书记视察海南重要讲话精神，坚持把巩固拓展脱贫攻坚成果同乡村振兴有效衔接工作放在首要位置，按照“守底线、抓发展、促振兴”的要求，扎实推进责任落实、政策落实、工作落实，保持农业、农村、农民稳中有进、稳中向好的好势头，三农“压舱石”作用进一步夯实。2023 年海南省乡村全面振兴发展指数为 68.7，比上年提高 2.6，比全国平均水平低 0.3，从监测的综合发展、产业兴旺、生态宜居、乡风文明、治理有效、生活富裕六大领域看，发展水平较上年均有不同程度提高。

表 1 2022—2023 年全国和海南分领域乡村全面振兴发展指数

名称	综合发展	产业兴旺	生态宜居	乡风文明	治理有效	生活富裕	总指数
2023 年全国	61	60.3	83.9	87.1	70.8	69.0	69.0
2023 年海南	60.2	63.1	86.8	83.4	77.4	63.3	68.7
2022 年海南	56.6	61.8	83.0	81.3	71.2	61.2	66.1
两年间对比	+3.6	+1.3	+3.8	+2.1	+6.2	+2.1	+2.6

一、“三农”工作稳步推进，乡村振兴成效显现

（一）农业经济稳中有进

2023 年，海南省委省政府认真贯彻党的二十大和二十届二中全会精神，深入贯彻新发展理念，加快推进自由贸易港建设和实施乡村振兴发展战略，2023 年乡村全面振兴综合发展指数 60.2，较上年提高 3.6，比全国平均水平低 0.8。全省实现农林牧渔业增加值 1568.47 亿元，同比增长 5.0%。其中，一产增加值 1507.40 亿元，同比增长 4.6%，增速创 8 年来新高。全省热带特色高效农业产值 1760.41 亿元，增长 5.8%，比农业增加值高出 0.8 个百分点，占全省农林牧渔业总产值比重较上

年提高 0.2 个百分点。

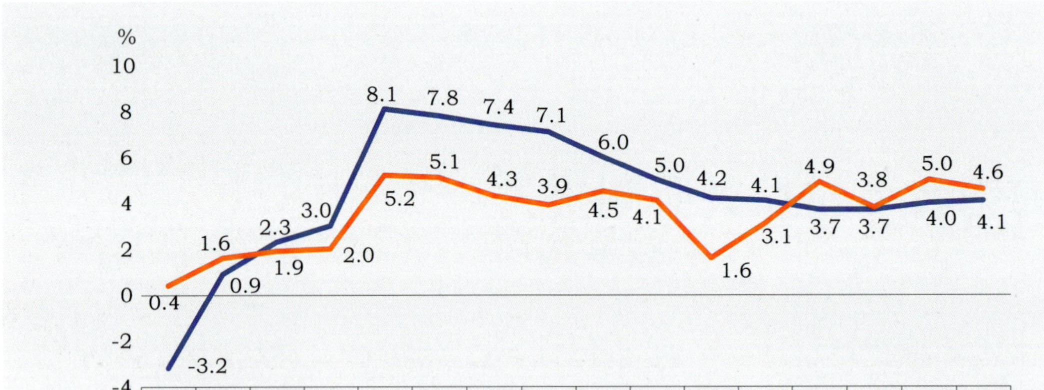

	20年一季度	20年上半年	20年前三季度	20年全年	21年一季度	21年上半年	21年前三季度	21年全年	22年一季度	22年上半年	22年前三季度	22年全年	23年一季度	23年上半年	23年前三季度	23年全年
全国	-3.2	0.9	2.3	3.0	8.1	7.8	7.4	7.1	6.0	5.0	4.2	4.1	3.7	3.7	4.0	4.1
海南	0.4	1.6	1.9	2.0	5.2	5.1	4.3	3.9	4.5	4.1	1.6	3.1	4.9	3.8	5.0	4.6

图 1 2020 年以来各季度全国与海南一产增加值增速

（二）农村一二三产融合发展加快

海南打破管理边界，系统整合资源，加快构建多元互补的现代乡村产业体系。2023 年乡村全面振兴产业兴旺发展指数 63.1，较上年提高 1.3，比全国平均水平高 2.8。一是积极推进 17 条农业产业链建设。以“海南鲜品”为统领的品牌矩阵初见成效，各市县品牌农业发展意识显著增强；二是乡村产业加快融合发展。规模以上农产品加工企业增加到 200 家，农产品加工业产值达到 2072 亿元，同比增长 9.0%。“绿色有机地理标志名特优新”农产品达到 170 个，比上年增加 8 个；三是新型农业经营主体稳步发展，类型齐全，全省家庭农场数 18827 个，比上年增加 165 个；种植业规模户达 22503 户，比上年增加 2797 户，增长 14.2%；开展休闲农业和乡村旅游接待的户数达 3136 户，比上年增加 891 户，增长 39.7%。

（三）农村基础设施建设提档升级

在乡村发展、乡村建设、乡村治理等方面稳扎稳打、持续发力，全省农村人居环境建设提档升级。2023 年乡村全面振兴生态宜居发展指数 86.8，较上年提高 3.8，比全国平均水平高 2.9。100% 的自然村实现电灯、公路、电话、厕所村村通，86% 的村实现 5G 网络畅通，86% 的村民小组主要道路有路灯，94% 的村民小组生活垃圾进行收运处理。农村道路状况极大改善，100% 的村进村道路为柏油和水泥路面，99% 的村内主要道路路面铺设了水泥或柏油，基本实现村居环境道路硬化。

加大环卫保洁资源投入，大力推进城乡环卫一体化、畜禽养殖污染治理等工作，助力美丽乡村建设，全省农村生活垃环境治理取得明显成效。80% 的村生活污水集中处理；85% 的村已实现生活垃圾分类，农村生活垃圾乱堆乱放情况明显改善。

（四）持续营造美丽乡村文化氛围

以“美丽乡村建设”为抓手，农村基层治理体系不断完善，乡风文明发展的长效机制稳定发力，乡村文明风气不断提升，全省农村文体设施不断升级。2023 年乡村全面振兴乡风文明发展指数 83.4，较上年提高 2.1，但比全国平均水平低 3.7。截至 2023 年底，全省共有 219 个省级及以上文明村镇；体育健身场所 6976 个，比上年增长 16.0%；农民业余文化组织 2618 个，比上年增长 8.4%；74.8% 的村有综合性文化服务中心，较上年提高 4.0 个百分点。

（五）基层治理队伍建设不断加强

乡村农村基层治理体系不断完善，乡村治理重点任务扎实推进。2023 年乡村全面振兴治理有效发展指数 77.4，较上年提高 6.2，比全国平均水平高 6.6。村规民约逐步健全。2023 年，全省 95.6% 的村有合法的村规民约；519 个村被评比为县级及以上民主法治示范村；93.9% 的村有综合服务站；92.3% 的村有公共法律服务中心；村党组织书记大专及以上学历占比 79.9%，乡村治理水平和村民自治能力进一步提高。

（六）乡村经济发展持续增长

海南省出台《2023 年海南省促进消费若干措施》等促消费政策措施，消费市场较快恢复，居民消费潜力持续释放，消费信心不断增强。2023 年乡村全面振兴生活富裕发展指数 63.3，较上年提高 2.1，比全国平均水平低 5.7。城乡居民人均可支配收入比值为 2.06，较上年缩小 0.04。此外，城乡居民收入比值从 2010 年（2.74）以来连续 13 年缩小，累计缩小 0.68，优于全国水平。海南农村居民收入增速比城镇居民收入增速高 2.0 个百分点，农村居民收入增速比全国平均增速高 0.6 个百分点，居全国第 3 位，仅低于西藏（9.4%）和新疆（8.4%），增速排位同比上升 21 位。收入水平比全国平均水平低 983 元，居全国第 16 位，同比上升 1 位。农民增收机制不断加强，全省农村集体经济收益 2.1 亿元，经济强村共有 89 个（村集体经济收益大于 50 万）。

二、聚力推动主要任务实施，海南乡村振兴亮点涌现

（一）完善机制强化组织领导

抓好村组织建设。每年组织村两委干部进行轮训及每月两次收看《海南电视夜校》，开阔视野，提高工作能力。认真开展党组织生活，落实“三会一课”制度，定期开展支部主题党日活动、走访慰问农村老党员、生活困难党员，注重青年农民、外出务工人员、妇女发展党员的培养，充分发挥党支部战斗堡垒作用。选派驻村工作队，为巩固拓展脱贫攻坚成果、全面推进乡村振兴，全省选派8000多名干部，组成2700多支乡村振兴工作队，覆盖全省所有的195个乡镇及2533个行政村，确保乡村振兴各项工作有条不紊地贯彻落实，实现开花结果。

（二）农业生产形势向好

粮食生产任务超额完成，播种面积410.4万亩，产量29.4亿斤，单产358.3公斤/亩，面积、产量、单产实现“三增长”。生猪出栏497万头，同比增长21%，生猪产能调控全年处于绿色区域。蔬菜及食用菌产量633万吨，同比增长4.5%，增速创近8年新高。水果产量593万吨，同比增长5.2%，其中热带优异果蔬推广30万亩。深水网箱养殖水体新增30万立方米，渔业产值同比增长7.6%，成为农业高质量发展的新动能。

专栏1

海南水果产业发展势头良好

海南作为国内热带水果的主要生产基地，产出的热带水果种类多达300余种。党的十八大以来，海南充分发挥热带资源禀赋优势和地方特色，深化农业供给侧结构性改革，着力培育和打造一批知名区域品牌和地理标志产品，海口火山荔枝王、三亚芒果、东方火龙果等被认定为中国特色农产品优势区，果品核心竞争力进一步增强。除此之外，全省各地积极发展特色名贵品种（如：钦蜜9号百香果、红毛丹、燕窝果、三亚榴莲等），调优水果品种结构和熟期结构，打造新、奇、特、优等高品质水果发展新格局。2023年，海南水果产量592.60万吨，较上年同期增长5.2%，连续7年实现正增长。其中，百香果、菠萝蜜、莲雾、荔枝产量呈两位数增长良好的势头，分别增长64.8%、27.3%、20.9%、17.8%。主要水果品种中，哈密瓜增长7.4%，菠萝增长8.5%，芒果增长7.6%。当前，海南持续推进世界热带水果之窗产业园建设工作，十年来累计从世界热区引进热带新优奇特水果450余种，成功选育了燕窝果、冰激凌果、手指柠檬等150多个品种，收集保存农作物种质资源5.4万余份，其中热带作物与果树种质资源13504份，位居国际前列。

撰稿：张钰

（三）改革创新多点涌现

2023 年，全省共在 15 个方面实现“首次”“首个”“首批”创新。出台了首部促进种业发展的地方性法规，全国首个植物新品种审查协作中心投入运行，首次建立南繁种业统计制度，南繁产业产值突破 100 亿元。创新推动渔业转型升级，省部共建全国首个渔业绿色发展先行区，首届全国深远海养殖工作会议在海南召开，金枪鱼人工养殖实现国内首次突破，“全链条构建休闲渔业高质量发展机制”成为 2023 年 6 个自贸港制度集成创新案例之一，休闲渔船完成审批 163 艘。扎实推进农业科技创新，首次启动“一所对一县”科技帮扶行动，首次举办农业科技成果发布与对接活动。农村改革扎实推进，开展全国首批农村产权流转交易规范化全省试点，18 个市县农村产权交易平台挂牌试运行，集体经济强基培优行动全面实施。

专栏 2

海南渔业经济贡献逐步增强

2023 年，海南按照省委、省政府提出渔业往“三个走”的战略部署，集中资源力量，大力推动渔业转型升级和高质量发展，全省渔业取得较好发展成效。一是渔业结构更优，养捕比例优化为 4：6。2023 年全省水产品总产量 175 万吨，严格落实国家“双控”政策，海洋捕捞产量 101 万吨，与上年基本持平；深远海养殖和陆域园区工厂化养殖齐发力，全省养殖产量 74 万吨，同比增长 9.8%，增速排全国第一位，深远海养殖水体增长 30 万立方米，总水体达到 749 万立方米，文昌冯家湾现代渔业产业园、万宁工厂化养殖产业园、儋州金雨产业园等实现部分项目投产，全省渔业正从传统渔业向设施渔业、现代渔业转型。二是渔业种业特色更强，种业创新捷报频传。去年，全省水产苗种产量持续保持在 2000 亿尾以上，黄鳍金枪鱼人工养殖、红瓜子斑和苏眉鱼人工繁育实现国内首次突破，国家级水产良种场全国新增 6 家，海南占据 2 家、数量翻番。三是渔业发展基础设施更坚实，渔港和海洋牧场建设步伐加快。启动三亚崖州国家级渔港经济区试点项目，中央资金支持 2 亿元；乐东莺歌海一级渔港进入竣工验收阶段，文昌铺前中心渔港和万宁乌场一级渔港总建设进度均超过 80%；黄龙、美夏二级渔港完成建设进度的 60% 以上。2023 年新建成东方四更、澄迈马袅湾、琼海潭门 3 个海洋牧场。

撰稿：吴宗峰

三、四方面发展动力不足，拓面提质仍需持续发力

（一）发展不全面不平衡

从乡村振兴 6 个方面监测结果看，乡风文明、生活富裕 2 个方面低于全国平均水平，从全国区、

县级市及县的发展情况看，海南只有 1 个县及 1 个区发展势头处于全国前列，有 7 个区、县级市及县处在下游水平，占全省 23 个区、县级市及县的 30.4%。

（二）产业发展“造血”少

乡村产业经营模式单一，产业发展规模不足、质量不高、基础薄弱、回报率低，抗风险能力差。缺乏技术创新，产业现代化水平不高，产业融合发展不足，多业态融合发展的体系还没有完全形成，“小散弱”的现状暂未得到根本改变。2023 年，全省仅 49.4% 的村有种植规模户，44.9% 的村有畜禽养殖规模户，开展休闲农业和乡村旅游仅有 3136 户，部分村旅游设施服务不能完全满足游客需要。

（三）农村人才发展缺乏长效机制

全省乡村人才队伍稳定发展，但是总体来看，乡村人口仍存在着学历水平偏低、培训力度不够等问题。一方面是村干部队伍仍存在年龄大、学历低的现象。2023 年，全省有 19.8% 的村党支部书记学历在大专以下；另一方面是培训力度不足。省农业农村厅数据显示，全年培训农村电商等各类适应乡村发展的急需紧缺人才仅 1811 人，培训力度仍无法满足现代农民对于新知识新技术的需求。

（四）村集体经济发展薄弱

村集体收入来源单一且收益不高。经营性收入的主要来源为集体资源发包、土地租赁、征地赔偿，2023 年，96.4% 的行政村没有村集体经营性收入。全省村集体企业较少，全省 83.2% 的行政村没有村集体企业，村集体经济缺少有效的产业支撑，薄弱的村集体经济在一定程度上制约着农村各项事业的发展，可持续性不足，带动能力有限。

四、补齐乡村振兴发展短板，高质量持续推进“三农”工作

（一）进一步推动全产业链高质量发展

利用海南优质自然资源，做好“土特产”文章，以拓展延伸农业产业链、提升农产品附加值为核心，突出大农业、多功能农业理念，发挥本地特色农产品品牌优势，做足“季节差、名特优、无公害”文章。以特色农业示范园、优势特色农产品加工基地、优势特色产业集群、国家现代农业产业园、国家农产品加工园建设（筹建）为主阵地，对标对表国际先进标准、技术、管理体系，鼓励支持一批科技创新型农产品加工企业发展，打造优势农业产业集群，引领带动全省优势特色农产品精深加工。

（二）进一步推进农民共同富裕

乡村振兴的落脚点是生活富裕，而生活富裕的关键在增收，农民增收要依靠农村产业支撑，要进一步优化农民的收入结构，多渠道培育新的收入增长点。加大财政对农民直接补贴的力度，在保障各级财政提供农民各项补助的基础上，进一步加大惠农政策力度，建立健全农村和农民的社会保障体系。加快农村产业发展，建立现代乡村产业体系，促进高效农业规模化的健康发展，坚持以市场需求为导向，引进优质的农产品品种，引导农民面向市场种养优质品种，逐步形成规模化，不断提高农业综合效益和农产品市场竞争力，拓展农业发展空间，拓宽农民增收渠道。

（三）进一步做大做强农村产业

要继续落实好支持乡村振兴的金融、财政等相关政策，强化产业扶贫资金的管理和使用，优化资金配置，引导金融和社会资本投向农业农村。同时， 立足园区、产业和资源禀赋，按照差异化、规模化、标准化、集约化发展方向，因地制宜，科学规划布局，推进乡村一二三产业深度融合发展。促进农业生产由传统农业向高效生态农业转型升级，延长产业链，大力发展优质农产品电子商务、乡村休闲旅游、特色民宿经济等，加快培育新业态。重点扶持优势产业，注重品牌带动，大力培育一批知名度高、影响力大的国家和区级名牌农产品、地理标志产品。充分发挥农业龙头企业、合作社的引领示范作用，引导龙头企业、合作社、家庭农场及农户开展合作经营，发展“一村一品”。广泛利用各种新媒体、电商平台，集中各种资源，促进产销衔接。

（四）进一步引进专业技术人才

加强农村基层党组织对乡村振兴的全面领导，以党建为抓手，加快推进乡村治理体系和治理能力现代化建设。加强乡村振兴人才队伍建设，培养一批乡土本土实用型人才队伍，建设一支政治过硬、本领过硬、作风过硬的干部队伍。加强村级干部队伍建设，特别是要加强乡村年轻干部的培养，为乡村振兴提供坚强的组织保障。加大人才引进政策扶持力度，支持外出务工农民、高校毕业生等返乡创业，为乡村振兴持续健康发展提供人才保障。细化落实各类专业技术人才返乡创业、扎根基层、服务乡村的扶持政策措施，在居住落户、住房补贴、子女入学、医疗保障等方面给予同城市一样的优惠待遇，确保人才引得来、留得住、有作为。

报告撰稿：陈灿宇　吴宗峰　张钰

重庆市乡村振兴监测报告

重庆市以习近平新时代中国特色社会主义思想为指导，深入学习贯彻党的二十大精神和习近平总书记关于“三农”工作的重要论述，认真落实党中央、国务院决策部署，学习运用“千万工程”经验，明确发展思路，找准工作抓手，扎实推进乡村全面振兴。国家统计局重庆调查总队开展了2023年乡村振兴统计监测调查[1]。调查结果显示，2023年重庆乡村全面振兴取得阶段性成效，综合发展整体向好，产业兴旺有效推进，生态宜居取得实效，乡风文明不断提高，治理效能持续提升，生活富裕成果明显，但乡村产业高质量发展的动能不足等短板仍需补齐。

一、巴渝大地焕发活力，乡村全面振兴取得阶段性成效

据国家统计局测算，2023年重庆乡村全面振兴发展指数为70.3，比全国平均水平高1.3，同比增长2.2。其中，综合发展、产业兴旺、生态宜居、乡风文明、治理有效和生活富裕分项指数分别同比增长3.1、2.3、3.0、2.4、6.5和0.1。

（一）综合发展整体向好

重庆市坚持稳中求进工作总基调，完整、准确、全面贯彻新发展理念，积极服务和融入新发展格局，统筹推进高质量发展、创造高品质生活、创新高效能治理。2023年经济运行稳中向好、恢复速度逐步加快，实现了经济总量新突破。全年实现地区生产总值30146亿元，跃上3万亿台阶，同比增长6.1%。其中，第一产业增加值2075亿元，增长4.6%；第二产业增加值11699亿元，增长6.5%；第三产业增加值16372亿元，增长5.9%。人均地区生产总值达到94135元，增长6.4%。

1. 该调查涉及渝中区以外的37个区县、956个乡镇（涉农街道）、9152个行政村（涉农社区）。

围绕国家战略，统筹整合财政资源，深入实施积极的财政政策，为现代化新重庆建设提供坚实的财力保障。全市一般公共预算收入 2441 亿元，增长 16.0%，一般公共预算支出 5305 亿元，增长 8.4%，投入 782 亿元，推进农业农村现代化，建设宜居宜业和美乡村。

（二）产业兴旺有效推进

农业稳产保供夯实兴旺之基。2023 年，粮食总产量 1095.9 万吨，同比增长 2.1%；油菜籽产量增长 10.9%，实现连续十六年增产；蔬菜及食用菌产量增长 3.9%；猪牛羊禽肉产量增长 5.1%；水产品产量增长 4.0%。乡村产业融合发展不断深化。出台《重庆市支持食品及农产品加工产业高质量发展十条政策》，将食品及农产品加工产业作为重要支柱产业纳入“33618”现代制造业集群体系，食品及农产品加工产业实现总产值 2581 亿元，增长 4.2%。高山避暑纳凉、精品民宿、农产品电商等新兴业态增势强劲。农产品网络零售额、乡村旅游经营收入分别增长 12.0%、11.8%。

现代农业产业经营体系不断完善。截至 2023 年底，有实际经营活动的农民专业合作社超过 1.5 万个，家庭农场超过 3.0 万个；国家级农业产业化重点龙头企业 51 家、市级龙头企业 992 家、区县级龙头企业 2757 家；组建龙头企业牵头、专业合作社和家庭农场共同参与的农业产业化联合体 44 个。乡村特色产业发展平台逐步壮大。创建涵盖柠檬、荣昌猪、柑橘、榨菜等特色农产品的国家优势特色产业集群 7 个，国家现代农业产业园 10 个，市级现代农业产业园 38 个，国家农业产业强镇 34 个。一批主导产业特色鲜明、乡土气息浓厚、文化内涵丰富、产村深度融合、带农增收显著的示范村镇持续涌现，全国“一村一品”示范村镇获评 137 个，市级“一村一品”示范村镇认定 1132 个。

（二）生态宜居取得实效

持续推进农村人居环境整治提升五年行动，乡村人居环境整治效果显著。2023 年底，农村卫生户厕普及率为 83.5%，同比提高 1.8 个百分点；对生活垃圾进行收运处理的村民小组占比为 89.8%，提高 3.7 个百分点；生活污水全部或部分集中处理的村占比为 71.0%，提高 8.8 个百分点。农村基础设施建设日益完备。统筹“五网”建设工程，着力构建城乡互联互通的基础设施网络体系。较大人口规模自然村（组）通硬化路比例为 96.0%，提高 2.1 个百分点；农村自来水普及率为 90.5%，提高 1.0 个百分点；固定宽带互联网接入户占比为 51.6%，提高 5.2 个百分点；超过 70.0% 的村有电子商务配送站点。农村公共服务能力逐步提高。乡村义务教育学校专任教师本科及以上学历比例为 74.4%，提高 2.5 个百分点，中小学学区制管理、集团化办学学校覆盖率达 80.0% 以上，优质教育资源下沉农村地区，覆盖面和受益面进一步扩大；乡村医师中有执业（助理）医师资格的人员比例达36.6%，提高2.3个百分点，建成“农村30分钟”医疗服务圈。

专栏1

重庆丰都以“新农人”培育为抓手 壮大新型农业经营主体

丰都县聚焦乡村发展人才稀缺、农业基础条件薄弱等问题，创造性提出“现在靠谁来振兴乡村、未来靠谁来下地种田”的“乡村两问”，大力实施新农人培育行动，持续壮大新型农业经营主体。截止到2023年底，丰都培育新农人达4053人、高素质农民突破1万人，发展家庭农场1132个、农民专业合作社2162家；推动全县农业机械总动力达48.5万千瓦、农作物耕种收机械化率达57.5%；实现所有村（涉农社区）经营性收入超5万元；带动新增农业市场主体3519家；有效盘活闲置房屋72栋。建立联合推进机制。建立“县级抓统筹、乡镇有部署、行业见落实”的联动机制，形成“新农人壮大产业，产业培育新农人”的良性循环。建立“上下联动、左右畅通”的运行机制，保障政策措施紧贴发展需要。提升创新驱动效能。组建“新农人互助会”，破除乡村产业量小质弱困境。开发“新农人贷”，破解农业发展市场主体“不愿贷”、金融机构“贷不了”、金融扶持“不精准”症结。开办“新农人学校”，破解产业发展人才稀缺短板。构建“新农人+村集体+农户”模式，破解乡村共同富裕难题。强化“五大体系”建设。加强新农人推进体系、培育体系、扶持体系、互助体系、强村体系建设，以新农人培育提升为总抓手，全面推进乡村振兴。

撰稿：林忠芳　游厚秀

（四）乡风文明不断提高

以党建为引领，打造文化活动品牌，健全村级议事协商制度，全面推动建立村民议事会、红白理事会、道德评议会“三会”，修订完善村规民约，充分发挥“一约三会”作用，不断涵养优良乡风民风。2023年底，有综合性文化服务中心的村占比为96.6%，同比提高1.8个百分点；有农民业余文化组织的村占比为53.3%，提高10.6个百分点；有体育健身场所的村占比为93.0%，提高1.4个百分点；超过90.0%的村有图书室（馆）；99.3%的村有村规民约，建立村民议事会、红白理事会、道德评议会的村占比分别为90.8%、88.1%、67.3%；乡村县级及以上的文明家庭户数同比增加17.6%，省级及以上文明村镇获评829个，占比8.2%。

（五）治理效能持续提升

健全党组织领导下的自治、法治、德治、智治“四治融合”乡村治理体系，创新实施积分制、清单制、院落制、数字化“三制一化”的乡村治理模式，提升治理效能。2023年底，全市6个乡镇、60个村创建成国家级乡村治理示范镇村，58个乡镇、197个村创建成省级乡村治理示范镇村。县级以上民主法治示范村占比为 14.2%，同比提高 3.6 个百分点。全市持续提升村级综合服务能力，大力打造公共法律服务体系。99.8% 的村设有综合服务站，提高 1.6 个百分点；89.7% 的村设有公共法律服务工作室，提高 11.8 个百分点；86.9% 的村拥有智慧综合管理服务平台，提高 27.6 个百分点。

（六）生活富裕成果明显

城乡居民收入差距进一步缩小。2023 年，农村居民人均可支配收入 20820 元，同比增长 7.8%，增幅比城镇居民高 3.6 个百分点，城乡居民收入比为 2.28，同比缩小 0.08。农村居民消费活力持续释放。农村居民人均生活消费支出 17964 元，同比增长 7.4%，增幅比城镇居民高 4.3 个百分点。消费结构不断优化。生存型消费占人均消费支出比重同比降低 1.8 个百分点，发展型消费和享受型消费比重分别提高 1.3 个百分点和 0.5 个百分点。消费品质不断提升。农村常住居民人均蛋类及蛋制品、肉类消费量同比增长 10.3%、8.2%；家庭每百户拥有空调量增长 25.1%；家用汽车普及率为 35.9%，提高 2.2 个百分点。

二、因地制宜突出特色，乡村振兴重庆实践之路走深走实

重庆市把推进乡村全面振兴摆在现代化新重庆建设的突出位置，积极探索城乡融合推动山区库区现代化和“三农”工作高质量发展新路子。

（一）开创大城市带大农村大山区大库区的城乡融合发展新模式

增强中心城区极核引领功能，以县域为基本单元整体推进城乡融合发展。“一县一策”支持山区库区 17 个区县绿色生态产业发展，建成 50 亿级农产品加工园区 5 个。筹措资金 242.58 亿元支持山区库区 227 个重点项目建设。选择山区库区 7 个区县和 14 个乡镇开展“小县大城”“强镇带村”试点工作，有序向试点乡镇“扩权赋能”。实施乡镇特色产业培育工程，创建国家级产业强镇 14 个。健全大城市带大农村机制，推进“一区两群”区县结对协作向乡镇、村结对协作延伸。打造鲁渝协作新标杆，全年共建 103 个产业合作园区和 100 个鲁渝协作示范镇村。深入实施“万企兴万村”行动，7864 家民营企业结对帮扶 4884 个村。

（二）坚决守牢“三条底线”为乡村全面振兴提供坚强保障

确保粮食安全。制定稳粮扩油保障有效供给 10 条硬措施，粮食产量创近 15 年新高，油菜播种面积、产量实现“十六连增”，“菜篮子”产品产量稳定增长。加强耕地保护。分区县下达耕地保护考核指标，严肃查处违法占用耕地及永久基本农田行为，有效遏制耕地“非农化”、基本农田“非

粮化”势头。加力推动耕地“非农化”、基本农田“非粮化”问题整改，恢复补足耕地 34.1 万亩，复耕复种撂荒耕地 8.8 万亩。防止规模性返贫。“一户一策”精准帮扶监测对象 3.67 万户、11.1 万人，特色产业覆盖 90% 以上脱贫户和监测户，脱贫人口就业规模稳定在 80 万人左右、就业率居全国前列。

（三）以“四千行动”为抓手谱写新时代巴渝和美乡村新篇章

高标准农田改造提质见效。坚持“投、建、用、管、还”一体推进，实施“改大、改水、改路、改土、全程机械化”主要工程，统筹新建和改造提升高标准农田 200 万亩。生态特色产业高质量发展态势明显。强力打造重庆辨识度的“3+6+X”农业产业集群。出台支持食品及农产品加工高质量发展“黄金十条”，设立百亿级产业基金，全链条、全环节构建食品及农产品加工产业生态，规上食品及农产品加工企业增至 886 家，增长 6.0%。农民增收渠道有效拓宽。全面推进经营增收、就业增收、财产增收、惠农增收和以城带乡促增收“五项计划”，“一县一策”制定农民收入追赶计划。巴渝和美乡村示范创建纵深推进。学习运用“千万工程”经验，持续实施农村基础设施“五网”建设工程，融合推进乡村建设和治理，加快构建自治、德治、法治、智治“四治融合”乡村治理体系，创建巴渝和美乡村示范村 107 个。

专栏 2

重庆开州党建赋能乡村治理提质增效

开州区满月镇坚持党建引领贯穿乡村治理全过程，完善党领导下的乡村治理格局，乡村治理效能显著增强，获评 2022 年全市基层治理（平安及法治建设）重点镇，其中甘泉村获评 2023 年全国乡村治理示范村。2023 年，组织 311 名党员干部在乡村振兴、脱贫攻坚等一线承诺践诺、领岗领责；调动村民参与村集体经济发展积极性主动性，培育出致富之星 32 名，回引 16 名成功人士返乡创业；聚焦解决群众急难愁盼的重点难点问题，促进乡村社会秩序更加和谐安定；开展活动丰富村民文化生活和精神追求，乡风民风感召力上升。健全体系，“小网格”构建“大格局”。实施“党建统领网格治理”专项行动，优化网络布局，配齐网格力量，明确网格职责，完善网格机制，实现网格沉下去、问题浮上来、管控全覆盖。突出重点，“小治理”彰显“大作为”。围绕全面推进乡村振兴战略，确定“治软”提升支部战力、“治散”凝聚干群合力、“治乱”美化人居环境、“治访”化解矛盾纠纷、“治短”补齐基础欠账、“治贫”促进增收致富“六治”重点任务，推动乡村善治走深走实。创新载体，“小积分”激发“大活力”。全面推广运用积分制，制定积分细则，建好积分超市，强化积分运用，将乡村治理由“村里事”变成“家家事”。

撰稿：潘功珏　游厚秀

（四）持续发力“双轮驱动”为推进乡村全面振兴注入强劲动能

聚焦生态种养等领域开展关键核心技术攻关。国家生猪技术创新中心、长江上游种质创制大科学中心等 14 个创新平台加快建设。市政府与中国农科院深化农业科技创新战略合作，汇聚院士专家 285 人，扎实推动 13 个创新合作项目攻关。实施“百团千名”专家服务基层行动。深化以强村富民综合改革为牵引的农村改革。新培育“强村公司”近 500 家，启动农业“标准地”建设，多渠道增加集体经营性收入。发放首张闲置农房使用权流转交易鉴证书，集体建设用地入市交易试点范围扩大到 6 个区。

专栏 3

重庆城口推进强村富民综合改革 壮大新型农村集体经济

城口县坚持党建统领，以发展新型农村集体经济为重点，扎实做好确权，稳步推进赋权，有序实现活权，成效显著。2023 年，全县 190 个村集体经济组织实现经营性总收入 1.16 亿元、经营性总收益 5119 万元，经营性收入 10 万元以上的村 167 个，占比 87.9%。建立“县、乡、村”三级平台，助推村集体经济跑出“加速度”。县级成立大巴山农村集体经济促进中心，孵化服务集体经济发展。乡级组建强村公司，促进资源连片开发。村级分村建立股份经济合作联合社，摸清家底，夯实基础。激活“人、地、钱”三大要素，增强村集体经济内生发展动力。加强带头人引育，出台激励村集体负责人 10 条措施，调动经营管理人员积极性。开展“房票”“地票”“林票”改革试点，推进产权有序交易。统筹资金 1.5 亿元用于集体经济发展，将价值 7.5 亿元的固定资产交由村集体运营，做大村集体资本金。抓住多元增收、数字赋能、风险防控三个关键，健全农村集体资产监管体系。探索产业带动、资源开发、服务创收、租赁经营、项目拉动、抱团发展 6 种实现形式和运行机制，建立农村集体经济数智服务平台。健全项目评审、抵押担保、风险预警、民主决策、资产折旧 5 项风险防范机制，促进新型农村集体经济健康发展。

撰稿：游厚秀

三、距离目标仍有差距，乡村全面振兴还需补齐短板

新时代巴渝和美乡村画卷正徐徐展开，对照国家乡村全面振兴战略目标，差距和短板仍然存在，要找准差距补短板，明确目标加油干，巴渝和美乡村画卷才能绘就得越来越美。

（一）乡村产业高质量发展的动能不足

土地集约化程度总体较低，受地理环境制约，规模经营的耕地面积占耕地面积的比例不到 20.0%。新型农业经营主体实力不强，95.0% 以上的农业产业化龙头企业年营业收入不足 1 亿元。

创新研发能力不足，有研发活动的规上农产品加工企业占比不足三成。延长农业产业链提升价值链有待深化，全市农产品加工业总产值与农业总产值比值约为 1.7∶1，仍明显低于全国平均水平。乡村产业“接二连三”一体化融合程度低、附加值不高。

（二）基础设施建设和管护机制不完善

农田设施有待改善，土地细碎不平整，机械化发展受限，农作物耕种收综合机械化率仅为 56.8%。部分已建高标准农田存在建设标准低、工程老化、设施不配套、地力下降等情况。部分农产品直销网点及批发市场、仓储物流、冷链物流等建设保障相对滞后，乡村物流成本相对较高。部分产业基地道路建设标准较低，养护资金不足，已建成的入户道路（生产便道）修建年份已久、路面破损，存在重建轻养现象。

（三）乡村人居环境整治任务依然艰巨

生活污水集中处理程度仍较低，乡村小型聚居点和散居农户污水处理难度大。2023 年底，29.0% 的村无法实现生活污水集中处理。“厕所革命”深入实施不够。16.5% 的农户未使用卫生厕所，28.1% 的村没有公共厕所。现有卫生厕所也面临管网建设难、粪污处理利用难、维护管理难等问题。乡村垃圾源头减量、就近就地垃圾资源化利用等方面仍未有效解决。

四、着力解决短板弱项，推动乡村全面振兴持续突破

乡村全面振兴要遵循循序渐进、久久为功的理念，正视其短板弱项，找准加快建设巴渝和美乡村的突破口和着力点，因地制宜、分类施策，才能实现新突破。

（一）有效推动乡村产业高质量发展

加强农地整理，提高农业规模化水平。制定适度规模经营激励政策，调动各类主体经营农业积极性。持续深入实施千亿级生态特色产业培育行动，做深特色产业，延长生态特色产业链，推动区县“一主两辅”产业高质量发展。拓展农业休闲观光、生态康养、农耕体验等多种功能，促进农文旅融合发展。开展关键核心技术攻关，加快破解产业科技难题，推动数字化赋能乡村振兴。

（二）全面加强乡村基础设施建设

持续推进高标准农田建设，改善田间配套设施。加强充电桩、冷链物流、寄递配送设施建设，优先保障农村交通、网络通信、仓储物流等方面的升级改造需求，加强冷链物流建设，完善农产品冷链物流体系。创新方式吸引更多民间资本参与农村基础设施建设，优化资源配置实现合作共赢。

建立优化基础设施运行管护机制。

（三）持续推进乡村人居环境整治

推进城镇污水管网向周边农村地区延伸，以减量化、生态化、资源化为导向，推进农村聚居点生活污水治理和粪污无害化处理资源化利用。对不同条件农户采取不同技术与模式做好改厕和维护管理工作。因地制宜做好乡村垃圾的源头减量、就近就地垃圾资源化利用。

（四）强化乡村全面振兴要素支撑

保障和规范乡村一二三产业融合发展用地。发挥好财政资金作用，加大乡村产业支持。协调金融机构完善涉农贷款机制，提高农业投融资渠道的便利性，优化“链条贷”服务。结合村域特色产业发展需求，开展现有劳动力职业技能培训，引进经管、技术人才助力乡村振兴。健全完善新型乡村产业人才、农业科技人才、集体经济组织管理人员激励机制。

报告撰稿：林忠芳　潘功珏　陈卓尔

四川省乡村振兴监测报告

四川深入贯彻党中央乡村振兴战略，认真贯彻落实习近平总书记对四川工作的系列重要讲话精神，先后印发《四川省乡村振兴战略规划（2018—2022 年）》《四川省市县党政和省直部门（单位）领导班子领导干部推进乡村振兴战略实绩考核办法（试行）》《四川省县（市、区）实施乡村振兴战略分类考评激励办法》等一系列文件，切实保障乡村振兴全面推进，奋力打造新时代更高水平的“天府粮仓”。

一、全面推进乡村振兴，成效愈发显著

2023 年，四川坚持把加快农业农村现代化步伐、建设农业强省摆在突出位置，持续推动农业全面升级、农村全面进步、农民全面发展。国家统计局反馈的 2023 年四川乡村全面振兴发展指数为 67.4，比 2022 年提高 0.5（见图 1）。

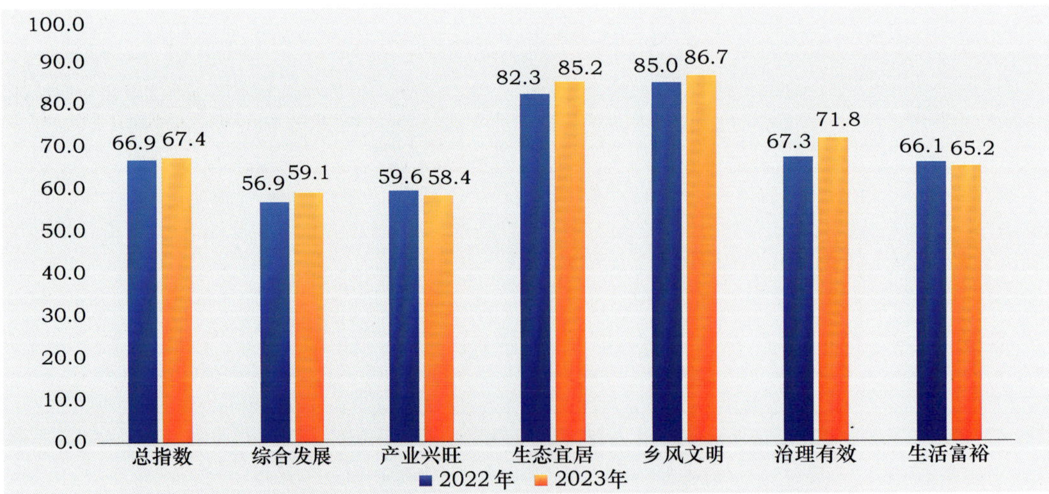

图 1 2022—2023 年四川分领域乡村全面振兴发展指数

（一）经济发展稳中向好

四川坚定以习近平新时代中国特色社会主义思想为指导，全面贯彻党的二十大精神、习近平总书记关于“三农”工作的重要论述和“打造新时代更高水平的‘天府粮仓’”重要指示要求，从全国大局把握战略地位和战略使命，深入实施“四化同步、城乡融合、五区共兴”发展战略，全力以赴拼经济搞建设，坚定不移推动高质量发展，经济实力再上新台阶，全面建设社会主义现代化四川实现良好开局。2023 年四川综合发展指数为 59.1，比 2022 年提高 2.2。四川地区生产总值为 60133 亿元，首次突破 6 万亿元，按不变价格计算，比 2022 年增长 6.0%，增速在前十个经济大省中位居首位，总量居全国第 5 位；其中，第一产业增加值 6057 亿元，比 2022 年增长 4.0%；第二产业增加值 21307 亿元，比 2022 年增长 5.0%；第三产业增加值 32770 亿元，比 2022 年增长 7.1%。人均地区生产总值 71835 元，比 2022 年增长 6.0%。

（二）产业发展持续兴旺

四川着眼资源禀赋和比较优势，加快完善社会化服务体系，持续提升农业科技装备水平，出台现代农业园区条例，推进乡村产业高质量发展。自 2020 年以来，四川共有川猪、晚熟柑橘、川西南早茶、油菜、山地肉牛、甘孜牦牛、设施蔬菜、肉兔、川中北蚕桑九个集群入围国家级优势特色产业集群，数量稳居全国前列。2023 年四川产业兴旺指数为 58.4。第一产业增加值迈上 6000 亿元台阶，稳居全国第二位，占 GDP 比重为 10.1%，比重在前十位经济大省中最高，比全国高 3.0 个百分点。2023 年四川农林牧渔业总产值在 2022 年增长 4.4% 的基础上增长了 4.0%（见表 1）。2023 年经济作物播种面积比 2013 年增长 24.5%，年均增长 2.2%。2023 年，蔬菜及食用菌产量 5418 万吨，比 2022 年增长 4.2%；茶叶产量 42.5 万吨，比 2022 年增长 8.1%；园林水果产量 1342 万吨，比 2022 年增长 8.3%；肉类产量 697 万吨，比 2022 年增长 1.7%。

表 1　2022—2023 年四川农林牧渔业总产值

指标	现价总量（亿元）		可比价增速（%）
	2023 年	2022 年	
农林牧渔业总产值	9978	9860	4.0
1. 农业产值	5822	5529	4.9
2. 林业产值	482	438	9.9
3. 牧业产值	3036	3282	1.6
4. 渔业产值	359	343	4.7

（三）生活环境更加宜居

四川出台乡村建设行动实施方案，在全国率先发布宜居宜业和美乡村建设规范，乡村建设水平不断提升，农村人居环境整治工作连续5年获国务院督查激励。2023年四川生态宜居指数为85.2，比2022年提高2.9。通三级及以上公路乡镇占比为84.7%，比2022年提高1.0个百分点；有电子商务配送站点的村占比为78.1%，比2022年提高5.1个百分点；5G网络通达的村占比达86.8%，较大人口规模自然村（组）通硬化路比例达82.1%；截至2023年底，农村生活污水治理管控率为73.4%，比2022年提高7.4个百分点；对生活垃圾进行处理的村占比为91.5%，比2022年提高1.6个百分点；农村卫生户厕普及率为87.2%，比2022年提高1.7个百分点；畜禽粪污综合利用率已达91.0%。持续推进乡村水务百县建设，农村自来水普及率为89.5%，比2022年提高0.5个百分点。

（四）乡风文明显著提升

四川深入开展新时代乡风文明建设十大行动，扎实推进农村移风易俗重点领域突出问题专项治理，组织开展"听党话、感党恩、跟党走"宣讲活动，推动乡风民风不断向上向好。2023年四川乡风文明指数为86.7，比2022年提高1.6。四川省级及以上文明村镇1175个，比2022年增长1.7%。四川开展乡村文化的恢复整理和保护抢救，公共文化基础设施提档升级，基本实现村村拥有农民业余文化组织，村综合性文化服务中心覆盖率为94.7%，比2022年提高2.7个百分点；四川村级（含涉农社区）体育健身场所达56003个，比2022年增加4760个，有体育健身场所的村占比93.6%，比2022年提高1.3个百分点。

（五）治理能力不断增强

四川认真贯彻执行党中央、国务院关于推动乡村治理的各项决策部署，不断健全完善以党建为引领，自治、法治、德治相结合的基层治理体系，做大做强新型农村集体经济，深入推进平安乡村建设，农民群众的获得感、幸福感、安全感不断增强。2023年四川治理有效指数为71.8，比2022年提高4.5。四川村集体经营收入20.7亿元，比2022年增长4.9%。四川有6个乡镇、60个村获评"全国乡村治理示范镇村"。县级及以上民主法治示范村占比为17.7%，比2022年提高2.2个百分点；有公共法律服务工作室的村占比为97.7%，比2022年提高6.4个百分点；有综合服务站的村占比为60.3%，比2022年提高16.6个百分点。基层党组织的组织力、带领力、战斗力全面增强，村党组织书记大专及以上学历比例为52.9%，比2022年提高5.1个百分点。

（六）农民生活更加富裕

四川着力发挥帮扶产业带动增收作用，加快改善乡村学校办学条件，加强乡村医疗卫生服务体系建设，落实和完善农村社会保障各项制度，农民生活质量明显提高。2023 年，四川生活富裕指数为 65.2。农村居民人均可支配收入 19978 元，比 2022 年增长 7.0%，城乡居民人均可支配收入比为 2.26，比 2022 年下降 0.06；农村居民家用汽车普及率为 36.7%，比 2022 年提高 2.8 个百分点。乡村义务教育专任教师本科及以上学历比例为 69.4%，比 2022 年提高 3.8 个百分点；乡村医生中执业（助理）医师资格的人员比例为 29.2%，比 2022 年提高 5.6 个百分点。城乡居民基本养老保险基础养老金最低标准每人每月为 128 元，比 2022 年提高 13 元；城乡居民月人均领取养老金金额为 206 元，比 2022 年增长 14.0%。

二、充分展现四川特色，亮点精彩纷呈

四川乡村振兴呈现“粮猪安天下、川味誉天下、乡村美天下、农民走天下”四大特点，这些特点既体现了四川自然条件优越、农业资源丰富、农村人口基数大的基本农情，也体现了四川在乡村振兴过程中不仅注重农业生产和粮食安全，还注重农业品牌的推广、乡村环境的改善以及农民生活的改善。

专栏 1

夯实“天府粮仓”根基

为全面提升耕地基础设施条件，四川按照“规划先行、标准引领、整片推进”工作思路，大力实施天府良田攻坚提质行动，进一步夯实“天府粮仓”根基。一是守牢建好“天府良田”。在全国率先施行省级《高标准农田建设技术规范》，出台农田项目建设规范管理办法，开展整区域建设试点，推动 2 市、10 县、100 片建设，完成新改建高标准农田 425 万亩。二是改善农田灌溉条件。实施农村机电提灌站建设三年攻坚行动，筹措 2 亿元专项资金，新改建提灌站 3500 余座，极大改善了农田灌溉条件。三是建立完善耕地撂荒动态清零机制。2023 年全省攻坚整治 4.2 万亩，大面积撂荒得到基本遏制，优化改造种植园地 140 万亩，粮食播面稳定在 9600 万亩以上。四是全面推进“科技到田”。组建 21 个专家服务团队包市包县，在每个粮食主产县（90 个）建成一个万亩高产示范区，2023 年粮食亩均增产 12 公斤、增长 3.3%，增幅在 13 个粮食主产省位居第 1；出台农机装备补短三年行动方案，推进以丘陵山区为重点的宜机化改造，2023 年全省新增农机装备 30 万台套，建成全程机械化先行县 10 个、先导区 100 个，规划建设 3 个省级农机专业园区，主要农作物综合机械化率达到 70%，比上年提高 2.5 个百分点。

撰稿：雒晗

（一）粮猪安天下

四川是全国 13 个粮食主产省份之一，2023 年，四川全面落实粮食安全党政同责，认真开展耕地用途管制和耕地占补平衡，实施天府良田建设攻坚提质行动和农村机电提灌站建设三年攻坚行动，多措并举狠抓粮食生产。粮食产量 3594 万吨，增长 2.4%，创 26 年来新高；油菜籽产量 354 万吨，增长 0.1%，连续 14 年居全国第一位；“天府菜油”品牌价值位居全国区域公共农产品品牌前列。2023 年末四川高标准农田面积为 4817 万亩，增长 7.8%，占耕地面积的 61.2%，耕地产出率为 3777 元 / 亩。四川是全国唯一优质商品猪战略保障基地，国家生猪生产规划的 7 个重点发展省份之一，生猪出栏近三年位居全国第一。内江猪、成华猪、藏猪等地方猪品种资源丰富，是农户和猪场生产优质猪肉所需要的优良遗传种质资源。四川制定生猪产业现代化发展规划和实施意见，出台生猪产业现代化技术标准和促进生猪保供稳价九条措施，加强生猪产能调控。2023 年生猪出栏 6663 万头，比 2022 年增长 1.7%；截至 2023 年底，四川已建成规模养猪场 19000 余家，规模养殖比重达到 64.0%，川猪规模化、标准化、产业化、市场化程度位居四川农业重要产业领域的首位。

专栏2

闯出特色优质川油产业高质量发展新路

四川深入实施“天府菜油”行动，以区域公共品牌建设为抓手，闯出一条“川字号”特色粮油产业高质量发展的新路。一是加强顶层设计。将“天府菜油”行动纳入省“十四五”规划和 2035 年远景目标纲要，建立 12 个省级部门（单位）为成员的“天府菜油”行动联席会议制度，出台《“天府菜油”行动三年计划》《“天府菜油”公用品牌（商标）管理暂行办法》和奖补政策，确保川油产业规范化、制度化发展。二是打造公共品牌。“天府菜油”实现了全产业链相关原料、成品以及副产物质量的标准化和原料种植、储存、加工的规范化，注册完成全国首个省级粮油区域公共品牌——“天府菜油”。连续 4 年上榜中国粮油影响力公共品牌，品牌价值超 100 亿元。三是突出龙头带动。中粮油脂（广元）公司、德阳年丰食品入选中国农业企业 500 强，成都新兴粮油、绵阳辉达粮油成为农业产业化国家重点龙头企业，2023 年全省食用植物油加工业产值近 300 亿元。四是推动融合发展。挖掘各地特色文化内涵和旅游资源，建设 66 个“天府菜油”产业融合发展县、6 个国家油菜特色产业集群，2023 年全省油料综合产值超过 800 亿元，带动产业增效、农民增收、乡村发展。

撰稿：雒晗

（二）川味誉天下

四川做好“土特产”大文章，扎实推进农村一二三产业融合发展，启动实施“天府粮仓·千园建设”行动，持续提升“川字号”特色农产品品牌知名度、影响力。四川有蜚声中外的川菜，还有享誉全国的“川字号”农产品。四川在中国白酒产业中占据着举足轻重的地位，2023 年白酒产量占全国 38.8%，有五粮液、泸州老窖、剑南春、郎酒、舍得、水井坊等全国知名的白酒品牌。四川是全球最大红心猕猴桃和全国最大晚熟柑桔、晚熟芒果、柠檬生产基地，“安岳柠檬”是“国家地理标志”产品，入选全国“土特产”名录和首批中欧地理标志协定保护名录，被评为全国“品牌价值领跑者”。竹叶青、天府龙芽、蒙顶黄芽驰名中外，川茶年综合产值连续三年突破千亿元大关。

专栏3

加快构建“川字号”特色农产品产业链

四川聚焦“土特产”做大文章，出台《四川省农村一二三产业融合发展行动方案》，加快形成“川字号”特色农产品生产供应链、精深加工链、品牌价值链“三链同构”格局，提升“川字号”优势特色农产品附加值和竞争力。一是实施“天府粮仓·千园建设”行动。出台《四川省现代农业园区条例》，推进现代高效特色农业带建设，加速推动农业产业全链条升级。2023 年，全省共建国家级现代园区 17 个，国家现代农业产业集群 7 个总量均居全国第 2；新建国、省级产业强镇 66 个，省级农业国际贸易高质量发展基地 12 个，新改建农产品产地冷藏保鲜设施 1041 座。二是坚持标准化生产、品牌化引领。出台《“天府粮仓”农业品牌建设行动方案》，注册发布“天府粮仓”省级公用品牌，首批培育精品品牌 100 个。举办“天府粮仓”精品全国推介活动，集中展示推介 870 余个“川字号”特色农产品，签约金额超 17 亿元；组织 210 余家企业赴意大利等 13 个国家开展“川字号”农产品“一带一路”行推介。举办第九届四川农博会，规模创历届之最。三是以示范创建带动食品安全水平提升。启动全国农产品质量安全省创建，有力推动“川字号”农产品提质增效，2023 年，农产品质量安全例行监测合格率达到 99.5%。

撰稿：雒晗

（三）乡村美天下

四川将农耕活动、非物质文化遗产、农业文化遗产、传统村落、文物古建等文化资源融入乡村旅游产品和线路，推动乡村文化和旅游深度融合。四川是我国“农家乐”发源地，春可赏花、夏能避暑、秋适品果、冬宜养生。四川有 3 条线路和 12 个精品景点入选农业农村部 2024 中国美丽乡村休闲旅游行（春季）精品景点线路，分别是：成都市郫都区观油菜花海，游春季美景；绵阳市北川羌茶羌文化生态游；广安市华蓥市梦幻花海·红色文化。

（四）农民走天下

四川出台《建设培育“川字号”特色劳务品牌二十二条措施》，实施农民工服务保障专项行动，促进农民工创业就业。四川是全国农民工主要输出省，农民工常年保持在 2600 万人以上，总量居全国第二，占全国的十分之一，足迹遍布全国各地和其他部分“一带一路”共建国家。四川农民工凭着四川人特有的勤劳智慧，在全国劳动力市场上塑造出“川军”的良好形象，为加快推进农业农村现代化带来了新理念、新模式和新活力。2023 年四川省农民工就业总量达到 2659 万人，实现劳务收入达到 7050 亿元，就业规模和劳务收入均创历史新高。

三、尚需关注短板弱项，着力解决问题

实施乡村振兴战略是一项长期的艰巨任务，需要发扬钉钉子精神，久久为功，持续加力加劲。当前，尚需关注三个方面的短板弱项。

（一）农业基础仍然薄弱

四川自然灾害相对较多，农业靠天吃饭问题仍未根本解决。丘陵山区耕地占比高、土地细碎化严重，四川坡度 6 度以上耕地占比 69.8%，高于全国平均水平。农业生产机械化水平较低，2023 年四川农作物耕种收综合机械化率为 52.3%，比全国低 20.7 个百分点，与农业大省地位不相匹配。另外受农村劳动力成本增加、农资价格持续上涨、粮食价格相对较低等因素影响，种粮比较效益偏低，“务工一个月，土里刨一年”，种粮收益远低于种植蔬菜、水果、茶叶等经济作物的收益和外出务工收入，一定程度影响农民种粮积极性。

（二）基础建设欠账较多

农村与城镇的教育、医疗和社会保障等基本公共服务存在较大差距。2023 年四川农村中小学专任教师本科及以上学历为 69.4%，比城市低 18.0 个百分点；四川乡村医生中执业（助理）医师资格的人员比例为 29.2%，与国家设定的 2025 年达到 45% 左右的目标差距较大；农村部分地区农家书屋软硬件设施陈旧，配发图书种类较少且更新迟缓，对农民的吸引不够，四川平均每个村拥有图书室（馆）0.9 个，比 2022 年减少 0.2 个。

（三）养老问题日益凸显

随着农村“空心化”和人口老龄化加剧，农村养老问题日益凸显。由于养老产业投入周期长、风险大、利润低，企业发展受限，社会资本参与积极性不高，同时部分地区财力有限，对老人入住率低的养老机构进行了合并。农村地区普遍缺乏标准化、专业化的养老机构和护理人员，不能满足

老年人护理的需求，同时农村老年人的支付能力限制了他们对养老服务的需求。2023 年四川农村养老服务机构和设施覆盖率 18.0%。

四、努力夯实发展基础，持续推进乡村振兴

（一）强化农业基础设施建设

加快补齐农业基础设施短板，实施粮食绿色高质高效创建工程，夯实粮食安全根基。将项目资金向基础设施薄弱地区倾斜，改善农业生产条件。整合涉农项目资金支持高标准农田建设，确保建一块成一块，真正实现旱涝保收、高产稳产。建设一批重大水利工程，加快既有灌区改造提升、末级渠系维修管护。提高机械化作业水平，对丘陵山区实行差异化补贴政策，及时研制推广应用丘陵和山地的中小型、多功能、微型机具。

（二）充分调动农民种粮积极性

加大对粮食产业链关键环节、关键要素的补贴支持力度，改革补贴方式，切实履行“谁种植、谁受益”的补贴标准。加强农业保险理赔支持，将种粮风险控制在合理区间。引导规模经营主体和社会化服务组织开展联农带农服务，将小农户带入现代农业发展轨道。建立预防粮价过度下跌机制，完善最低收购价、目标价格等价格保护制度。建立土地流转价格发布机制，防止流转费用不合理上涨，降低种粮大户经营成本。

（三）加快建设宜居宜业和美乡村

深入学习推广“千万工程”经验，扎实推进乡村国土空间规划编制实施，探索推行适宜农村实际的治理模式。加大财政支持力度，加强水、电、路、气、讯等基础设施建设。持续推进城乡基本公共服务均等化，加快推进教育、医疗、托幼、社会保障等公共服务设施建设与布局，不断增强农民获得感、幸福感、安全感。

（四）加快健全农村养老服务体系

统筹安排农村养老服务设施空间布局，加强闲置农村公共服务设施综合利用，优先改建为养老机构、老年食堂、老年大学等农村养老服务场所。鼓励、支持、引导社会组织和地方企业等多元主体参与农村养老服务，丰富养老服务内容。加大财政对农村养老保障的转移力度，进一步规范养老机构收费标准，提高留守老人养老质量。加快建立农村地区长期护理保障制度，优先满足失能、高龄、空巢老年人的基本养老服务需求。建立高素质农村养老服务人才队伍，着力培养一批业务精、技能强、爱岗敬业的高素质养老护理人才。

报告撰稿：雒晗

贵州省乡村振兴监测报告

2023 年，贵州坚持以习近平新时代中国特色社会主义思想为指导，全面贯彻落实党的二十大精神，深入贯彻落实习近平总书记关于“三农”工作的重要论述和视察贵州重要讲话精神，坚持农业农村优先发展，坚持城乡融合发展，深入实施乡村振兴“五大行动”，推进宜居宜业和美乡村建设，为全面推进乡村振兴、加快农业农村现代化打下坚实基础。

一、巩固拓展脱贫攻坚成果，乡村全面振兴取得新成效

2023 年，贵州乡村全面振兴发展指数为 62.6，比 2022 年提高 0.6，增长 1.0%，其中综合发展、生态宜居、乡风文明、治理有效、生活富裕等分领域指数均有所提升。

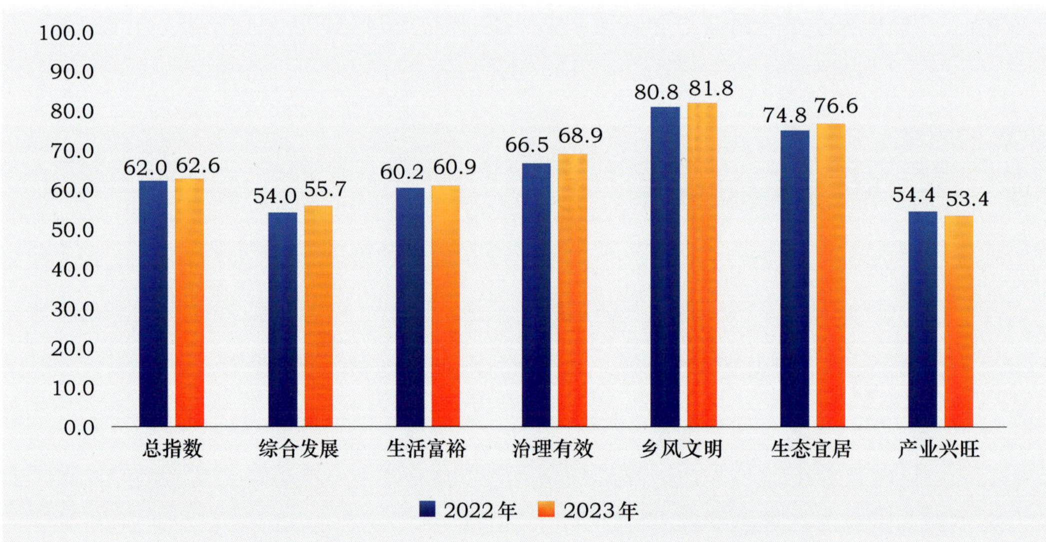

图 1 2022—2023 年贵州乡村全面振兴发展指数

（一）综合发展实力进一步增强

2023年是全面贯彻党的二十大精神的开局之年，是三年新冠疫情防控转段后经济恢复发展的一年，面对巨大的外部压力和内部困难，贵州坚持以高质量发展统揽全局，坚定不移围绕“四新”主攻“四化”、建设“四区一高地”，坚持一手抓恢复经济增长、一手抓防范化解风险，推动高质量发展迈出坚实步伐。2023年，贵州综合发展指数为55.7，比上年提高1.8。经济回升向好，地区生产总值实现20913亿元，增长4.9%，人均地区生产总值54172元，增长4.7%。财政收入大幅提升，地方一般公共预算收入突破2000亿元，达到2078亿元，增长10.2%。

（二）宜居乡村建设扎实推进

深入推进农村人居环境整治，持续完善农村基础设施，“四在农家·和美乡村”建设深入推进，2023年，生态宜居发展指数76.6，提高1.8。农村人居环境治理有效，强化农村生活污水治理、整治黑臭水体，农村生活污水治理管控率达到20.2%，提高2.4个百分点；实施畜禽粪污资源化利用整县推进项目，开展畜禽粪污治理雷霆行动，畜禽粪污综合利用率达86.8%，提高7.0个百分点；持续完善城乡一体化垃圾收运处理体系，对生活垃圾处理的村占比达到94.1%，提高3.2个百分点；深入推进农村厕所革命，农村卫生户厕普及率达到81.3%，提高4.1个百分点。基础设施进一步完善，持续实施规模化供水工程建设和小型供水工程标准化改造，逐步推进城乡供水一体化，农村自来水普及率达到91.2%，提高0.4个百分点；扎实推进“四好农村路”高质量发展，通三级及以上公路乡镇占比达到89.4%，提高1.9个百分点，较大人口规模自然村（组）通硬化路比例达到100%；加大信息基础设施建设，5G网络通达的村占比达到85.4%，提高14.6个百分点。

（三）乡风文明建设向前推进

深入推进《贵州省推进乡风文明建设五年行动》，强化基层党组织推进乡风文明建设，有效治理农村地区陈规陋习，文明新风得到大力弘扬，农民群众的精神文化生活进一步丰富，2023年，乡风文明发展指数81.8，提高1.0，增长1.3%。公共文化服务设施不断完善，切实满足人民群众公共服务需求，农村群众文体活动深入开展，“村超”“村BA”成为群众文化新亮点，有村综合性文化服务中心的村占比达到86.8%，提高0.8个百分点，有体育健身场所的村占比达到91.4%，提高2.0个百分点。

专栏1

“村超”创新赋能乡村振兴

近年来，贵州榕江县坚持以人民为中心的发展思想，立足乡村足球运动传统优势，创新举办榕江和美乡村足球超级联赛（简称“村超”），推动足球运动与民族文化、乡村旅游等深度融合，创新赋能乡村加快发展，2023年，榕江县地区生产总值95.9亿元，增长4.8%，增速比2022年提升2.1个百分点；农村居民人均可支配收入13671元，增长8.5%，提升1.3个百分点。一是以人民为中心。联赛一切活动由群众自发组织、自主决定、自发参与。提升赛场周边基础设施，设置摆摊点，人民群众参与提供特色食品，展示民族特色物品，共享“村超”红利。二是做强“土特产”。利用“村超”聚人气搭平台，展示本地侗族大歌等世界级、国家级非物质文化遗产，促进乡村旅游加快发展，深度开发本地特色产品，加快一二三产业融合发展。2023年累计接待游客766万人次，实现旅游综合收入84亿元，增长73.9%；销售农产品4198万吨，增长112.4%；新增市场主体2582家。三是全面展现新农村新风貌。借力“村超”流量，完善传统村落基础设施迎客，对全县29个传统村落生活污水及垃圾处理、民居修缮、文物保护、步道建设、消防、人饮、电改、串户道路等进行全面建设，切实改善人居环境和基础条件。

撰稿：杜天柱

（四）乡村治理水平有效提升

坚持和发展新时代“枫桥经验”，加强乡村人才保障，突出农村基层党组织领导作用，健全党组织领导的自治、法治、德治相结合的乡村治理体系，乡村治理水平持续提升，2023年，治理有效发展指数68.9，提高2.4，增长3.6%。村级干部队伍能力素质持续提升，村级组织领军人才和村级后备力量“双培养”工程有效实施，大规模组织村干部参加学历提升，全覆盖轮训村“两委”班子成员，全省村党组织书记大专及以上学历的村占比达到58.0%，提升4.8个百分点。法治乡村建设不断推进，不断深化“民主法治示范村”创建活动，县级及以上民主法治示范村达到28.8%，提升6.5个百分点；实施“法律明白人”培养工程，加强村级公共法律服务，有公共法律服务工作室的村占比达到70.5%，提升6.5个百分点。

（五）民生福祉不断增强

聚焦人民群众切身利益的就业、社保、教育、医疗等民生实事，着力解决人民群众急难愁盼问题，有效提升民生福祉，2023年，生活富裕发展指数60.8，提高0.6，增长1.0%。通过持续实施“雁归兴贵”计划促进农民就业增收，创新开展“千场带万户”专项行动，实施“千员带万社”行动，带动农业经营增效，提高农民转移性收入，农村居民收入较快增长，2023年，农村居民人均可支配收入 14817 元，增长 8.4%；城乡居民人均可支配收入比为 2.9:1，城乡居民收入比例比上年略有缩小；城乡居民月人均领取养老金 173 元，比上年增加 28.3 元。公共服务进一步强化，利用中央和省级奖补资金对乡村教师生活补助，乡村义务教育学校专任教师本科及以上学历比例达到 72%；乡村医生队伍建设进一步加强，通过线上线下对乡村医生和乡镇卫生院（社区卫生服务中心）医务人员开展大范围培训，乡村医生中有执业（助理）医师资格的人员比例达到 23.5%，提高 0.3 个百分点。

表 1 2023 年贵州主要经济指标

单位：亿元，%

指标	总量	增长
地区生产总值	20913	4.9
其中：第一产业增加值	2894	3.9
人均地区生产总值（元）	54172	4.7
一般公共预算收入	2078	10.2
城镇居民人均可支配收入（元）	42772	4.4
农村居民人均可支配收入（元）	14817	8.4

二、学深悟透“千万工程”经验，扎实推进“四在农家·和美乡村”建设

2021 年，习近平总书记赋予贵州“在乡村振兴上开新局”的重大使命，强调“要做好巩固拓展脱贫攻坚成果同乡村振兴有效衔接”。贵州省委、省政府深入学习贯彻习近平总书记对贵州工作和对浙江“千万工程”经验重要指示精神，把巩固拓展脱贫攻坚成果作为贵州现代化建设的底线任务，以“四在农家·和美乡村”为载体，全力做好乡村振兴这篇大文章。

（一）围绕“富在农家”抓乡村产业

坚决扛稳粮食安全政治责任，大力实施粮油生产“三大行动”和“六大工程”，2023 年，粮食生产再获丰收，粮食总产量 1120 万吨，比上年增长 5.1 万吨，增长 0.5%，连续四年保持增长态势；油料种植面积 910 万亩，增长 10%，油料产量 111 万吨，增长 5.1%。围绕茶叶、辣椒、刺梨等 12 个农业特色优势产业，坚持做好“土特产”文章，特色种植增长较快，2023 年，蔬菜及食用菌产量 3401 万吨，增长 3.8%；茶叶产量 28.8 万吨，增长 8.0%；园林水果产量 689 万吨，增长 9.4%，其中，刺梨 37.5 万吨，增长 26.9%；中草药材产量 134 万吨，增长 7.0%。生猪出栏实现新突破，生猪出栏首次突破 2000 万头，达 2048 万头，增长 3.2%；家禽出栏 19126 万羽，增长 3.8%，禽蛋产量达 38.8 万吨，增长 15.5%。

专栏2

“绿叶子”变“金叶子”

好山好水出好茶，贵州抹茶强势“出圈”，开辟贵州茶产业发展新赛道。2023年贵州省抹茶产量共计1285吨，其中，铜仁市抹茶产量达1000吨，销量突破1000吨，综合产值超3.5亿元，产销总量和出口量均位居全国前列。铜仁成为“世界抹茶超级工厂”“中国抹茶之都”，梵净抹茶正在引领黔茶新时尚。一是强品质。强化抹茶基地建设，建设高标准抹茶原料基地3万亩，选育龙井43号、福鼎大白茶等优质树种；积极推进加工升级，推进抹茶产业连续化、自动化、智能化发展，建成全球最先进抹茶精制生产线4条、碾茶初制生产线30条，亚洲最大的抹茶精制综合车间2座。二是强主体。培育抹茶、碾茶龙头企业，集聚人才、资本等生产要素，提升抹茶企业标准化、专业化、规模化、品牌化水平。三是强品牌。建设铜仁抹茶产业品牌孵化器，围绕“梵净抹茶·香溢天下”品牌主题投放宣传广告，举办抹茶大会提高“梵净抹茶”知名度和影响力。四是拓市场。丰富产品体系，推动抹茶产业与生态特色食品、文化、旅游、康养等产业渗透融合；稳步拓展市场渠道，以高品质欧标抹茶、烘焙级抹茶原料开拓海内外市场。

撰稿：潘悦琳

（二）围绕“学在农家”抓人才建设

创办“新时代学习大讲堂”，实现省市县乡村全覆盖。利用党校平台，举办各级乡村振兴轮训651期，培训干部22万人次。持续优化村“两委”班子特别是村级带头人队伍，2023年起每村至少有1名大学生到村工作。持续压缩党政机关行政经费用于教育扶贫，试行科技、卫生领域引进人才“县管乡用”，乡村教师“县管校聘”。建立乡土人才库，大力实施组团式帮扶，培育高素质农民和致富带头人。

（三）围绕“乐在农家”抓乡风文明

深入开展“推进移风易俗、树立文明乡风”专项行动，大力推广“合约食堂”“寨管家”等乡村治理新模式，持续开展滥办酒席、高价彩礼等专项整治，实现村规民约行政村全覆盖。推进大数据赋能乡村振兴，实行村级数据填报一张表，减轻基层负担。推动群众性文体活动与乡村产业、农耕文化深度融合，“村BA”“村超”火热出圈，网络流量超300亿次。

（四）围绕“美在农家”抓乡村建设

深入实施乡村建设行动、农村人居环境整治提升五年行动，遵循乡村建设规律，尊重农民意愿，集中力量优先抓好普惠性、基础性、兜底性民生建设，巩固提升小康路、小康水、小康房、小康电、小康讯、小康寨建设成果，实现全省农村饮水安全全覆盖，农村公路“组组通”、4G 网络“村村通”，5G 网络“乡乡通”。大力整治农村“八乱”，扎实推进农村厕所革命。

（五）围绕“党建引领”抓组织保障

严格落实“四个不摘”，坚持五级书记抓乡村振兴，43 位省领导联系挂帮 54 个县。印发《抓党建促乡村振兴行动方案》，建立村干部“345”收入保障机制，将村干部纳入城镇企业职工基本养老保险范畴。持续组建驻村工作队 9972 支，选派第一书记和驻村干部 31029 名，实现“五类村”全覆盖。树立大抓基层导向，农村基层党组织全面完成标准化规范化达标验收。

三、重点工作逐项推进，困难问题不容忽视

2021 年，贵州省委、省政府印发《贵州省全面推进乡村振兴五年行动方案》及《贵州省巩固拓展脱贫攻坚成果五年行动方案》《贵州省发展乡村产业五年行动方案》《贵州省农村人居环境整治提升五年行动方案》《贵州省推进乡风文明建设五年行动方案》《贵州省加强乡村治理五年行动方案》等配套文件，全力启动实施巩固拓展脱贫攻坚成果、发展乡村产业、农村人居环境整治提升、推进乡风文明、加强乡村治理“五大行动”，并明确“三步走”的行动步骤，确保实现“一年起好步、三年有形象、五年大变样”的目标，经过三年的努力，贵州乡村振兴重点工作取得了明显成效，但短板弱项仍然存在。

（一）乡村产业高质量发展存在薄弱环节

产业振兴是乡村振兴的重中之重，2021 年以来，贵州全力推进发展乡村产业五年行动，十二大农业特色优势产业产量实现较快增长，但独特优质产品比重不大，产业发展与本地特色资源结合还有差距，农业产业与其他产业融合度还需提升，一二三产业连接不够紧密。

（二）宜居宜业和美乡村建设存在短板弱项

农村道路、能源、通讯等基础设施还需健全完善，乡村道路、公厕、污水处理设施、公共文化设施、体育健身器材等基础设施长效管护机制落实还有差距，教育、医疗卫生、养老托幼等公共服务水平有待提升，2023 年，农村养老服务机构和设施覆盖率仅 7.5%。

（三）乡村治理效能还须提升

党组织领导下的自治、法治、德治相结合的乡村治理体系还需完善。村庄空心化、农户空巢化、农民老龄化现象更趋明显。农村天价彩礼、铺张浪费、大操大办、封建迷信等陈规陋习时有发生。

乡村干部队伍建设、能力本领还需进一步提升，集体经济较为薄弱，2023 年，经济强村占比仅 1.8%。

四、聚焦问题精准发力，持续推进乡村全面振兴

结合 2023 年度贵州乡村全面振兴综合监测结果，要坚决扛起政治责任，坚持问题导向，紧盯收入这个关键和易地搬迁群众等重点群体，坚决守住不发生规模性返贫底线，围绕产业和就业，充分发挥驻村第一书记和村党支部书记作用，强化基层基础，接续抓好乡村振兴，深入推进“四在农家·和美乡村”建设。

（一）聚焦乡村产业发展要在“土特产”上更加用力

充分挖掘贵州独有的自然资源和民族特色，加大本地特色产品的优化选育和品质提升，强化品牌建设，拓展销售市场，形成适度规模，加强一二三产业融合发展，促进产业提质增效，持续带动农民增收，农业增效。

（二）聚焦乡村建设要坚持以人为本合理规划

切实强化农民的主导作用，充分尊重农民意愿，凸显原有乡村特色，优化提升乡村空间布局的基础上合理规划引领乡村建设，扎实实施农村人居环境整治提升行动，切实改善农村人居环境，从各地实际和农民真正需要出发稳步推进基础设施建设，优化资源分配逐步完善农村公共服务体系，不断增强农村居民获得感幸福感。

（三）聚焦乡村治理水平要切实强化党建引领作用

深入推动五级书记抓乡村振兴，加大人才激励机制，选优配强村党委班子，减“应减之负”，尽“应尽之责”，推动责任政策工作落实到位，切实用心用情逐步解决群众关心关切的热点、难点和堵点问题，凝聚人心形成合力，不断增加农村居民民生福祉。

报告撰稿：吴定伟　杨双惠　杜天柱　潘悦琳

云南省乡村振兴监测报告

近年来，云南省委省政府坚定不移实施乡村振兴战略，以“千万工程”为引领，学习运用蕴含其中的发展理念、工作方法和推进机制，结合云南实际，加快建设彰显彩云之南特色的和美乡村，在促进农业高质高效、乡村宜居宜业、农民富裕富足上不断取得新进展，全省乡村振兴取得扎实成效。

一、农村经济实力持续增强，乡村建设实践“多点开花”

在全省上下的共同努力下，近年来云南农业农村发展取得了显著成效、实现了新的跨越。根据测算结果，2023 年全省乡村全面振兴发展指数 66.6。

（一）农村经济实力显著增强

云南始终把农业农村优先发展放在首位，全力推进农业现代化建设，全省农业经济发展稳中有进，农村改革持续深化，农民收入不断提高，第一产业在全省社会经济中的贡献不减。2023 年，全省综合发展指数 56.2。

地区发展总体保持平稳。2023 年，全省实现地区生产总值 30021 亿元，同比增长 4.4%，人均地区生产总值 6.4 万元，比 2022 年提高 0.3 万元 / 人；完成地方一般公共预算收入 2149 亿元，增长 10.3%；其中乡镇地方一般公共预算收入占全省的 24.3%。

农业在经济发展中的地位不断提高。2023 年，全省实现第一产业增加值 4207 亿元，占全国第一产业增加值比重 4.7%，比 2022 年提高 0.2 个百分点，云南在全国农业发展中的优势不减；实现农林牧渔业总产值 6835 亿元，同比增长 4.3%；其中农业、林业、畜牧业、渔业和农林牧渔专业及辅助性活动分别增长 4.5%、7.0%、3.4%、3.9% 和 5.5%。

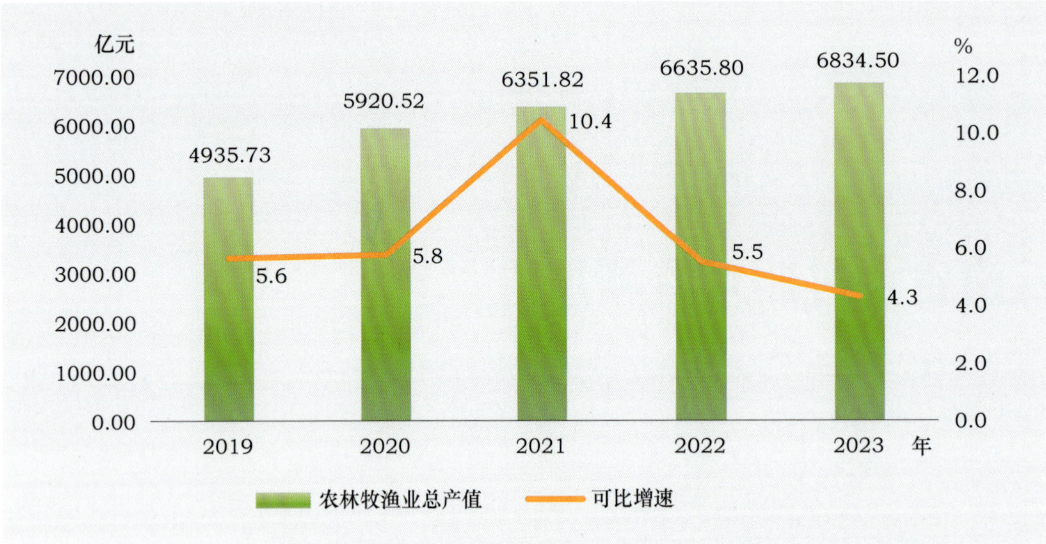

图 1 2019—2023 年云南农林牧渔业总产值

（二）乡村产业发展提质增效

近年来，云南发挥资源优势，坚持打“高原牌”、走“特色路”，围绕重点产业构建起一套全方位贯通、全要素保障、全产业链支持、全领域覆盖的政策体系，不断推进传统农业发展方式转型升级、提质增效。2023 年，全省产业兴旺指数 60.1。

粮经等特色作物发展迅速。近年来，全省特色产业基地建设步伐加快，农业发展稳中有进，截至 2023 年末，全省有种植规模户 10.6 万户，比 2019 年增加 4.8 万户；设施农业种植占地面积 178 万亩，比 2019 年增加 71.2 万亩。鲜切花、茶叶、咖啡、坚果、烟草、天然橡胶产量位居全国第 1 位；蔬菜、水果产量分别位居全国第 11 位、第 9 位；粮食产量实现 8 年连续正增长，产量位居全国第 15 位。

畜牧业发展态势良好。云南通过推进规模化、集约化、标准化、设施化养殖，实现畜牧业产能的稳步提升。截至 2023 年底，全省有畜禽养殖规模户 5.3 万户，比 2019 年增加 2.0 万户；设施畜牧养殖占地面积 17 万亩，比 2019 年增加 6.3 万亩。2023 年末，云南生猪存栏量位居全国第 4 位，肉牛存栏量位居全国第 1 位。

农业转型升级步伐加快。大力发展绿色种养循环农业，集成推广绿色生产技术，不断转变农业生产方式，高原特色现代农业得到长足发展。2023 年，畜禽粪污综合利用率达 82.0%，农作物秸秆年度综合利用率达 91.2%，农膜回收率达 83.1%，有机产品有效获证证书居全国第 1 位，“绿色有机地理标志”农产品个数同比增长 28.9%。全省优质特色农产品市场占有率稳步提升，农产品销往全国多个省市及多个国家和地区。

表 1 2019—2023 年云南重要农产品产量

（单位：万吨，亿枝，%）

指标	2019 年	2020 年	2021 年	2022 年	2023 年	2023 年同比增幅	2019-2023 年均增幅
蔬菜及食用菌	2304	2508	2749	2858	2961	3.6	6.1
茶叶	43.7	46.3	50.2	53.4	55.7	4.3	5.7
鲜切花	140	147	162	175	190	8.6	11.1
水果	860	962	1143	1289	1381	7.1	11.2
坚果	114	130	208	250	256	2.4	19.3
烟草	83.5	84.3	84.7	86.2	89.6	3.8	1.2

专栏 1

云南西双版纳州景洪市勐龙镇立足口岸谋产业　文旅融合促增收

云南西双版纳州景洪市勐龙镇结合自身资源优势，充分发挥沿边和资源优势，走出一条“产业兴旺 + 文旅融合”促振兴的发展新路子。

一是提质增效，发展优质产业。巩固提升橡胶、茶叶等优势产业，创新小糯玉米种植生产模式，建成新品系、新品种选育基地 1.2 万亩，推动小糯玉米实现品种、标识等“五统一”，助力小糯玉米远销日本、欧美等国家，带动农民增收。

二是拓宽渠道，突出边境优势。依托 240 经济口岸区冷链仓储物流、边民互市等项目，结合跨境特色农产品综合园区和二级市场建设，建成全市边境农产品集散中心，发动群众参与边民互市 5.7 万人次；组建跨境运输队和劳务队 166 支 2300 余人；引导群众到境外承包土地开展“替代种植”，促农增收。

三是丰富业态，加快文旅融合。依托 8 个特色村寨和 11 个景点的热带雨林、古茶园、水库等生态资源，引入企业打造旅游设施。把泼水节、边贸互市节等特色节庆活动串联起来，布局餐饮、夜市、地摊等业态，年内吸引游客 12.5 万人次，带动村民增收 151 万元，为 3 个村集体经济增收 74 万元。

撰稿：李雯

（三）生态环境宜居宜美

出台学习推广浙江“千万工程”经验三年行动实施方案，项目化、清单化、具体化推进重点任务，宜居宜业和美乡村建设有力有效。2023 年，全省生态宜居指数 79.7。

农村人居环境不断改善，生态更加宜居。截至 2023 年末，全省 44.1% 的村实现了生活垃圾分类，

66.2% 的村生活污水能全部集中处理或者部分集中处理。随着农村“厕所革命”加快推进，农村卫生条件明显改善，截至 2023 年末全省 99.6% 的村有公共厕所。

农村基础设施不断完善，生活更加便利。乡村建设取得显著成效，水、电、网、路等基础设施改善明显，截至 2023 年末，98.1% 的村内主要道路路面为硬化道路；99.1% 的村通自来水；98.1% 的村通宽带互联网；89.3% 的村通达 5G 网络；64.6% 的村有电子商务配送站点。用水、用电、公共交通等设施的完善让农民生活更加便利，农村生活的基本条件得以改善。

（四）合理规划促乡村文明

云南始终把培育文明乡风、良好家风、淳朴民风摆在重要位置，坚持物质文明和精神文明一起抓，提升农民精神风貌，推进移风易俗，展现乡村文明新气象。2023 年，全省乡风文明指数 84.2。

文化娱乐设施不断完善，农民生活更加丰富多彩。近年来，云南加大乡村娱乐基础设施建设，生活娱乐方式增多，极大丰富了群众的文化生活，农村文化事业实现长足发展。截至 2023 年末，全省 93.9% 的村有体育健身场所，比 2019 年提高 33.3 个百分点；66.4% 的村有农民业余文化组织，比 2019 年提高 9.2 个百分点；97.5% 的乡镇、82.4% 的村有文化站、图书室（馆）；14.0% 的乡镇有电影院。

示范引领促群众践行，推动乡风更加文明。云南近年来不断借鉴先进经验，积极探索，充分发挥先进典型示范引领作用，将移风易俗融入新时代文明实践活动。截至 2023 年末，全省省级以上文明村镇 1078 个，比上年增加 112 个；54.6% 的乡（镇）属于县级及以上文明镇，比上年提高 9.4 个百分点；58.2% 的村为县级以上文明村，比上年提高 4.9 个百分点；85.1% 的村有红白理事会，比上年提高 2.2 个百分点。

（五）精管善治提升乡村治理水平

云南积极探索创新，以党建为引领，推动基层社会治理组织化、规范化，乡村善治水平不断提高。2023 年，全省治理有效指数 74.9。

多元化乡村治理格局形成，基层治理能力明显提升。加快构建以农民为践行主体的乡村治理体系，提升乡村治理效能，公共法律服务平台建设稳步推进，德治水平不断提升。全省 99.8% 的行政村运用积分制、清单制等乡村治理方式，3 个乡镇、30 个村入选全国乡村治理示范村镇。截至 2023 年末，县级及以上民主法治示范村占比 40.5%；84.0% 的村有公共法律服务工作室；99.2% 的村有村规民约。

内生型乡村治理力量明显增强，带动乡村经济稳步发展。近年来云南不断完善基础设施建设和村民自治制度，为乡村发展提供良好的硬环境和软条件，截至 2023 年末，95.5% 的村有合法村庄规划；96.9% 的村有村（社区）服务站；80.8% 的村有综合性文化服务中心。随着乡村内生环境的不断完善，乡村从以第一产业发展为主逐步向多元化发展变化，乡村经济发展迅速，截至 2023 年末，28.4% 的村有村集体企业，其中规模以上企业占 11.2%；52.6% 的村支部书记受教育程度为大专及以上。

（六）农民持续增收使生活更加富足

云南加大对社会保障和民生改善的投入力度，随着经济的不断发展，农村居民可支配收入持续增长，消费水平不断提升。2023 年，全省生活富裕指数 63.5。

农民收入持续增加，城乡居民收入差距逐渐缩小。多措并举加快产业发展，助力脱贫攻坚同乡村振兴有效衔接，农民增收明显。2023 年，全省农村居民人均可支配收入 16361 元，同比增长 8.0%，增速比城镇高 4.7 个百分点、比全国高 0.3 个百分点；全省脱贫县农村居民人均可支配收入 15218 元，增长 8.5%，增速比全国高 0.8 个百分点。随着乡村振兴的深入推进，财政专项资金的投入力度加大，农民收入的持续增加，城乡收入差距进一步缩小，2023 年，全省城乡居民收入比 2.66:1，低于上年同期的 2.78:1。

农村生活消费支出稳定增长，消费结构有所调整。2023 年，全省农村居民人均消费支出 15147 元，比上年增长 13.8%，比全国（9.3%）高 4.5 个百分点，其中用于食品烟酒、居住、生活用品及服务、教育文化娱乐消费占农民人均消费支出的比重放缓，分别为 34.3%、19.4%、4.8%、11.0%，分别较上年下降 0.1、0.3、0.01、0.3 个百分点；衣着、交通通信、医疗保健、其他用品和服务占农民人均消费支出比重分别为 4.1%、15.3%、9.4%、1.5%，分别比上年高 0.1、0.2、0.3、0.2 个百分点。

表 2 2019—2023 年云南农村居民人均可支配收入

指标 年份	城镇居民人均可支配收入（元）	农村居民人均可支配收入（元）	农村居民人均可支配收入比上年增加（元/人）	农村居民人均可支配收入同比增长（%）	城乡居民人均可支配收入比值
2019 年	36238	11902	1134	10.5	3.04
2020 年	37500	12842	940	7.9	2.92
2021 年	40905	14197	1355	10.6	2.88
2022 年	42168	15147	950	6.7	2.78
2023 年	43563	16361	1214	8.0	2.66

二、挖潜赋能，聚焦“业、村、人”

（一）挖资源优势推高原特色现代生态农业质效同升

科技赋能，提升农产品品质和附加值。截至2023年末，全省有农产品加工企业1.4万个，农产品加工比2.2:1，高于2019年的1.5:1；持续做好“土特产”文章，开展“四季云品·产地云南”推介，不断提高云南农业的质量、效益和市场竞争力，“滇味”品牌优势逐渐显现，蒙自石榴、普洱茶和保山小粒咖啡入选全国农业品牌精品培育名单；元阳梯田红米等12个农产品进入2023年全国“土特产”推介名录。

科技创新，提高农业生产效率。加大农业科技创新力度，推广现代农业技术，初步构建形成了覆盖产地环境、种植养殖、初加工、产品质量分级等农业生产标准体系，农业机械化水平不断提高，2023年，全省农业机械总动力3014万千瓦，同比增长3.4%；农业劳动生产率3.6万元/人，比2019年增加1.4万元/人，2019—2023年年均增长15.6%。

农村一二三产业融合纵深推进，提高农业综合效益。全省厚植“农业+”新发展理念，农业产业园区集群化建设加快，农业新业态发展模式层出不穷，乡村旅游持续发展，现代农业产业结构体系日益健全，农村一二三产业融合纵深推进。全省有47个美丽休闲乡村，12个休闲农业与乡村旅游示范县；有25.6%的乡村开展休闲农业和乡村旅游接待、比2019年提高12.8个百分点；有3.5万户农户开展休闲农业和乡村旅游、比2019年增加1.8万户，增长1倍多。

（二）强保障助乡村公共服务能力提升

乡村教育基础不断夯实，提高农民素质有保障。深入实施教育卫生补短板三年行动，推进义务教育教师“县管校聘”改革，探索部省高校协同帮扶，中山大学“凤庆计划”荣获全球最佳减贫案例。随着农村教育资源配置逐步合理、不断完善，农民文化素质显著提升。截至2023年底，全省98.9%的乡（镇）、66.2%的村有小学校；99.7%的乡（镇）、69.6%的村有幼儿园、托儿所。

乡村医疗服务体系日趋完善，社会保障能力提升。加快构建农村医疗体系，制定医疗帮扶“一县一方案”，持续推进“组团式”帮扶工作，农村医疗卫生状况改观明显。2023年，帮助26家医院确定重点帮扶科室、特色专科532个，开展新技术新业务1000余项。截至2023年末，全省99.8%的乡镇有医疗卫生机构，有床位27.1万张、卫生技术人员25.9万人、执业（助理）医师9.5万人；97.0%的村有卫生室，有卫生技术人员7.5万人、执业（助理）医师2.7万人。

乡村养老体系加快形成，乡村社会保障能力明显提升。近年来，云南大力推进农村社会养老机制改革，完善新型农村社会养老保险制度，逐步提高农村养老服务能力和保障水平。截至2023年末，全省13.1%的村有农村养老机构和设施，收养和救助1.6万人。

专栏2

云南大理市凤阳邑村保护传统村落 探索乡村振兴新模式

云南大理市凤阳邑村以传统村落保护开发为主线，按照“有旧保旧、控点固面、双招双引”的发展思路，深入挖掘保护乡村文化内涵，整治提升村庄人居环境，推动乡村旅游快速发展，联农带农促增收，走出了一条“文旅＋影视”的乡村振兴新模式。

一是规划引领，保护优先，留住乡愁。凤阳邑村对茶马古道及沿线的老建筑、老石拱桥等进行保护及修复，深入挖掘马帮文化，建立凤阳邑传统村落数字博物馆，保护开发陶泥、蓝染等乡土文化，塑造具有鲜明地域特色的文化品牌。

二是控点固面，整治风貌，提升品质。采取“财政资金主导、村集体资金支持、群众积极参与”的方式，整合筹集资金，全方位整治村庄环境，因地制宜建设“小花园、小果园、小菜园”，高标准打造景观小品、休闲场所。

三是盘活资源、双招双引，共同发展。以招商引资、招财引智为抓手，积极盘活闲置老院落，建设电视剧《去有风的地方》拍摄基地“有风小院”，打造“有风”IP，引进茶企“陈苍号”、南京“先锋书店”等企业到凤阳邑合作发展。同时邀请优质智库、优秀人才到村调研，通过艺人代言、企业入驻、文创出新等方式，以“文化振兴”带动旅游产业快速发展。

撰稿：戴燕凌

（三）提综合素质促农民全面发展

加强教育培训，提升农民农技水平。搭建“云岭农科110”微信小程序，自上线以来，已有来自农、林、牧、渔等行业的近9000名专家入驻，为基层农户、企业等农业生产者提供种养殖技术、品种选育、病虫害防治等公益性农业技术咨询服务和农技培训；同时在时令期间，各地积极组织农技培训，提升农民科学文化素质和职业技能。

加快乡村人才振兴，提升农村内生动力。云南厚植人才培育优势，在培育内部人才的基础上积极引入外部人才，大力选派科技特派员赴农村开展指导，组织开展“万名人才兴万村”行动，向全省各地行政村（社区）选派2万余名人才，覆盖率达100%。

三、乡村发展面临困难，短板弱项值得关注

（一）乡村产业发展不利因素依然存在

与发达省份相比，云南农田水利、道路、电力等基础设施还不够完善，农业设施现代化推广不足，成为制约高原特色现代农业提质增效的因素之一。全省 90% 以上为山区，仅 6.6% 的地区为平原地貌，规模农业经营发展相对滞后，农业规模化受到制约。

（二）农村新业态、新模式发展还有较大空间

近年来，全省农村基础设施建设日趋完善，乡村面貌焕然一新，但与新业态的结合还有待加强，“互联网 +”与农业结合发展不足。截至 2023 年末，全省仅 53.8% 的常住农户有固定互联网宽带接入；有 35.4% 的村没有电子商务配送站；24.9% 的村没有智慧综合管理服务平台。

（三）农村人居环境整治还需进一步加强

近年来，在省委省政府的持续发力下，全省乡村治理能力不断增强，但人居环境还需进一步加强。农村厕所改造虽取得实质性成效，但使用卫生厕所农户占比较低，截至 2023 年末，全省仅 72.8% 的常住农户使用卫生厕所；55.9% 的村未进行垃圾分类；33.8% 的村生活污水未进行集中处理。

（四）乡村发展要素保障仍需加力

随着城镇化水平的迅速提升，年轻力壮的劳动力外出务工增多，现有留守劳动力文化水平和劳动技能不高，一定程度上制约了农业现代化和乡村产业发展。2023 年，全省乡村从业人员 1432 万人，呈逐年下降的趋势。

四、聚焦重点难点，持续推进乡村全面振兴

（一）夯实农业农村基础设施建设

结合乡村布局优化，改善农业生产条件，完善农村道路交通、农田水利、供水供电、通讯网络、等基础设施建设；大力推进设施农业建设，完善设施农业区域布局，提高设施农业规模化、产业化建设水平；增强抵御病虫害的能力，加大力度做好防涝抗旱工作，努力减少自然灾害造成的损失，增强农业发展后劲。

（二）促进农村产业融合发展

深入推进“互联网 + 农业”，促进农村一二三产业融合发展，不断推动农业生产、加工、物流、销售等产业链环节结合，实现农业产业发展科技化、智能化、信息化；加快农村电子商务、农超、

农社、农企、农校等产销对接新业态发展；推进农业与旅游、教育、文化、健康等产业深度融合，将地区产业优势转化为经济优势。

（三）推动农村人居环境持续改善

持续推进农村“厕所革命”，加快推进农村生产生活垃圾源头分类减量，提高农村生活垃圾和污水处理能力。积极完善农村公共服务，提升农业社会化服务水平，多措并举改善村容村貌，共创美好人居环境。

（四）强化乡村产业发展人才培养

加强统筹协调，保证特色产业管理人才配备到位，强化地方项目人才支撑。注重本土人才的培养，将农业科学技术引到各乡、各村，培养当地农民掌握新兴技术，提高农业生产水平。落实返乡下乡人员创新创业优惠政策，支持各类人才回乡下乡创业。

报告撰稿：胡敏　许泽玺　李雯　戴燕凌

西藏自治区乡村振兴监测报告

党的十九大以来，自治区党委、政府高举习近平新时代中国特色社会主义思想伟大旗帜，全面贯彻党的十九大、二十大和历次中央经济工作会议精神，深入贯彻落实习近平总书记关于西藏工作的重要指示和新时代党的治藏方略，按照自治区第十次党代会决策部署和自治区党委经济工作会议精神，捍卫“两个确立”、增强“四个意识”、坚定“四个自信”、做到“两个维护”，锚定“四件大事”，着力推进“四个创建”，努力做到“四个走在前列”。聚焦守底线、抓发展、促振兴，加快发展壮大高原特色富民产业，全面推进乡村振兴，促进农民农村共同富裕取得了新成效。

一、乡村振兴全面推进，综合发展成效显著

从乡村全面振兴发展指数看，2023年全区乡村全面振兴发展指数64.2，较2022年提高了4.9，实现了较大幅度的提升。全区74个县区乡村全面振兴发展指数较2022年均有提高，综合发展、产业兴旺、生态宜居、乡风文明、治理有效、生活富裕六大领域实现协调发展，呈现平稳向好态势，这充分体现了西藏乡村振兴工作扎实有力，巩固拓展脱贫攻坚成果同乡村振兴有效衔接取得较好成效。

（一）综合发展水平持续提升

2023年作为全面贯彻落实党的二十大精神的开局之年，也是三年新冠疫情防控平稳转段后经济恢复发展的一年。全区坚持稳中求进工作总基调，积极落实各项稳增长政策。从乡村全面振兴发展指数测算结果来看，全区综合发展指数58.9，较2022年提高7.0，实现较大提升。主要经济指标增速位居全国前列，其中地区生产总值、城镇和乡村居民人均可支配收入、固定资产投资、社会消费品零售总额等五项指标增速领跑全国，规模以上工业增加值增速位列全国前三。全区地区生产

总值 2393 亿元，同比增长 9.5%；一般公共预算收入 237 亿元，增长 31.7%。

全区有 17 个县区综合发展指数超过全国平均水平，较上年增加 12 个。拉萨市堆龙德庆区、墨竹工卡县、达孜区的综合发展指数远远高于全国平均水平，充分体现了首府城市首位度的作用。

（二）一产基础地位更加巩固

按照“优化一产、壮大二产、提升三产”的总体思路，全区深入推进高原特色产业高质量发展，加快构建西藏特色现代化乡村产业体系。从乡村全面振兴发展指数看，2023 年全区产业兴旺指数 59.9，较 2022 年提高 5.4。第一产业增加值 215 亿元，同比增长 14.9%；农作物播种面积 281.4 千公顷，比上年增加 4.2 千公顷；全年猪牛羊肉产量 31.0 万吨，增长 9.7%，奶类产量 64.3 万吨，增长 11.3%，禽蛋产量 1.4 万吨，增长 33.2%；粮食总产量 108.9 万吨，增长 1.4%；“绿色有机地理标志”农产品 254 个，增长 27%；农作物耕种收综合机械化率提升 0.5 个百分点左右。

表 1 2022—2023 年西藏农林牧渔业产值

指标	2022 年	2023 年	增速（%）
产值（亿元）			
农林牧渔业总产值	278.62	320.14	13.1
农业	120.95	132.60	7.9
林业	6.96	9.51	34.4
牧业	143.40	169.97	16.7
渔业	0.22	0.28	25.2
农林牧渔专业及辅助性活动	7.08	7.79	8.3
构成（%）			
农林牧渔业总产值	100.0	100.0	
农业	43.4	41.4	
林业	2.5	3.0	
牧业	51.5	53.1	
渔业	0.1	0.1	
农林牧渔专业及辅助性活动	2.5	2.4	

全区有 22 个县区产业兴旺指数超过全国平均水平，较上年增加 11 个。林芝市设施农业大棚的投入建设，有力提高了产业发展水平。那曲市支持牲畜反季节出栏奖补若干措施和奶业振兴补贴政策试点若干措施极大提升了养殖户对牲畜出栏的意愿，有效提高奶产量。

（三）乡村生态更加宜居

全区以建设宜居宜业美丽乡村为目标，以改善农牧区基础设施和提升公共服务水平为重点，以解决农牧区人畜分离为切入点，强化规划引领，统筹资源要素，动员各方力量，乡村建设取得实质性进展。2023 年全区生态宜居指数 74.9，较 2022 年提高 6.5。有生活垃圾分类村占比达到

60.6%，较上年提高 22.7 个百分点；有生活污水集中处理的村占比达到 42.7%、农村厕所普及率达 77.6%、自来水普及率达 78.1%，较上年分别提高 13.7 个、6.9 个和 1.8 个百分点。全年货物运输周转量 164.3 亿吨公里，增长 25.5%；年末公路总通车里程 12.3 万公里，增加 1859 公里；邮政行业寄递业务量 1.9 亿件，增长 7.2%；电信业务总量 62.1 亿元，增长 13.7%；移动互联网用户 317.2 万户，增加 16.1 万户；移动互联网接入流量 9.9 亿 GB，增长 5.7%；农村地区宽带接入用户达到 25.0 万户。行政村光纤宽带通达率达 99% 以上。

全区有 18 个县区生态宜居指数超过全国平均水平，较上年增加 7 个。拉萨市全面贯彻落实乡村建设行动，乡村建设水平有效提升，四个区县指数均超全国平均水平。

（四）乡风文明显著提升

全区大力实施树立农牧民新风貌行动，持续培育文明乡风、良好乡风、淳朴民风。2023 年全区乡风文明指数为 86.8，较 2022 年提高 5.0。年末全区共有广播电视台 76 座，广播、电视综合人口覆盖率分别达 99.5% 和 99.7%；省级以上文明村占比达到 6.2%。综合性文化服务中心村占比 94.6%，比上年提升 5.5 个百分点；农民业余文化组织 5237 个，较上年增长 10.7%。

全区有 44 个县区乡风文明指数超过全国乡风文明平均水平，较上年增加 4 个。拉萨市农村综合服务和文化建设、体育健身活动、业余娱乐生活日渐丰富，乡风文明和精神文明建设日益向好。拉萨市省级及以上文明村占比达 29.2%，较 2022 年提高 17.1 个百分点；村综合性文化服务中心覆盖率达到 100%；有农民业余文化组织的村占比达 95.3%，较 2022 年提高 13.8 个百分点；有体育健身场所的村占比达到 91.9%。

（五）乡村治理有力有效

持续加强乡村振兴治理体系建设，建立健全以基层党组织为领导，村民自治组织和村务监督组织为基础，集体经济组织和农牧民合作社组织为纽带，其他社会组织为补充的村级组织体系。2023 年全区治理有效指数为 53.3，较 2022 年提高 3.5。有公共法律服务中心（工作室）的村占比达到 75.8%；县级以上民主法治示范村占比 7.1%，较上年提升 2.1 个百分点；有综合服务站的村占比 97.4%，较上年提升 15.1 个百分点。全区有 43 个县区治理有效指数均高于全区平均水平。

（六）居民增收形势向好

全区紧盯农牧民收入，实施增收行动，从加大资金投入、产业提档升级、强化就业帮扶、加强金融惠民、加大消费帮扶、兜底民生底线、激发内生动力等七大方面促增收。2023 年全区生活富

专栏1

改天换地“绿青山”辛勤耕耘“富口袋”

习近平总书记指出，良好生态环境是农村最大优势和宝贵财富，要让良好生态成为乡村振兴的支撑点。西藏自治区党委、政府深入贯彻落实习近平生态文明思想，坚持“绿水青山就是金山银山、冰天雪地也是金山银山”的发展理念，作出实施拉萨南北山绿化的重大决策部署，引领国家生态文明高地建设，不断增进各族群众生态福祉。日喀则市南木林县紧盯脱贫人口稳定增收难等问题，瞄准生态增效和农牧民增收的结合点，抢抓机遇，主动作为，积极引导农牧民群众参与拉萨南北山绿化工程建设，推动拉萨南北山“绿起来”，促进南木林群众“富起来”。2022 年以来，南木林县已累计组织 3534 人、7500 余人参与拉萨南北山绿化工程，实现增收 3405 万元。

南木林县确定“着力打造劳务强县”目标，成立由县长为组长的南木林县拉萨南北山绿化项目指挥部，组成工作专班，并成立国营企业南木林县百兴劳务公司，专业从事劳务承包、劳务派遣、技能培训、机械租赁等服务，辐射 151 家村级劳务合作社和 200 多名乡村劳务经纪人，与西藏林木科学院、圣地园林公司、腾飞集团等 10 余家科研单位和企业建立长期合作关系，累计造林绿湖面积 17000 亩。

撰稿：李跃龙

裕指数为 62.8，较 2022 年提高 3.7。乡村生活富裕水平有了较大的提升。2023 年，全体居民人均可支配收入同比增长 8.7%，增速位居全国第一；城镇居民人均可支配收入增长为 6.5%，位居全国第一；农村居民人均可支配收入增长为 9.4%，位居全国第一；城乡收入差距持续缩小。服务消费明显增加，2023 年全区居民人均教育文化娱乐支出 913 元，增长 15.2%，占居民人均生活消费支出的比重为 5.3%，较上年提升 0.3 个百分点。

全区有 13 个县区生活富裕指数超过全国平均水平，较上年增加了 8 个。2023 年，昌都市农村居民人均可支配收入 17941 元，同比增长 9.8%。通过“五动模式”（强化组织推动、找准优势带动、创新模式促动、园区聚集拉动、招商增效鼓动），建立稳定、紧密、互利的利益联结机制，带动农牧民群众 18416 户共增收 4319.0 万元、户均增收 2345.3 元。

二、守底线、抓发展、促振兴，绘就乡村振兴“四新”画卷

2023 年，全区坚持以人民为中心的发展思想，坚持稳中求进的工作总基调，完整准确全面贯彻新发展理念，主动服务和融入新发展格局，胸怀“国之大者”，坚持“守底线、抓发展、促振兴”，紧紧围绕西藏自治区“十四五”时期巩固拓展脱贫攻坚成果同乡村振兴有效衔接规划，扎实推进“四

个行动”工作，“三农”工作继续保持稳中向好、稳中有进的良好态势。突出表现为“四个新”。

表 2 2022—2023 年西藏城乡人民生活情况

指标	单位	2022 年	2023 年	增速
城乡住户调查				
全体居民人均可支配收入	元、%	26675	28983	8.7
其中：城镇居民	元、%	48753	51900	6.5
农村居民	元、%	18209	19924	9.4
全体居民人均生活消费支出	元、%	15886	17220	8.4
其中：城镇居民	元、%	28265	28858	2.1
农村居民	元、%	11139	12619	13.3
城镇住户				
平均每户家庭常住人口数	人、%	2.87	2.71	-5.6
平均每一就业者负担人数	人、%	2.35	2.13	-9.4
平均每人现住房建筑面积	平方米、%	44.82	49.31	10.0
农村住户				
平均每户家庭常住人口数	人、%	4.94	5.25	6.3
平均每户劳动力人数	人、%	2.99	3.19	6.7
平均每一劳动力负担人数	人、%	1.65	1.65	持平
平均每人现住房建筑面积	平方米、%	40.18	41.32	2.8

（一）农牧民增收行动迈上新台阶

聚焦“易地搬迁安置点、重点帮扶乡镇”两个区域，紧盯“收入万元以下、同比下降”两类群体，实施《西藏自治区巩固易地搬迁脱贫成果实施方案》《西藏自治区关于实施乡村振兴重点帮扶乡镇行动若干措施》，采取精准有效帮扶措施，不断加大综合性帮扶力度，落实《西藏自治区农牧民参与乡村建设实施方案（试行）》，充分发挥帮扶项目联农带农作用，聚焦产业就业帮扶促增收。2023 年农村居民人均可支配收入 19924 元，增速为 9.4%。

（二）扶贫产业项目提档升级行动取得新进展

聚焦守底线、抓发展、促振兴，推进扶贫产业项目提档升级，摸清底数明产权，分类施策促提升。加快发展壮大高原特色富民产业，培育壮大经营主体，加强品牌建设，强化科技支撑，促进产销对接，完善利益联结机制，以扶贫产业的提档升级助推乡村产业振兴。

（三）乡村建设行动擦亮新底色

学习运用浙江“千万工程”经验，研究制定《西藏自治区学习运用“千万工程”经验建设高原和美乡村的若干措施》，全面打造各具特色的现代版高原“富春山居图”。坚持“塑形”与“铸魂”并举，220 个宜居宜业和美乡村开工建设，已完工 192 个。树立农牧民新风貌行动扩面到 1759 个村（社区），“积分制”在 1081 个村推行。米林市纳入 2023 年国家乡村振兴示范县创建名单。持续加大人居环境整治力度。完成人畜分离 7.7 万户，户厕改造 4.0 万座。

专栏 2

普兰县岗莎村产业发展引领乡村全面振兴

岗莎村隶属阿里地区普兰县巴嘎乡，位于冈仁波齐峰下、玛旁雍错湖畔。近年来，岗莎村充分发挥独特旅游资源优势，打造以三产带二产连一产的融合发展产业体系，借助冈仁波齐旅游服务有限责任公司等七个集体经济组织，塔尔钦旅游综合服务体等 4 个乡村振兴产业项目，村集体经济总资产已超亿元，2023 年村集体经济收入达 1848 万元，成为普兰县乡村振兴的“辐射中心”、阿里地区“集体经济第一村”。

岗莎村坚持把生态文明建设摆在突出位置，建设“绿色百米大道”，让“树难种、树难活”成为历史。加强环境卫生突出问题的综合治理，新建“旅游厕所”12 个，建设运营“冈仁波齐垃圾银行”，借助在职党员“双报到”“我为群众办实事”等党员志愿服务，在冈仁波齐峰周围开展环境卫生整治行动 8 次，参与党员 1600 人次。落实生态补偿效益基金制度，聘用护林员、湿地管护员、野保员、草原监督员，让绿水青山、冰天雪地在高原成为金山银山。

撰稿：李跃龙

（四）树立农牧民新风貌行动焕发新活力

对 3 个县区和 300 个村开展“3+300”试点，实行对试点对象整村推进，一村一策，通过试点工作，推进人畜分离清、庭院环境美、饮食起居洁、精神面貌佳，有序实现村村破旧立新好、村规民约实、乡村文化新、村容村貌美。

三、对标对表，查找短板弱项

总体看，全区巩固拓展脱贫攻坚成果、全面推进乡村振兴各项目标任务高质量完成，取得了一定成绩，但对标对表党中央和自治区的要求、与全区广大农牧民群众的期盼还有一定的差距和不足。

（一）生活富裕水平需进一步提升

农牧民持续稳定增收渠道窄，产业项目运营主体带动能力弱，联农带农机制不完善，农牧民群众内生动力不足，城乡之间、区域之间、群体之间还有不少发展差距，持续保持农牧民收入高速增长压力大。2023 年，全区城乡人均可支配收入比为 2.6，比西部地区高 0.1，比全国高 0.2。生活富裕指数比全国平均水平低 6.2。

（二）乡村建设需进一步加强

西藏地域辽阔、高寒缺氧、群众居住分散、单位建设成本高，乡村公路、农田操场灌溉等基础设施还相对滞后，基础设施改善、公共服务还有不少短板，易地扶贫搬迁安置点后续帮扶、补齐基础设施短板、建设美丽宜居乡村需要付出更多努力。2023 年综合发展和产业兴旺指数分别比全国平均水平低 2.1 和 0.4。

（三）乡村治理能力需进一步巩固

西藏是国家重要的安全屏障，乡村治理的挑战大，夯实农牧区稳定基础仍需下更大的功夫。2023 年全区县级以上民主法治示范村占比仅为 7.1%，治理有效指数低于全国平均水平 16.1 个点。

四、精准发力，推进乡村全面振兴

下一步，要坚持以习近平新时代中国特色社会主义思想为指导，深入贯彻落实党的二十大精神和习近平总书记关于“三农”工作重要论述，时刻牢记“国之大者”，坚决扛起政治责任，强化问题导向、目标导向、结果导向，以时时放心不下的责任感和奋发有为的精神状态，推动巩固拓展脱贫攻坚成果上台阶、全面推进乡村振兴见实效。

（一）全力推动农牧民增收

要培优育强特色产业，加大龙头企业、农民专业合作组织、家庭农场、种养大户等新型经营主体培育力度，建立健全更加紧密的联农带农机制，进一步延伸乡村产业链条，培育推广更多具有西藏特色和文化底蕴的区域品牌，确保乡村产业发展质量更高；要坚持点面结合、多措并举、精准施策，全面落实促进农牧民增收的各项政策举措，着力在提高生产经营净收入比重，稳住工资性收入增长势头，提升转移性收入水平，拓宽财产性收入渠道上下功夫，确保全区农村居民人均可支配收入平稳增长。

（二）建设宜居宜业和美乡村

对照“农村基本具备现代生活条件”这一目标，学习运用好浙江“千万工程”经验，以宜居宜业和美乡村建设、“美丽乡村 · 幸福家园”行动为抓手，扎实推进乡村建设行动，统筹水电路讯网基础设施和科教文卫保公共服务布局，每年集中力量打造一批乡村振兴示范村，让业兴村强、民富人和、美丽宜居、稳定繁荣的现代版“富春山居图”在西藏大地渐次铺展。

（三）加强和改进乡村治理

建立健全党委领导、政府负责、社会协同、公众参与、法治保障、科技支撑的现代乡村社会治理体制，健全党组织领导的自治、法治、德治相结合的乡村治理体系，以自治增活力、以法治强保障、以德治扬正气，建设充满活力、和谐有序的乡村社会。更大力度推广运用积分制、清单制、数字化、村民理事会等治理方式和载体，不断提升基层治理体系和治理能力现代化水平。

报告撰稿：王秀丽　扎西次松　晋美朗杰　王衍华

陕西省乡村振兴监测报告

2023 年，陕西深入学习贯彻习近平总书记关于“三农”工作的重要论述和历次来陕考察重要讲话重要指示精神，认真落实省委、省政府工作部署，锚定建设农业强省目标，聚力打造以苹果、猕猴桃、羊奶等为代表的八大产业链，提升乡村产业发展水平，促进陕西乡村振兴战略全面推进。根据国家统计局乡村振兴监测指标体系测算，2023 年陕西乡村全面振兴发展指数 66.8，高于上年 0.1，同比增长 0.1%。

一、乡村振兴全面推进，五大振兴成绩斐然

陕西聚力农业产业链建设，把特色产业发展作为巩固拓展脱贫攻坚成果、全面推进乡村振兴的根本之策。2023 年陕西农业农村经济稳步增长，农村生产生活条件显著改善，农村居民生活水平稳步提升。

（一）乡村振兴综合发展稳步提升

农林牧渔业总产值稳步增长。2023 年，陕西农林牧渔业总产值 4725 亿元，可比价增速 4.0%，其中农业（种植业）产值 3468 亿元，林业产值 96 亿元，牧业产值 864 亿元，渔业产值 37 亿元，农林牧渔专业及辅助性活动产值 259 亿元，同比增速分别为 4.0%、2.6%、4.0%、6.2%、4.6%。第一产业实现增加值 2650 亿元，比上年增长 4.0%。全省农业农村经济实现稳中有进良好发展态势，为推进乡村振兴打好了坚实基础。耕地保护红线和粮食安全底线越守越稳。全省全年粮食播种面积 4534 万亩，较上年增加 8.2 万亩，增长 0.2%，粮食总产量创历史新高，达到 1324 万吨，较上年增加 25.8 万吨，增长 2.0%。粮食亩产创历史新高，达到 291.9 公斤 / 亩，增长 1.8%。巩固拓展脱贫攻坚成果同乡村振兴有效衔接步伐稳健有力。2023 年陕西启动实施“千村示范、万村提升”工程，

脱贫人口人均纯收入增长 15.2%，67.3% 的监测对象消除返贫致贫风险，脱贫地区三保障和饮水安全水平不断提升；现代农业与县域城乡融合发展助力乡村全面振兴，2023 年县域生产总值达到 1.6 万亿，西部百强县新增 1 个、达到 8 个；陕西接续实施农村集体经济“消薄培强”行动，集体经济薄弱村占比降至 6%。

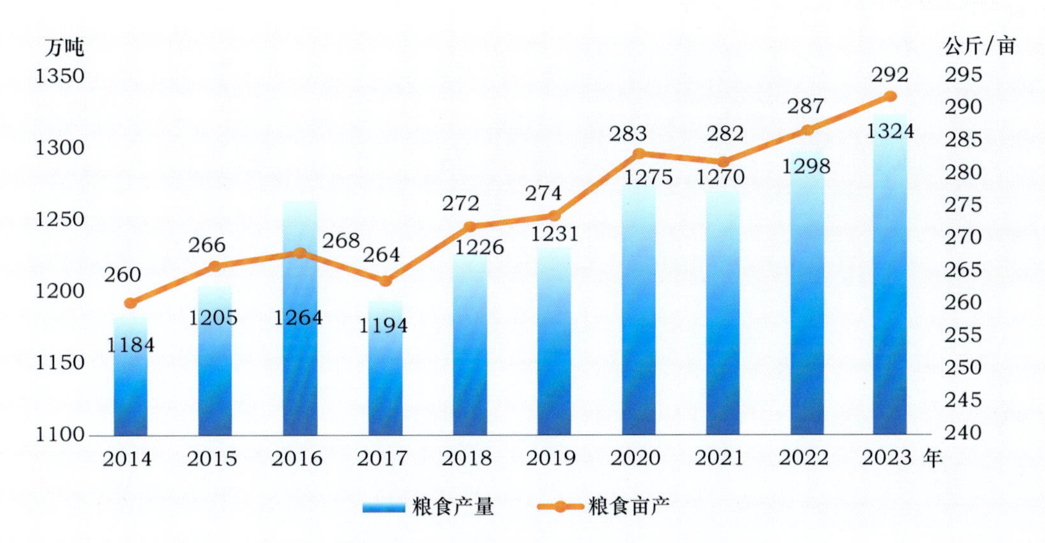

图 1 2014—2023 年陕西粮食总产量及亩产

（二）特色农业激活产业兴旺新动能

农村全产业链条助产增收。2023 年陕西重点优化调整 8 条特色现代农业重点产业链，聚力打造苹果、蔬菜、茶叶、畜禽肉类、中药材、乳制品、食用菌、猕猴桃 8 个产业链。创建国家级特色农产品优势区和现代农业产业园各 12 个，新建产业强镇 8 个，4 个县（区）入选国家农业产业融合发展示范园创建，全产业链建设不断拓展多种农业功能，成为乡村振兴的有力支撑。特色现代农业建设扎实推进。陕西着力整合资源培育农村地区特色产业，2023 年陕西水果产量 2336 万吨，位居全国第四，其中苹果种植面积 923 万亩，产量 1303 万吨，均居全国第一，延安苹果第七次登上太空，洛川苹果居全国同类品牌首位；全省蔬菜及食用菌产量 2151 万吨，产量位居西北第一；2023 年陕西累计打造国家级特色农产品优势区 12 个，认定国家特色优质农产品 82 个。陕西立足区域优势，培育渭北陕北苹果产业带、秦岭南北猕猴桃产业带、关中奶山羊产业带，陕南食用菌、陕北小杂粮、富平柿饼等优势特色产业快速发展。农业文旅融合增添振兴新动能。陕西加速构建农文旅融合的现代乡村产业体系，增添乡村振兴新引擎。2023 年陕西举办了首届中国非遗保护年会等农文旅融合活动，有效推动文化产业赋能乡村振兴工作，2023 年全省开展休闲农业和乡村旅游接待的村 2226 个，比 2022 年多 749 个，增长 13.1%；2023 年全省开展休闲农业和乡村旅游的户数 18916 户，比 2022 年增加 756 户，增长 4.2%。

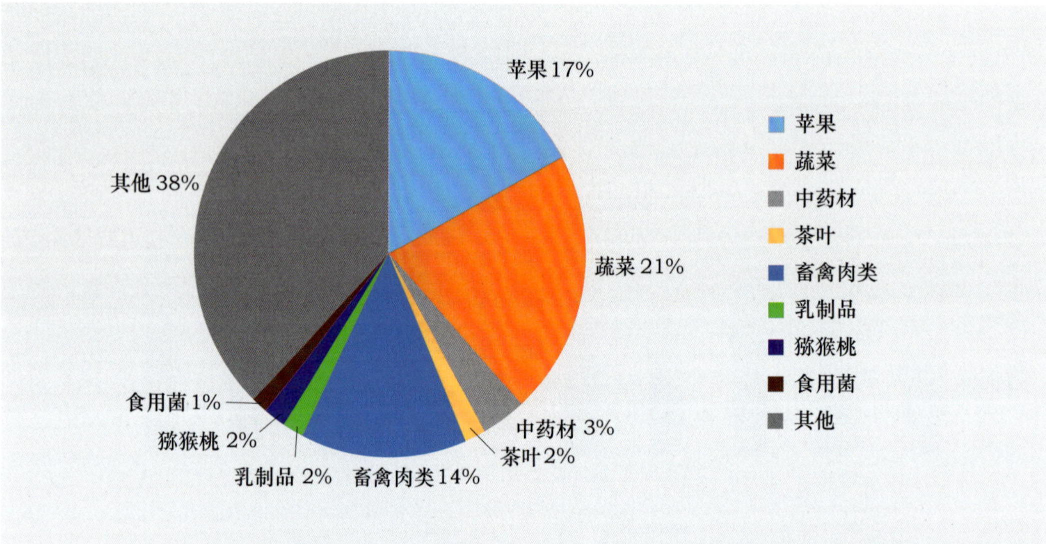

图 2 2023 年陕西以苹果为代表的 8 个产业占农林牧渔业总产值比重

（三）生态宜居高质量建设

农村基础设施建设不断完善。陕西学习“千万工程”经验，聚集资源、稳扎稳打，农村基础设施和公共服务体系逐步健全，2023 年全省新改建完善农村公路 9500 公里，新建成农村供水工程 815 处，受益人口 169.9 万人。全省农村自来水普及率达 97.4%，高于上年 1.7 个百分点。完成 18 处大中型灌区续建配套与现代化改造，恢复灌溉面积 81.4 万亩，灌溉面积 3477 万亩次，有力保障全省农业生产。农村基本公共服务水平不断提升。陕西 31 个省级部门联合印发了《陕西省“十四五”公共服务规划》，加大公共服务高品质供给，2023 年新启动 11 个县紧密型县域医共体建设，城乡交流轮岗教师 1.7 万余人，省、市、县、镇、村五级医保经办服务体系覆盖率达到 100%，农村基本公共服务水平不断提升，努力推进乡村振兴生态宜居更高水平发展。绿色发展为乡村振兴持续注入活力。陕西牢牢把握绿水青山就是金山银山理念，坚持绿色发展。2023 年完成营造林 522.8 万亩，造林面积居全国前列。水土流失面积较 2022 年减少 1261 平方公里，实现水土流失面积和强度双下降，水土保持率增加 0.6 个百分点，达到 70.2%。绿色发展主动融入乡村振兴大局，选（续）聘脱贫人口生态护林员 5 万余名，发放劳务补助 3.1 亿元，带动全省 5 万余户 18 万余名脱贫群众稳定增收。

（四）乡风文明持续推进

乡风文明为乡村振兴注入了深厚底蕴和丰富内涵。陕西坚持守正创新、弘扬良好风尚，用实践活动厚植新风正气，使文明乡风吹遍广袤田野，为乡村振兴提供强大的精神支柱。2023 年全省 97.3% 的村确定了村规民约，并设立相关红白理事会、村民议事会、道德评议会等组织，有效推动移风易俗，社会风气得到优化。农村精神文明建设为乡村振兴带来新活力。陕西紧紧围绕推进乡村文化繁荣兴盛，创新和激发工作活力，持续开展优秀文化资源送下乡的文化惠民工程，同时因地制宜利用传统乡土文化资源，开展富有地方特色的乡村民俗文化活动，用多种形式唱响文明“心”声音。2023 年，全省有 96.0% 的村建有村级服务站，比上年增长 8 个百分点。有 90.3% 的村建有综合性文化服务中心，比上年提高 1 个百分点。先进典型为乡风文明带来新气象。陕西大力开展“乡村光荣榜”“星级文明户”“文明家庭”等道德领域先进典型评选活动，在各乡镇挖掘、评选、表彰、宣传了一大批感动公众的先进人物。2023 年全省 44.4% 的村被评为县级以上文明村，20.2% 的村被评选为民主法治示范村。典型榜样的力量，激扬着乡村文明新风，唱响了践行社会主义核心价值观的主旋律。

（五）乡村治理效能稳步提升

创新治理方式提升乡村治理效能。陕西坚持抓党建促乡村振兴，不断创新治理方式，提升乡村治理效能，在“一村一策”政策的推动下，村党组织得到整顿提升，农村法治文化阵地覆盖率达到 86%，矛盾纠纷多元化解“一站式”平台覆盖全部乡镇（街道），创建国家级乡村治理示范镇村 102 个。持续深化农村改革提高乡村治理水平。陕西积极发挥基层党组织在乡村振兴中的政治引导功能和经济引领功能。 2023 年全省 5 个县土地二轮延包试点稳步有序，4 个县农村宅基地制度改革试点稳慎推进，集体经济强村增至 10% 以上，生活富裕保障水平更高。把人才振兴效能持续转化为振兴发展动能。陕西实施人才振兴战略，通过加强组织领导，创新政策举措，把人才创新创造效能持续转化为振兴发展动能。有序引导大学生毕业到乡、能人回乡、企业家入乡，累计培育培训基层实用专业人才 35824 人，面向全省 65 个县（区）选派“三区”科技人员 1095 人，为县及县以下医疗卫生机构招聘医学类毕业生 1134 人，招录 3413 名特岗教师全部到乡村任教。

（六）农民收入稳步增长

巩固拓展脱贫成果与乡村振兴有效衔接。2023 年陕西不断加大对 26 个重点县、56 个重点镇、748 个重点村的支持力度，累计建成帮扶车间、农牧产业基地、商贸物流园区等产业项目 3716 个，带动近 12 万名搬迁脱贫群众就业。同时大力发展地区特色产业，实施新型农村集体经济“消薄培强”行动，持续推进“三变改革”，安排 4.8 亿元支持 692 个村发展村集体经济，2023 年全省农村集体经济组织总收入 125.7 亿元，30.2% 的村集体经济组织进行了分红。致富渠道不断拓展。近年来，陕西不断完善联农带农机制，用好“村集体 + 合作社 + 农户”等各类利益链接模式，将农民镶嵌在产业链上，确保农民在产业发展中获得收益。2023 年，省级及以上龙头企业数量达到 780 家，农民专业合作社达到 6.7 万家，家庭农场达到 10.7 万家，有效带动农民增收。2023 年陕西农村居民人均可支配收入 16992 元，同比增长 8.2%，增速高于全国 0.5 个百分点，增速排名全国第 5 位。城乡收入差距缩小。2023 年陕西城乡居民收入差距进一步缩小，农村居民人均可支配收入增速快于城镇 2.8 个百分点，城乡收入比为 2.63：1，较上年缩小 0.07。随着收入水平的不断提高，群众消费结构不断优化升级，生活品质得到大幅改善，2023 年，陕西农村居民人均生活消费支出 15647 元，增长 11.0%，农村居民生活消费支出增速高于居民消费支出 0.8 个百分点。

图 3 2014—2023 年陕西农村居民人均可支配收入与增速

二、保持绿色发展优势，全产业链持续发力

陕西坚持绿色发展理念，立足地区特色，聚力打造以苹果为代表的 8 大产业链建设，不断拓展

农业产业功能，提高农民收入。

（一）坚定走好绿色发展之路

习近平总书记在陕西考察时强调："陕西生态环境保护，不仅关系自身发展质量和可持续发展，而且关系全国生态环境大局。"陕西广大干部群众牢记殷殷嘱托，胸怀"国之大者"，坚定走好生态优先、绿色发展之路。当前陕西，自北向南，端牢生态碗、吃上生态饭，生态产业逐步成为群众的"幸福靠山"。陕西太白县依托独特的高山气候和绝佳的生态优势，85% 的群众从事蔬菜生产，73% 的农民收入来自蔬菜，户均增收约 1.2 万元。

专栏 1

厚植生态底色 共建美丽陕西

秦岭与黄河，是中国地理的标志与文明源头，陕西幸而兼得。习近平总书记在陕西考察时强调："陕西生态环境保护，不仅关系自身发展质量和可持续发展，而且关系全国生态环境大局。"牢记殷殷嘱托，胸怀"国之大者"，陕西坚定走好生态优先、绿色发展之路。

绿化行动持续开展。2023 年，陕西营造林 522 万多亩，种草改良 33 万多亩，治理沙化土地 94.9 万亩，超额完成年度任务，造林面积居全国前列；陕西水土流失面积较 2022 年减少 1261 平方公里，实现水土流失面积和强度双下降，水土保持率增加 0.61 个百分点，达到 70.2%。陕西持续推动重要生态系统保护和修复重大工程，不断巩固提升区域生态系统质量，扩大陕西绿色版图，推动生态系统健康稳定发展。

绿色产业不断壮大。2023 年陕西绿色惠民产业不断壮大、成效明显，创建省级林下经济示范基地 15 个、省级森林旅游示范县 4 个，提升改造林业特色经济林 90 万亩。以打造"小木耳大产业"高质量发展示范区为引领，加强绿色生产技术研究应用，加大农林业废弃物循环利，推动食用菌产业绿色化发展，全省食用菌产量 37.7 万吨，增长 6.6%。启动"百万亩绿色碳库"试点示范基地建设项目 13 个、投资 1 亿元，兑付森林保险理赔资金 2302 万元，做大做强森林"四库"。

绿色乡村生机勃勃。加快推进宜居宜业和美乡村建设，建造绿意盎然的新农村，让昔日的脏乱差变成了旅游休闲的打卡地和村民致富的宝地。2023 年陕西 17 条线路入选全国乡村旅游精品线路，8 个村落入选 2023 年中国美丽休闲乡村。陕西目前共有中国美丽休闲乡村 64 个，全国乡村旅游重点村镇 52 个、省级旅游特色名镇 165 个、乡村旅游示范村 264 个，2023 年乡村旅游产业群实现营收 700 亿元。

撰稿：陈伟

（二）聚力打造农业产业链

陕西聚力打造苹果、猕猴桃、茶叶等 8 大产业链，多举措支持特色产业发展，陕省苹果产量占全国四分之一，猕猴桃产量占全国三分之一，奶山羊产业占全国 61%，设施农业产值突破千亿元，特色产业已成为该省农民增收致富和县域经济发展的有力支撑。陕西深入开展国家、省、市、县现代农业产业园“四级联创”，不断拓展农业多种功能、挖掘乡村多元价值，让“土特产”成为乡村振兴的有力支撑。

专栏 2

陕西“链”上发力，助力产业振兴

陕西出台扎实推进特色现代农业和苹果产业、畜牧业等高质量发展意见及全产业链建设五年行动方案，不断拓展农业多种功能、挖掘乡村多元价值，让“土特产”成为乡村振兴的有力支撑。

立足资源禀赋，深挖发展潜力。陕西苹果、猕猴桃、羊奶产量均居全国首位，茶叶、食用菌产量和设施农业规模位居西北地区首位。扎实推进特色现代农业建设，不断做大“土特产”文章，打造苹果、中药材等千亿级产业链，培育渭北陕北苹果产业带、秦岭南北猕猴桃产业带、关中奶山羊产业带，陕南食用菌、陕北小杂粮、富平柿饼等优势特色产业快速发展。

聚焦链条升级，三产融合发展。大力培育发展苹果、畜禽肉类等 8 条现代农业产业链，创建国家级特色农产品优势区和现代农业产业园各 12 个，加快推进“小木耳、大产业”等区域特色产业，形成了“省级抓千亿级、市级抓百亿级、县级抓十亿级”的特色产业发展体系。

加快品牌建设，提升竞争优势。在全国率先修订发布区域公用品牌管理办法，塑强农产品区域公用品牌 90 个，洛川苹果区域公用品牌价值居全国同类品牌首位。实施农产品加工增值提升行动和农业品牌精品培育计划，洛川苹果、米脂小米、眉县猕猴桃、韩城大红袍花椒 4 个区域公用品牌入选农业农村部农业品牌精品培育计划。倾力打造“陕西好粮油”主品牌，15 家企业 17 个产品获得“中国好粮油”称号。

撰稿：马路正

（三）品牌建设赋能农业新价值

陕西实施农产品加工增值提升行动和农业品牌精品培育计划，现在，陕北小杂粮、富平柿饼、眉县猕猴桃、陕南食用菌等农产品已享誉全国，形成优势特色产业区 50 多个，国家级特色农产品优势区 12 个，大批有竞争力的优势特色产业快速壮大，陕西农业品牌价值赋能产品价值，产品影响力、产品价值力和市场占有率持续提升。

三、农村经济大而不强，产业水平有待提升

陕西乡村振兴工作成效显著，但也存在农业产业不强、农民收入相对较低等诸多问题与挑战。

（一）农业生产持续性增长压力较大

陕西农林牧渔业产值结构中，农业（种植业）占比 70% 左右，主要以园林水果、蔬菜、粮食生产为主，在当前“稳粮保油”政策要求下，粮油播种面积增长，水果、蔬菜等经济作物面积增长空间会有所收窄，陕西地处西北，农业生产用水矛盾突出，耕地亩均水资源仅为全国平均水平的 1/2，农业生产持续性增长压力较大。

（二）农业全产业链发展水平还不高

陕西三产融合发展尚不充分，特别是农产品加工业有待进一步做大做强。全省工业涉农企业总体规模偏小，涉农企业有 74.6% 的企业集中在食品加工和制作，其他涉及农业的企业占比较低，目前农业产业链前后延伸不够，产业融合带动不强。全省工业涉农行业增加值率，普遍低于 22% 的规上工业制造业增加值率水平。

（三）农村居民收入低于全国水平

与全国对比看，2023 年，陕西农村居民人均可支配收入 16992 元，低于全国平均收入 4699 元；56 个脱贫县的农村居民可支配收入 16074 元，比全国脱贫县农村居民可支配收入平均水平低 322 元；全省农村居民人均生活消费支出 15647 元，比全国平均水平少 2528 元。

四、坚持农业农村优先发展，构建特色产业融合发展

继续坚持农业农村优先发展，特别是立足于地区特色，支持主产区农产品就地加工转化增值，打牢产业振兴基础。

（一）继续加强农业基础设施建设

继续严格落实粮食安全党政同责，坚持稳面积、增单产两手发力，加强耕地保护和用途管控，加大高标准农田和农田水利建设投入和管护力度，深化种业振兴“五大行动”，推进粮食规模化生产经营，有效防范农业重大灾害，构建多元化食物供给体系，确保粮食等重要农产品稳定安全供给。

（二）大力提升三产融合发展水平

继续坚持产业兴农、质量兴农、绿色兴农，持续做好“土特产”文章，实施全产业链建设五年行动，提升三产融合发展水平，提升农业质量效益。同时，统筹抓好产业集群、园区等重点项目，打造“陕

农”特色优势品牌，发展乡村旅游、电商直采等新产业新业态，推动特色产业高质量发展。

（三）多措并举增强内生动力

立足地区优势，大力发展特色经济、大力发展产业经济，培育多元化特色产业，支持乡村振兴重点帮扶县镇村加快发展，落实帮扶措施，增强内生动力。以县域经济高质量发展带动集体经济、民营经济，增加农民就业创业机会。结合陕西各地区农村实际，通过稳就业带动工资性收入稳步增长，加强劳动职业技能培训，提高劳动力素质，实现增收创收。

报告撰稿：陈伟

甘肃省乡村振兴监测报告

近年来，甘肃深入贯彻习近平总书记关于“三农”工作重要论述、对甘肃重要讲话和重要指示批示精神，贯彻落实党中央乡村振兴战略，锚定建设农业强省目标，学习运用“千万工程”经验，全力提升乡村产业发展、乡村建设和乡村治理水平，奋力开创乡村全面振兴、农业农村高质量发展新局面。

一、乡村振兴扎实推进，发展质效稳步提升

乡村全面振兴监测结果显示，2023 年甘肃省乡村全面振兴发展指数为 65.6，比上年提高 1.8，增量比全国平均水平高 0.5。其中，综合发展、产业兴旺、生态宜居、乡风文明、治理有效、生活富裕六大领域指数较上年均有所提升，综合发展、产业兴旺、生态宜居、乡风文明领域指数增长高于全国平均水平。

表 1 全国和甘肃乡村全面振兴发展指数对比

	2023 年指数		2022 年指数		指数比上年增加		指数比上年增长百分比	
	全国	甘肃	全国	甘肃	全国	甘肃	全国	甘肃
乡村全面振兴发展指数	69.0	65.6	67.7	63.8	1.3	1.8	1.9	2.8
综合发展	61.0	53.5	60.0	52.5	1.0	1.0	1.6	2.0
产业兴旺	60.3	59.1	60.2	57.2	0.1	1.8	0.1	3.2
生态宜居	83.9	76.2	82.0	73.5	1.9	2.7	2.3	3.7
乡风文明	87.1	86.1	84.5	83.1	2.5	3.0	3.0	3.6
治理有效	70.8	74.3	66.9	70.5	4.0	3.8	6.0	5.4
生活富裕	69.0	63.0	67.8	62.4	1.2	0.6	1.8	1.0

（一）经济发展筑牢振兴之基

2023 年，甘肃坚定不移落实习近平总书记对甘肃重要讲话和重要指示批示精神，坚持稳中求

进工作总基调，以构建“一核三带”区域发展格局、实施“四强”行动为牵引，以开展“三抓三促”行动为抓手，着力稳增长、调结构、抗大灾、惠民生、化风险，经济呈现稳中向好、进中提质、效速兼具的良好态势，主要经济指标增速好于预期、高于全国，多项指标增速位居全国第一方阵。2023 年全省地区生产总值 11863.8 亿元，比上年增长 6.4%，增速比全国高 1.2 个百分点，居全国第 6 位。人均地区生产总值比上年增长 7.2%，增速居全国第 3 位。地方一般公共预算收入 1003.5 亿元，比上年增长 10.6%，增速居全国第 8 位。

（二）产业兴旺赋能振兴之路

近年来，甘肃不断推进农业产业高质量发展，全省农业产业逐渐呈现结构趋优、规模扩大、效益提升、集聚发展的良好态势。2023 年，全省第一产业增加值 1641.3 亿元，比上年增长 5.9%，增速比上年提高 0.6 个百分点，比全国高 1.8 个百分点，居全国第 4 位。粮食总产量再创新高，达 1272.9 万吨，比上年增长 0.6%。人均一产增加值、肉类产量、耕地产出率、绿色有机地理标志农产品数量分别增长 9.7%、10.6%、6.5%、38.7%。规模以上农产品加工产值占农林牧渔业总产值的比重为 26.7%，比上年提高 7.7 个百分点。2023 年全省建成高标准农田 377.2 万亩，累计达到 2813 万亩，复耕复垦撂荒地 96.8 万亩。新研发农机 20 种，农机化率达到 66.7%。全省地方储备粮、储备油分别超出国家规定规模 40.5%、7.9%。目前，甘肃已成为全国重要的玉米、蔬菜、花卉制种基地，马铃薯脱毒种薯繁育基地，道地中药材生产基地，高原夏菜生产集散基地，牛羊肉和优质苹果生产供应基地。

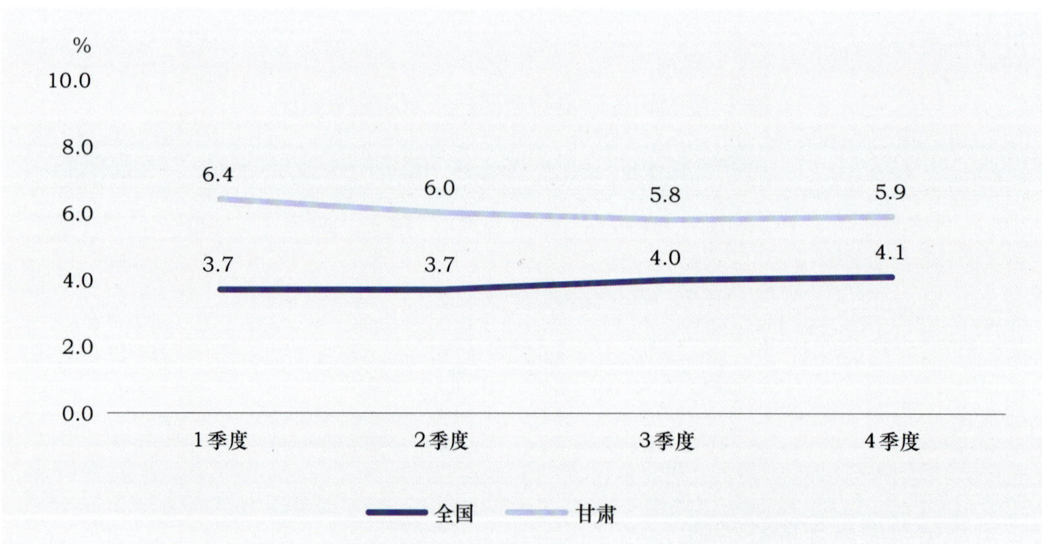

图 1 2023 年全国和甘肃第一产业增加值增速

（三）生态宜居美化振兴之乡

2023年，甘肃深入践行习近平生态文明思想，持续开展农村人居环境整治提升五年行动，组织实施农村改厕、改路、改水、改房、改电、改气、改厨、改院“八改”工程，推进村庄净化亮化美化绿化。目前已累计完成7526个发展类村庄规划编制，夏河县安果村、合作市美武村、民勤县新陶村3个村庄规划入选全国村庄规划优秀案例；73.6%的农户用上了卫生厕所，农村生活污水治理率26.5%、黑臭水体治理率92.9%，垃圾收运处置体系自然村覆盖率99.9%。截至2023年底，全省所有乡镇和具备条件的建制村100%通了硬化路，自然村组通硬化路率达到91.0%。2023年，全省实现乡镇以上区域5G网络连续覆盖，60.0%以上的行政村有5G网络覆盖。行政村光纤宽带网络和4G网络覆盖率达到99.0%以上。全省农村自来水普及率达到91.0%，规模化供水人口比例提高到64.0%，农村饮用水水质达标率达到87.6%，同比提高8.6个百分点。

专栏1

“甘味”品牌连续三年位列中国区域农业形象品牌影响力指数百强榜首

甘肃，地处黄土高原、蒙新高原、青藏高原三大高原交会地带，酷似一柄“玉如意”镶嵌在华夏版图之中。黄河、长江从这里盘横流出，黄土高原、河西走廊、祁连山脉在这里交错汇集。全省东西横跨16个经度，南北纵深10个纬度、跨越4个气候带，海拔落差5000米以上，日照时间长、昼夜温差大，冰川雪水洁净、沃土草原绵延，这都使得甘肃成为发展生态优质农业的“天选”之地，也提供了尤为丰富的物产条件，“明珠”自此得名，“甘味”也源此地道。

自2018年“甘味”品牌创立以来，已连续三年位列中国区域农业形象品牌影响力指数百强榜首，是中国品牌网评选出的消费者喜爱的100个品牌之一，特别是作为一个因脱贫攻坚而设、借乡村振兴而兴的品牌，已经成为全国产业振兴和商标建设的典型示范。[1]目前，全省已形成以省级“甘味”公用品牌为统领，63个地方区域公用品牌、680家企业商标品牌为支撑的三级融合“甘味”品牌体系，“定西马铃薯”“静宁苹果”“岷县当归”“平凉红牛”“兰州百合”“陇西黄芪”“渭源白条党参”“民勤蜜瓜”8个区域公用品牌入选农业农村部精品品牌培育计划，入选数量居全国前5。随着品牌影响不断扩大和产品体系不断壮大，“甘味”已经做好走出甘肃、走向全国的准备。

撰稿：张福昌　翁丽

（四）乡风文明铸就振兴之魂

近年来，甘肃持续推进乡村基层文化阵地建设，大力开展文化惠民活动，推动乡村文化振兴与发展乡村旅游有机结合，不断丰富人民群众精神生活、增强精神力量，更好培育文明乡风、良好家风、淳朴民风，为乡村振兴注入强劲活力。通过集中开展农村高额彩礼、人情攀比、厚葬薄养、铺张浪费等重点领域专项整治，全省成立红白理事会 16512 个，行政村覆盖率 96.7%。2023 年，全省行政村省级及以上文明村镇占比为 8.1%，较上年提高 1.7 个百分点；有农民业余文化组织、村综合性文化服务中心、体育健身场所的村占比为 73.5%、95.4% 和 92.6%，分别比上年提高 14.3、1.3 和 1.8 个百分点。

（五）治理有效筑牢振兴之规

近年来，甘肃不断健全和完善基层社会治理体系，大力推广积分制、清单制、接诉即办等务实管用乡村治理模式，6 个镇、60 个村评定为全国乡村治理示范村镇，陇南民事直说“1234”工作法、甘南“8+”基层治理模式、武威凉州“全链条”化解基层矛盾机制入选全国乡村治理典型案例。目前，全省 86 个县区、1400 多个乡镇（街道）的 1.6 万余个村（社区）在甘肃政务服务网开设了服务子站点，共发布 76.5 万个政务服务事项。全省累计组建新型农村集体经济组织 16239 个，农村集体资产达 1180 亿元，2023 年全省村级集体经济总收入 33.9 亿元，村均收入 21.3 万元。行政村集体经济强村、县级及以上民主法治示范村占比分别为 1.7%、17.2%，比上年提高 1.0 和 6.3 个百分点；公共法律服务工作室覆盖率、村党组织书记大专及以上学历比例分别为 77.9%、66.3%，比上年提高 10.6 和 7.8 个百分点。

（六）生活富裕结出振兴之果

2023 年，甘肃通过培养网信新农人、深化东西部劳务协作、企业合作社带动致富等方式，持续拓展农民增收渠道。2023 年全省举办网信新农人行动网络主播培训 57 场次，实现市州全覆盖，培养 1.9 万余名网信新农人，“甘农云”平台注册学员约 16 万人。全省农产品网上销售额达 279 亿元，同比增长 11.2%。2023 年开展东西部劳务协作招聘会 2609 场，帮助 30.7 万名农村劳动力实现转移就业。2023 年全省 3473 家龙头企业带动农户 183.1 万户，9.47 万个合作社带动农户 244.6 万户。2023 年，甘肃农村居民人均可支配收入达 13131 元，增长 7.9%，增速较上年前移 4 个位次，城乡居民人均可支配收入比持续缩小；农村居民人均消费支出 12575 元，增长 9.4%。农村养老服务机构和设施覆盖率比上年提高 13.4 个百分点，城乡居民月人均领取养老金金额增长

3.6%。农村居民家用汽车普及率、乡村义务教育学校专任教师本科及以上学历比例、乡村医生中执业（助理）医师资格的人员比例，分别比上年提高 2.9、5.0 和 2.9 个百分点。

二、立足实际多措并举，乡村振兴亮点纷呈

（一）立足资源禀赋做好“土特产”文章

近年来，甘肃立足复杂的地形地貌、多样的气候类型、丰富的种质资源和土地资源禀赋，挖掘“土”的资源，放大“特”的优势，提高“产”的效能，形成了以“牛、羊、菜、果、薯、药”六大特色产业为主导和以百合、蜜瓜、油橄榄等区域特色农产品为补充的产业发展格局。“甘味”品牌实现中国区域农业形象品牌影响力指数百强榜三连冠；170 余种特色农产品远销 100 余个国家和地区，出口额连续两年增幅达到两位数以上。目前全省优势特色产业面积已达 4436 万亩，建成戈壁设施农业 46 万亩，新创建马铃薯、苹果 2 个国家级产业集群，累计创建国家现代农业产业园 9 个、产业强镇 42 个，遴选创建省级现代农业产业园 50 个，农产品加工转化率达到 60.0%，全产业链产值预计达到 5790 亿元以上。

专栏 2

甘肃多措并举推动乡村旅游蓬勃发展

近年来，甘肃针对地域广阔、乡村旅游资源差异性较大的情况，充分挖掘自然生态、乡村民居、民风民俗、历史村镇、生产生活的特色元素，按照景区带动型、城镇辐射型、通道景观型、产业依托型、乡村休闲型、创意主导型等 6 种模式全力打造乡村旅游。甘南州迭部县扎尕那村荣获“世界最佳旅游乡村”、临夏州妥家村入选世界旅游联盟旅游助力乡村振兴案例、平凉市崆峒区上杨乡入选文化和旅游部文化和旅游赋能乡村振兴优秀案例，乡村旅游已成为全省文旅产业的重要组成部分。

截至 2023 年底，全省已建成乡村旅游示范县 21 个、文旅振兴乡村样板村 200 个，培育乡村旅游合作社 530 个，创建国家等级旅游民宿 29 家。44 个村、6 个镇被国家发展改革委、文化和旅游部评定为全国乡村旅游重点村镇，数量位居全国第 7 位。10 条线路入选文旅部 2023 年全国乡村旅游精品线路。2023 年，全省乡村旅游接待游客 1.5 亿人次，实现旅游收入 481.9 亿元，同比分别增长 70.7% 和 81.5%，分别占全省旅游接待游客、旅游收入总量的 39.0% 和 17.6%。

随着乡村旅游蓬勃发展，甘肃将充分挖掘乡村特色旅游资源、创新乡村旅游发展模式、做大做强乡村旅游规模、带动群众增收致富，走出一条乡村旅游高质量发展的新路子。

撰稿：张福昌　翁丽

（二）立足招商优势实施“引大引强引头部行动”

甘肃充分发挥东西部协作在招商引资中的重要平台作用，以产业合作项目支撑促发展。2023年，省级领导互访签约合作项目116个、金额316亿元。引导东部企业投资额84.8亿元，天津华旭盛泰科技再生资源低碳产业园、山东惠发食品等一大批项目签约落地；引导天津、山东投入财政援助资金32.2亿元，实施项目1748个，共建产业园区82个，津、鲁落实中央定点单位帮扶资金6.1亿元，实施项目464个。58个脱贫县新增农产品加工规模以上企业35家，新引进培育农业龙头企业81家，各类经营主体通过订单种养、入股分红等形式，与脱贫户建立利益联结机制，带动335万脱贫人口增收。

（三）立足夯基固本铺就“四好农村路”

近年来，甘肃把“四好农村路”建设作为实施乡村振兴战略的重大任务，建立“农村公路＋产业＋运输＋生态＋旅游”网络体系，先后出台《关于加快实施交通扶贫行动的意见》《甘肃省深化农村公路管理养护体制改革实施方案》等多项政策，加快推动农村公路高质量发展。2023年全省新建自然村（组）硬化路1.0万公里、改造农村公路危桥148座、实施村道安全生命防护工程3620公里，县域10千伏线路实现“应联必联”。创建“四好农村路”全国示范县14个、省级示范县48个，建成278条客货邮融合线路、883个客货邮综合服务站点，城乡交通运输一体化发展水平达到4A级以上的县区比例达98.8%。以“路长制”实现“路长治”，建成省市县乡村五级“路长制”管理体系，县乡村三级路长人数达1.9万名，护路员公益性岗位稳定在3.4万人。全省农村公路列养率达100%，优良路率60.5%。34个县市区建成农村公路综合信息化管理平台，农村公路自动化检测比例达到63%。

三、关注短板弱项，理清发展差距

从评价数据看，虽然甘肃多项指标比上年有所改善，但也要清醒地看到，与全国相比，当前甘肃乡村振兴发展在产业发展、乡村建设、富民进程等方面存在短板弱项，需引起重视。

（一）产业发展动力不足

虽然甘肃近年来地区生产总值、地方一般公共预算收入的增长速度较快且高于全国，但在总量和人均上，与全国平均水平差距仍然较大。2023年甘肃地区生产总值位于全国第27位，人均地区生产总值仅为全国平均水平的53.6%，居全国末位；地方财政一般预算收入也仅位于全国第27位。

第一产业增加值增速虽然位居全国第2位，但总量仅位于全国第23位，名次低于陕西、新疆、贵州、重庆、江西等省份，粮食、肉类产量也仅位于全国第20、21位。

（二）乡村建设有待提升

主要表现在农村生活污水治理和卫生户厕普及等方面。2023年甘肃农村生活污水治理管控率40.7%，仅达到全国平均水平；农村卫生户厕普及率65.9%，低于全国水平7.1个百分点。省级及以上文明村镇，仅占全部村镇的8.1%，占比仅比上年提高了1.7个百分点；有农民业余文化组织的村占比为73.5%，未达到全覆盖。

（三）富民进程较为缓慢

主要表现在农村居民收入和消费支出等方面。2023年全国城乡居民人均可支配收入比为2.4:1，甘肃城乡居民收入比仍达到3.0:1。农村居民人均可支配收入为全国水平的60.5%，居全国末位；农村居民人均消费支出为全国水平的69.2%，仍居全国末位。

四、聚焦弱项持续发力，开启乡村振兴新篇章

（一）着力促进产业高效发展

甘肃优势特色农产品丰富，在原材料稳定供应、生产加工基地建设等方面蕴含巨大潜力。进一步优化特色农产品产地环境，构建区域特色农产品优质、高值化生产技术体系。借助农产品加工优势地区的发展活力和优势资源，以招商加快项目落地，以投资带动甘肃发展。建立海关出口农产品“零延时”‘绿色通道’，为新鲜农产品快速通关保驾护航。持续开展重点农产品药物残留治理，完善生产技术标准体系，全力推进乡镇农产品质量安全网格化管理，全面推行食用农产品达标合格证制度，完善质量安全追溯体系。

（二）持续打造生态宜居村庄

坚持规划布局先行来推进乡村建设，不断改善人居环境，保护自然生态，建设宜居宜业和美乡村。科学合理安排乡村地区的建设用地指标，因地制宜设计村容村貌和居民点布局。找准工作定位和着力点，坚持以群众为主体，大力改善农村水电路气信等基础设施和公共服务，加强充电桩、冷链物流、寄递配送设施建设，加大农房抗震改造力度。组织实施“八改”工程，谋划实施普及普惠、以小见大、以点带面的关键要事，完善垃圾处理、污水处理设施，提升农村人居环境颜值，真正让群众可感可及。建立严格的生态保护制度，加强对祁连山、河流、土壤等自然资源的保护，推动农

业生产的绿色化、可持续发展，推广绿色种植、养殖技术，减少化肥、农药的使用。

（三）数字乡村助农增收共富

以解放和发展数字化生产力、激发乡村振兴内生动力为主攻方向，用数字技术赋能农业全产业链发展，助力农民增收共富。推动农村地区5G基站建设，优先覆盖农业生产基地、农产品加工企业和乡村旅游景点等重点区域。引进工业互联平台，赋能农产品全产业链升级。持续推进县乡村三级电商公共服务体系建设。搭建乡村数字文化平台，整合各类乡村文化资源，线上展示特色乡土文化，促进农文旅融合。建立统一的乡村数字治理平台，整合政务、治安、环保、医疗等多方面信息，推广数字化政务服务，提高办事效率。培养爱农业懂网络的电商新农人，扩大农产品网上销售规模和效益。在抖音、快手等平台流量日益向头部网红集中的趋势下，转战微信视频号，在新赛道上“精耕细作”。

报告撰稿：张福昌　翁丽

青海省乡村振兴监测报告

近年来，青海省深入贯彻落实习近平总书记关于“三农”工作重要论述和视察青海重要讲话精神，学习运用“千村示范、万村整治”工程经验，健全完善制度机制，奋力打造生态文明高地，坚决筑牢国家生态安全屏障，加快“四地”建设，精准发力，推动乡村全面振兴。青海乡村发展呈现出生态保护优先、特色产业稳步壮大、绿色发展稳步转型、脱贫攻坚成果持续巩固、乡村建设稳步推进、农牧民生活更加富裕的美丽画卷，“三江源”绿水青山已成为乡村发展的优势和骄傲，为奋力谱写中国式现代化新青海篇章打下了坚实基础。

一、总体保持平稳发展态势，六大领域协调向好发展

2023 年，青海省在以习近平同志为核心的党中央坚强领导下，青海上下按照党中央、国务院战略决策部署及省委、省政府部署要求，抢抓机遇促发展，担当实干抓落实，青海经济总体回升向好，高质量发展扎实推进，发展的稳定性、协调性、可持续性进一步增强，现代化新青海建设迈出坚实步伐，总体保持平稳发展态势。随着“四地”建设加快推进，全省乡村全面振兴在综合发展、产业兴旺、生态宜居、乡风文明、治理有效、生活富裕六大领域呈现稳步协调向好发展。

（一）综合发展不断提高

2023 年，青海省认真贯彻落实新发展理念，坚持稳中求进工作总基调，多措并举，疏通发展“堵点”，全省经济稳中向好，助力乡村综合发展不断提高，综合发展指数为 55.5。综合实力得到提升，2018 年，全省地区生产总值突破 2000 亿元，2020 年突破 3000 亿元，到 2023 年达 3799 亿元，同比增长 5.3%，六年间翻了一番（见图 1）；人均 GDP 达到 63903 元。财政收入快速增长，完成地方一般公共预算收入 381 亿元，同比增长 15.9%。

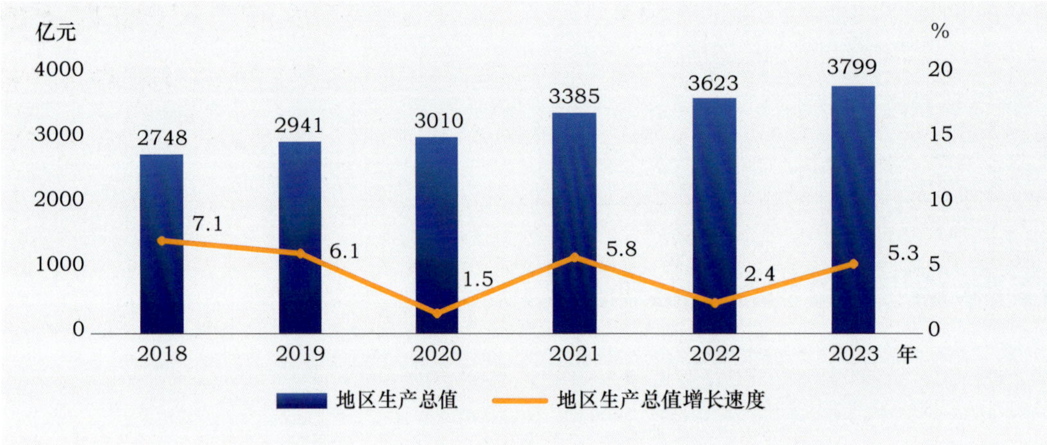

图 1 2018—2023 年青海地区生产总值及其增长速度

（二）乡村特色产业发展壮大

2023 年，青海省聚焦农村牧区产业发展，以夯实传统优势产业为基础，努力寻求高质量发展新突破，积极培育特色产业，农牧业向好发展，产业兴旺发展指数为 54.4。农牧业丰产增收，全省第一产业增加值 387 亿元，同比增长 4.7%；粮食产量 116 万吨，同比增长 8.4%；全年肉类产量 41.4 万吨，同比增长 1.0%。特色产业逐步成型，绿色有机地理标志农产品数量达 1115 个；认定 100 个农牧民合作社示范社、200 家示范性家庭农牧场、5 个国家特色农产品优势区，牦牛、藏羊、青稞、油菜入选国家优势特色产业集群，建成 32 个省级以上现代农业产业园、15 个产业强镇、81 个全国“一村一品”示范村（镇），辐射带动乡村产业不断发展壮大。经济作物发展较好，2023 年经济效益明显的特色枸杞、青饲料和其他农作物种植面积分别占总播种面积的 4.7%、10.5% 和 2.0%，枸杞和其他农作物占比与 2022 年持平，青饲料占比较 2022 年提高 1.7 个百分点，经济作物发展有所提升。

（三）生态宜居环境不断改善

党的十八大以来，习近平总书记明确了“青海最大的价值在生态、最大的责任在生态、最大的潜力也在生态”的省情定位，强调保护好青海生态环境是“国之大者”，要求青海承担好维护生态安全、保护三江源、保护“中华水塔”的重大使命。近年来，青海省牢记总书记的嘱托，坚定不移践行“绿水青山就是金山银山”理念，坚决筑牢国家生态安全屏障，持续深入实施农村人居环境整治提升行动，保持了青海的天更蓝、水更绿、生态环境更优化的状态，生态宜居指数为 70.7。农村基础设施发展程度不断提高，全省农村自来水普及率达到 83.5%，比 2022 年提高 0.7 个百分点；

5G 网络通达的村占比达 68.0%，比 2022 年提高 10.5 个百分点；通三级及以上公路乡镇占比达 85.2%，比 2022 年提高 2.8 个百分点。农村人居环境整治成效明显，全省农村生活污水治理管控率为 29.5%，畜禽粪污综合利用率为 68.8%，农村卫生户厕普及率为 66.6%，对生活垃圾进行处理的村占比达到 78.9%。

（四）乡风文明面貌不断换新

青海省坚持以铸牢中华民族共同体意识为主线，广泛开展民族团结进步创建工作，持续改善农村公共文化基础设施，弘扬新时代乡村文明新风，推动移风易俗，全省乡村文明风貌得到提升，乡风文明指数为 85.6。乡村公共文化服务体系不断完善，全省村综合性文化服务中心覆盖率为 94.9%，比 2022 年提高 1.9 个百分点；有农民业余文化组织的村占比达 57.4%，比 2022 年提高 12.4 个百分点；有体育健身场所的村占比达 91.4%，比 2022 年提高 7.7 个百分点。乡村精神文明建设持续推进，成立文明实践中心 45 个，占县（市、区、行委）总数的 100%；文明实践所 406 个，占乡镇（街道）总数的 100%；文明实践站 4664 个，占村（社区）总数的 100%；“中国好人”“青海好人”上榜 52 名，文明培育取得新进展；省级及以上文明村镇占比达 7.1%。

（五）乡村治理更加有序

2023 年，青海省持续推进和美乡村建设，强化农村基层党组织建设，坚持做细做实乡村治理各项工作，基层治理能力不断增强，乡村发展更加规范有序，治理有效指数为 58.6。乡村治理能力不断提升，全省村党组织书记大专及以上学历比例 18.4%，比 2022 年提高 5.1 个百分点；有综合服务站的村占比达 96.4%，比 2022 年提高 7.6 个百分点。法治建设不断推进，有公共法律服务工作室的村占比达 81.8%，比 2022 年提高 18.7 个百分点。

（六）农牧民生活更加富足

青海省深入贯彻落实党的各项惠农增收政策，以突出农牧民增收为重点，落实防止返贫监测帮扶机制，确保不发生规模性返贫，农村居民收入不断提高，农牧民生活更加富足，生活富裕指数为 62.5。农牧民收入持续增长，全省农村居民人均可支配收入 15614 元，增长 8.0%，其中，工资性收入是增收的主拉动力（见表 1）。城乡收入差距不断缩小，城乡居民人均可支配收入比（以农村居民人均可支配收入为 1）为 2.6:1，比 2022 年缩小 0.1，城乡收入差距不断缩小。农牧民生活水平不断提高，全省农村居民人均消费支出 1.5 万元，增长 18.2%；农村居民家用汽车普及率为 56.4%，比 2022 年提高 4.3 个百分点。

表 1 2023 年青海农村居民人均可支配收入及构成

指标	2023 年（元）	2022 年（元）	增速（%）	占比（%）	贡献率（%）	拉动增长（%）
农村居民人均可支配收入	15614	14456	8.0	100.0	100.0	8.0
工资性收入	5443	4751	14.5	34.9	59.7	4.8
经营净收入	5530	5586	-1.0	35.4	-4.8	-0.4
财产净收入	452	380	18.8	2.9	6.2	0.5
转移净收入	4189	3739	12.0	26.8	38.9	3.1

二、聚焦“四地”建设，引领乡村振兴提质增效

党的十八大以来，习近平总书记三次到青海视察，作出系列重要指示，并要求“产业发展必须坚持有所为、有所不为，要有效集聚资源要素，加快‘四地’建设，因地制宜改造提升传统产业，发展战略性新兴产业，发展县域经济、特色产业，培育新质生产力”。近年来，青海省牢记总书记的嘱托，坚定不移维护国家生态安全，坚持以“生态保护优先”理念协调推进高质量发展，以产业“四地”建设为牵引，不断推进乡村振兴战略实施。研究制定《2023 年加快乡村产业发展若干措施》，将年度中央财政衔接资金的 66.7% 和东西部协作资金的 60% 用于特色产业发展，以打造特色产业为核心，促进农业结构调整、农牧民收入增加、县域经济快速发展，全面助推乡村振兴提质增效。

（一）围绕绿色有机农畜产品输出地建设

2023 年，青海在夯实“稳粮油”基础上，把打造绿色有机农畜产品输出地作为乡村产业发展首要目标，坚持做大做强牦牛、枸杞两个国家级现代产业园和牦牛产业集群，积极创建藏羊、青稞、油菜、高原夏菜、冷水鱼等国家级产业集群和现代产业园，建设一批示范村镇，努力构建示范村镇布“点”、园区扩“面”、集群串“线”的乡村产业发展新格局。2023 年，青海建成露地蔬菜生产基地 312 个，建成“供港澳”蔬菜种植基地 1267 公顷，蔬菜基地总面积达到 2.7 万公顷以上。累计建成千头牦牛千只藏羊标准化生产基地、生态牧场 100 个，建成 28 个千亩以上标准化饲草基地，青海规模养殖比重达到 52%。同时，用好对口帮扶和东西部协作机制，集中力量宣传推广“净土青海·高原臻品”青海农牧业区域公用品牌形象，持续开展“百万牛羊进山东”“青货入苏”“藏羊进京”等销售活动，在 16 个大中型城市及援青省市建立青海特色农畜产品专供基地、体验店及窗口 26 家，累计实现年销售额 2.3 亿元。全年输出大宗绿色有机农畜产品价值 168 亿元，冬虫夏草、枸杞已成青海重要的绿色产业、特色产业、民生产业，全年冬虫夏草产值达 27.4 亿元，枸杞产值达 33.4 亿元，带动近 30 万农牧民群众直接受益，人均年收入近 1.1 万元，创近年来最高。

专栏1

青海省贵南县构筑产业“联合体” 赋能特色畜牧业发展

十八大以来，青海省贵南县积极打造全国草原畜牧业转型升级县和全省绿色有机农畜产品输出地辐射县，推进乡镇生态畜牧业合作社资源整合，培育联农带农作用突出、综合竞争力强、稳定可持续发展的农业产业化联合体。

一是“五大链接”集聚方式有效提升特色畜牧业发展质量。通过产业链接、园区链接、企业链接、资源链接、支部领办合作社链接等五种方式，实现产业集聚、集体增收、群众致富的目标。贵南县实施牛羊肉加工、储藏、冷链运输体系建设，现代草业等 7 家龙头企业和合作社已形成全产业链体系，牛羊肉加工品种达 57 种，饲草储备达 30.9 万吨，2023 年贵南县被评为全国农业现代化示范区和全国乡村振兴示范县。

二是“五大带动”发展模式有力推动特色畜牧业加快发展。通过产业带动、园区带动、企业带动、联村带动、支部带动等模式，有效提升了乡村产业发展的组织化程度和现代化水平。贵南县全年新建高效养殖小区 4 处、高标准牦牛养殖小区 1 处、肉蛋奶基地 1 处、饲料储备库 1 处，现代农业产业体系、生产体系及经营体系进一步完善，一二三产业结构更加优化。

三是利益联结多种方式有效激发农牧民发展特色畜牧业的内生动力。依托“园区 + 企业十合作社 + 农牧户”的产业化经营模式，提升为农为牧服务能力，使农牧民在乡村振兴中获得实实在在的收益。2023 年，通过产业融合带动 3.1 万有劳动能力的农牧民参与到产业链条各环节中，其中订单收购带动 3300 户农牧户户均增收 2700 元，托养托管带动 1059 户农牧户户均增收 1300 元，务工就业带动 497 人人均增收 1.25 万元，资产入股带动 1670 户户均增收 3800 元。

撰稿：蔡守萍

（二）围绕国家清洁能源产业高地建设

青海不仅是黄河、长江和澜沧江的发源地，也是我国重要的清洁能源生产基地。近年来，青海坚持立足清洁能源，大力发展乡村产业，通过清洁能源产业发展，迎来乡村产业结构的转型升级，助力乡村传统产业发展，为青海乡村振兴赋能。2023 年，青海制定《用好光伏帮扶收益促进脱贫群众增收的有关措施》，充分利用国家光伏补助政策，整合各类扶贫资金 31 亿元，建成总装机容量 73.4 万千瓦的光伏扶贫电站，帮扶收益 5.7 亿元。2023 年 1622 个脱贫村光伏收益 5.4 亿元，村均达到 33 万元，帮助 3 万农牧民实现“家门口”稳定增收，使光伏产业成为乡村振兴的“铁杆产业”。同时，建立“牧光互补”新发展模式，大力发展“板”下经济，探索出一条光伏生态园和藏羊养殖产业发展相结合，绿色、低碳、循环发展的新路子，2023 年建成光伏生态牧场 12 个、集中放牧点 38 个，打造“板上发电、板间种草、板下放牧”新业态，变“割草防火”为“吃草育羊”。

目前，光伏生态园年牧草产量11.8万吨，年节约养殖成本720万元，实现植被覆盖率80%以上。已在68个光伏电站区内养殖“光伏羊”1.6万余只，帮助周边18个村集体经济组织带动4120户农牧户吃上了“阳光饭”。

专栏2

推行“清洁能源+”发展新模式　以产业融合赋能乡村振兴发展

2023年，青海省以打造国家清洁能源产业高地为牵引，立足生态优势和资源禀赋，积极推进“清洁能源+”发展新模式，建立健全联农带农机制，促进清洁能源产业与精准帮扶、农牧业生产、文化旅游等深度融合，积极推动乡村振兴发展。

一是推行“清洁能源+牧场”模式，不断增强特色产业发展活力。制定下发《关于进一步加强村级光伏公益性岗位管理的通知》，将1622个脱贫村村级光伏收益的40%用于开发公益性岗位，帮助3.02万农牧民实现“家门口”稳定增收。在海南州光伏园区建成光伏生态牧场12个、集中放牧点38个，打造“板上发电、板间种草、板下放牧”新业态，积极推进“光伏生态牧场”试点项目建设，目前已在68个光伏电站区内养殖“光伏羊”1.6万余只，帮助周边18个村集体经济组织带动4120户农牧户吃上了“阳光饭”。

二是推行“清洁能源+旅游”模式，以产业融合助推乡村振兴。海南州光伏园区作为贵德—青海湖—龙羊湖旅游精品线路串点之一，其光伏发电园区规模、龙羊峡水光互补发电站获吉尼斯世界纪录认证，得到国内外游客的青睐，主要以独特的视觉体验和航拍效应，催生网红打卡点，对游客的吸引力与日俱增。据统计，2023年以光伏园区为主的周边景点旅客达到13万人次，旅游收入达3245万元。乡村振兴衍生出新的增收业态，让周边老百姓享受到了能源转型、低碳发展带来的红利。

撰稿：曲江　沈金德

（三）围绕国际生态旅游目的地建设

近年来，青海坚持突出特色生态资源，坚守生态保护底线、完善生态旅游机制，先后出台《青海省关于加快发展休闲农牧业与乡村旅游的意见》《青海省乡村旅游扶贫项目实施意见》等系列政策，加快构建“一芯一环多带”生态旅游发展新格局，积极打造国家公园特色生态旅游产品，设计开发环青海湖国际生态旅游、祁连山国际生态旅游等精品线路，并得到国内外游客的青睐，同时，全省各地区抢抓打造国际生态旅游目的地政策机遇，立足区位优势和丰富的自然生态景观、民族特色文化资源，按照“政府引导、多元投入、农户广泛参与”思路，大力发展沟道生态旅游，乡村民宿（农家乐）等民宿旅游，努力把“山沟沟”变成“金窝窝”，旅游业衍生出乡村新的增收业态，让周边老百姓享受到了生态保护、能源转型、绿色发展带来的红利，通过提供旅游服务，出售自产“土特产”增加收入，4.4 万农牧民在家门口端上了“生态碗”，吃上了“旅游饭”。2023 年，全省打造中国美丽休闲乡村 5 个，国家及省级乡村旅游重点村分别达到 39 个和 213 个，乡村旅游接待点发展到 2325 户，乡村旅游接待游客 1450 万人次，实现收入 13 亿元。

三、乡村产业振兴，需加力发力

近年来，青海以加快“四地”建设为目标，坚持以打造特色产业为核心，全面推进乡村振兴提质增效。但作为一个地理环境复杂及西部经济欠发达省份，生态保护任务重，可利用土地面积少，加之高原气候、荒漠化、市场变化等问题的影响，给乡村产业发展带来了一定的困难，发展中面临的挑战也在不断加大。

（一）牛羊产业规模化产业化发展面临挑战

青海是典型的草地畜牧业大省，一产经济构成相较其他省份对畜牧业依赖性更强。目前青海牛羊产业以散养户为主体，主要集中于牧区和半农半牧区，大型养殖场（户）饲养方式以育肥为主，其市场价格变化敏感度远高于传统散养户，在当前牛羊价格受进口畜产品、饲养成本、劳动及运输成本上涨等影响下，多数大型养殖场（户）生产积极性不高，市场信心不足，选择缩小养殖规模甚至清栏退养、弃养，养殖效益不高，制约牛羊产业向规模化、产业化发展。

（二）设施蔬菜产业向高精深发展面临挑战

设施蔬菜为高投入、高产出产业，目前，青海设施农业经过十几年的快速发展，面临设施大棚老化，改造成本较高，企业使用意愿降低等问题。由于部分企业自身发展不足，缺乏相应的后续资金投入，且经营理念相对落后，致使部分设施蔬菜基地配套设施建设滞后，技术水平偏低，产业规模总体小而散，品牌效益和规模效益不强，精深加工还不完善，产品附加值不高。

（三）人才队伍缺乏难以满足乡村产业发展需要

乡村产业发展人才种类繁多，包括致富带头人、经营主体、乡贤等，目前乡村产业人才队伍呈现高龄低学历现象，各类乡村人才队伍发展不均衡，传统种植农业人数较多，特色种植养殖业、农产品加工业等方面人才紧缺，同时，部分农技人才专业技术“老化”，难以满足乡村产业的发展需要。

四、因地制宜，推动乡村全面振兴

乡村振兴既是攻坚战又是持久战，要坚持问题导向、目标导向、发展导向，坚持深化改革、扩大开放，强化联农带农机制，因地制宜培育壮大特色优势产业，着力惠农富农，推动乡村全面振兴。

（一）健全服务体系，切实提升产业活力

建立完善特色农畜产品标准体系，提高产业发展水平，尤其是加大对牛羊产业发展的支持及相关政策落实的力度，提振市场信心，稳定行业预期；适当扩大优质饲草种植面积，并加强本地饲草料研发应用，健全配套加工、物流体系，保障省内供给，降低生产成本；以消费需求为导向，加强“青字号”农畜产品创新和宣传营销，提升绿色有机品牌形象，充分利用涉农展会、产销对接会、招商引资推介会等加强市场营销，以高质量供给满足省内外市场需求，提升农业、畜牧业生产端活力，助力青海农业、畜牧业高质量发展。

（二）加大培育力度，筑牢产业发展基础

加大对特色蔬菜、名优产品、中藏药材、特色种养等新型农业经营主体培育力度，结合区域发展特色，重点抓好龙头企业及农村致富带头人和示范户的带动作用，夯实乡村振兴根基；充分发挥好东西部协作和对口支援机制作用，促进产业合作，支持涉农企业、新型农牧业经营主体，改造加工设施、完善冷链物流、拓宽销售渠道、强化品牌提升和科技研发等，促进一二三产业融合发展，推动青海乡村产业更快、更好、更健康地发展。

（三）强化队伍建设，优化乡村人才结构

选优配强乡村产业发展服务人才队伍，充分利用产业发展人才培育优惠政策和资源，借鉴脱贫攻坚驻村帮扶机制，高水平整合农技人才队伍；鼓励和支持大力开展乡村实用性人才培训，按照新型职业农民划分，开展乡村生产型、经营型、技能技术型人才培训，着力培养一批农业种植能手、农产品加工能手、养殖能手、农技操作能手，致富经纪人；鼓励高校毕业生、农村青年等优秀人才进入农村，对愿意到农村工作、创业的人才给予资金、税收等方面的优惠支持，充实和丰富乡村产业人才队伍，优化乡村产业人才队伍结构。

报告撰稿：周琰玲　韩明黎　仝 伟　李 芳

宁夏回族自治区乡村振兴监测报告

2023 年，宁夏深入贯彻落实习近平总书记关于“三农”工作的重要论述和视察宁夏重要讲话指示批示精神，以学习运用“千万工程”经验为引领，全面推进黄河流域生态保护和高质量发展先行区、乡村全面振兴样板区和铸牢中华民族共同体意识示范区建设，全力保障粮食等重要农产品稳定安全供给，推进乡村全面振兴迈出坚实步伐。

一、乡村振兴稳步推进，文明善治成效显著

宁夏紧盯乡村振兴战略“二十字”总方针和“五个振兴”根本要求，用情用力绘就“塞上富春山居图”，聚焦葡萄酒、枸杞、牛奶、肉牛、滩羊、冷凉蔬菜“六特”产业高质量发展，大力实施特色农业提质计划，积极培育乡村振兴人才队伍，持续涵养文明和谐乡风，加快建设宜居宜业和美乡村，不断夯实乡村基层组织基础，全面推进乡村振兴。2023 年乡村全面振兴发展指数为 66.4，比 2022 年提升 1.4。从综合发展、产业兴旺、生态宜居、乡风文明、治理有效和生活富裕等六大领域看，乡风文明和治理有效高于全国平均水平，生态宜居和生活富裕稳步提升。

（一）经济发展稳中有进

2023 年，宁夏综合发展指数为 57.0。宁夏经济平稳发展，经济总量持续壮大，地区生产总值 5315 亿元，按不变价格计算，比上年增长 6.6%，增速居全国第 5 位，同比提高 2.6 个百分点；人均地区生产总值首次突破 7 万元，达到 72957 元，居全国第 18 位，增长 6.3%。全年第一产业增加值 428 亿元，按不变价格计算，增长 7.7%，增速居全国第 2 位。地方一般公共预算收入 502 亿元，增长 9.2%，人均地方一般公共预算收入 6894 元，居全国第 15 位。

图 1 2014-2023 年宁夏第一产业增加值情况

（二）产业发展提质增效

2023 年，宁夏产业兴旺指数为 58.1。粮食供给水平稳步提升。宁夏严格落实粮食安全责任，持续巩固提高粮食综合生产能力，粮食实现播种面积、单产、总产“三个增长”。全年粮食总产量 379 万吨，同比增长 0.8%，人均粮食产量 520 公斤，高于全国平均水平 27 公斤，居全国第 9 位。牧业生产能力较快增长。大力实施特色农业提质计划，畜牧业发展势头总体良好。2023 年，牛奶产量 431 万吨，增长 25.7%，人均牛奶产量 591 公斤，居全国第 1 位；肉类总产量达到 41.4 万吨，增长 12.6%，增速居全国第 2 位。农业综合产能不断提高。深入实施设施农业现代化提升和农业关键核心技术攻关、种业振兴、农机装备补短板 3 项行动，着力提升农业综合生产能力。2023 年，农业劳动生产率达到 5.1 万元 / 人，耕地产出率 2555 元 / 亩，分别增长 17.6% 和 0.1%。高标准农田占耕地面积的比重 57.3%，超过全国平均水平，农作物耕种收综合机械化率 83.1%，分别提高 3.1 个和 1.1 个百分点。

（三）生态宜居步伐加快

2023 年，宁夏生态宜居指数为 77.1，比上年提升 1.9。深入学习运用“千万工程”经验，系统推进生态保护修复，持续推进农村道路、防汛抗旱和供水保障、清洁能源、乡村物流、数字乡村、农村综合服务、农房质量安全、人居环境整治 8 大工程，加快建设宜居宜业和美乡村。人居生活环境全面改善。结合实地情况，深入实施农村人居环境整治提升行动，全区农村自来水普及率 97%，农村卫生厕所普及率 64.9%，农村生活污水治理率 35.6%，分别提高 0.6 个、8.5 个和 4.0 个百分点。

在所有行政村中，对生活垃圾进行处理的村占89.2%；主要使用清洁能源的村占28.0%，同比提高1.6个百分点。农村居民生活愈加便捷。近年来，宁夏实施提升农村公路质量服务乡村振兴三年攻坚行动，全力整合“客运网、邮政网、商贸网”三张网络，推进乡村产业路、旅游路、资源路连通配套。2023年，宁夏通三级及以上公路的乡镇占比已达100%，常住人口20户以上自然村通硬化路比例达100%。在所有行政村中，5G网络通达的村占74.8%，有电子商务配送站点的村占72.3%。

（四）乡风文明持续向好

2023年，宁夏乡风文明指数为87.4，比上年提升2.4，比全国平均水平高0.3。文明村镇创建稳步推进。近年来，宁夏持续开展“听党话、感党恩、跟党走”宣传教育活动，不断把铸牢中华民族共同体意识“六进”活动引向深入，着力打造乡风文明、乡村善治的“宁夏样板”。省级及以上文明村镇占比为10.0%，其中省级及以上文明村182个、文明乡镇57个。公共文化建设不断加强。宁夏农村基本公共服务体系持续完善，质量不断提升，覆盖面逐步扩大，农村文化体育建设蓬勃发展。在所有行政村中，有综合性文化服务中心的村占97.3%，有农民业余文化组织的村占55.0%，有体育健身场所的村占97.8%，分别提高1.1个、9.7个和2.6个百分点。

专栏1

宁夏创新推行“一村一年一事”行动 省域乡村治理取得显著成效

近年来，宁夏回族自治区党委、政府扎实推进乡村治理整区域示范创建，从2020年开始，聚焦农民群众生产生活实际困难和急难愁盼问题，把“一村一年一事”行动作为全面推进乡村振兴的重要举措，每年为每个行政村办好一件实事，推动服务重心向乡村转移、服务资源向乡村下沉、服务功能向乡村延伸，不断激发广大农民群众参与乡村治理的积极性和主动性，得到社会各界和广大农民群众的认可。

宁夏统筹整合巩固拓展脱贫攻坚成果同乡村振兴有效衔接、高标准农田建设、农村人居环境整治、扶持壮大村级集体经济、美丽乡村建设、一事一议、基层党组织建设、民生实事等项目资金，积极引导社会力量参与，集中力量办好实事。高质量完成整省域乡村治理示范创建三年行动，1镇9村入选第三批全国乡村治理示范村镇，8个村庄入围2023年“和美乡村百佳范例”，原州区、利通区获批国家乡村振兴示范县。

2023年，宁夏开展“一村一年一事”行动中办理民生实事2212件，完成投资33.9亿元。“一村一年一事”行动被人民日报社评为“2023年全国民生示范工程”案例榜首，“积分制”“清单制”“55124”等典型模式被中央农办向全国推广。

撰稿：孙文银

（五）治理水平巩固提升

2023 年，宁夏治理有效指数为 73.4，比上年提升 4.2，比全国平均水平高 2.6。乡村治理效能有效激活。高质量完成全国整省域乡村治理示范创建三年行动，“积分制”“清单制”实现所有行政村全覆盖，“一村一年一事”行动案例荣登 2023 年全国 51 项民生示范工程案例榜首。在所有行政村中，有综合服务站的村占 98.9%，有公共法律服务工作室的村占 97.0%，县级及以上民主法治示范村占 13.8%，同比分别提高 3.8 个、3.9 个和 3.7 个百分点。基层组织建设持续强化。深入推进村党组织带头人优化提升行动，村支部成为凝聚群众、引领发展的主心骨。“村两委”成员中致富带头人占 34.7%，其中，村支部书记中致富带头人占 55%；村支部书记大专及以上学历占 46.5%，同比提高 8.7 个百分点。

（六）农民生活幸福美满

图 2 宁夏银川市金凤区丰登镇润丰村

2023 年，宁夏生活富裕指数为 65.0，比上年提升 2.8。农村居民收入稳步提高。近年来，宁夏有效有力推进乡村全面振兴，农民收入在西北五省中一直处于较高水平，城乡居民收入差距不断缩小，共同富裕迈出坚实步伐。2023 年，农村居民人均可支配收入 17772 元，同比增长 8.2%，增速高于全国平均水平 0.5 个百分点，居全国第 5 位。宁夏城乡居民人均可支配收入比为 2.4，与

专栏 2

深化闽宁协作机制，共谱移民“山海情”

宁夏曾是全国脱贫攻坚主战场之一，地处宁夏南部的西海固地区丘陵沟壑林立，阴湿高寒，曾有“苦瘠甲天下”之称，被联合国粮食开发署确定为“最不适宜人类生存的地区之一”。然而，就是在这样的条件下，习近平总书记亲自谋划、亲自部署、亲自推动建立闽宁协作扶贫机制，探索易地扶贫搬迁模式。

自 20 世纪 80 年代初，宁夏从中南部地区向引黄灌区、县内有条件引水灌溉的地方，采用集中安置、就近安置、劳务安置、插花安置等多种县内县外搬迁安置方式，先后实施了吊庄移民、扶贫扬黄灌溉工程移民等六次大规模移民，累计搬迁 123 万人，占全区总人口的 16.9%，占全区农村人口的 51.7%。宁夏百万贫困农民从“穷山沟”搬到“米粮川”，首次搬迁的“闽宁村”发展成为闽宁镇，从“干沙滩”变成“金沙滩”，2021 年闽宁镇获得全国脱贫攻坚楷模的称号，谱写一系列感人的“山海情”故事，探索出一条脱贫致富的康庄大道。2023 年，宁夏百万移民人均可支配收入 15128 元，比 2022 年增加 1423 元，增长 10.4%，增速比宁夏农村居民人均可支配收入高 2.2 个百分点；百万移民人均可支配收入达到宁夏农村居民人均可支配收入的 85.1%。

大规模移民搬迁让百万贫困农民挪出了穷窝，彻底阻断了贫困代际传递，改变了移民群众的生产生活，提升了致富能力，促进了民族团结，推进乡村振兴全面发展。

撰稿：孙文银

全国平均水平一致，比上年缩小 0.1。农民生活水平不断提升。随着农村居民收入的稳步增长，农民生活水平不断提高，消费潜力逐步释放。2023 年，宁夏农村居民人均消费支出 14649 元，增长 14.2%，增速高于全国平均水平 4.9 个百分点；农村居民家用汽车普及率达到 47.3%，同比提高 3.5 个百分点。基本公共服务持续完善。紧紧围绕文化教育、医疗卫生、养老托幼等方面进一步健全优化公共服务体系。2023 年，宁夏农村养老服务机构和设施覆盖率 25.1%；城乡居民月人均领取养老金 268 元，增长 8.5%；乡村义务教育学校专任教师本科及以上学历比例为 78.2%，乡村医生中执业（助理）医师资格的人员比例为 19.6%，分别提高 10.5 个和 1.2 个百分点。

二、特色产业蓬勃兴旺，县域发展卓有成效

（一）县域指数全面提升

2023 年，宁夏 22 个县（市、区）乡村全面振兴发展指数全部高于 2022 年，总指数提升从高到低的前 10 个县依次是：盐池县、平罗县、隆德县、兴庆区、贺兰县、永宁县、利通区、原州区、泾源县、西夏区。22 个县（市、区）中乡村全面振兴发展总指数高于全国平均水平的有 13

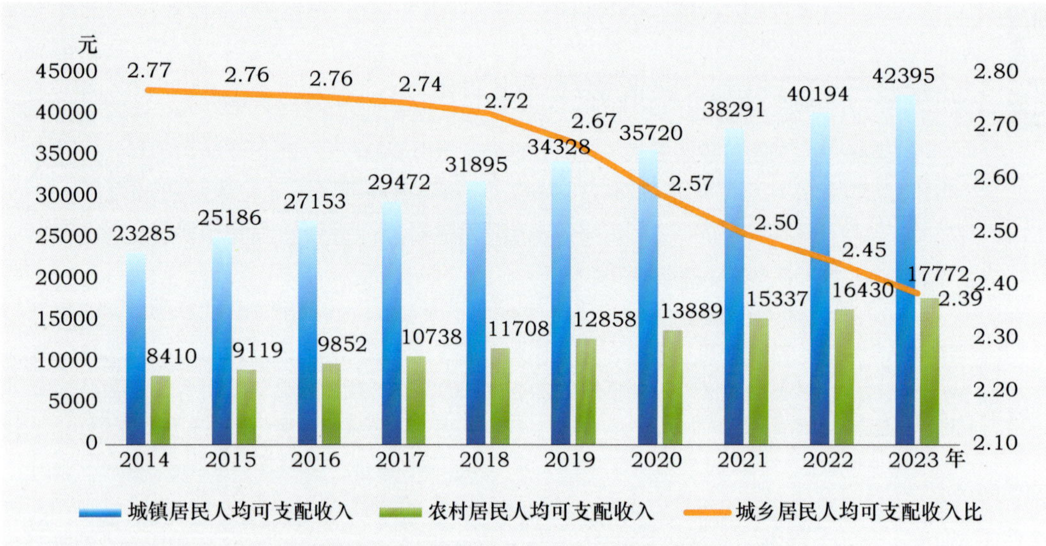

图 3 2014—2023 年宁夏城乡居民收入变化情况

个，发展指数从高到低依次是：灵武市、西夏区、贺兰县、兴庆区、金凤区、永宁县、盐池县、隆德县、利通区、青铜峡市、惠农区、中宁县和平罗县。从区域发展情况看，引黄灌区整体发展水平较高，13 个县（市、区）中有 11 个高于全国平均水平；中部干旱带和南部山区 9 县（区）中仅有 2 个高于全国平均水平。从地区发展情况看，银川市乡村振兴发展水平最高，所辖县（市、区）稳居自治区前六位；吴忠市有 3 个县（市、区）发展水平高于全国平均且在全区排位靠前；石嘴山市 2 个、固原市和中卫市各 1 个县（市、区）发展水平高于全国平均。

（二）特色产业成绩斐然

宁夏凭借独特的自然地理环境和引黄灌溉便利，走出了一条特色鲜明的农业发展道路，成为世界公认的枸杞原产地和道地产区、酿酒葡萄种植和高端葡萄酒生产“黄金地带”和“黄金奶源带”，是我国的“枸杞之乡”“滩羊之乡”和肉牛产业优势产区。依托资源禀赋，2022 年自治区第十三次党代会提出，大力发展葡萄酒、枸杞、牛奶、肉牛、滩羊、冷凉蔬菜“六特”产业，推动农业高质量发展，为推进乡村振兴提供坚实基础。2023 年，在农林牧渔业总产值中，“六特”产业实现产值 570 亿元，占农林牧渔业总产值的比重达到 64.3%，按可比价格计算，比上年增长 12.3%，对农林牧渔业总产值增长的贡献率达 102.2%。

（三）文明新风浸润乡村

乡村振兴，既要塑形，也要铸魂。宁夏把乡村文化振兴贯穿于乡村振兴的各领域、全过程，通过丰富农民群众精神文化生活，涵养文明新风，推动形成文明乡风、良好家风、淳朴民风，以新面貌、新风尚为乡村振兴注入源源不断的动力。2023 年，深入开展文明素养提升行动和农村精神文明建设“百乡千村万户”行动，新时代文明实践中心实现县乡村三级全覆盖。联合中央广播电视总台连续四年开展听党话、感党恩、跟党走宣传教育活动；把学习宣传贯彻党的二十大精神与移风易俗相结合，开展第四届“县乡长说唱移风易俗”活动；灵武市临河镇“党员带头示范 涵养文明乡风”入选第四批全国“文明乡风建设”典型案例。成功举办全国和美乡村篮球大赛（村 BA）西北赛区比赛，举办首届“书香宁夏乡村阅读论坛”系列活动，不断推进乡村文明建设。

图 4 宁夏贺兰山东麓酿酒葡萄种植基地

三、乡村基础依然薄弱，发展短板仍需关注

宁夏乡村全面振兴稳步发展，但总体发展水平不高，仍有较大提升空间，需要高度关注发展中存在的一些短板弱项。

（一）经济发展水平不高

2023 年，宁夏人均地区生产总值 7.3 万元，与全国平均水平相差 1.6 万元，相当于全国平均水平的 81.6%。22 个县（市、区）中，人均地区生产总值低于全区平均水平的有 14 个县（区）。乡村全面振兴发展指数中，综合发展指数低于全区平均水平的有 15 个县（区）。宁夏特色农业优势显著，但本地生产的优质农产品大多处在低端市场，农产品加工转化能力不足，附加值不高，优质难以实现优价。2023 年，宁夏人均第一产业增加值与全国平均水平相比低 495 元。

（二）农业基础支撑薄弱

宁夏耕地质量大部分为中等耕地和低等耕地，水资源约束趋紧，部分高标准农田和高效节水设施亟待改造提升，中部干旱带和南部山区农作物耕种收综合机械率普遍低于全区平均水平，这些都制约着宁夏农业高质量发展。农业质量效益均低于全国平均水平，2023 年宁夏农业劳动生产率比全国平均水平低 0.2 万元 / 人，耕地产出率比全国平均水平低 807 元 / 亩。

（三）基础建设仍需加强

宁夏农村基础设施建设和公共服务虽日趋完善，但与城镇差距明显，医疗服务短缺，农村养老服务机构和设施覆盖率、乡村医生中执业（助理）医师资格的人员比例仍然较低。9 个重点帮扶县农村基础设施特别是村容村貌有了较大提升，但 13 个非重点县村庄面貌改观不大，建设宜居宜业和美乡村任重道远。

（四）持续增收面临压力

近年来，宁夏农村居民收入不断提高，但收入结构不优，财产性收入增长贡献不足，经营净收入增长压力不断加大，农村居民收入和消费水平与全国相比仍有差距，农村改革红利亟需进一步挖潜释放。2023 年，宁夏农村居民人均可支配收入比全国平均水平低 3919 元，仅为全国平均水平的 81.9%；人均消费支出比全国低 3526 元，仅为全国的 80.6%。

四、夯实基础多措并举，推进乡村全面振兴

（一）聚焦乡村变化加大政策扶持力度

针对宁夏农村人口迅速向城镇转移、农村社会主体过快老化，农村空心化、空巢化和“三留守”等突出问题，要加强顶层设计，推动农村土地、公共服务、集体经济组织、社会参与等制度创新，增强乡村发展活力和动力。要持续巩固拓展脱贫攻坚成果，确保不发生规模性返贫，统筹推动自治区财政、金融、土地、人才、科技教育医疗“组团式”帮扶，加大重点县帮扶力度，推进社会力量倾斜支持乡村振兴发展滞后地区，促进区域协调发展。因地制宜推动村集体经济多元化、灵活发展，稳步推进农村承包地、宅基地、集体经营性建设用地改革，探索通过“土地入股”等形式盘活农村闲散土地资源，集聚资源要素采取抱团发展模式，以村集体经济合作社等方式开展对外合作，推动

农民致富、集体增收、共同富裕。

（二）聚焦产业弱项助力乡村经济建设

要进一步优化特色产业布局，着力打造产业集群，做好“土特产”文章。发展壮大一批种养、加工、销售的龙头企业，在引导农业产业发展中起到强有力的示范带动作用，加快发展新产业新业态，延长农业产业链。鼓励大学毕业生、返乡农民工等回乡创办家庭农场，参与农民合作社，在用地、金融、政策上予以支持，重点培育一批有竞争力的新型经营主体，辐射带动当地小农户家庭经营与合作经营、集体经营等经营形式共同发展，形成一定聚集优势。推动产业发展由卖原料向卖产品转变、卖产品向卖种子转变、发展一产向一二三产融合转变，力争实现产业发展提质增效。

（三）聚焦公共服务激发村民内生动力

围绕农民群众最关心最直接最现实的利益问题，推动农村基础设施提档升级。加强农村社会保障体系建设，提升教育质量，统筹配置城乡师资，并向乡村倾斜。改造提升村卫生室，加强乡村医生队伍建设，建立引导城市医务人员到农村基层服务的政策措施。保障农民的基本文化权益，提升农村公共文化服务能力，保护和传承优秀乡村传统文化。提升农村养老设施保障能力和医疗护理能力，支持各类农村养老服务机构发展。

（四）聚焦拓宽渠道切实提高农民收入

通过发展产业、劳务输出、培育主体、自主创业等措施，拓宽村民增收渠道。健全联农带农机制，支持企业与本地经营主体、农户建立合作关系，鼓励农户通过土地流转拿“租金”、基地务工拿“薪金”、盈利分红拿“股金”、参与经营拿“现金”，让农户在产业链上增收致富。坚持新型城镇化和乡村振兴相互融合发展，通过扩大就业增加收入，发挥城镇化对乡村经济的辐射带动作用，创造更广泛的就业机会，增加农民的工资性收入。持续巩固拓展脱贫攻坚成果，促进脱贫人口稳定增收，加快推进脱贫地区帮扶产业高质量发展，落实落细防止返贫就业帮扶政策，扩大以工代赈规模，开展劳务品牌创建，多措并举提高脱贫人口收入。

报告撰稿：张蓓蓓　孙文银

新疆维吾尔自治区乡村振兴监测报告

民族要复兴、乡村必振兴。实施乡村振兴战略，是党的十九大作出的重大决策部署，是实现国家富强、民族复兴的重要抓手，也是人民群众对美好幸福生活的新期盼。实现历史性脱贫后，新疆的农业农村发展已进入新的历史阶段。全面推进以产业兴旺为重点、生态宜居为关键、乡风文明为保障、治理有效为基础、生活富裕为根本的乡村振兴战略，成为新疆全面贯彻落实党的十九大、二十大精神，加快建设农业强区的关键举措。近年来，新疆坚持农业农村优先发展，持续巩固拓展脱贫攻坚成果，天山南北呈现出农业增产、农民增收、农村繁荣发展的良好局面。

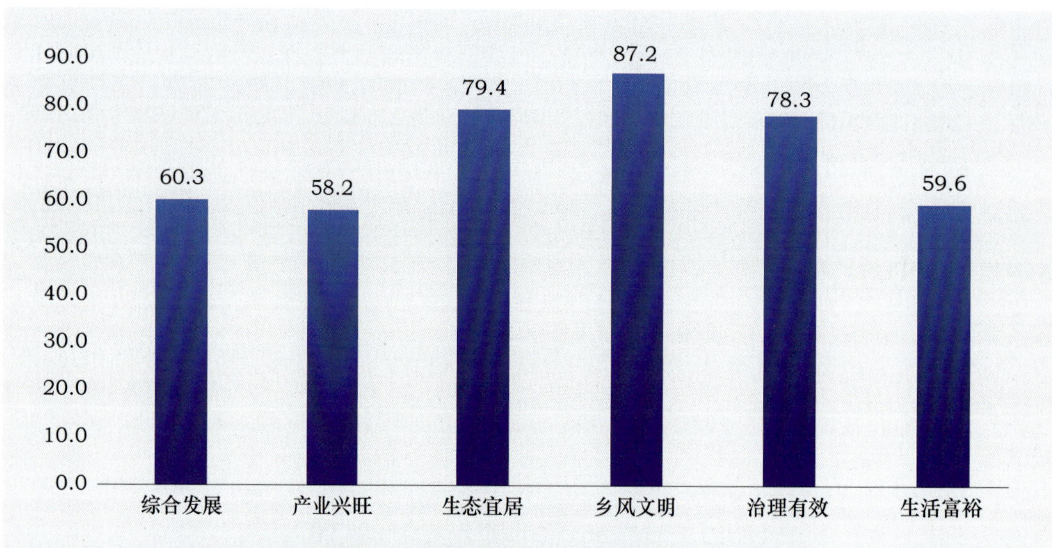

图 1 2023 年新疆分领域乡村全面振兴发展指数

一、发展格局渐次清晰，新疆乡村振兴呈现靓丽“底色”

2023 年，新疆扎实推进乡村产业发展、乡村建设、乡村治理重点任务，农村社会和谐稳定，农业强、农村美、农民富的发展格局已渐次清晰，乡村全面振兴发展指数达到 65.8。

（一）经济发展稳中有进让乡村振兴“更上台阶”

2023 年，新疆经济运行总体平稳，农业农村经济保持良好发展势头，乡村全面振兴发展指数中综合发展指数达到 60.3。地区生产总值实现新的突破。2023 年，新疆地区生产总值（GDP）为 19126 亿元，按可比价计算，同比增长 6.8%。其中：第一产业增加值 2742 亿元，同比增长 6.3%；第二产业增加值 7710 亿元，同比增长 7.2%；第三产业增加值 8673 亿元，同比增长 6.6%。第一产业增加值占地区生产总值比重为 14.3%，第二产业增加值比重为 40.3%，第三产业增加值比重为 45.4%。全年人均地区生产总值 73774 元，同比增长 6.6%。一般公共预算收入稳步增长。2023 年，新疆一般公共预算收入达到 2180 亿元，同比增长 15.3%。其中：税收收入 1369 亿元，增长 12.0%；非税收入 811 亿元，同比增长 21.4%。

（二）锚定农业强区目标让产业振兴“更有力量”

2023 年，新疆加快建设农业强区，全力保障国家粮食安全和重要农产品供给安全，乡村全面振兴发展指数中产业兴旺指数达到 58.2。为国家粮食安全作出新疆贡献。2023 年，新疆推动粮食生产由“区内平衡、略有结余”向“区内结余、供给国家”转变，粮食产量达到 2119 万吨，比上年增加 306 万吨，同比增长 16.9%。人均粮食产量达到 817 公斤，比上年增加 117 公斤，同比增长 16.4%。肉产量达到 223 万吨，比上年增加 18 万吨，同比增长 8.8%；人均肉产量达到 85.9 公斤，比上年增加 6.8 公斤，同比增长 8.6%。农业科技和装备支撑不断强化。2023 年，新疆不断加强农田水利设施建设，提高农业机械化程度，高标准农田面积占耕地面积的比例达到 52.7%，比上年提高 5.3 个百分点；农作物耕种收综合机械化率达到 88.2%[1]，比上年提高 1.4 个百分点。农业生产效率不断提高。2023 年，新疆耕地产出率达到 3885 元 / 亩，比上年提高 30.6 元 / 亩，同比增长 0.8%。农业劳动生产率达到 6.2 万元，比上年提高 0.9 万元，同比增长 17.9%。

1. 农作物耕种收综合机械化率为新疆（地方）数据，不含新疆生产建设兵团。

表 1 2012—2023 年新疆主要农牧产品产量

单位：万吨

年份	粮食	棉花	水果	蔬菜	肉类	牛奶	禽蛋
2012	1517	388	1258	1154	136	175	27
2013	1727	394	1371	1128	142	173	29
2014	1750	415	1528	1217	150	177	32
2015	1895	419	1708	1207	154	186	34
2016	1552	408	1762	1615	162	187	38
2017	1485	457	1690	1615	160	192	37
2018	1504	511	1605	1431	162	195	37
2019	1527	500	1728	1459	171	204	40
2020	1583	516	1783	1715	173	200	40
2021	1736	513	1790	1620	199	212	41
2022	1813	539	1816	1732	205	223	38
2023	2119	511	1878	2073	223	233	40

（三）农村人居环境整治让美丽乡村“更显神采”

2023 年，新疆扎实开展村庄清洁行动，稳妥有序推进农村厕所革命，加快补齐农村人居环境短板弱项，乡村全面振兴发展指数中生态宜居指数达到 79.4。农村生产生活环境大幅改善。2023 年，新疆大力实施以“三清三改两提升”为重点的村庄清洁行动，农村生活污水和生活垃圾得到进一步治理。2023 年，全疆对生活垃圾进行处理的村占比达到 87.0%，比上年提高 2.5 个百分点；生活污水集中处理的村占比达到 66.9%，比上年提高 12.0 个百分点；畜禽粪污综合利用率达到 70.0% 及以上的县（市、区）占比达到 93.4%，比上年提高 6.7 个百分点。农民生产生活便捷性不断提高。2023 年，新疆不断加大农村公共服务设施建设，农村居民生活需求得到不断满足。2023 年，全疆农村卫生厕所普及率达到 90.1%，比上年提高 1.8 个百分点；自来水普及率达到 100.0%，与上年同期持平；通三级及以上公路乡镇占比达到 90.5%，比上年提高 3.3 个百分点；行政村 5G 通达率达到 89.3%，比上年提高 13.2 个百分点。

（四）文化润疆走村入户让乡村生活“更加和谐”

2023 年，新疆进一步推进乡村公共文化服务体系建设，依托新时代文明实践中心，逐步打通弘扬新时代文明乡风“最后一公里”，乡村全面振兴发展指数中乡风文明指数达到 87.2。公共文化服务体系建设不断健全。2023 年，新疆持续增加农村公共文化服务供给，城乡公共文化服务差距不断缩小。2023 年，全疆村级智慧综合管理服务平台覆盖率达到 72.3%，比上年提高 9.4 个百分点；有农民业余文化组织的村占比达到 66.5%，比上年提高 16.7 个百分点；有体育健身场所的村占比达到 92.6%，比上年提高 3.4 个百分点。文明村镇创建水平不断提高。2023 年，新疆深入开展“文

明新风进万家 六大习惯贵养成”专项文明行动，全力培育文明乡风、良好家风、淳朴民风，文明村镇创建水平进一步提高。2023 年，全疆省级以上文明村镇占比达到 16.5%，比上年提高 3.0 个百分点。

（五）夯实基层组织力量让乡村治理“更见底气”

2023 年，新疆持续加强农村精神文明建设，推进移风易俗，促进乡村和谐稳定，乡村全面振兴发展指数中治理有效指数达到 78.3。基层党组织力量进一步加强。2023 年，新疆统筹推进农村基层组织建设，加强“头雁”队伍培育，村党组织书记引领作用持续提升。2023 年，全疆村党组织书记大专及以上学历占比达到 71.8%，比上年提高 0.5 个百分点；县级及以上先进基层党组织占比达到 32.0%，比上年提高 3.5 个百分点。乡村治理效能进一步提升。2023 年，新疆坚持以依法治疆为引领，打造具有新疆特色的新时代“枫桥经验”，乡村治理能力不断提升。2023 年，全疆有公共法律服务中心（工作室）的村占比达到 97.7%，比上年提高 6.4 个百分点；有村（社区）服务站的村占比达到 99.7%，比上年提高 2.6 个百分点；县级以上民主法治示范村占比达到 21.9%，比上年提高 1.5 个百分点；县级及以上文明村占比达到 65.1%，比上年提高 19.5 个百分点。

（六）持续促进农民增收让农民生活“更感幸福”

2023 年，新疆坚持把农民增收作为“三农”工作的出发点和落脚点，千方百计促进农民增收，全疆农村居民收入大幅增长，城乡收入差距进一步缩小，乡村全面振兴发展指数中生活富裕指数达到 59.6。农村居民收入和消费大幅提高。2023 年，新疆坚持发展产业、稳定就业、促进增收，农村居民可支配收入大幅增长。2023 年，全疆农村居民人均可支配收入达到 17948 元，同比增长 8.4%；农村居民人均消费支出为 13645 元，同比增长 12.1%。城乡居民收入差距进一步缩小。2023 年，新疆积极落实低收入人群监测和救助帮扶制度，不断促进各族群众共同富裕，城乡收入差距进一步缩小。全疆城乡居民人均可支配收入比由 2022 年的 2.32:1 下降到 2023 年的 2.26:1，缩小 0.06。农村居民生活更有保障。2023 年，新疆不断完善乡村居民教育、医疗和养老保障体系，农村居民生活更有保障。2023 年，全疆农村养老服务机构和设施覆盖率达到 9.9%，比上年提高 1.7 个百分点；农村义务教育学校专任教师本科及以上学历比例超过 60.0% 的县占比达到 69.8%，比上年提高 18.4 个百分点；乡村医生中执业（助理）医师资格的人员比例达到 31.9%，比上年提高 4.1 个百分点。

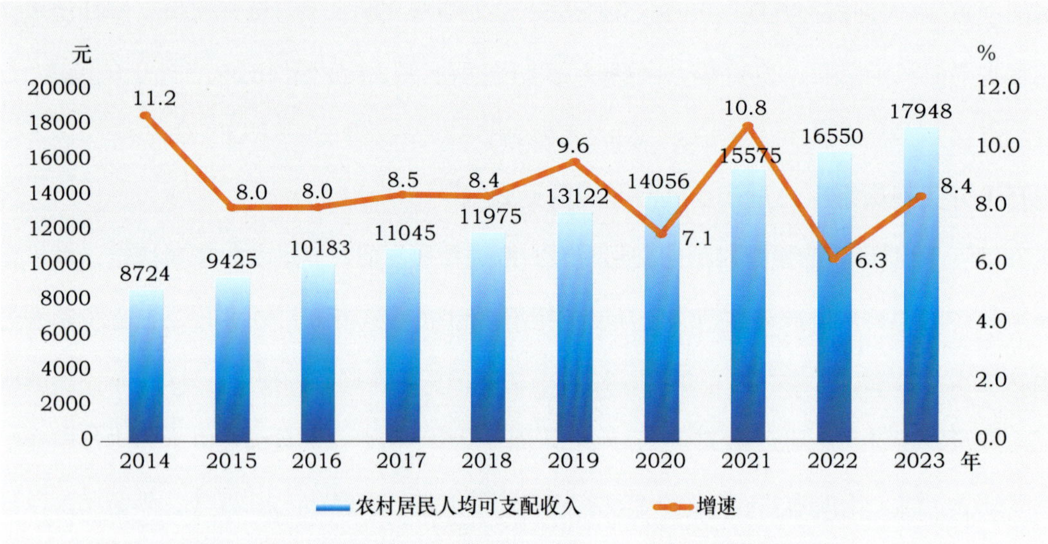

图 2 2014—2023 年新疆农村居民人均可支配收入及增速

二、牢牢守住两条底线，新疆乡村振兴凸显安全“特色”

2023 年，新疆坚持把粮食安全和防止规模性返贫作为坚定捍卫“两个确立”、坚决做到“两个维护”的重要检验，全力抓好粮食和重要农产品生产供应，突出抓好脱贫人口稳岗就业，牢牢守住了“两条底线”，呈现出新疆乡村振兴的“安全”特色。

（一）粮食产量大幅增长守牢“粮食安全”底线

2023 年，新疆围绕打造全国优质农牧产品重要供给基地的战略定位，统筹国家所需和新疆所能，通过调整种植结构，挖掘水资源潜力，新增耕作面积，强化政策和技术引领，实现粮食面积、单产、总产“三增长”。全疆粮食综合生产能力大幅提高，粮食增产量在全国“力拔头筹”。新疆成为可调出粮食量最大的产销平衡省区，不仅将“饭碗”牢牢端在自己手中，还为保障国家粮食安全作出了新疆贡献。2023 年，全疆粮食种植面积达到 4237 万亩，比上年增加 586 万亩，同比增长 16.1%，新增种植面积占全国新增面积的 61.4%；粮食产量达到 2119 万吨，比上年增加 306 万吨，同比增长 16.9%，增产量占全国增产量的 34.4%；粮食单产达到 500 公斤 / 亩，每亩产量比上年增加 3.4 公斤，同比增长 0.7%，稳居全国前列。

（二）脱贫群众大幅增收守牢“不发生规模性返贫”底线

2023 年，新疆把确保不发生规模性返贫作为“三农”工作底线任务，进一步健全完善防止返贫监测和帮扶机制，实施帮扶产业提质增效行动和防止返贫就业攻坚行动，千方百计拓宽增收渠道，持续提升农牧民人均收入水平，脱贫地区收入超过全国平均收入水平。2023 年，新疆脱贫地区农村居民人均可支配收入达 16881 元，比上年增加 1465 元，同比增长 9.5%，收入水平是 2019 年的 1.4 倍，年均增长 8.7%。脱贫县农村居民人均可支配收入是全疆农村居民人均可支配收入的 94.1%，增速比全疆农村居民人均可支配收入增速高 1.1 个百分点，2020 年至 2023 年收入增长速度均快于全疆农村居民人均可支配收入增速，与全疆农村居民人均可支配收入差距持续缩小。

专栏1

新疆粮食增产量一骑绝尘“拔得头筹”

在全国各地高度重视粮食生产、全面提升粮食产能背景下，新疆粮食大丰收蕴藏着政治、科技、政策、资源四方面密码。

政治站位：让“中国碗”装更多“新疆粮”。2023 年自治区党委农村工作会议明确推动新疆粮食和重要农产品由“区内平衡、略有结余”向“区内结余、供给国家”转变，从政治站位的要求考虑，从服务贡献“国之大者”考虑，旗帜鲜明、坚定有力地抓粮食生产。

科技赋能：提高单产见效益。2023 年通过高标准农田建设，新疆粮食增产超过 20 万吨。各类高产良种也在天山南北持续推广种植，农业生产综合机械化率达到 88.2%，小麦、玉米等主要作物耕种收综合机械化率达到 96%，水肥一体化覆盖率超过耕地面积的 60%。

政策激励：激发种粮积极性。2023 年，新疆共计发放粮食补贴资金 32.9 亿元，冬春小麦补贴额度达到 230 元 / 亩。落实国家产粮大县奖励政策，向 43 个国家级产粮大县发放中央财政奖励资金 9.1 亿元。落实农业社会化服务项目和农业经营主体能力提升项目资金 2.4 亿元，重点向种粮农民合作社和家庭农场倾斜。

资源禀赋：发挥优势，打造优势。新疆现有耕地资源人均超过 4 亩，是全国平均水平的 2 倍，且 96%以上是水浇地，适宜规模化、先进生产技术和大型农机装备推广应用。

撰稿：李慧

三、短板弱项不容忽视，新疆乡村振兴还需淬炼“三色”

虽然当前新疆呈现出农业增产、农民增收、农村繁荣发展的良好局面，但对照乡村振兴的总要求，还存在一些不容忽视的短板和弱项，新疆还需进一步淬炼乡村振兴的底色、特色和成色。

（一）农业生产现代化水平有待进一步提高

近年来，新疆不断强化农业科技创新，持续推进农业供给侧结构性改革，农业生产现代化水平不断提高，但总体上仍处于较低水平。农业劳动生产率有待进一步提高。2023 年，全疆农业劳动生产率仅为 6.2 万元，处于全国较低水平。农业机械化水平还有提升空间。2023 年，全疆农作物耕种收综合机械化水平为88.2%，低于领跑全国的新疆生产建设兵团（95.6%）7.4个百分点。农产品区域公用品牌建设还有待加强。截至2023年底，全疆有绿色有机地理标志农产品106个，总量在全国还处于较低水平，占全国的比重仍然较低。

专栏2

新疆脱贫地区农村居民人均可支配收入“位居前列”

2023年，新疆把确保不发生规模性返贫作为“三农”工作底线任务，进一步健全完善防止返贫监测和帮扶机制，各地常态化监测掌握农户收入支出等状况，紧盯疾病、灾害、事故等突发性因素，按照缺什么补什么原则，针对性落实发展产业、稳岗就业等帮扶举措，提高监测的及时性和帮扶的精准度，做到早发现、早干预、早帮扶。

在此基础上，各地把发展帮扶产业作为巩固拓展脱贫攻坚成果的治本之策。围绕涉农产业集群建设，优化产业投入、金融支持、消费帮扶、农业龙头企业贷款贴息等扶持政策，完善政策体系，强化政策协同，推动脱贫地区特色产业可持续发展。一年来，新疆新增发放小额信贷54.99亿元、覆盖14.83万户，精准支持发展到户产业，将中央衔接资金的64.0%用于促进产业提档升级，实现促农增收。

同时，新疆积极推进稳岗就业促增收。坚持内部挖潜增效和外部拓展渠道相结合，千方百计拓宽就业渠道，优化就业保障，年度共培训脱贫劳动力30.21万人次，脱贫群众技能素质得到明显提升，内生发展动力得到进一步增强。

撰稿：李慧

（二）农村人居环境整治还需提质升级

近年来，新疆加快补齐农村人居环境短板，各地村容村貌发生很大变化，但总体上与农村居民的期盼还有差距。农村生活污水治理管控还需提质升级。截至2023年底，全疆未建立生活污水处理管网体系的村仍占较大比例，生活污水系统化治理管控还存在一定难度。农村“厕所革命”还需提质升级。截至2023年底，全疆各村目前配备的吸粪车等粪污处理设备处理能力还不能完全满足需求。村级集体经济对人居环境整治的资金支撑不足。2023年，全疆集体经济强村占全部村比重仅为10.7%，大部分地区村级集体经济收入水平不高、家底较薄，无法有力支撑农村生活污水和垃圾治理运维管护。

（三）农村居民持续增收还面临一些瓶颈

近年来，新疆农村居民人均可支配收入虽然实现了大幅增长，但农村居民可支配收入绝对水平仍然不高，南北疆[2]差距仍然不小。农村居民人均可支配收入绝对水平仍然不高。2023年，新疆农村居民人均可支配收入为17948元，比全国农村居民人均可支配收入（21691元）低3743元，在全国仍处于较低水平。南北疆农村居民人均可支配收入差距仍然不小。2023年，北疆仅有1个地州农村居民人均可支配收入低于20000元，南疆仅有1个地州高于20000元，地区间农村居民人均可支配收入极差达到16701元。

四、找准三点统筹发力，助力新疆乡村振兴提升"成色"

（一）以建设农业强区为立足点，提升现代产业发展水平

明确新疆定位和发展路径，锚定农业强区建设目标，推动农业农村现代化水平再上台阶。一是有序推进高标准农田建设和水利设施建设，大力推广"干播湿出""水肥一体化"等农艺节水措施，提高水资源利用效率，推进农业适度规模经营，促进农业劳动生产率有效提高。二是聚焦设施农业、特色经济作物、畜牧水产、园林水果等农业机械化应用薄弱环节，以点带面提升农业机械化水平，促进农业劳动生产率有效提高。三是加大品种培优、品牌打造和标准化生产力度，支持农业产业化龙头企业打造以绿色有机地理标志农产品为核心的特色优质农产品品牌，全力塑造"品味新疆"农业品牌整体形象，提高农产品区域公用品牌建设水平。

（二）以改建卫生户厕为关键点，推进农村人居环境整治

加强农村污水管网建设力度，积极探索厕所粪污与生活污水一体化处理举措，健全农村人居环境长效管护机制，推动农村生态宜居水平再上台阶。一是持续推进乡村污水管网覆盖延伸工程，建好乡村专线排水管网、入户排水管网和化粪池等基础设施，打通农村污水处理"毛细血管"。二是积极推动卫生厕所改造与生活污水治理一体化建设，统筹使用吸粪车、化粪池、污水处理管网等设施设备，逐步推动厕所粪污与生活污水就地消纳、综合利用。三是充分发挥农民群众在人居环境管护中的作用，探索建立农户合理付费、村级组织统筹、政府适当补助的运行管护经费保障制度，健全农村人居环境长效管护机制。

2. 南疆地区包括阿克苏地区、克孜勒苏柯尔克孜自治州、喀什地区、和田地区和巴音郭楞蒙古自治州；北疆地区包括乌鲁木齐市、伊犁哈萨克自治州、塔城地区、阿勒泰地区、克拉玛依市、博尔塔拉蒙古自治州和昌吉回族自治州；东疆地区包括哈密市和吐鲁番市。

（三）以促进南疆增收为落脚点，提升农村居民生活水平

着力提升南疆农村居民收入，实现全疆农村居民收入持续增长，推动农村居民生活水平再上台阶。一是抓好南疆脱贫成果巩固，抓实防止返贫监测帮扶，建好系统、管好数据、用好平台，提升精准帮扶效能；二是抓好南疆富余劳动力转移就业。有针对性地开展劳动技能和国语水平的“订单式”培训，促进富余劳动力的长期转移、稳定就业。三是抓好到户产业提质增效，逐步推广“六金一利”模式（订单农业有订金、基地就业有薪金、土地流转有租金、承包管理有酬金、超产分成有奖金、风险防范有基金、参股经营有红利），建立关系稳定、联结紧密、利益稳定和风险可控的联农带农机制，促进农村居民稳定持续增收。

报告撰稿：亚生・买买提　李慧　艾山江・亚生　牛旺举

专题篇

县域视角下我国乡村振兴监测报告

为贯彻落实党中央决策部署，国家统计局自 2023 年 8 月起建立实施《乡村振兴统计监测一套表制度（试行）》。根据监测制度，我们利用县乡村三级社会经济统计资料，对全国 2675 个县级监测单位[1]乡村振兴战略实施情况开展统计监测。从监测结果看，2023 年，市辖区、县级市和一般县乡村全面振兴均实现不同程度提升，前 100 个县发展更好更快，产粮大县产业融合发展加快，脱贫县农村居民收入增速快于全国农村，县域乡村全面振兴迈出新步伐。但同时也要看到，在推进县域乡村全面振兴过程中，仍然存在发展不平衡、育强扶弱两端发力不够等问题。下一步我们要认真贯彻落实党的二十届三中全会精神，以县域城乡融合发展为引领，聚焦重点、持续发力，扎实推动乡村全面振兴不断取得实质性进展。

一、坚持重点突破全面提升，县域乡村振兴有力有效

近年来，各地积极统筹新型城镇化和乡村全面振兴，花大力气提升县城综合承载能力和治理能力，优化县域产业结构和空间布局，统筹乡村基础设施建设和基本公共服务保障，县域乡村全面振兴迈出新步伐。

1. 县级单位，包括全国所有的县、县级市、自治县、旗、自治旗、林区、特区及辖区范围内有一个及以上乡（镇）的市辖区。按照行政区划，我们将全国 2675 个县级监测单位分为市辖区、县级市和县（自治县、旗、自治旗、林区、特区）（以下简称“一般县”）等三类，其中，市辖区 812 个，县级市 392 个，一般县 1471 个。

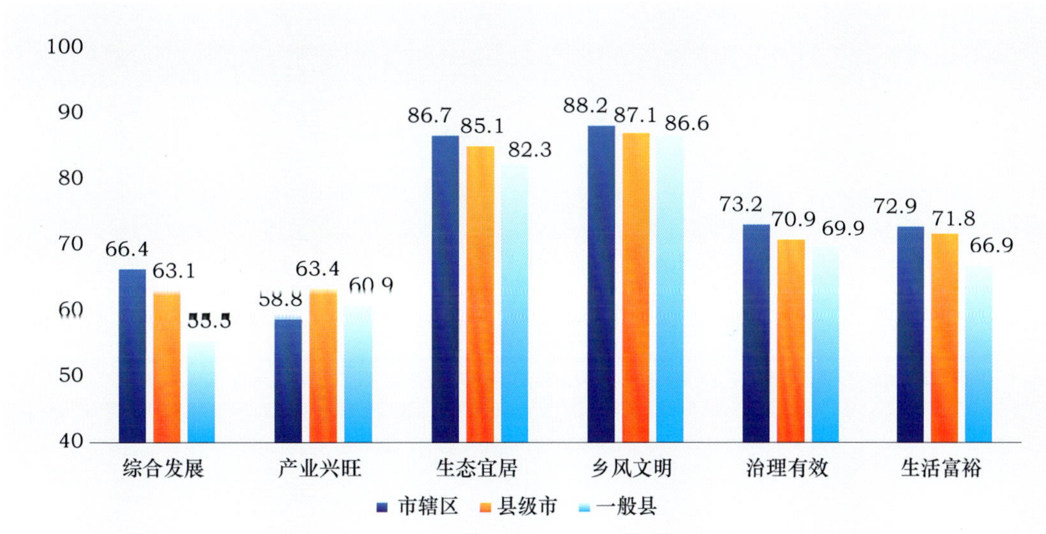

图 1 2023 年分县域乡村全面振兴六大领域发展指数

（一）市辖区和县级市发展走在前列

2023 年，市辖区、县级市和一般县乡村全面振兴发展指数分别为 71.0、71.2 和 67.8，分别比 2022 年提高 1.3、1.5 和 1.2。市辖区经济体量大实力强农民富。2023 年，65% 的市辖区乡村振兴发展超过全国平均水平，仅用全国不到 1/10 的行政区划面积贡献了全国县域超过 1/2 的 GDP 和财政收入。其中，市辖区地区生产总值和地方一般公共预算收入平均为 643.4 亿元和 37.6 亿元，分别为一般县平均水平的 3.4 倍和 3.5 倍。市辖区财政实力不断增强，经济保持韧性发展，为全国县域经济作出显著贡献。2023 年，市辖区农村居民人均可支配收入和人均消费支出为一般县的 1.4 倍和 1.3 倍，年人均领取养老金金额为一般县的 1.9 倍，家用汽车普及率也比一般县高 7.9 个百分点，农民生活更为富裕富足，生活水平处在更高一层。县级市打造县域经济发展样板。县级市是中国城镇化发展最基础的载体，县级市对加强县域城镇化的发展以及我国乡村全面振兴的作用至关重要。2023 年，近七成的县级市乡村振兴发展超过全国平均水平，其中县级市的地区生产总

表 1 2023 年分县域乡村全面振兴发展指数分布

单位：个、%

类别 / 指数	市辖区		县级市		一般县	
	个数	百分比	个数	百分比	个数	百分比
80 以上	33	4.0	21	5.3	12	0.8
70—80	414	51.0	205	52.3	420	28.6
60—70	357	44.0	161	41.1	992	67.4
50—60	8	1.0	5	1.3	47	3.2
合计	812	100.0	392	100.0	1471	100.0

值、地方一般公共预算收入、粮食产量和肉类产量均为全国平均水平的1.5倍左右，为县域经济打造发展样板。一般县是全国重要“粮仓”“肉库”。各地立足资源禀赋，因地制宜，以农业农村现代化助力县域经济高质量发展，把加快建设现代化产业体系作为发展之本、强县之基、富民之要。2023年，一般县的粮食产量和肉类产量均超全国县域的六成；人均粮食产量为832公斤，高于县级市的646公斤，并远高于市辖区的230公斤；人均肉类产量为116公斤，高于县级市的90公斤，并远高于市辖区的37公斤，一般县为“中国碗”里多装粮、装好粮、装好肉作出重要贡献。

（二）强县发挥重要引领示范作用

2023年，在全国2675个县级监测单位中，发展指数前100的县（以下简称“强县”）平均指数值达81.6，远高于全国平均水平（69.0），对推进县域乡村全面振兴起到重要促进和示范引领作用。强县综合发展水平更高。2023年，强县在全国1/100的行政区划面积上创造出全国县域近1/5的GDP和近1/4的财政收入。2023年，强县人均地区生产总值达16.5万元，是全国县域平均水平的2倍多；人均地方一般公共预算收入1.2万元，是全国县域平均水平的2.6倍。强县农业更加高质高效。2023年，强县高标准农田面积占耕地面积比超八成，远超全国平均水平；县均规模以上农产品加工业企业营业收入为213.9亿元，是全国县域平均水平的3.8倍。强县乡村更加美丽宜居。2023年，强县农村卫生户厕普及率、对生活垃圾进行处理的村占比已达97%，主要使用清洁能源的村占比已超87%，生活污水治理管控率已超82%，均处于全国领先地位。强县农民更加富裕富足。2023年，强县农村居民人均可支配收入是全国平均水平近2倍；城乡居民收入支出差距远低于全国平均水平。十强县率先进入发展新阶段。2023年，发展指数前十的县（以下简称“十强县”）平均指数值为85.6，比2022年提高3.3，提升幅度是全国平均水平的2.5倍，可以说“全国走一步，十强县走两步半”。2023年，十强县地区生产总值合计达2.1万亿元，已超过贵州、新疆、天津、黑龙江、吉林、甘肃、海南、宁夏、青海和西藏等省（区、市）地区生产总值，从经济总量上可以说“强可敌省”。此外，十强县全面推动基础设施建设提档升级，生活污水垃圾治理和农村改厕基本完成，基本公共服务体系进一步健全，城乡居民人均可支配收入比接近主要发达国家水平，农村地区已基本具备现代生活条件。

（三）产粮大县[2]发挥产地优势大力推动三产融合

2023年，产粮大县守牢粮食安全底线，抓紧抓实粮食稳产保供的同时，以“粮头食尾”“农头工尾”

2. 产粮大县，指粮食年产量超过4亿斤的县级单位。

为抓手，大力发展农产品加工业，推动乡村产业全链条升级，以产业振兴带动乡村全面振兴。粮食产量超全国八成。2023 年，产粮大县的粮食产量合计 11308 亿斤，占全国的 81.3%，为保障国家粮食安全作出重要贡献。乡村产业融合发展。2023 年，产粮大县规模以上农产品加工业营业收入合计 7.4 万亿元，占全国县域的 49.4%；县均规模以上农产品加工业营业收入为 70.7 亿元，是全国县域平均水平的 1.3 倍。绿色优质高效农业稳步推进。2023 年，产粮大县农业产业化和农产品品牌化建设进一步加强，绿色有机地理标志农产品数量持续增加。

（四）脱贫县[3]农村居民收入增速快于全国农村

2023 年，各地区各部门深入贯彻落实党中央决策部署，把巩固拓展脱贫攻坚成果作为全面推进乡村振兴的底线任务扎实推进，不断加大脱贫地区劳动力稳岗就业力度，实施特色产业提升行动，脱贫县农村居民人均可支配收入实现稳定增长，增速持续快于全国农村。脱贫县农村居民收入增速快于全国农村。2023 年脱贫县农村居民人均可支配收入 16396 元，比 2022 年名义增长 8.5%，扣除价格因素影响，实际增长 8.4%，名义增速和实际增速均比全国农村快 0.8 个百分点；脱贫县农村居民人均可支配收入相当于全国农村平均水平的 75.6%，比 2022 年提升 0.5 个百分点。

二、培育强县之路任重道远，重点帮扶还需持续加力

县域具有城乡联系紧密、地域范围适中、文化同性质强等特点，是城乡融合发展和乡村振兴的重要切入点。其中，一般县人口众多（超过全国乡村人口的半数）是推进县域乡村全面振兴的重点和难点。2023 年，一般县乡村全面振兴发展指数为 67.8，比全国平均水平低 1.2，分别比市辖区、县级市平均水平低 3.2、3.4，仍有很大发展空间，县域协调发展还需持续加力。

（一）县域经济发展仍不平衡

目前，全国仍有数亿人口在农村，广大农村地域广阔，发展水平参差不齐，包括农村地区在内的县域是未来经济增长的存量空间。2023 年监测单位中，有 208 个县级单位地区生产总值超过 1000 亿元，但仍有 1688 个县级单位地区生产总值低于 300 亿元，县域经济仍存在发展不平衡、质量效益有待提升等问题。

（二）县域发展“育强”上还需提升

2023 年，全国发展指数值在第 101—200 位的县与强县相比，在综合发展、生活富裕等领域仍

3. 脱贫县包括原 832 个国家扶贫开发工作重点县和集中连片特困地区县，以及新疆阿克苏地区 7 个市县。

有较大发展潜力。比如，2023 年县均地区生产总值和地方一般公共预算收入仅占强县平均水平的 61.0% 和 48.5%，农村居民人均可支配收入比强县平均水平低近 10000 元。

（三）县域发展“扶弱”上还需加力

2023 年，160 个国家乡村振兴重点帮扶县（以下简称“重点帮扶县”）和位于所有监测县指数值最后 100 位的县县均地区生产总值仅分别占到全国平均水平的 26.3% 和 16.6%；重点帮扶县和位于所有监测县指数值最后 100 位的县县均地方一般公共预算收入仅分别占到全国平均水平的 18.5% 和 14.3%；重点帮扶县和位于所有监测县指数值最后 100 位的县人均可支配收入均仅占到全国平均水平的 62.5% 左右。

三、把县域作为重要切入点，推动乡村振兴提质增效

县域是城乡融合发展的重要切入点，也是实施乡村振兴战略的主战场。推进县域城乡融合发展，既是乡村全面振兴的内在要求，也是走中国特色乡村振兴道路的现实路径。下一步，各地区各部门要以学习运用“千万工程”经验为引领，坚持以人民为中心的发展思想，聚焦重点、聚合力量，采取更加务实的措施办法，推动县域乡村全面振兴取得更大成效。

（一）巩固拓展脱贫攻坚成果

巩固拓展脱贫成果是基础，推进农业、农村、农民的全面振兴是保障。要压紧压实各方责任，全面抓好政策和工作落实，紧盯薄弱地区、重点人群和关键环节，牢牢守住不发生规模性返贫的底线。要强化促发展的导向，财政支持、项目安排、帮扶政策都要紧紧围绕发展来谋划和实施。要抓实防止返贫动态监测帮扶，对有返贫风险的对象要及时掌握，精准帮扶。要持续抓好脱贫人口稳岗就业，有针对性开展技能培训，稳步提升脱贫人口就业数量和质量，多渠道促进增收。

（二）推动区域协调发展战略

要立足实际，科学谋划，稳扎稳打，久久为功；要推动县域产业协同发展，优化产业布局，完善产业体系，推动特色优势产业提档升级；要积极推进乡村建设，因地制宜推进农村人居环境整治，特别要抓好农村厕所革命，一体推进污水和垃圾整治；要加强和改进乡村治理，加快乡村精神文明和生态文明建设，努力实现产业发展持续提升，乡村面貌不断改善，农民生活日益富裕。

（三）促进县域城乡融合发展

县域最有条件率先实现城乡融合发展。必须坚持推进新型城镇化和乡村全面振兴有机结合，从

产业发展、公共服务、体制机制等多方面协同发力，从培育强县和帮扶弱县两端发力，促进各类要素双向流动，加快推动以县城为重要载体的新型城镇化建设，形成城乡融合发展新格局。要充分发挥产业园区带动作用，统筹培育本地产业和承接外部产业转移，构建以县城为枢纽、以小城镇为节点的县域经济体系。

报告撰稿：张珍琴　夏欢　迟敏敏　张钰鹰

县域新型城镇化与乡村全面振兴关系研究

民族要复兴，乡村必振兴，实施乡村振兴战略，是党中央着眼于推进中华民族伟大复兴的历史任务所作出的重要战略部署。党的二十大坚持把解决好“三农”问题作为全党工作重中之重，进一步提出“全面推进乡村振兴”。作为新时代、新征程党的“三农”工作的总抓手，全面推进乡村振兴需要在城乡融合发展的框架中不断探索，加快构建新型城乡关系。当前，我国正处于正确处理工农关系和城乡关系的历史关口，习近平总书记强调：“在现代化进程中，如何处理好工农关系、城乡关系，在一定程度上决定着现代化的成败”。重塑城乡关系，走城乡融合发展之路，畅通城乡经济循环，不仅是构建以国内大循环为主体、国内国际双循环相互促进的新发展格局的迫切需要，更是统筹高质量发展和高水平安全的应有之义。从 2002 年党的十六大提出“统筹城乡经济社会发展”、2007 年党的十七大提出“城乡经济社会发展一体化”，再到 2017 年党的十九大提出“建立健全城乡融合发展体制机制和政策体系”，党的城乡关系发展战略发生了重大且水到渠成的改变。2019 年 5 月，《中共中央、国务院关于建立健全城乡融合发展体制机制和政策体系的意见》发布，提出从要素合理配置、基本公共服务普惠共享、基础设施一体化发展、乡村经济多元化发展和农民收入持续增长等五个方面推进城乡融合发展。但我国幅员辽阔，地区差距很大，世界上最发达的城市和最不发达农村并存，他们之间如何从上述五个方面进行融合发展？ 2021 年中央一号文件明确指出：“加快县域内城乡融合发展。……把县域作为城乡融合发展的重要切入点，强化统筹谋划和顶层设计，破除城乡分割的体制弊端，加快打通城乡要素平等交换、双向流动的制度性通道。”这就找到了乡村振兴和城乡融合发展的重要路径，2021 年 4 月出台的《乡村振兴促进法》也规定了县级人民政府推进城乡融合的责任。可见，县域经济发展、县域新型城镇化是促进乡村振兴的关键环节。2023 年和 2024 年中央一号文件都明确提出促进“县域城乡融合发展”；2024 年 7 月，党的二十届三中全会将城乡融合上升到作为中国式现代化的必然要求这一战略高度，再次明确提出“完善城乡融合发展体制机制”“引导大中小城市和小城镇协调发展”。

一、在城乡融合的发展框架中全面推进乡村振兴

（一）乡村发展长期处于“失血”状态

新时代我国社会主要矛盾已经转化为人民日益增长的美好生活需要和不平衡不充分的发展之间的矛盾，而农业农村发展不充分是最大的发展不充分、城乡发展不平衡是最大的发展不平衡。这一重大社会现实的背后则是城乡要素合理流动和平等交换的体制机制尚未健全，乡村发展长期以来处于严重“失血”状态。近年来，尽管农村面貌有所改观，农业转型升级有所进展，但是城乡差距依然明显，乡村要素单向流出城市的局面仍然未能得到根本改变，城乡要素不平等交换问题依然严峻。从劳动力要素流动趋势来看，大量优质劳动力转移城镇非农产业，根据国家统计局的相关统计，1978 年至 2023 年，我国农业劳动力占比由 70.53% 下降至 22.8%。乡村发展底子薄，劳动力受教育水平大大低于城市，乡村人力资本积累严重不足。从土地要素流动趋势来看，随着工业化和城镇化的不断发展，大量农村土地要素流入城市非农产业，根据住房和城乡建设部的最新统计，1982 年至 2022 年，我国城市建成区面积由 7862 平方公里增至 63676 平方公里，增幅达到 7 倍以上，这本质是乡村土地要素的大量流出，而乡村发展建设用地指标供给短缺。资本要素方面，新型农业经营主体融资难、融资贵的问题普遍存在，部分农村居民在城市购买房产，农村资金以新的渠道流向城市，从目前掌握的最新统计来看，国家统计局农民工监测数据显示，2018 年在进城农民工家庭购买住房的占比达到 19%；同样，根据中国社科院 2022 年对我国十省份的相关统计，在城镇购买住房的农户占比达到 20%。

可见，从要素流动方向来看，由乡村至城市的单向流动仍然占据绝对主导位置，城乡要素双向互动的流动格局至今未能有效建立。早在 2003 年中央已强调要把解决好“三农”问题作为全党工作的重中之重。这二十年来为了支持乡村发展，国家构建了系统性、针对性的强农惠农政策支持体系，尤其是党的十八大以来，中央坚持农业农村优先发展，启动实施乡村振兴战略，推动农业农村发展取得历史性成就。尽管公共政策一直积极引导要素向乡村流动，过去要素单向流出局面已经有了很大改善，但是难言根本扭转。建立健全城乡要素双向流动的体制机制是破解城乡发展不平衡的关键举措。习近平总书记强调：“如果乡村人才、土地、资金等要素一直单向流向城市，长期处于

'失血'、'贫血'状态，振兴就是一句空话。"

（二）重塑城乡关系的关键在于挖掘乡村价值

农村要素长期处于净流出状态，乡村发展"贫血"问题的背后有其客观规律。从经济学基本原理来看，要素的实际价格或边际报酬率的差异主导了要素流动方向，各类要素基于"趋利"动机，会从低价格、低报酬区域（行业）流向高价格、高报酬区域（行业）。在市场规律的诱导下，优质资源流向城市和非农产业，乡村的资源结构则会趋于恶化。尽管国家不断调整优化惠农政策支持结构，但是城乡要素单向流动的问题迟迟未能解决，其关键原因在于城乡要素未能平等交换。换言之，乡村在国家发展和安全中的许多功能未能在要素的市场交换中得到认可，乡村价值未被充分挖掘。只有城乡社会各自不可替代的功能得以有效实现，农业的多功能性、乡村的多元价值能够得到充分挖掘，城乡要素双向流动和平等交换才能更加充分。

之所以全面推进乡村振兴需要在城乡融合的架构中推进，其原因正是在于挖掘农业的多功能性和乡村多元价值，离不开重塑城乡关系，构建城乡互动融合的发展局面。随着工业化的兴起，大量劳动力资源和工业产业在一定空间内不断集聚，这一要素集聚的过程也正是城市化。由于农业生产具有自然性特征，其分工水平不可与工业和服务业相提并论，于是工业和农业之间的生产效率水平存在显著差异，其要素配置的边际报酬率也就有了高低之分。因此，正是工农差距进而决定了城乡差距。某种意义上，城乡发展不平衡问题是工业化和城市化发展进程中特定阶段所产生的必然性问题，因而也具有普遍性。重塑城乡关系，从本质上来说，就是随着工业化和城镇化的不断发展，乡村的多元价值进一步得到了彰显，乡村不再仅仅是初级农产品的生产地，不再是受限于自然再生产而无法深化分工的场所，而是承担着提供生态环境、休闲度假、旅游康养、文化教育等多重功能，并且乡村上述功能的市场价值不断提升。例如2023年，我国长三角地区旅游收入占国内比重超过60%，长三角地区既是重要的旅游目的地，更是全国重要的旅游客源地，当地乡村的资源环境价值、旅游康养价值、文化教育价值都在市场交换中得到了充分挖掘，各类新产业和新业态不断发展，以产业发展为载体使得城乡之间的要素边际报酬率得到了相应矫正，从而城乡要素双向互动和平等交换的进程不断得以推进。只有这样，城乡之间各美其美、互促共荣的发展局面才能真正实现。

（三）推动城乡融合发展仍然面临许多挑战

固然城乡发展不平衡问题是工业化和城镇化发展特定阶段的普遍性问题，受到经济发展客观规律支配，但是对于我国而言，这一问题还内嵌于现代化发展历程之中，我国的城乡要素流动与发展不平衡问题还具有特殊发展经历的个性。在工业化起步阶段，我国构建了城乡二元体制来确保重工业得以优先发展。改革开放以来，固然城乡分割状态被逐渐打破，但是长期以来计划经济体制下城市工业倾斜发展战略的衍生政策如分割的城乡劳动力市场、城市偏向型的社会保障体系建设等，由于路径依赖的关系，依旧影响国民经济健康发展。因此，在城乡融合发展框架中全面推进乡村振兴，畅通城乡要素双向互动不能仅仅挖掘乡村的多元价值，许多体制机制障碍因素亟待破解。

例如劳动力要素流动而言，首先城乡二元的户籍制度和产权制度阻碍了劳动力在城乡之间自由配置，不利于乡村人口向城市迁移，其突出表现为关于进城农民的集体资产收益分配权、宅基地使用权和土地承包经营权等权利的退出机制尚未真正建立，而农业转移人口在城市又未能和本地市民一样真正享受许多公共服务，农民工市民化进程滞后。对投入在乡村振兴事业中的城市下乡人才又缺乏相应的产权激励，当前土地承包权、宅基地使用权、集体收益分配权只能在本集体经济组织内部流转，产权结构的开放性不足，农村产权制度与部分市民下乡创新创业、居住生活的需求不相适应。同时农村闲置宅基地和农房广泛存在，难以得到有效利用。从土地要素流动来看，城乡土地权能并不平等，未能实现同地同权，农村集体土地的产权权能受限。从资源配置角度而言，由于产权权能有待进一步拓展，许多农村土地要素难以显现市场价值，难以根据市场价格信号进行调节资源配置，市场扭曲问题亟待解决。尽管党的十八大以来我们在农村“三块地”改革的实践中不断探索，征地制度、集体经营性建设用地入市制度和农村宅基地制度改革逐步深化，但是毋庸讳言，截至目前，农民集体作为集体土地的所有者，并没有能够分享到工业化的城镇化所带来的相应土地增值收益，城乡建设用地增减挂钩节余指标的交易半径范围仍然较小，权利不平等的城乡二元土地所有制结构并未真正打破，建立城乡统一的建设用地市场仍然任重道远。上述问题的根源在于我国的城乡二元结构仍然未被真正破除，城乡融合发展仍然面临许多挑战。

二、县域新型城镇化为全面推进乡村振兴提供有力支撑

2021 年中央一号文件将县域作为城乡融合发展的重要切入点。2022 年中央一号文件提出加强基本公共服务县域统筹，当年 12 月，习近平总书记在中央农村工作会议中明确提出“率先在县域内破除城乡二元结构”的要求。破除城乡二元结构，重塑新型城乡关系，需要牢牢把握城乡融合发展的正确方向——顺应城镇化大趋势。目前，我国城镇化水平仍然较低，根据 2020 年全国人口普查数据，我国常住人口城镇化率为 63.9%，但是当年户籍人口城镇化率仅为 45.4%，换言之，约有 2.8

亿农民工未能实现市民化和同等享受常住地的各项公共服务，其中 2020 年我国在城乡之间游离的外出农民工数量达到 1.69 亿人。同时，这一城镇化进程相比于我国的经济发展而言，也是较为滞后。2019 年我国人均国民总收入（GNI）已经突破 1 万美元，高于中等偏上收入国家平均水平，当年常住人口城镇化率达到 60%，但是中高收入国家城镇化的平均水平达到 66%，国家预计“十四五”末期常住人口城镇化率提高到 65%，这一数字仅为 2019 年我国所处世界中高收入国家城镇化发展的平均水平。因此，准确把握城乡融合发展的正确方向在于积极推进城镇化建设，而率先在县域内破除城乡二元结构的重要抓手也正是在于积极推进县域新型城镇化。当前，推进县域新型城镇化建设，为全面推进乡村振兴提供有力支撑，其必要性有以下三点。

（一）主动适应我国人口发展新常态

进一步推进以人为核心的新型城镇化，让广大进城农民享受平等的工作待遇和福利待遇，扎实推进农业转移人口市民化，是主动适应我国人口发展新常态的重要举措。当前，我国人口发展呈现少子化、老龄化、区域人口增减分化的趋势性特征，在对经济社会发展产生深远影响的同时，更是对全面推进乡村振兴、重塑城乡关系带来严峻挑战。2020 年，我国的总和生育率仅为 1.3，而国际公认能保持人口规模稳定更替的总和生育率水平为 2.1，因而 2022 年我国首次出现人口负增长，这是我国长期低生育率的必然结果，我国已成为世界上生育率最低的国家之一。伴随人口负增长的同时，在当前乡村人口的跨区域流动迁移格局下，我国城乡社会“未富先老”的特征进一步凸显。尤其是由于农村劳动力对外转移的因素，农村人口老龄化程度更高，养老矛盾更加突出。以“高龄”农民工群体为例，其享受的现有社会保障水平无法提供足够多的养老支持，被迫选择“老而不休”。根据国家统计局《2014 年农民工监测调查报告》显示，2014 年满 50 周岁（即 2024 年满 60 周岁）的农民工群体数量超过 4680 万，由于这部分人群的文化知识水平较低，加之职业技能受到之前就业经历影响，因而就业范围往往围绕传统的劳动密集型行业展开，尤其是制造业和建筑业等领域，面临较高的工伤风险。但是，达到法定退休年龄的“高龄”农民工群体却因为年龄因素无法参加相应工伤保险，使得这部分群体的就业权益保障风险较高，养老保障更是捉襟见肘。

（二）积极推动农业转移人口融入城市

提升县域城镇化水平是积极推动农业转移人口融入城市社会的必由之路。2023 年，我国农民工人数总量超过 2.97 亿人，其中年末在城镇居住的进城农民工数量超过 1.28 亿人，考虑到只有一部分在城镇购置房产，未来这些农村外出务工人员能否在城里安居乐业与我国经济社会稳定休戚相关。随着农业生产方式的不断转型，机械、资本对劳动力要素的替代方兴未艾，农村对于劳动力蓄水池的角色定位也亟待转型。但大城市高企的房价和落户门槛使得农民工难以真正融入，而以县城为代表的中小城市的融入成本则要小得多。需要注意的是，大量农业转移人口的资金要素也流向了中小城市。根据中国社科院2022年的对我国十省份的相关统计，对于农户在城镇购买住房行为而言，超过70%的农户将商品房选址在家乡所在县域城镇。此外，新型城镇化重点是以人为核心，在政策上还需要考虑农业转移人口在城市的社会融入与心理归属。根据国家统计局的2020年的调查监测数据，进城农民工在不同规模城市生活的归属感呈现差异化特征，城市规模越小，农民工对所在城市的归属感越强，在100万~300万人城市农民工归属感提高最多，在50万人以下城市农民工对本地生活非常适应的比重提高最多。

（三）实现城市化带动乡村全面振兴

目前影响我国城乡融合发展的体制机制障碍尚未根本消除，需要注意的是，对于真正破除城乡二元结构、推动城乡融合发展，既要有强烈的紧迫感，同时更要有历史的眼光和耐心，对其艰巨性、复杂性有充分估计。推进农业转移人口市民化，改变城乡二元体制背后的福利分配制度，将面临高昂的公共支出成本。因为城市的基础设施和公共服务供给质量与城市行政等级、人口规模、所在区域、经济发展水平等因素密切相关，往往经济发达地区吸纳了大量农业转移人口就业，而上述地区的公共服务和市民权益并未与户籍完全脱钩，持有当地居住证的农业转移人口并不能普遍享受城市公共服务，如何在上述地区积极推进基本公共服务覆盖至全部常住人口，尤其是广大的农民工群体，成本分摊机制迄今尚未真正有效建立。而县域作为大城市与乡村的连接处，空间上城市与乡村在此相聚，在地理区位上为城乡要素融合、集聚提供了平台。县域位于城乡两头的交汇点，处在承上启下的关键环节，具有独特的辐射带动作用。县域经济是国民经济的重要基石，是发展经济、保障民生、维护稳定、促进国家长治久安的重要基础。县域经济与城市经济空间衔接、相互支撑，作为国民经济基本单元，对于农业转移人口就业发挥了重要作用。据《中国农村统计年鉴》的相关统计，2022年全国4.91亿乡村人口，其中有2.74亿的乡村就业人员，第一产业（仅为农林牧渔业、不含农、林、牧、渔服务业）就业人员占比为64.4%，也即还有大约超过9700万人在乡村或者在县域内接受雇佣就业或者自己开展非农产业经营。县域内能够统筹城乡产业、基础设施、公共服务以及基本农田保护和城镇开发，促进本地农村剩余劳动力就地就近就业，推动县域高质量发展亟待推进县域新型城镇化。如前文所述，我国城镇化趋势仍然是农村人口迁移城市，因此这些人的市民化转型与未来城镇化水平息息相关，壮大县域涉农产业和非农产业发展，推动就地城镇化建设，提高居民收入水平，是全面推进乡村振兴、平衡我国城乡发展差距的必由之路。

三、新时期推进县域新型城镇化的若干建议

以县城为重要载体的城镇化建设，是我国新型城镇化建设的重要内容，是构建新型工农城乡关系的重要路径。推进县域新型城镇化建设，宜从以下几方面展开。

（一）尊重区域发展客观规律

当前，我国县域经济发展呈现出多层次和非均衡性特征。由于地理区位与要素流动的影响，都市圈、城市群内部或者大城市毗邻的县市与无地理区位优势、人口流失的县市在产业发展基础和发展机遇上面具有显著差别，这是现代化的客观规律，也符合我国城镇化发展的一般规律。这背后是县城所处区域不同，发展基础、发展阶段、产业结构、资源禀赋等因素各不相同。都市圈内部或大城市周边县城积极承接城市产业溢出或功能疏解，一大批具有特色产业或特色市场的县城经过多年发展，产业规模效应和要素集聚效应明显。上述县城已经成为吸纳农业转移人口的重要承载地。尊重区域发展规律的重要表现在于积极发挥大中城市辐射带动作用，使其增强与县城发展的平衡性与协调性。针对大城市周边县城，可加大政策支持力度，依托中心城市高端要素集聚优势，发展先进制造业与高端服务业，促进中心城市与周边县城分工互补，加强城市群内部的高效连接，疏解中心城市人口集聚压力，辐射带动周边中小城镇发展，主动承接产业转移，积极发展区域性物流基地和专业市场，发展满足大城市人口需求的食品加工、农产品加工等产业，提升县城产业容纳农业转移人口就业能力。

（二）积极培育本地特色产业

产业是县域经济发展和县域新型城镇化建设的重要支撑。对于都市圈内部县城，进一步落实区域发展总体战略和主体功能区规划，支持城镇化地区整合各类创新资源，推动制造、加工等传统产业改造升级，培育具有核心竞争力的产业集群。当前，县城产业尤其是一般性制造业已呈现出地域化、特色化发展的趋势，部分发展较好的专业功能县城在吸引农业转移人口就业方面表现突出，一批先进制造、商贸流通、文化旅游等专业功能县城迅速崛起。公共政策的方向应着眼于增强不同类型县城的产业竞争力，立足当地实际条件，鼓励部分具有资源、交通等优势的县城发挥专业特长，突出自身比较优势，利用自身的特色资源、特色区位、特色文化等培育发展本地支柱产业，制定有

针对性的产业创新发展规划。针对农产品主产区等县域产业基础较为薄弱的区域，积极延长农业产业链条，做优做强农产品加工业和农业生产性服务业，依托优势农业、特色农业以及生态环境资源，发展现代农业产业链、供应链和电子商务、休闲旅游等新产业新业态。

（三）推进城乡要素合理配置

产业兴旺是乡村振兴的重要基础，乡村产业往往根植于县域，强化要素支撑作用较为重要。在县域范围内，推动生产要素在城乡自由流动和优化配置，积极增强县城对农业转移人口的吸引力和容纳能力，大力推进农业转移人口市民化，需要坚持加快县域内城乡融合发展。面对城乡要素交换不平等、流动不均衡等问题，积极在体制机制上打破县域内城乡二元结构，扩大市场决定乡村要素配置的范围，推动城乡生产要素自由流动，强化有利于城乡生产要素配置合理化的制度供给。健全市场体系是推进城乡要素自由流动、优化配置的必要前提，只有在市场机制发挥作用的前提下，要素的价格才能真正反映出其稀缺性程度和市场供求情况。为此，应积极在县域内积极构建城乡统一的要素市场体系，进一步深化农村集体产权制度改革，赋予农民更多财产权利，在坚持农村集体所有制的前提下，扩大集体产权结构开放性的空间，推动构建城乡要素双向互动的流动格局。

（四）推进城乡公共服务共享

不论是对于城乡融合发展，还是促进以人为核心的新型城镇化建设，推进城乡基本公共服务体系标准统一、制度并轨、普惠共享都具有重要意义。首先，积极完善县域医疗卫生服务体系。大力支持人口达到一定规模的县域开展县级医院提标建设，健全省和地级及以上城市三甲医院对薄弱县级医院的帮扶机制，促进医疗服务资源同当地常住人口相匹配。鼓励县级医院与乡镇卫生院建立紧密型县域医疗卫生共同体，进一步完善医疗服务价格改革，提升县域范围内基层医疗卫生机构医务人员收入水平，鼓励健全基层医疗卫生机构绩效工资水平正常增长机制，调动基层医疗卫生机构医务人员工作积极性。其次，优化城乡之间教育资源配置，扩大教育资源供给。优先发展农村教育事业，建立县域内城乡一体、均衡发展的义务教育发展机制，进一步健全县域内城镇与乡村教师双向交流、定期轮岗工作机制，进一步实施好农村教师“特岗计划”。积极落实农民工随迁子女入学政策，推行城乡义务教育学校标准化建设，加强寄宿制学校建设。最后，大力发展城乡养老事业。针对我国老龄化社会发展特征和趋势，积极提升公办养老机构服务能力，完善公建民营管理机制，提供基本养老和长期照护服务。扩大普惠养老床位供给，扶持护理型民办养老机构发展。

（五）提升县城辐射带动能力

增强县城综合承载和辐射带动能力是推进乡村振兴、促进城乡融合的关键举措。首先，积极健全县域内商贸流通网络，进一步释放内需潜力。鼓励一批有条件的县域单元积极完善消费基础设施，围绕产业转型升级和当地居民消费升级需求，立足本地常住人口规模，改善县城消费环境，改造提升特色商业街和大型卖场，发展新型消费集聚区。因地制宜进一步发展文旅产业，完善游客服务中心、旅游道路、旅游厕所等配套设施。其次，立足本地人口集聚规模，推进县城市政公用设施和产业平台提档升级。进一步健全市政交通、防洪排涝、防灾减灾设施建设，推动交通、能源、水利等传统基础设施数字化改造，探索在县城内形成一批具有影响力和带动力的典型示范应用场景，大力提升设施和服务品质，促进人口和公共服务资源适度集中。积极发展县域物流中心和专业市场，建设具备运输仓储、集散分拨等功能的物流配送中心，发展物流共同配送。最后，提升县城就业承载能力，进一步健全农业转移人口市民化机制。进一步巩固和落实取消县城落户限制政策，确保稳定就业生活的外来人口与本地农业转移人口落户一视同仁，增强县城对农业转移人口的吸引力和容纳能力，使其实现就地就近市民化。确保新落户人口与县城居民享有同等公共服务，保障农民工等非户籍常住人口均等享有教育、医疗、住房保障等基本公共服务。

报告撰稿：孔祥智　中国人民大学农业与农村发展学院
谢东东　中国人民大学农业与农村发展学院

县域城乡融合的进展成效、困难挑战和推进对策

城乡融合发展是中国式现代化的必然要求。推动城乡融合发展是统筹新型城镇化和乡村全面振兴，促进城乡共同繁荣发展，实现全面小康向共同富裕顺利过渡的必由之路。党的二十届三中全会对完善城乡融合发展体制机制作出部署，明确了全面深化农村改革的方向。县域涵盖城镇与乡村，是经济发展和社会治理的重要单元。以县域为基本单元推动城乡融合发展，把县域作为城乡融合发展的重要切入点，是党中央基于对中国式现代化建设规律的科学研判做出的重要安排。当前，中国已经进入全面推进乡村振兴、加快建设农业强国的新阶段。科学把握、准确研判县域城乡融合发展战略，以县域作为基本地域单元和重要切入点，聚焦城乡功能布局一体化、要素流动便利化、资源配置均衡化、产业发展融合化和融合模式多元化，推动城乡融合发展迈上新台阶，对于统筹新型城镇化和乡村全面振兴，以农业农村现代化更好推进中国式现代化具有重大意义。

一、县域城乡融合是中国特色新型城镇化道路的重要特征

城乡融合发展是我国探索新型城镇化道路的必经阶段。党的十六大以来，党中央明确把解决好“三农”问题作为重中之重，把工业化初期的农业支持工业、农村支持城市政策调整为工业反哺农业、城市支持农村，建立和完善农业支持保护政策，促进了农业农村现代化稳步推进。随后，经过统筹城乡发展、城乡协调发展、城乡一体化等城乡关系调整，城乡二元结构体制矛盾逐步缓解破除，为国民经济顺稳发展不断注入强劲动能。党的十八大以后，坚持农业农村优先发展，加大力度改革城乡二元结构体制，探索城乡一体化发展机制，推动城乡关系调整进入新的阶段。党的十八届三中全会提出，健全城乡发展一体化体制机制，“形成以工促农、以城带乡、工农互惠、城乡一体的新型工农城乡关系，让广大农民平等参与现代化进程、共同分享现代化成果”。党的十九大提出，实

施乡村振兴战略，建立健全城乡融合发展体制机制和政策体系，加快推进农业农村现代化。此后，推动城乡融合发展成为协同推进新型城镇化和实施乡村振兴战略的重要着力点，也使我国城镇化和现代化建设进入新阶段。

县域城乡融合是推动城乡融合发展的基本途径，已经成为中国特色新型城镇化道路的重要特征。2019 年 4 月，《中共中央、国务院关于建立健全城乡融合发展体制机制和政策体系的意见》，在城乡基本公共服务普惠共享、城乡基础设施一体化发展、城乡统筹规划等方面注重县域层面的体制机制创新。2020 年 12 月 28 日，习近平总书记在中央农村工作会议上指出，“要把县域作为城乡融合发展的重要切入点，推进空间布局、产业发展、基础设施等县域统筹，把城乡关系摆布好处理好，一体设计、一并推进”。随后，县域作为推进城乡融合发展的基本单元和关键支撑，并成为健全城乡融合发展体制机制和政策体系的载体。2021 年中央一号文件对加快县域内城乡融合发展作出部署，强调要推进以人为核心的新型城镇化，强化统筹谋划和顶层设计，破除城乡分割的体制弊端，加快打通城乡要素平等交换、双向流动的制度性通道，强化县城综合服务能力，把乡镇建设成为服务农民的区域中心，实现县乡村功能衔接互补。2022 年中央一号文件对加强基本公共服务县域统筹作出部署，强调要加快推进以县城为重要载体的城镇化建设。2022 年 5 月，中共中央办公厅、国务院办公厅印发《关于推进以县城为重要载体的城镇化建设的意见》，提出县城是城乡融合发展的关键支撑，要“以县域为基本单元推进城乡融合发展，发挥县城连接城市、服务乡村作用，增强对乡村的辐射带动能力，促进县城基础设施和公共服务向乡村延伸覆盖，强化县城与邻近城市发展的衔接配合”。2022 年 12 月，习近平总书记在中央农村工作会议上指出，“要顺应城乡融合发展大趋势，破除妨碍城乡要素平等交换、双向流动的制度壁垒，促进发展要素、各类服务更多下乡，率先在县域内破除城乡二元结构”。2023 年中央一号文件对推进县域城乡融合发展作出部署，强调要统筹县域城乡规划建设，深入推进县域农民工市民化，梯度配置县乡村公共资源，发展城乡学校共同体、紧密型医疗卫生共同体、养老服务联合体，推动县域供电、供气、电信、邮政等普遍服务类设施城乡统筹建设和管护。2024 年中央一号文件进一步对促进县域城乡融合发展作出部署，强调要提升县城综合承载能力和治理能力，优化县域产业结构和空间布局，构建以县城为枢纽、以小城镇为节点的县域经济体系，统筹县域城乡基础设施规划建设管护，推进城乡学校共同体、紧密型县域医共体建设。2024 年 7 月，国务院出台《深入实施以人为本的新型城镇化战略五年行动计划》强调“以县域为基本单元推进城乡融合发展，推动城镇基础设施和公共服务向乡村延伸覆盖，促进县乡村功能衔接互补”。今后一个时期，破除县域城乡二元结构，创新县域城乡融合发展机制，将是推动城乡融合发展，统筹新型城镇化和乡村全面振兴的主要路径。

二、县域城乡融合发展的进展成效

党的十八大以来，伴随着县域城乡融合发展体制机制改革的深入，城乡融合发展在政策延续中不断取得突破。以县域为单元的产业发展格局、生产要素配置、公共服务共享、基础设施互联、社会保障普惠等取得突破性进展、历史性成就，城乡收入差距持续缩小，区域分化加剧态势得到扭转，县乡村功能衔接互补、要素循环流动的县域城乡融合发展格局正在得到重塑。

（一）经济发达地区县域城乡融合格局基本形成

从统筹城乡到城乡融合发展的延续性改革和政策推动下，城乡居民收入差距持续缩小，到2023年城乡居民人均可支配收入比值已经缩小到2.39。在经济发达省份，尤其是长三角、珠三角等走在改革前列的地区，较早进行了城乡发展一体化的体制机制改革，农村土地制度、农村集体产权制度、城乡社会保障制度、基础设施和公共服务普惠共享等进行了较多的改革试验和实践探索。如苏州市的各区县（县级市）城乡一体化的道路、市政管网等基本建成并持续提升，城乡基本公共服务均等化目标已基本实现，农村基本具备现代生活条件的目标已初步实现。2023年，苏州市农村居民人均可支配收入达4.64万元，城乡居民收入比缩小至1.79:1，是全国城乡居民收入在高水平上差距最小地区之一，城乡居民最低生活保障标准实现一体化。这得益于苏州市在推动城乡融合发展过程中，坚持率先破除县域城乡二元结构体制。一是一体化布局建设城乡基础设施。坚持城乡基础设施统一规划、统一建设、统一管护，健全政府主导、多方参与、市场运营的农村公共基础设施管护体制机制。二是均等化配套提升城乡公共服务。统筹推进城乡基本公共服务，细化农村基本公共服务项目清单及财政支出标准，让城乡居民均等化享受教育、医疗、养老、就业、文化等公共服务。三是无差别填平补齐城乡社会保障水平。通过强化户籍制度一体化改革，消除城乡身份差别，全面完善统筹城乡、覆盖全民的社会保障体系。

（二）农业转移人口市民化向县城集聚态势凸显

县域人口变动事关县域发展及作用发挥。根据历次人口普查数据分析，长期来看县域常住人口持续减少，2020年我国7.25亿人口居住在县域，占全国人口总数的51.5%，相比1990年减少了2.19亿人，占比下降了29.9%。县域人口流出以跨省流动、乡－城流动为主，县域之间流动较少。这其中有人口向东部沿海和大城市都市圈转移，以及撤县设区行政区划因素调整的影响。同期，县域常住人口城镇化率增幅和增速与全国水平基本一致，1990 到 2020 年，增长了 36.5 个百分点，年均递增约 1.2 个百分点。但县域户籍人口城镇化率始终低于县域常住人口城镇化率，且两者之间的差距从 1990 年的 0.4 个百分点扩大到 2010 年的 18.6 个百分点。随着县城落户限制的全面放开，为享受县城住房和教育资源，农村年轻一代特别是拥有义务教育阶段子女的家庭，在县城购房落户的迅速增多。目前，县域就业结构中，第一产业就业占比明显偏高，2020 年县域人口在第一产业就业比例为 31.3%，明显高于全国平均水平 (23.6%)，非农就业更多集中在批发零售和住宿餐饮等服务类产业，体现了县域对于高质量发展的稳定器和蓄水池作用。随着农民工老龄化加速和大量农民工接近退出劳动年龄，加上大城市就业压力不断增强，越来越多的农民工从外出务工就业转为就近创业就业，县城是这部分群体就近创业就业的首选。

（三）县域经济支撑高质量发展的作用日益突出

县域经济是我国经济的重要组成部分。统计数据显示，2023 年我国县域面积接近国土面积的 90%，县域人口占全国人口的 52.5%，县域经济体量达到全国 GDP 的 38.1%。在以县城为重要载体的新型城镇化建设和实施乡村振兴战略的双轮驱动下，发展要素、产业格局等在县域实现了优化配置，为县域经济繁荣发展注入了强劲动能。一是县域经济已经成为产业创新升级的重要载体。截至 2023 年，全国已经有 139 个县市被认定为国家级创新试点县市。县域加速传统产业的升级与新兴产业的培育，在智能制造、生物科技、新能源新材料等领域展现出增长潜力。二是县域经济为实现乡村产业振兴提供重要支撑。通过优化产业结构，培育“土特产”、农产品加工、乡村旅游等新产业新业态，为乡村提供了稳定的经济增长点，有助于打破传统单一现存产业结构，增强乡村经济抗风险能力。三是县域是发展绿色生态经济和乡村文化振兴的主战场。生态旅游、绿色农业、文化产业等正在成为县域经济的战略性产业，助力县域经济快速崛起。在偏远山区，借助电子商务、直播带货等，建立了优质农产品与城市高端消费者的联系，让远在深山的产品和服务成为时尚消费的新潮流。县域经济的特色化发展促进了乡村文化的保护与传承，为乡村的文化振兴创造了条件。通过挖掘和保护地方文化遗产，发展文化旅游，不仅带动了当地的经济增长，还促进了传统文化活态传承，增强了乡村文化的吸引力和影响力。

（四）县域基础设施公共服务城乡共享显著改善

城乡要素平等交换、双向流动的基础是城乡具有基本对等或等值的发展环境，其中的关键是基础设施和公共服务的城乡均等配置。党的十九大以来，各地以县域城乡融合发展为切入点，因地制宜探索教育、医疗、养老等农村公共服务供给的可持续运营机制，农村公共服务标准和水平显著提高。农村教育服务方面，以推进城乡教育一体化为重点，改善乡镇寄宿制学校办学条件，保留办好必要的乡村小规模学校，推动城区优质学校和农村中小学结对办学形成教育共同体，加快缩小县域内城乡教育差距。截至目前，全国共有 1.5 万个城乡学校共同体，共享县域优质教育资源，让农村学生就近享受优质教育。农村医疗服务方面，全面推进紧密型县域医共体建设，不断健全适应乡村特点、优质高效的乡村医疗服务体系。从 2019 年开始，国家卫生健康委启动紧密型县域医共体建设试点工作，通过整合优化医疗卫生资源，形成责任、管理、服务、利益共同体，建立以机构为支撑、社区为平台、居家为基础的接续性医疗服务体系。农村养老服务方面，不断加大乡镇和村级养老设施建设，探索多元化投资主体、多渠道资金来源的养老服务供给机制。一方面，采取公建民营方式委托养老服务公司或乡镇医疗机构运营，建设区域养老服务网络。另一方面，由村集体或引入养老服务公司运营，采取互助服务、志愿服务与市场服务相结合的方式，提供低成本高福利的居家养老服务，提高农村老人的养老保障水平，显著提高了农村老人的生活质量。

三、县域城乡融合发展的瓶颈阻碍

当前，推动县域城乡融合向深层次发展还面临生产要素双向流动、公共资源均衡配置、空间格局协调优化等诸多突出问题和现实约束。特别是，各地县域普遍面临工业化、城镇化可持续增长动力不足，财政、就业及民生保障承压的困难，给破除县域城乡二元结构，深入推进县域城乡融合发展带来了新的挑战。

（一）县域城乡要素平等流动存在阻力

由于县域的城乡二元结构尤其是市民和农民的身份差别仍不同程度存在，城乡要素平等交换、双向流动还没有全面实现。县城虽然取消了落户限制，但户籍制度与公共服务、社会保障出现分离，在县城落户不意味着就能享受县城的公共服务和市民的社会保障待遇，部分县城吸引农业转移人口却没有提供相应的生活配套设施。土地、资金等要素，仍以向城市单向流动为主，存在双向流动不平衡、不充分的问题。目前，以工补农、以城带乡的要素支持路径，主要依靠行政动员、政策引导和财政撬动。在县域财政普遍紧张的情况下，推动要素下乡的动力减弱问题值得引起重视。

（二）县域综合承载能力受到多方限制

县城虽然具备一般城市的发展基础，但由于长期政策实践中的城市偏向，吸纳人口承载产业的能力有限。一些地方对县城基础设施建设投入不足，导致交通、防洪、减灾、管网、数字等基础设施建设滞后、更新缓慢，制约了县城承载功能和人口吸引能力，同时也削弱了县域承接产业的竞争力。不少县域经济和产业发展政策不明朗，融资渠道比较有限，行政效率偏低，守法用法成本高，使投资环境不佳，不利于民营经济发展，也限制县域经济活力。随着县域城乡融合发展程度加深，县域治理能力没有得到同步提升和配套，造成县域各级政府在社会保障能力、风险应对能力等方面的短板，难以及时有效应对人口向县城聚集带来的一系列治理问题。

（三）县域产业综合质量效益明显偏低

长期以来，县域产业缺乏整体布局，三次产业内部结构不协调。东部地区和西部地区县域产业分化严重。东部沿海地区县域内已形成相对完整的工业体系，西部省份资源和产业大多集中在大中城市，县域产业发展滞后，产业空心化趋势明显。部分县域盲目发展工业园、产业园，导致县域产业结构相对单一，主体规模、技术水平等比较落后，附加值比较低，抗风险能力较弱，产业综合效益和竞争力不足。不少县域依赖传统产业，依靠传统资源开采和劳动密集型制造业，产业转型升级存在一定困难和挑战。如县域人力资源禀赋迅速提高，但整体受教育结构仍有待优化。2020 年，县域人口中受教育程度为高中及以上的仍仅有 22.4%，而初中占比 40.4%、小学占比 32.2%。县域人口老龄化也给县域发展带来新的挑战。老年人口占县域总人口的比重由 1990 年的 5.6% 持续提升至 2020 年的 14.9%，其比重和比重增幅均高于全国平均水平。

（四）县域资源要素盘活利用掣肘较多

农村集体所有土地直接入市和盘活利用的改革举措总体进展缓慢。全国抽样调查数据显示，农村宅基地大量闲置，行政村村均空闲废弃宅基地面积 65.4 亩。农民城乡流动长期积累，导致农村人口与集体经济成员分离，出现了部分新增人口不能获得集体经济组织成员，而部分市民化群体仍作为集体经济组织成员或持有发展权益的情况，使得城乡“两头占”由经济社会的“稳定器”变为农业农村现代化的阻碍因素。其中的关键原因是盘活农村闲置低效的资源要素将长期受到制度成本限制，如土地经营权流转成本、宅基地盘活利用成本、替代生计保障的利益补偿成本等。

（五）县域城乡融合发展缺乏有效规划

一是城乡建设规划不够健全。各地城乡建设规划存在建设布局不合理、功能缺失严重、建设思路不清晰、保障措施不完善等问题。一些地区规划论证不足、调研不充分，导致规划的可操作性不足。二是村庄规划流于形式、农民参与明显不足，与村庄发展脱节明显。有些村庄规划存在一定的区域封闭性，仅限于在本村范围内进行乡村建设、产业发展等规划，而没有融入乡镇、县市等高级别规划中；有些村庄对产业发展的规划没有从长远的角度统筹考虑，仅注重眼前利益，难以可持续发展；还有些村庄引进的产业项目偏离本地的基础条件和优势特色，甚至引进的是城市的落后产能、污染产业。

四、推进县域城乡融合的对策建议

县域城乡融合发展既是加快构建新型工农城乡关系、推动县域新型城镇化迈向更高质量的均衡发展阶段的客观要求，也是在县域范围内通过经济、空间、社会系统深度融合，率先打破县域城乡二元结构，统筹新型城镇化和乡村全面振兴，以农业农村现代化更好推进中国式现代化建设的重要目标。以深化农村改革推进县域城乡融合发展，就是要落实党的二十届三中全会提出的统筹新型工业化、新型城镇化和乡村全面振兴的要求，科学把握完善城乡融合发展体制机制的基本遵循，以县域为基本单元统筹推进新型城镇化和乡村全面振兴，推动城乡要素平等交换和双向自由流动，开启城乡融合发展和现代化建设新局面，让广大农民共建共享城乡融合发展成果。

（一）全面增强县城承载能力

以县域为城乡融合发展的切入点，关键是顺应人口流动推动的城乡关系演变趋势，尊重县城发展规律，统筹县城生产、生活、生态、安全需要，提升县城发展质量，更好满足农民到县城就业安家需求和县城居民生产生活需要。

一是分类优化县城功能定位。按照大城市周边、专业功能（资源、交通、产业、文化等）、农产品主产区、重点生态功能区等区域功能定位，立足资源环境承载能力、区位条件、产业基础，分类补齐县城短板弱项，完善县城设施配套，为形成县域增长极提供支撑。不能忽视行政区域边缘、偏远地带的县城发展。对于人口流失区域，要促进人口和公共服务适度集中。大力支持边境县城完善基础设施、强化公共服务、升级边境贸易，提升人口集聚能力和守边固边能力。

二是提档升级市政公用设施。市政设施是县城运行的基础支撑，是县城功能发挥的关键。要按照县城功能定位，差异化提升市政设施水平，加大市政交通、老旧小区、防洪排涝、老旧管网等改造力度，加快推动数字化、智能化新型基础设施建设。要加快推进区域互联互通，推动县城融入新型城镇化发展战略，成为都市圈、城市群、区域性中心城市的有效支点。

三是健全完善公共服务体系。公共服务完备程度是县城宜居宜业宜养的重要载体。未来，县城作为县域公共服务组织、生产、供应中心的作用进一步凸显。要根据县域人口结构变化趋势，强化县城公共服务供给水平和导入能力。要努力完善医疗卫生体系，扩大教育资源供给，发展养老托育服务，优化文化体育设施；要创新公共服务供给机制，利用数字化、平台化技术手段，提高公共服务获取的便捷性，降低县域居民享受公共服务成本。

四是持续提升人居环境质量。县城人居环境既是体现居民生活质量的重要内容，也是县城高质量发展的重要支撑。要加强生态保护和县城环境建设，完善生态绿地系统，修复湿地生态和水环境，改造提升山体、河湖、岸线，打造蓝绿生态空间。要完善垃圾收集处理体系、增强污水收集处理能力，构筑清洁、干净县城基底。要大力推广清洁能源，普及低碳化生活，把绿色发展理念融入县城建设运营发展的方方面面。

（二）大力发展县域富民产业

产业振兴是县域发展和农民增收的基础。几亿农民同步迈向全面现代化，能够释放出巨量的消费和投资需求。通过县域产业发展，创造更多的就业岗位，供给更丰富的产品和服务，才能把农民潜在的消费和投资需要转化为现实的县域经济增长空间。

一是提升重要农产品稳产保供能力。县域是粮食等重要农产品的主要产区。要按照县域功能定位，因地制宜确定现代农业发展方向，持续提升粮食等重要农产品产能。以农产品主产区为重点区域，培育县域现代农业主导产业，集聚发展现代农业产业链，做优做强农产品加工业和农业生产性服务业，促进一二三产业融合发展，提高现代农业发展效益和综合竞争力。

二是培育发展县域特色优势产业。根据发展基础、资源优势和功能需要，重点选择带动能力强、就业容量大的产业，促进产业链供应链价值链留在县域、下沉乡村。统筹本地产业和承接产业、传统产业和新兴产业的关系，促进产业转型升级、有序接替。加强对承接产业和招商引资企业的甄别，提高对县域经济尤其是乡村产业的引领带动能力，引导县域产业集中集聚发展。

三是优化调整城乡产业功能结构。乡村在绿色产业、食品供应、休闲娱乐、健康养生等方面具有比较优势或竞争优势，应该加强乡村在这些方面的产业功能。城乡产业转移，不应盲目要求乡村承接城市“淘汰”产业，要重点推动有利于乡村绿色高质量发展的产业向乡村转移。要注意提升乡村小作坊、家庭工厂，让其面向城市提供优质产品。要避免城市承担过多产业功能，特别是要避免与乡村产业竞争。

四是推动农民收入持续增长。在农民工集中的县域产业领域，实施农民工综合素质提升工程，推动农民工适应产业升级发展。完善农民工在城市就业的社会保障制度，消除现有社会保障制度对农民工的壁垒，努力实现农民工自由择业、体面生活。健全完善土地流转、生产服务、金融保险、创业就业等农村要素市场及服务体系，为农民全面发展创造条件。注重发挥工商企业联农带农、新型经营和服务主体示范引领作用，强调利益联结机制和能力提升机制建设，使农民成为乡村现代化经济体系的参与者和共享者。

（三）促进县域城乡要素双向平等流动

城乡经济循环是国内大循环的关键因素，是城乡融合发展的重要呈现形式。实施县域城乡融合发展战略，要把推动县域城乡要素平等交换、双向流动，畅通县域城乡要素循环流动通道，作为建立健全城乡融合发展体制机制和政策体系的重要抓手。

一是合理选择城乡融合区域单元。城乡资源要素的平等交换、双向流动以城乡对等关系的建立为基础。城乡对等关系主要表现在产业协同、功能互补、价值相等，取决于经济发展一体化水平、设施互联和服务共享水平。在东部经济发达地区和中西部的大中城市周边，城乡对等关系的区域可以跨越行政区。在绝大部分地区，县域仍然是城乡融合的基本区域单元，城乡资源要素平等交换、双向流动的区域范围以县域为主。

二是有序引导乡村要素市场开放。要把握好村门打开的节奏，人才、资金等能动的要素要有序开放，土地、资源、资产等不能动的，要先建立制度“笼子”再有序开放。土地方面，要稳慎推进农村“三块地”改革，宅基地资格权、土地承包权退出要与农民发展权益保障相结合。要严格限制征地，减少地方政府土地财政依赖，确保土地增值收益留在农村。

三是加快补齐农业农村发展短板。以县域为单元，尽快实现城乡基础设施互联互通和配套服务城乡共享，达到城乡等值发展状态。基础设施建设要结合村庄演变规律，重点加强乡镇和区域中心村建设，中西部偏远地区重点是区域中心镇。大力发展农村生活型服务业，全面提升乡村生活环境质量，吸引城市居民下乡生活、休闲和养生，集聚乡村发展“人气”。

四是深化城乡综合配套体制改革。要建立健全城乡统一的户籍登记、土地管理、就业管理、社会保障“四项制度”，构建城乡统一的公共服务、社会治理“两大体系”。要加快推进在县域就业的农民工就地市民化，探索提供涉及住房、就业、教育、医保、养老等一揽子政策；要尽快破解县域资金外流与农民贷款难的矛盾，加大金融对农业农村的支持力度；要继续深化“三块地”改革，尤其要打通进城落户农民农村宅基地退出和集体经营性建设用地入市之间的通道。

（四）探索创新县域融合发展推进机制

要因地制宜明确县域城乡融合发展路径，探索县域城乡融合发展多元模式和有效机制，构建县城—乡镇—中心村的多层级城乡融合发展新格局，逐步实现城乡功能布局一体化、城乡要素流动便利化、城乡资源配置均衡化、城乡产业发展融合化、城乡融合模式多元化。

一是梯度配置县域城乡公共资源。根据县城、乡镇、中心村等不同层级的功能需要，按照覆盖人口数量和服务辐射半径合理配置公共资源。对距离县城较近的乡镇采取以县城为中心向周边辐射的方式，对距离较远的探索以镇区为中心全覆盖的方式，逐步实现县域基础设施一体化。推广应用紧密型医共体、城乡教育联合体等县域公共服务共同体模式，以城带乡、一体化提升村级公共服务水平。根据村庄类别和城乡社区服务圈合理确定建设标准，对于集聚提升、特色保护类村庄可适当提高建设标准，搬迁撤并类严控建设标准、严格限制新建扩建活动，城郊融合类可纳入城镇统筹建设。

二是创新县域城乡融合发展要素保障机制。“人”的方面，要强化驻村工作队伍、村干部队伍的建设和管理，建设与县域城乡融合发展需求相匹配的人才队伍。“地”的方面，要畅通土地要素投入机制。通过放活经营权，发展适度规模经营；稳妥推进“宅基地”改革，盘活存量资源；规范“集体经营性建设用地”出让、租赁、入股，支持乡村公共服务。“钱”的方面，关键是规范县级统筹使用涉农资金、完善县域普惠金融体系和社会信用体系、完善要素产权制度和搭建公平交易平台等，发挥政府资源动员和配置能力，引导金融资本和社会力量参与。

三是强化县域城乡融合发展体制机制支撑。在财政资金使用、土地利用、机构编制配置等方面赋予县级更多资源整合使用、决策自主权。由县级提出需求、省直市直部门对接，精准合理赋予县级有用好用的经济社会管理权限。进一步理顺县镇权责关系，合理划分财政事权和支出责任，赋予乡镇更加灵活的财税自主权；加大放权赋权力度，通过依法委托或授权等方式赋予中心镇部分县级管理权限。

报告撰稿：芦千文　中国社会科学院农村发展研究所

国际农村转型及对中国乡村振兴的启示

乡村振兴是贯彻新发展理念，建设现代化经济强国的重大战略之一，对于促进我国经济社会全面、协调、可持续发展具有深远意义。在全球化浪潮推动下，世界各国尤其是发展中国家持续深化农村转型和结构转型，已逐渐形成各具特色的乡村发展路径。这些国家在推动农村转型的过程中所采纳的创新策略和积累的丰富经验，不仅对我国全面推进乡村振兴战略、实现农业和农村的可持续发展提供了宝贵借鉴和深刻启示，也对其他处于不同发展阶段的发展中国家具有重要的参考价值。

当前，进一步推进我国乡村振兴面临着环境与资源退化、资金和人才匮乏及跨地区发展不平衡等诸多问题，科学分析农村转型的国际现状、发展趋势及其背后的决定机制，可以为建立更加包容完善的乡村振兴监测指标体系指明方向，也能够为我国乡村振兴战略的实施提供国际视野和深刻洞察。为此，本文从总结全球发展中国家农村转型的共性规律出发，聚焦于市场和政府在发展中国家农村转型进程中的角色与作用，立足于中国乡村振兴发展实践，分析中国在乡村振兴进程中的发展特点与关键驱动因素，并通过资本深化路径与环境可持续路径的跨国比较，提出构建包容可持续的乡村发展监测衡量指标的新见解，最后总结了国际农村转型路径的经验启示。

一、发展中国家农村转型的发展趋势与特征

从世界各国的农村发展路径来看，乡村发展与振兴往往以农村转型为落脚点。农村转型过程与农业劳动生产力持续提升、农产品生产结构从低值粮食作物为主向高值商品化转变以及非农就业和创业机会的显著增多紧密相关（IFAD，2016）。农村转型过程也与结构转型过程相互联系，随着农村经济转型持续深化，国民经济结构逐渐从农业主导过渡到以工业和服务业为主导。两个转型过程相互促进、相互依赖，共同构成了农村发展和农业现代化的关键路径。

农村转型和结构转型的演进历程通常包含若干个发展阶段，每个阶段都具有鲜明的标志和属性。IFAD（2016）将农村转型过程划分为五个演进阶段：以农业为主导的初始阶段、初步工业化阶段、服务业扩张阶段、城市化与现代化阶段以及知识和创新经济的成熟阶段。每个阶段都是转型路径的关键节点，标志着农村经济与社会结构的深刻变迁。但实践表明，上述农村和结构转型的各个阶段并非遵循固定的发展模式；相反，它们可能在不同国家农业转型进程中出现停滞退行或实现跨越式发展。例如，在撒哈拉以南非洲，后殖民时代的GDP增长并没有显著减少贫困，基础设施薄弱与资金和技术匮乏等因素导致农业生产力增长仍然很低，农村转型面临发展瓶颈（Barrett等，2017）。

因此，发展中国家的农村转型与结构转型的模式与特征亟待深入剖析，旨在为处于转型初期或面临转型困境的国家和地区提供发展路径与经验。本文基于联合国粮农组织（FAOSTAT）[1]的数据，构建了农业劳动生产率（人均农业GDP）、高价值农产品比重、非农GDP比重和非农就业比重等4项关键指标来衡量主要发展中国家1970年以来农村转型和结构转型的演变进程，并对比分析了中国与拉丁美洲、非洲和亚洲其他发展中国家转型路径的共性与差异[2]。

（一）发展中国家农业劳动生产率和高价值农产品占比整体呈上升趋势，但农村转型后劲不足仍需进一步深化

自1970年以来，多数发展中国家在农业劳动生产率方面取得了显著进步。亚洲和拉丁美洲地区的发展中国家在过去的五十多年间平均农业劳动生产率实现了较大幅度增长，整体呈现上升趋势（图1）。而非洲的发展中国家的农业劳动生产率尽管在过去50年内有所提高，农业发展仍面临农业劳动生产水平较低和增长缓慢的双重挑战，人均农业GDP及其增速仍整体处于落后水平。中国的农业劳动生产率自1970年起呈现出显著而稳定的增长趋势。尽管初始水平较低，但伴随改革开放和市场化推进，中国的农业劳动生产率大幅提升，并于1996年超过非洲平均水平，至2022年人均农业GDP已超过一万美元（2015年不变价格）。尽管中国的农业劳动生产率在过去五十年间取得了飞速发展，但现阶段平均水平仍与亚洲和拉丁美洲的平均水平存在一定差距，这意味着中国农村转型和结构转型仍需进一步深化。

1 联合国粮农组织数据库：https://www.fao.org/faostat/en/.

2 本研究涵盖了全球绝大多数的发展中国家和地区，包括非洲（56个）、亚洲（53个）和美洲（45个）的154个国家和地区。

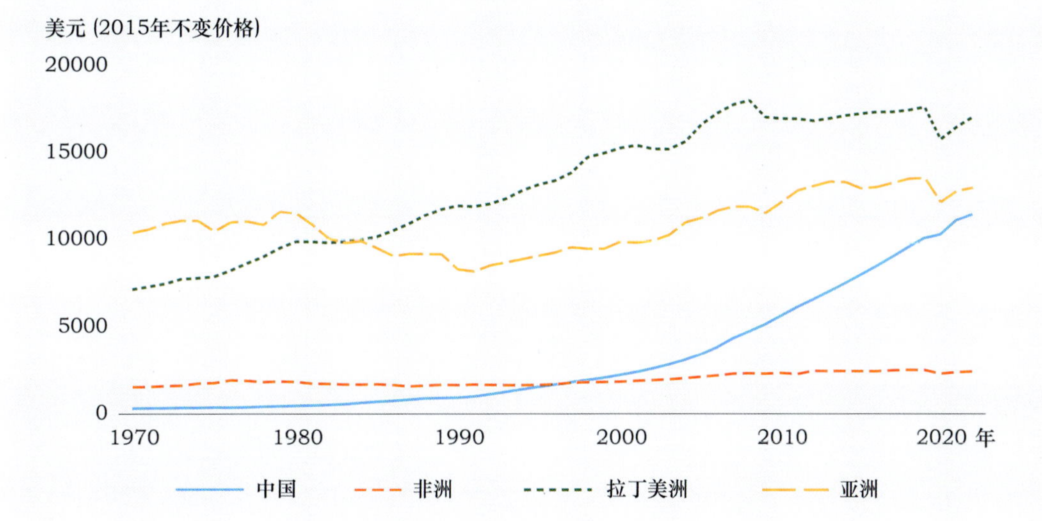

图 1 中国及其他发展中国家（地区）农业劳动生产率变化趋势：1970 ~ 2022 年

注：图中的中国人均农业 GDP 仅统计中国大陆地区。数据由作者整理计算。

在农产品结构方面，全球发展中国家高价值农产品占比实现了持续增长，不同地区的发展中国家的发展路径存在异质性。亚洲地区的发展中国家高值农产品比例增长趋势显著，占比增幅超过 10%（图 2）。拉丁美洲农产品的商品化水平最高，高价值农产品占比在 1970 年就高达 63%，2022 年比重接近 70%。而非洲国家现阶段农业生产则以低价值粮食作物为主，高价值农产品占比虽有增长，但仍未超过 50%。中国的高价值农产品占比在 1970~2022 年间的增速显著高于其他发展中国家。中国的农业生产初期以低价值粮食作物为主，但随着政府和市场的共同作用，农业生产逐渐转向以高价值和高收益作物为主的生产模式。中国的高值农业产出占比在 1990 年达到 40%，超过非洲发展中国家的平均水平，至2000年这一比重已接近60%，接近亚洲和拉丁美洲的平均水平。在随后的二十年中，中国高值农产品占比尽管略有波动，但总体维持在 65% 左右。

（二）发展中国家结构转型持续深化，非农 GDP 占比和非农就业占比整体呈增加趋势，中国实现跨越式发展

发展中国家非农 GDP 占比呈现显著增长趋势。拉丁美洲的发展中国家初期非农 GDP 占比最高，1970 年该比重已达到 90%，近十年基本稳定在 95% 左右（图 3）。在此期间，亚洲地区的发展中国家的非农 GDP 占比从 75% 增长至 90%。相比之下，非洲地区的结构转型仍处于早期阶段，非农 GDP 占比从 1970 年略高于 70% 缓慢增长至 2022 年的 80%。中国在非农产业的发展方面取得了显著成就，非农 GDP 占比增幅远超其他发展中国家。中国非农 GDP 占比在 1970 年仅超过

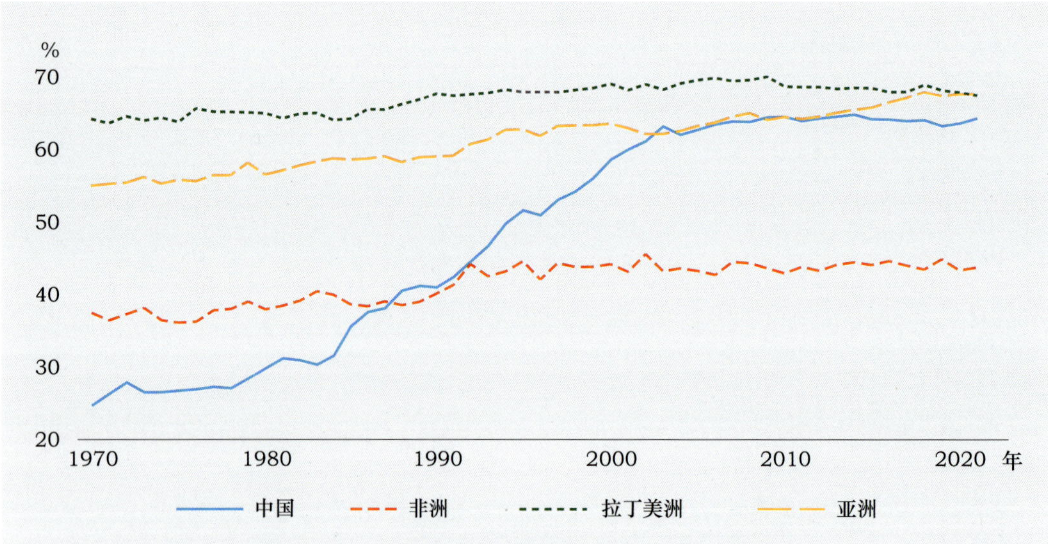

图 2 中国及其他发展中国家（地区）高价值农产品占比变化趋势：1970 ~ 2022 年

注：图中的中国高价值农产品占比仅统计中国大陆地区。数据由作者整理计算。

30%，远低于发展中国家平均水平。然而五十年间中国非农 GDP 占比增长迅速，已超过非洲和亚洲平均水平，并逐渐接近拉丁美洲平均比重。

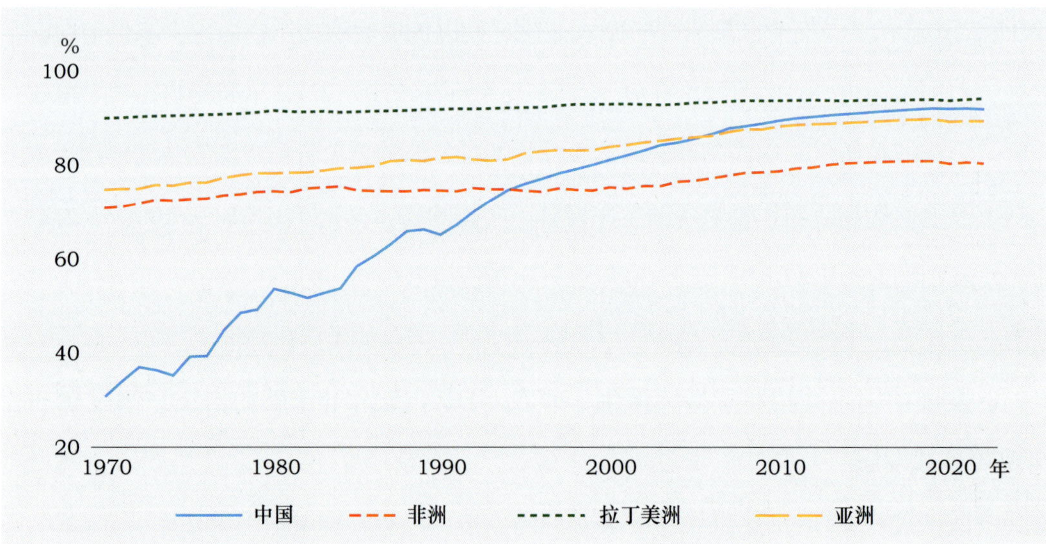

图 3 中国及其他发展中国家（地区）非农 GDP 占比变化趋势：1970 ~ 2022 年

注：图中的中国非农 GDP 占比仅统计中国大陆地区。数据由作者整理计算。

在非农就业方面，发展中国家也呈现出积极增长趋势，体现出全球农村结构转型的持续深化。

拉丁美洲的发展中国家初期非农就业比例高达 80%，至 2022 年这一比重已增长至 90% 左右（图 4）。亚洲地区的发展中国家的非农就业比重同样实现了持续增长，从 1970 年的 70% 左右增长至 2022 年的接近 80%。非洲发展中国家的非农就业比例起步较低，但现阶段已增长至 60%，侧面反映了非洲国家仍处于经济结构调整的重要阶段。中国非农就业占比尽管初始水平较低，但增长最快并已超过亚洲平均水平。具体地，中国非农就业占比自 1970 年的 20% 左右迅速提升至 2022 年接近 80%。其中，中国的非农就业占比在 20 世纪九十年代末已达到 50%，接近非洲平均水平，并在 2022 年超过亚洲平均水平，逼近拉丁美洲的非农就业占比，体现了中国结构转型的快速发展。

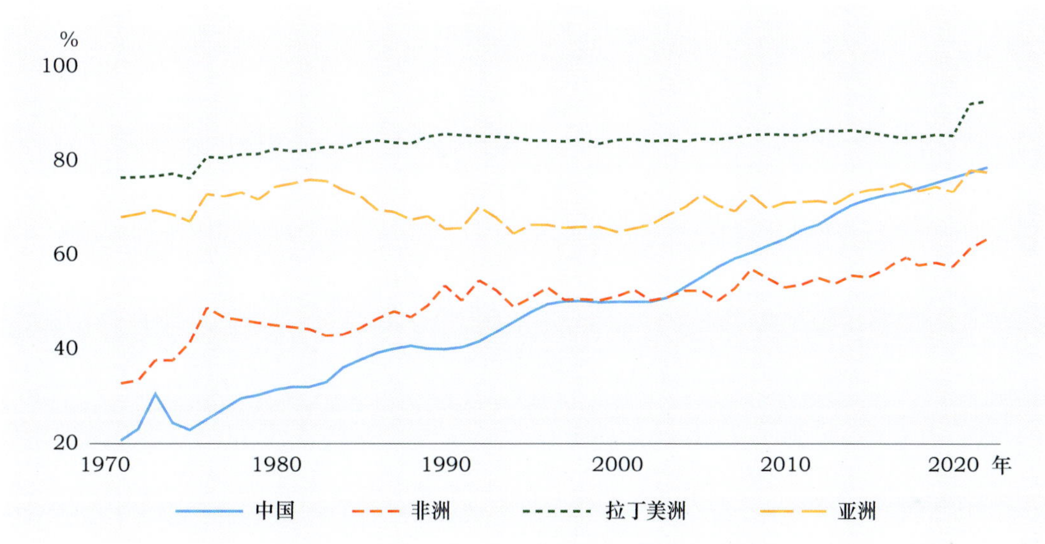

图 4 中国及其他发展中国家（地区）非农就业占比变化趋势：1970 ~ 2022 年

注：图中的中国非农就业占比仅统计中国大陆地区。数据由作者整理计算。

二、发展中国家农村转型的关键驱动因素

（一）发展中国家农村转型普遍经历了由政府主导向市场机制决定的转换阶段，但单一的市场机制调节难以完全满足发展需求

农村转型和结构调整是一个逐步演进的市场化进程，在这一过程中，农业部门普遍经历了从政府主导向市场机制转变的关键阶段。自 20 世纪末至今，大多数发展中国家和地区的农业支持总金额及其在 GDP 中占比呈现先增加后减少的变化趋势，反映出农业支持在国民经济中的相对重要性逐渐降低（表 1）。其中，拉丁美洲与亚洲的发展中国家农业支持总金额虽有波动，但占 GDP

比重均呈现下降趋势；而非洲发展中国家农业部门对公共政策的依赖程度仍在增加，农业支持总金额持续增长，且占 GDP 的比重显著高于其他发展中国家与地区。与其他国家相比，中国具有最大的农业支持资金规模，但占 GDP 比重同样呈现逐步下降的变化趋势。中国农业支持总金额由 2000~2009 年间为 82.1 亿美元（2015 年不变价格）增长至 2010~2019 年的 137.9 亿美元，而后下降为 82.7 亿美元，而占 GDP 的比重从 0.16% 逐渐下降为 0.05%。

表 1 发展中国家农业支持在 GDP 中的占比

地区	总金额（百万美元，2015 年价格）	占 GDP 比重（%）
	2000 至 2009 年	
中国	8205.05	0.16
非洲	258.00	1.12
拉丁美洲	892.07	0.47
亚洲	1491.94	0.75
	2010-2019 年	
中国	13787.12	0.13
非洲	274.17	0.86
拉丁美洲	694.34	0.54
亚洲	1713.30	0.68
	2020-2023 年	
中国	8273.99	0.05
非洲	297.02	0.76
拉丁美洲	436.67	0.41
亚洲	1389.94	0.59

注：表中的中国农业支持金额及占 GDP 比例仅统计中国大陆地区。数据由作者整理计算。

随着全球化加速和世界贸易组织（WTO）成立，以及进入 21 世纪后多哈回合谈判的推动，发展中国家开始逐步降低关税并扩大农产品市场准入。自 1990 年以来，发展中国家关税率普遍经历了 15%~20% 的迅速下降，亚非拉地区目前关税率基本维持在 5%~15% 之间（图 5），其中中国关税水平不足 5%，明显低于其他发展中国家和地区。逐渐市场化的发展模式虽然在短期内可能会对依赖保护的农业部门产生竞争压力，但从长远来看有利于提升整个农业部门的竞争力和可持续发展能力。

然而，鉴于发展中国家农业与农村部门的脆弱性，依靠市场单一的调节机制推动农村转型与结构转型进程难以满足国家发展与经济增长的需求，仍需政府发挥必要的宏观调控职能。例如，为确保粮食安全并满足日益增长的人口基本营养需求，发展中地区农业与农村部门在发展初期形成了以稻米、小麦和玉米等粮食作物为核心的生产模式。然而，这种以粮食生产为主导的模式在一定程度上限制了非农业就业的发展，导致农村劳动力主要集中于农业领域，农村发展模式单一，收入普遍较低且主要依赖于农业产出（IFAD，2016）。因此，除了市场应当发挥资源配置机制，各发展中国家政府也需要不断通过制度、政策和投资（简称 IPIs）的制定与调整来配合市场机制共同发挥作用，促进农村转型进程顺利推进。

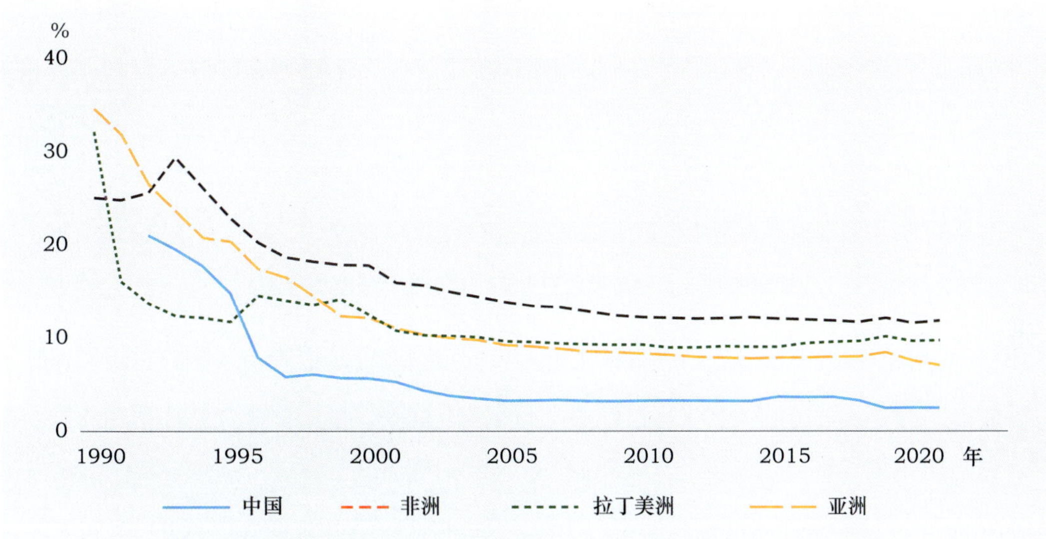

图 5 中国及其他发展中地区关税率变化趋势：1990 ~ 2022 年

注：数据由作者根据 World Bank 数据库和 WTO STATS 数据库整理计算。

（二）中国的市场与政府双重调节机制持续深化农村转型和结构转型，新的发展时期乡村振兴需要更具包容与可持续的监测分析指标体系

市场与政府的双重调节机制已成为我国稳定农村转型和结构转型进程的重要保障。以小农为主体的农业生产模式决定了我国农业和农村基础设施的建设难以通过市场机制实现自发调节，因此长期以来农业生产的基础设施建设任务主要由政府承担。其中，灌溉设施投资因其对农业生产的巨大正外部效应成为改革开放以来中央和地方政府农村公共投资的重要关注点。与其他发展中国家灌溉基础设施建设投资的增加力度相比，中国自 1970 年起灌溉基础设施的投资经历了更为显著的增长（图 6）。在 1970~2022 年间，中国的灌溉面积占比从不足 20% 增长至超过 50%，可灌溉面积占比远超亚洲、拉丁美洲和非洲发展中国家的平均水平。

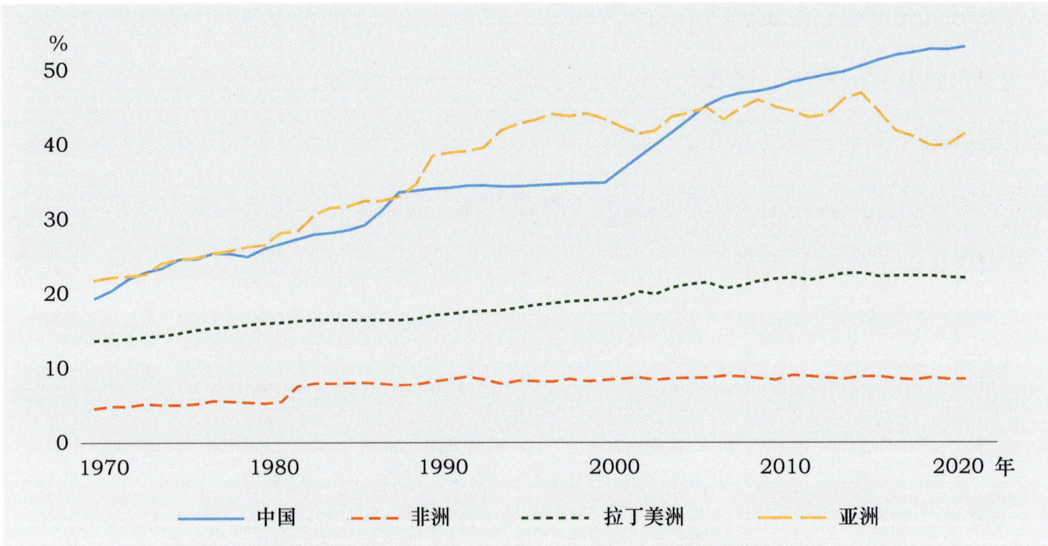

图 6 中国及其他发展中地区灌溉基础设施规模变化趋势：1970 ~ 2022 年

注：灌溉设施规模用实际灌溉面积占农田面积比例衡量。数据由作者整理计算。

灌溉基础设施的投资建设通过提高农业生产力和促进农业经济增长对我国农村转型起到了推动作用。一方面，灌溉基础设施的扩张通过促进土地集约化经营、抵御自然灾害冲击与调节生产要素投入，从而促进了农业生产效率提升（李俊鹏 等，2019）。另一方面，灌溉基础设施投资还具有稳定作物生产并调节资源配置结构的作用，对农业生产、农户增收以及农业劳动力就业具有重要意义（骆永民 等，2020）。然而，基于传统衡量指标的评估结果显示，灌溉基础设施投资对农村转型的积极影响正逐渐减弱，需要探索更加可持续的发展机制与评价指标助力乡村振兴。盛誉等（2024）发现我国灌溉基础设施对农业全要素生产率（Total Factor Productivity，TFP）虽起到积极影响，但其边际效应呈现出随时间推移而逐渐递减的趋势。1980~1985 年间我国灌溉基础设施规模每提高 1%，农业 TFP 相应提升 0.3%，而在 2012~2018 年期间这一正向影响效果已下降至 0.2%。因此，在可持续发展的目标下，迫切需要构建更加包容的乡村发展衡量指标并为发掘乡村振兴路径提供新见解。

三、农业可持续发展包容性指标构建方向

（一）气候与环境变化对农业的负面影响已成为制约乡村发展的重要因素

随着各国城镇化快速推进，农业耕地面积不断减少，农业用水资源矛盾加剧。长期以来，农业生产依靠以化肥农药为代表的要素过度投入提升粮食产量的策略，导致农业生产的环境污染日益严

重，这使得农业发展面临资源约束日益趋紧和环境承载超负荷的“双重约束”挑战，同时也成为阻碍农业可持续发展的首要问题。尽管部分国家对环境负外部性问题已经采取了适应性措施，但跨地区发展不平衡导致了农村转型道路差异。亚洲部分国家，如印度和中国，通过大规模的灌溉项目提高了农业生产力，减缓了气候环境变化带来的不确定性，推动了农业的商业化和多样化，加速了农村转型。然而，在非洲尤其是撒哈拉以南地区，灌溉基础设施仍然不足，大部分农业依赖雨养，生产力低且不稳定，阻碍了农村地区向更高附加值农业和非农产业的转型。这些地区的人均GDP的增长并没有减少贫困，农业生产率增长仍然很低（Dercon 和 Gollin，2014）。虽然农业在国内生产总值和就业中所占的份额有所下降，但非农劳动力并没有转向制造业，而是转向了非贸易服务业（IFAD，2016）。

（二）环境调整的TFP相比于传统农村转型指标更能反映IPIs在促进乡村发展公平性、包容性与可持续性方面的绩效表现

环境调整的农业TFP综合考虑了多种要素投入产出关系，在一定程度上能够体现资源优化配置，技术和管理创新，以及政策和制度支持等，不仅包含传统生产力的概念，也包含实现农业现代化所需要的包容性和可持续性等多方面内容，是全面实现乡村振兴和农村经济转型的重要衡量指标。在包容性方面，与农业劳动生产率指标相比，环境调整的农业TFP综合考虑包括环境资源在内的多种投入因素，通过优化资源配置，使更多小农户和不同群体受益，提升他们的生产力和收入。与高价值农产品指标相比，环境调整的农业TFP通过包含绿色农业技术在内的技术和管理创新，鼓励小农户参与高效、低耗、可持续的农业生产，提高他们的市场竞争力，实现更包容的发展。在公平性方面，与非农就业比重相比，环境调整的农业TFP旨在提高资源利用效率，减少浪费和环境损害，通过高效生产提高农户收入，促进资源和收益的公平分配。在可持续性方面，环境调整的TFP强调资源的高效利用和环境保护，通过减少化肥和农药的使用，提高水土资源利用效率，推动农业的可持续发展。

（三）推进乡村全面振兴，必须高度重视提升以环境调整的农业TFP为主要内容的农业新质生产力，可从资本深化与环境可持续发展两条路径持续发力

在发展农业新质生产力背景下，环境调整的农业TFP的提高通过提升生产效率与环境效率、优化资源配置和推动技术进步，为农村转型和乡村振兴提供了坚实的经济和技术基础，因此作为监测乡村振兴的重要参考指标。一方面，提高投入品的使用效率、减少农业废弃物或污染物的排放，可以减缓自然环境压力。另一方面，提高农业生产力可以将传统要素投入从农业生产中释放出来，增加农民收入，促进农业转型。特别是，在当今气候变化与水土资源退化的条件下，提升农业 TFP 仍然是实现农业可持续发展、应对环境资源新挑战的最佳途径。因此，提升农业新质生产力，促进乡村全面振兴，可以从资本深化与环境可持续发展两条路径持续发力。

1. 资本深化是解决劳动力供给不足与资本密集型技术采纳的关键途径，也是农业生产力增长与农村转型的重要驱动力

采用资本密集型技术是美国和澳大利亚等发达国家推动农业生产力持续增长的有效手段。土地等自然资源禀赋优势减少了美国和澳大利亚等国家采用生物技术与化学技术来提高边际效益的可能，这种农业生产模式无法被土地资源匮乏的发展中国家效仿。然而，随着农机社会化服务的广泛使用，新的管理和经营模式正通过将技术进步蕴含在资本品的使用中，促使资本对劳动的替代在人多地少的国家和地区得以实现。建立在社会化服务基础上的资本深化路径不仅以较低的沉没成本解决了劳动力供给不足的问题，也为大量蕴含技术的资本采纳提供了条件，正在引起人们对资本密集型技术进步作为农业生产力持续增长来源的关注（Sheng 等，2022）。

另一方面，资本深化也促进了农业技术扩散，缩小了跨国和跨地区农业生产力差异。受自然地理的区位差异限制，很多农业技术在不同的农业生态和气候区之间不易扩散，进而导致了农业生产力的跨地区差异（Gollin 等，2014a；2014b）。然而，过去几十年以来的生物和化学以及信息技术等方面的研发投资积累推动了农业技术的跨地区应用（Sheng 等，2015）。例如，一些适合湿润地区的作物产品和畜牧品种经过基因编辑技术增加了抗旱属性，正在向干旱地区扩散，农产品产量与生产效率获得有效提升。因此，资本深化在缩小跨地区生产力差异方面发挥了重要作用。

图 7 展示了随着资本深化程度增加，各国农业 TFP 呈现不同的变化趋势。主要发达国家和地区实现了较高的资本积累，其中欧洲国家[3]与澳大利亚处于增加资本投入来提升生产力阶段，其农业 TFP 以大于中国的增速继续增长，并呈现趋同趋势。然而，美国的农业 TFP 已经呈现明显下降趋势。这意味着美国已经率先完成通过提升资本投入来促进生产力增长的路径，资本投入已经开始下降。与主要发达国家和地区相比，中国的农业资本存量仍处于上升的区间，资本投入增长与农业 TFP 水平均未达到最优水平，因此在未来提升农业生产力，特别是新质生产力的过程中仍有较大的政策空间。然而，由于现有的公共资本投资效率（如前文所述的灌溉投资）的下降，目前的资本投

3. 欧洲 15 个国家包括：比利时、丹麦、德国、希腊、西班牙、法国、爱尔兰、意大利、卢森堡、荷兰、葡萄牙、芬兰、瑞典、英国和奥地利。

资方式可能无法进一步支持农业 TFP 持续增长（见图 7，中国的农业生产率与资本投资已经出现增速下降的趋势），因此未来中国农业投资的方向需要经历大幅度的改革。

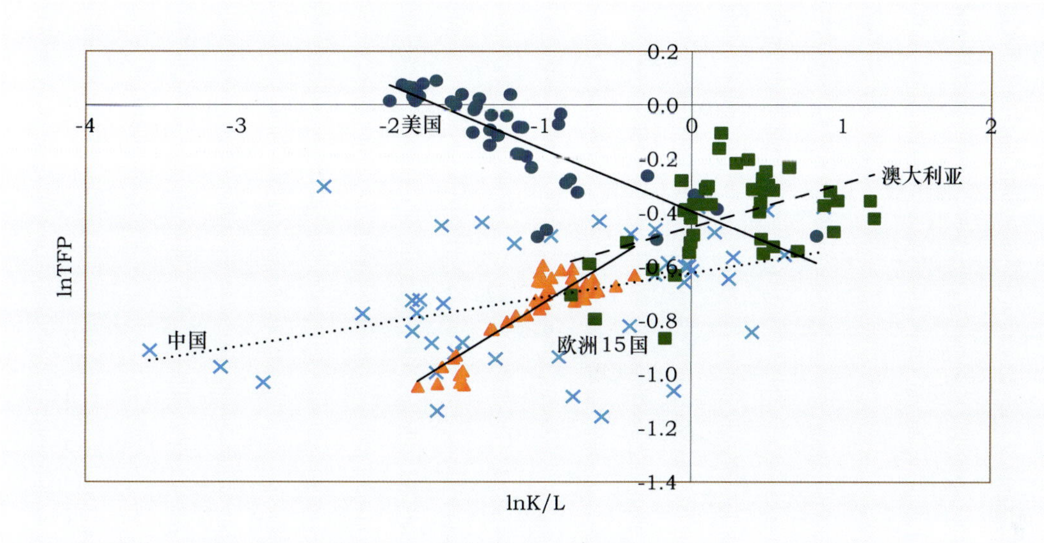

图 7 各国（地区）农业资本深化路径差异：1978 ~ 2019 年

注：TFP 是农业全要素生产率；K/L 表示人均资本，用以衡量资本深化。数据由作者整理计算。

2. 实现农业可持续发展的关键在于优化环境可持续路径，以提升农业生产力并减少资源消耗和环境负外部性

在满足日益增长的全球粮食需求的同时，实现农业可持续发展是一项巨大挑战。尽管当前全球农业发展取得了令人瞩目的成就，然而大规模活性氮使用和水土系统剧变等可能削弱土地生产力，进而影响农业的长期可持续性。全球土地如果按照目前的趋势持续退化，到 2030 年将需要恢复 15 亿公顷的退化土地，才能实现可持续发展目标中的土地退化零增长目标（UN，2024）。因此，环境可持续发展路径的一个关键目标是保持或提高生产力，尽可能减少农业生产的环境负外部性。

环境条件对农业生产至关重要，但各国的环境条件存在异质性，寻求可持续农业发展的道路也各不相同。图 8 通过比较中国和主要发达国家与地区农业土地生产力和劳动生产力的变化来揭示农业可持续发展的一般规律。农业土地生产力和劳动生产力存在正相关关系，但正向关系越弱代表土地生产效率越高，也意味着环境可持续性利用对农业发展作用越大。由于美国的农业生产属于资本密集型，即通过利用更多的土地来解决农业发展问题，这种高度依赖资源消耗的收入增长以牺牲环境为代价，不利于农业可持续发展。而欧洲国家和澳大利亚虽然起初经历了与美国相似的发展路径，农业生产主要依靠资源消耗，但近年来实行绿色农业等政策开始向更加有效的资源利用方式转变，有效改善了农业生产的可持续性。与主要发达国家相比，中国曾经通过增加自然资源消耗来提升农业生产力，但是这种要素投入对生产力的边际影响呈现递减趋势，即土地投入继续增加不能带来生产力进一步增长。2005 年，由于污染减排与减施化肥等环境政策影响，中国的土地生产效率开始发生明显改善。然而，如果按照现有的路径发展，中国农业生产的可持续性将逐步降低直到低于美国。

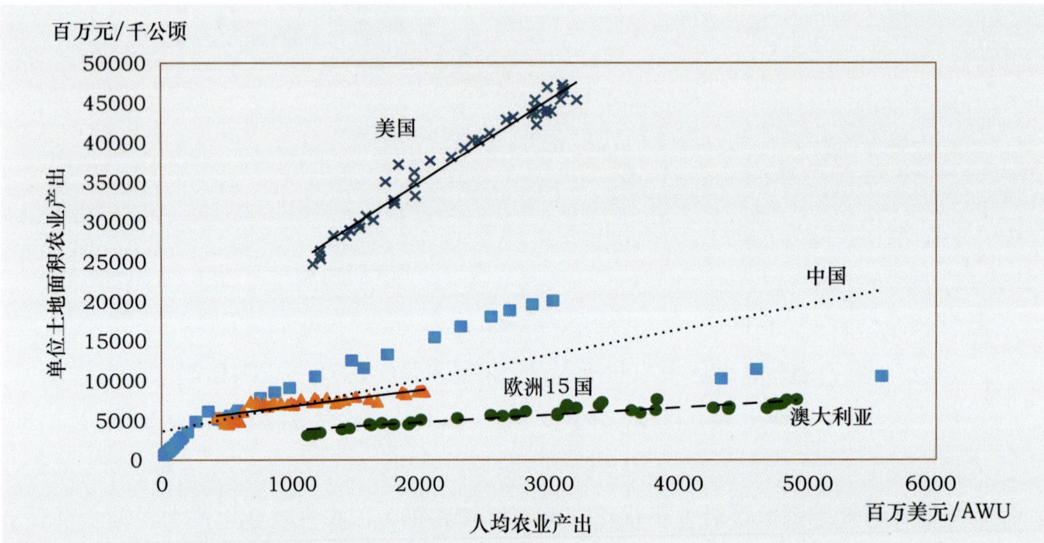

图 8 各国（地区）农业资本深化路径差异：1978 ~ 2019 年

注：人均农业产出用于衡量劳动生产力，单位面积农业产出用于衡量土地生产力。数据由作者整理计算。

四、国际农村转型路径对中国乡村振兴的启示

乡村振兴战略的实施成效直接影响三农问题的解决效果，构建科学有效的乡村振兴评价指标体系是部署乡村振兴各要素有效集聚与流动、推进乡村振兴战略实施的重要基础。农业劳动生产率（人均农业 GDP）、高价值农产品比重以及非农 GDP 和非农就业比重等具有简单直观、容易理解的优点而被广泛用于跨地区农村转型和结构转型的比较分析中。本文利用上述衡量指标总结了主要发展中国家农村转型的发展趋势，发现了制度安排、政策改革和公共投资等关键因素对农村转型的驱动作用。然而，传统农村转型衡量指标不能全面反映 IPIs 在促进乡村发展方面的绩效表现，亟需构建更加公平、包容、可持续的衡量指标。

以环境调整的农业 TFP 为重要内容的农业新质生产力不仅包含传统生产力的概念，也体现了

农业现代化所需要的包容性和可持续性等多方面内容，是全面实现乡村振兴和农村经济转型的重要途径。当前全球农业可持续性面临严峻挑战，耕地数量不断减少且质量也出现下降势头，水资源短缺问题日益严峻，气候变化还将加剧水资源紧缺程度，通过灌溉基础设施推动农村转型的积极影响正逐渐减弱，全球生产力增速整体呈现放缓趋势。为加快实现农业现代化和农业强国的目标，我国必须转变通过农业生产要素投入增加带来产出提升的传统认知，避免要素投入的约束最终成为制约农业 TFP 的进一步增长的障碍，必须转向寻求农业新质生产力提升的新路径。基于同美国、欧盟以及澳大利亚等主要发达国家和地区农业 TFP 趋势的分析和比较，本文发现提升资本深化水平和实现环境可持续发展的路径，是促进农业 TFP 持续增长的两个有力抓手。

最后，尽管不同国家在农村转型过程中呈现一些共性和规律，但跨地区发展不平衡要求乡村发展实践必须因地制宜，效仿或照搬任何一个国家的发展模式都不合适。我国的乡村振兴既要借鉴国际农村发展的共性和规律，助力自我乡村振兴，也要走中国特色道路为世界提供中国方案。为应对近年来乡村振兴面临的诸如劳动生产率有待提升、灌溉基础设施影响减弱、资源消耗与环境退化、跨地区发展不平衡等问题，本报告提出以下四个方面政策建议：

（一）立足可持续发展路径，持续促进资本深化

先进科技是发展农业新质生产力的内在动力，应加强公共研发投资，特别是在生物技术、数字技术和机械技术等领域的资本深化。生物技术可增强作物抗病虫害能力，提高产量和质量，确保粮食安全。数字技术通过精准农业提高资源利用效率，减少农药和化肥使用，降低环境污染。而发展和推广现代农业机械设备，如智能拖拉机和无人机喷洒技术，不仅能提高生产效率，还能减轻劳动强度，提升农业生产的整体效益。

（二）发挥政府与市场的双重调节机制

政府应转变职能，从直接干预生产转向提供公共服务和政策支持，如信息服务、市场监管、技术推广等。推广绿色农业、有机农业和循环农业，减少环境污染和资源浪费。根据不同地区的资源禀赋和发展潜力，合理布局农业产业，形成区域特色产业带，推动农业向高效、高质、高值、可持续的多功能方向发展，实现城乡资源的优化配置和融合发展。

（三）实施并完善区域差异化政策

不同类型的农村存在不同类型的转型路径或处于同一转型路径但处于不同转型阶段的农村，在推进乡村振兴过程中应当因地制宜，不能搞一刀切。例如，牧区应重点保护草原生态，推动畜牧业现代化；渔区应加强水产养殖技术创新，保护渔业资源；林区则应加强森林资源保护，发展林下经济和生态旅游。根据各地区发展阶段，制定阶段性目标和政策，确保转型过程的稳定性和持续性，从而实现乡村振兴，推动各地区协调发展。

（四）构建更加包容可持续的乡村振兴监测指标

考虑在现有评价体系中纳入环境调整的农业 TFP 指标，以捕获农村土地制度创新和农业生产方式的转变效果，以及要素配置和自然资源使用效率的改进表现。具体可以从开发和完善农户调查、农业生产统计、环境监测和科技研发等数据收集方法，确保数据收集涵盖农业生产、资源利用和环境影响等方面，为评估环境调整的农业 TFP 变化趋势、资源与环境效率夯实数据基础。

报告撰稿：艾先能　北京大学现代农学院
陈默语　北京大学现代农学院
王艾昭　北京大学现代农学院
盛　誉　北京大学新农村发展研究院

数据资料篇 ▶▶

表 1-1 2023 年地区生产总值

单位：亿元

地 区	地区生产总值			
		第一产业增加值	第二产业增加值	第三产业增加值
北 京	43760.7	105.5	6525.6	37129.6
天 津	16737.3	268.5	5982.6	10486.2
河 北	43944.1	4466.2	16435.3	23042.6
山 西	25698.2	1388.9	13329.7	10979.6
内蒙古	24627.0	2737.3	11703.6	10186.1
辽 宁	30209.4	2651.0	11734.5	15823.9
吉 林	13531.2	1644.8	4585.0	7301.4
黑龙江	15883.9	3518.3	4291.3	8074.3
上 海	47218.7	96.1	11613.0	35509.6
江 苏	128222.2	5075.8	56909.7	66236.7
浙 江	82553.2	2332.0	33952.7	46268.6
安 徽	47050.6	3496.6	18871.8	24682.2
福 建	54355.1	3217.7	23966.4	27171.0
江 西	32200.1	2450.4	13706.5	16043.2
山 东	92068.7	6506.2	35987.9	49574.6
河 南	59132.4	5360.1	22175.3	31597.0
湖 北	55803.6	5073.4	20215.5	30514.7
湖 南	50012.9	4621.3	18822.8	26568.8
广 东	135673.2	5540.7	54437.3	75695.2
广 西	27202.4	4468.2	8924.1	13810.1
海 南	7551.2	1507.4	1448.5	4595.3
重 庆	30145.8	2074.7	11699.1	16372.0
四 川	60132.9	6056.6	21306.7	32769.5
贵 州	20913.3	2894.3	7311.4	10707.5
云 南	30021.1	4206.6	10256.3	15558.2
西 藏	2392.7	215.0	883.0	1294.7
陕 西	33786.1	2649.8	16068.9	15067.4
甘 肃	11863.8	1641.3	4080.8	6141.8
青 海	3799.1	387.0	1612.8	1799.2
宁 夏	5315.0	428.1	2487.2	2399.6
新 疆	19125.9	2742.2	7710.3	8673.4

表 1-2 2023 年各地区城乡居民收入水平

单位：元

地 区	农村居民人均可支配收入	城镇居民人均可支配收入	城乡居民收入水平对比（农村居民 =1）
全 国	21691	51821	2.39
北 京	37358	88650	2.37
天 津	30851	55355	1.79
河 北	20688	43631	2.11
山 西	17677	41327	2.34
内蒙古	21221	48676	2.29
辽 宁	21483	45896	2.14
吉 林	19472	37503	1.93
黑龙江	19756	36492	1.85
上 海	42988	89477	2.08
江 苏	30488	63211	2.07
浙 江	40311	74997	1.86
安 徽	21144	47446	2.24
福 建	26722	56153	2.10
江 西	21358	45554	2.13
山 东	23776	51571	2.17
河 南	20053	40234	2.01
湖 北	21293	44990	2.11
湖 南	20921	49243	2.35
广 东	25142	59307	2.36
广 西	18656	41287	2.21
海 南	20708	42661	2.06
重 庆	20820	47435	2.28
四 川	19978	45227	2.26
贵 州	14817	42772	2.89
云 南	16361	43563	2.66
西 藏	19924	51900	2.60
陕 西	16992	44713	2.63
甘 肃	13131	39833	3.03
青 海	15614	40408	2.59
宁 夏	17772	42395	2.39
新 疆	17948	40578	2.26

注：本表数据来源于国家统计局开展的全国住户收支与生活状况调查。

表 1-3 2023 年各地区乡村人口和乡村就业人员

单位：万人、%

地 区	乡村人口		乡村就业人员数（年末）	第一产业就业人员数（年末）
	人口数	占总人口比重		
全 国	47700	33.8	27009	16882
北 京	266	12.2	140	24
天 津	198	14.5	100	32
河 北	2752	37.2	1472	789
山 西	1214	35.0	681	399
内蒙古	729	30.4	427	416
辽 宁	1108	26.5	660	589
吉 林	825	35.3	481	451
黑龙江	1007	32.9	465	472
上 海	262	10.5	167	20
江 苏	2128	25.0	1286	620
浙 江	1708	25.8	1060	197
安 徽	2356	38.5	1364	768
福 建	1211	29.0	665	289
江 西	1665	36.9	879	391
山 东	3489	34.5	2018	1267
河 南	4114	41.9	2190	1224
湖 北	2016	34.5	1324	874
湖 南	2551	38.8	1322	773
广 东	3123	24.6	1484	688
广 西	2173	43.2	1168	829
海 南	392	37.6	214	168
重 庆	904	28.3	553	361
四 川	3390	40.5	2177	1535
贵 州	1703	44.1	879	649
云 南	2200	47.1	1432	1184
西 藏	223	61.1	115	67
陕 西	1377	34.8	817	619
甘 肃	1097	44.5	681	587
青 海	221	37.2	95	70
宁 夏	238	32.7	114	84
新 疆	1059	40.8	579	446

表 1-4 2023 年各地区农林牧渔业总产值（按当年价格计算）

单位：亿元

地　区	农林牧渔业总产值	农业产值	林业产值	牧业产值	渔业产值	农林牧渔专业及辅助性活动产值
全　国	158507.2	87073.4	7006.1	38964.6	16116.2	9346.9
北　京	252.6	135.6	65.9	42.0	4.0	5.1
天　津	511.3	269.4	6.0	145.5	71.9	18.4
河　北	7770.9	4081.0	259.1	2395.0	351.2	684.5
山　西	2291.7	1332.7	177.4	642.8	9.6	129.3
内蒙古	4447.3	2288.0	116.9	1898.7	32.2	111.6
辽　宁	5266.8	2284.5	144.6	1691.5	957.0	189.2
吉　林	3128.0	1494.5	70.1	1402.2	65.4	95.8
黑龙江	6492.5	4200.4	208.0	1722.9	155.1	206.2
上　海	269.6	145.2	7.2	47.0	52.7	17.5
江　苏	8935.5	4844.1	188.4	1230.1	1903.2	769.7
浙　江	3978.0	1871.9	198.3	393.2	1375.3	139.4
安　徽	6247.9	2906.3	479.9	1746.3	689.5	425.9
福　建	5729.2	2193.5	454.8	1083.4	1789.6	208.0
江　西	4198.9	2003.4	399.8	978.3	554.1	263.3
山　东	12531.9	6462.4	244.5	2973.7	1807.6	1043.7
河　南	10304.6	6471.2	162.2	2596.0	141.5	933.6
湖　北	9106.9	4428.8	356.3	1934.3	1602.0	785.5
湖　南	8199.4	4141.5	513.7	2232.1	635.0	677.1
广　东	9202.1	4431.0	562.7	1696.8	2005.3	506.3
广　西	7229.3	4253.5	543.7	1505.3	583.0	343.8
海　南	2410.3	1319.7	111.4	334.2	523.0	121.9
重　庆	3154.3	1978.0	188.1	766.6	142.9	78.7
四　川	9977.8	5821.7	481.8	3035.6	359.1	279.6
贵　州	4953.6	3360.3	358.5	907.9	81.2	245.8
云　南	6834.5	4041.8	485.2	1969.3	125.4	212.8
西　藏	320.1	132.6	9.5	170.0	0.3	7.8
陕　西	4724.9	3468.1	96.4	864.4	36.7	259.4
甘　肃	2927.7	2001.6	37.3	700.1	1.8	186.9
青　海	575.6	259.3	12.6	290.9	4.3	8.4
宁　夏	885.7	459.5	10.6	358.0	22.8	34.7
新　疆	5648.3	3991.4	55.6	1210.6	33.6	357.1

表 1-5 各地区粮食总产量

单位：万吨

地 区	2000 年	2005 年	2010 年	2012 年	2015 年	2020 年	2022 年	2023 年	2023 年为 2022 年百分比 (%)
全 国	46217.5	48402.2	55911.3	61222.6	66060.3	66949.2	68652.8	69541.0	101.3
北 京	144.2	94.9	115.7	113.8	62.6	30.5	45.4	47.8	105.3
天 津	124.1	137.5	160.6	163.6	184.5	228.2	256.2	255.7	99.8
河 北	2551.1	2598.6	3121.0	3442.6	3602.2	3795.9	3865.1	3809.9	98.6
山 西	853.4	978.0	1107.5	1309.4	1314.0	1424.3	1464.3	1478.1	100.9
内蒙古	1241.9	1662.2	2344.3	2739.8	3292.6	3664.1	3900.6	3957.8	101.5
辽 宁	1140.0	1745.8	1804.0	2175.0	2186.6	2338.8	2484.5	2563.4	103.2
吉 林	1638.0	2581.2	2790.7	3450.2	3974.1	3803.2	4080.8	4186.5	102.6
黑龙江	2545.5	3092.0	5632.9	6598.6	7615.8	7540.8	7763.1	7788.2	100.3
上 海	174.0	105.4	132.1	136.0	125.4	91.4	95.6	101.9	106.6
江 苏	3106.6	2834.6	3285.0	3431.6	3594.7	3729.1	3769.1	3797.7	100.8
浙 江	1217.7	814.7	686.2	648.2	584.0	605.7	621.0	638.8	102.9
安 徽	2472.1	2605.3	3207.7	3542.9	4077.2	4019.2	4100.1	4150.8	101.2
福 建	854.7	715.2	584.6	547.3	500.0	502.3	508.7	511.0	100.4
江 西	1614.6	1757.0	1989.4	2140.6	2235.6	2163.9	2151.9	2198.3	102.2
山 东	3837.7	3917.4	4502.8	4815.8	5153.1	5446.8	5543.8	5655.3	102.0
河 南	4101.5	4582.0	5581.8	5898.4	6470.2	6825.8	6789.4	6624.3	97.6
湖 北	2218.5	2177.4	2304.3	2485.1	2914.8	2727.4	2741.1	2777.0	101.3
湖 南	2767.9	2678.6	2881.6	3061.9	3094.2	3015.1	3018.0	3068.0	101.7
广 东	1760.1	1395.0	1249.1	1295.7	1211.7	1267.6	1291.5	1285.2	99.5
广 西	1528.5	1487.3	1372.1	1426.3	1433.2	1370.0	1393.1	1395.4	100.2
海 南	199.6	153.0	166.5	178.1	154.5	145.5	146.6	147.0	100.3
重 庆	1106.9	1168.2	1080.6	1060.5	1051.0	1081.4	1072.8	1095.9	102.1
四 川	3372.0	3211.1	3182.8	3271.3	3394.6	3527.4	3510.5	3593.8	102.4
贵 州	1161.3	1152.1	1079.4	1161.7	1210.6	1057.6	1114.6	1119.7	100.5
云 南	1467.8	1514.9	1501.6	1687.3	1791.3	1895.9	1958.0	1974.0	100.8
西 藏	96.2	93.4	91.2	94.9	100.6	102.9	107.3	108.9	101.4
陕 西	1089.1	1043.0	1186.0	1255.9	1204.7	1274.8	1297.9	1323.7	102.0
甘 肃	713.5	836.9	948.8	1096.0	1154.6	1202.2	1265.0	1272.9	100.6
青 海	82.7	93.3	102.2	101.7	104.0	107.4	107.3	116.2	108.4
宁 夏	252.7	299.8	356.4	375.0	372.6	380.5	375.8	378.8	100.8
新 疆	783.7	876.6	1362.4	1517.4	1895.3	1583.4	1813.5	2119.2	116.9

表 1-6 2023 年各地区肉类总产量

单位：万吨

地　区	肉类总产量	猪牛羊肉				禽　肉
			猪　肉	牛　肉	羊　肉	
全　国	9748.2	7078.3	5794.3	752.7	531.3	2562.7
北　京	4.2	3.4	2.7	0.5	0.2	0.8
天　津	31.5	21.7	17.4	3.2	1.1	9.7
河　北	495.0	380.2	283.3	59.4	37.5	110.9
山　西	155.0	121.7	99.5	10.2	12.0	32.6
内蒙古	291.2	262.3	75.7	77.8	108.8	23.0
辽　宁	473.7	287.9	249.1	32.0	6.8	184.0
吉　林	309.4	216.6	158.5	49.1	9.0	91.1
黑龙江	328.5	272.6	201.8	55.2	15.6	54.7
上　海	12.2	11.0	10.7	...	0.2	0.9
江　苏	331.7	201.1	191.3	3.3	6.5	128.7
浙　江	119.9	84.8	80.8	1.5	2.5	34.7
安　徽	497.1	296.1	262.4	11.7	22.0	199.7
福　建	311.4	140.6	135.5	2.8	2.3	166.5
江　西	369.1	278.4	257.4	17.8	3.2	89.2
山　东	910.1	473.8	382.8	58.2	32.8	431.5
河　南	679.1	530.6	465.3	38.0	27.3	142.6
湖　北	457.9	375.0	347.2	17.2	10.5	82.2
湖　南	582.6	499.1	461.8	20.4	16.9	80.6
广　东	507.5	304.4	298.0	4.4	1.9	194.5
广　西	478.9	295.6	276.0	15.3	4.3	173.5
海　南	76.4	45.2	42.1	2.0	1.1	30.3
重　庆	215.8	173.6	158.2	8.5	6.9	38.6
四　川	697.1	555.8	489.7	39.1	27.1	115.0
贵　州	246.9	211.6	184.6	22.2	4.8	33.8
云　南	536.1	472.4	405.4	44.7	22.3	62.4
西　藏	31.3	31.0	1.7	23.7	5.5	0.3
陕　西	135.7	123.8	104.5	9.0	10.4	11.2
甘　肃	157.4	143.4	72.7	29.8	40.9	12.8
青　海	41.4	41.0	5.2	22.8	13.0	0.3
宁　夏	41.4	38.1	8.6	14.4	15.1	3.1
新　疆	222.6	185.5	64.4	58.4	62.8	23.4

表 2-1 2023 年行政区域面积达 3000 平方公里的县（市、区）[1] 分布

单位：平方公里

省（区、市）	县（市、区）	行政区域面积	省（区、市）	县（市、区）	行政区域面积
河北省	青龙满族自治县	3510		杭锦旗	18816
	张北县	3854		乌审旗	11674
	康保县	3365		伊金霍洛旗	5488
	沽源县	3363		阿荣旗	11073
	蔚县	3198		莫力达瓦达斡尔族自治旗	10356
	赤城县	5273		鄂伦春自治旗	54688
	承德县	3648		鄂温克族自治旗	18657
	兴隆县	3117		陈巴尔虎旗	17458
	隆化县	5474		新巴尔虎左旗	20107
	丰宁满族自治县	8739		新巴尔虎右旗	24840
	围场满族蒙古族自治县	9037		牙克石市	27803
	平泉市	3294		扎兰屯市	16784
山西省	兴县	3169		额尔古纳市	28959
内蒙古自治区	和林格尔县	3454		根河市	20010
	武川县	4682		磴口县	3676
	固阳县	5025		乌拉特前旗	7482
	达尔罕茂明安联合旗	17410		乌拉特中旗	22868
	松山区	5618		乌拉特后旗	24525
	阿鲁科尔沁旗	14555		卓资县	3119
	巴林左旗	6471		商都县	4284
	巴林右旗	9837		兴和县	3513
	林西县	3933		凉城县	3451
	克什克腾旗	20673		察哈尔右翼中旗	4186
	翁牛特旗	11882		察哈尔右翼后旗	3910
	喀喇沁旗	3050		四子王旗	24036
	宁城县	4311		阿尔山市	7398
	敖汉旗	8294		科尔沁右翼前旗	16964
	科尔沁区	3516		科尔沁右翼中旗	15613
	科尔沁左翼中旗	9572		扎赉特旗	11116
	科尔沁左翼后旗	11500		突泉县	4797
	开鲁县	4354		二连浩特市	4013
	库伦旗	4709		锡林浩特市	14778
	奈曼旗	8135		阿巴嘎旗	27495
	扎鲁特旗	16491		苏尼特左旗	34240
	达拉特旗	8241		苏尼特右旗	22455
	准格尔旗	7551		东乌珠穆沁旗	45572
	鄂托克前旗	12221		西乌珠穆沁旗	22462
	鄂托克旗	20364		太仆寺旗	3426

1. 县（市、区）范围包括全国所有的县、县级市、自治县、旗、自治旗、林区、特区及辖区范围内有一个及以上乡（镇）的市辖区（下同）。

表 2-1 2023 年行政区域面积达 3000 平方公里的县（市、区）分布（续表 1）

单位：平方公里

省（区、市）	县（市、区）	行政区域面积	省（区、市）	县（市、区）	行政区域面积
	镶黄旗	5137		集安市	3349
	正镶白旗	6253		抚松县	6159
	正蓝旗	10206		靖宇县	3084
	多伦县	3864		临江市	3009
	阿拉善左旗	80412		前郭尔罗斯蒙古族自治县	6979
	阿拉善右旗	73443		长岭县	5736
	额济纳旗	114606		乾安县	3617
辽宁省	新民市	3318		扶余市	4388
	瓦房店市	3747		镇赉县	4719
	庄河市	4115		通榆县	8476
	岫岩满族自治县	4502		洮南市	5017
	新宾满族自治县	4285		大安市	4879
	清原满族自治县	3921		敦化市	11957
	本溪满族自治县	3342		珲春市	5171
	桓仁满族自治县	3547		和龙市	5069
	宽甸满族自治县	6107		汪清县	8918
	凤城市	5515		安图县	7434
	阜新蒙古族自治县	6218	黑龙江省	双城区	3112
	彰武县	3623		依兰县	4606
	昌图县	4324		宾县	3843
	朝阳县	3758		巴彦县	3139
	建平县	4869		木兰县	3171
	北票市	4419		通河县	5676
	凌源市	3282		延寿县	3096
	建昌县	3195		尚志市	8891
吉林省	九台区	3372		五常市	7499
	农安县	5415		龙江县	5887
	榆树市	4712		依安县	3676
	德惠市	3461		泰来县	3917
	公主岭市	4141		甘南县	4791
	蛟河市	6370		富裕县	4060
	桦甸市	6625		克山县	3186
	舒兰市	4560		拜泉县	3597
	磐石市	3861		讷河市	6660
	梨树县	3572		鸡东县	3243
	双辽市	3097		虎林市	9334
	通化县	3742		密山市	7728
	柳河县	3346		东山区	4221

表 2-1 2023 年行政区域面积达 3000 平方公里的县（市、区）分布（续表 2）

单位：平方公里

省（区、市）	县（市、区）	行政区域面积	省（区、市）	县（市、区）	行政区域面积
	萝北县	6769	江苏省	大丰区	3488
	绥滨县	3344		东台市	3558
	宝清县	9995	浙江省	临安区	3119
	饶河县	6598		淳安县	4452
	肇源县	4120		龙泉市	3044
	林甸县	3504	安徽省	定远县	3002
	杜尔伯特蒙古族自治县	6040		霍邱县	3239
	嘉荫县	6750		金寨县	3919
	大箐山县	3706		东至县	3261
	南岔县	3086	福建省	尤溪县	3420
	铁力市	3776		建阳区	3383
	桦南县	4418		浦城县	3376
	汤原县	3420		建瓯市	4199
	同江市	6229		长汀县	3104
	富锦市	8224	江西省	武宁县	3504
	抚远市	6041		修水县	4536
	林口县	6638		宁都县	4049
	海林市	8712		兴国县	3215
	宁安市	7201		遂川县	3144
	穆棱市	6041		鄱阳县	4126
	东宁市	7117	山东省	平度市	3176
	爱辉区	14373	河南省	嵩县	3010
	逊克县	17028		卢氏县	4004
	孙吴县	4314		灵宝市	3011
	北安市	7194		西峡县	3454
	五大连池市	8745	湖北省	郧阳区	3833
	嫩江市	15211		郧西县	3509
	庆安县	5467		竹山县	3580
	绥棱县	4311		竹溪县	3306
	安达市	3586		房县	5118
	肇东市	4323		丹江口市	3129
	海伦市	4642		夷陵区	3439
	漠河市	18428		长阳土家族自治县	3420
	呼玛县	14205		南漳县	3859
	塔河县	14064		保康县	3222
	松岭区	16802		枣阳市	3276
	新林区	8703		钟祥市	4377
	呼中区	9371		京山市	3564

表 2-1 2023 年行政区域面积达 3000 平方公里的县（市、区）分布（续表 3）

单位：平方公里

省（区、市）	县（市、区）	行政区域面积	省（区、市）	县（市、区）	行政区域面积
	监利市	3201		灵山县	3558
	麻城市	3604		桂平市	4071
	随县	5543		博白县	3830
	恩施市	3967		右江区	3718
	利川市	4606		田林县	5524
	巴东县	3352		隆林各族自治县	3518
	神农架林区	3234		靖西市	3326
湖南省	浏阳市	4998		八步区	3667
	平江县	4114		昭平县	3224
	桃源县	4442		宜州区	3857
	石门县	3970		南丹县	3905
	慈利县	3492		天峨县	3184
	桑植县	3475		环江毛南族自治县	4553
	安化县	4945		都安瑶族自治县	4088
	江华瑶族自治县	3234		兴宾区	4404
	沅陵县	5833		宁明县	3705
	溆浦县	3429	重庆市	万州区	3456
	新化县	3636		江津区	3218
	永顺县	3812		开州区	3964
	龙山县	3131		城口县	3294
广东省	台山市	3308		云阳县	3636
	雷州市	3709		奉节县	4098
	高州市	3271		巫溪县	4019
	信宜市	3084		石柱土家族自治县	3014
	怀集县	3554		酉阳土家族苗族自治县	5173
	惠东县	3527		彭水苗族土家族自治县	3903
	五华县	3238	四川省	盐边县	3289
	紫金县	3641		古蔺县	3185
	龙川县	3081		北川羌族自治县	3083
	东源县	4009		平武县	5950
	阳春市	4038		青川县	3215
	阳山县	3330		剑阁县	3203
	英德市	5634		宣汉县	4272
广西壮族自治区	武鸣区	3389		万源市	4053
	横州市	3448		宝兴县	3114
	融水苗族自治县	4638		通江县	4120
	全州县	3979		南江县	3390
	藤县	3946		马尔康市	6628

表 2-1 2023 年行政区域面积达 3000 平方公里的县（市、区）分布（续表 4）

单位：平方公里

省（区、市）	县（市、区）	行政区域面积	省（区、市）	县（市、区）	行政区域面积
	汶川县	4083		大方县	3500
	理县	4318		威宁彝族回族苗族自治县	6299
	茂县	3896		赫章县	3243
	松潘县	8342		望谟县	3019
	九寨沟县	5288		黎平县	4441
	金川县	5357		榕江县	3296
	小金县	5568		从江县	3225
	黑水县	4142		罗甸县	3013
	壤塘县	6644	云南省	禄劝彝族苗族自治县	4240
	阿坝县	10124		寻甸回族彝族自治县	3588
	若尔盖县	10326		罗平县	3015
	红原县	8296		富源县	3251
	康定市	11593		会泽县	5886
	丹巴县	4507		宣威市	6053
	九龙县	6765		新平彝族傣族自治县	4267
	雅江县	7569		隆阳区	4850
	道孚县	7023		昌宁县	3769
	炉霍县	4477		腾冲市	5697
	甘孜县	6862		巧家县	3197
	新龙县	9259		镇雄县	3696
	德格县	11439		玉龙纳西族自治县	6200
	白玉县	10258		永胜县	4926
	石渠县	22381		宁蒗彝族自治县	6026
	色达县	8780		思茅区	3876
	理塘县	14004		宁洱哈尼族彝族自治县	3666
	巴塘县	7664		墨江哈尼族自治县	5289
	乡城县	4941		景东彝族自治县	4455
	稻城县	7086		景谷傣族彝族自治县	7519
	会理市	4518		镇沅彝族哈尼族拉祜族自治县	4148
	木里藏族自治县	13225		江城哈尼族彝族自治县	3429
	盐源县	8407		澜沧拉祜族自治县	8733
	会东县	3224		凤庆县	3324
	冕宁县	4423		云县	3659
贵州省	水城区	3040		永德县	3221
	盘州市	4040		耿马傣族佤族自治县	3727
	桐梓县	3208		楚雄市	4434
	习水县	3074		禄丰市	3549
	七星关区	3411		双柏县	3888

表 2-1 2023 年行政区域面积达 3000 平方公里的县（市、区）分布（续表 5）

单位：平方公里

省（区、市）	县（市、区）	行政区域面积	省（区、市）	县（市、区）	行政区域面积
	大姚县	4031		吉隆县	9024
	武定县	3322		聂拉木县	7870
	弥勒市	3913		萨嘎县	12424
	建水县	3782		岗巴县	3941
	石屏县	3042		卡若区	10800
	金平苗族瑶族傣族自治县	3615		江达县	13150
	绿春县	3093		贡觉县	6320
	砚山县	3869		类乌齐县	6340
	丘北县	5038		丁青县	12371
	广南县	7730		察雅县	8260
	富宁县	5352		八宿县	12330
	景洪市	6869		左贡县	11840
	勐海县	5368		芒康县	11577
	勐腊县	6861		洛隆县	8060
	云龙县	4371		边坝县	8780
	盈江县	4317		巴宜区	8566
	泸水市	3088		工布江达县	12967
	贡山独龙族怒族自治县	4382		墨脱县	31395
	兰坪白族普米族自治县	4371		波密县	16761
	香格里拉市	11419		察隅县	31530
	德钦县	7291		朗县	4120
	维西傈僳族自治县	4477		米林市	9490
西藏自治区	林周县	4460		措美县	4177
	当雄县	10230		洛扎县	5031
	尼木县	3270		加查县	4391
	墨竹工卡县	5500		隆子县	10102
	桑珠孜区	3665		浪卡子县	7970
	南木林县	8108		错那市	35191
	江孜县	3850		色尼区	16201
	定日县	13862		嘉黎县	13070
	萨迦县	5752		比如县	11684
	拉孜县	4490		聂荣县	8991
	昂仁县	28206		安多县	100000
	谢通门县	13970		申扎县	25646
	康马县	6160		索县	5860
	定结县	5835		班戈县	28430
	仲巴县	43608		巴青县	9811
	亚东县	4310		尼玛县	75640

表 2-1 2023 年行政区域面积达 3000 平方公里的县（市、区）分布（续表 6）

单位：平方公里

省（区、市）	县（市、区）	行政区域面积	省（区、市）	县（市、区）	行政区域面积
	双湖县	116637		古浪县	5047
	普兰县	13195		天祝藏族自治县	7150
	札达县	24600		甘州区	3661
	噶尔县	18080		肃南裕固族自治县	23887
	日土县	77120		民乐县	3687
	革吉县	45710		高台县	4346
	改则县	135580		山丹县	5402
	措勤县	22894		肃州区	3386
陕西省	凤县	3187		金塔县	16664
	宝塔区	3539		瓜州县	24130
	志丹县	3794		肃北蒙古族自治县	66748
	吴起县	3792		阿克塞哈萨克族自治县	29195
	富县	4187		玉门市	13496
	洋县	3206		敦煌市	26720
	西乡县	3253		环县	9236
	宁强县	3260		华池县	3791
	镇巴县	3437		镇原县	3500
	榆阳区	7053		安定区	3646
	横山区	4333		岷县	3575
	府谷县	3201		武都区	4653
	靖边县	5088		文县	5004
	定边县	6920		宕昌县	3331
	神木市	7635		礼县	4266
	汉滨区	3646		卓尼县	5139
	宁陕县	3667		舟曲县	3015
	旬阳市	3541		迭部县	4756
	山阳县	3535		玛曲县	9637
	镇安县	3487		碌曲县	5299
甘肃省	永登县	4863		夏河县	6266
	榆中县	3302	青海省	大通回族土族自治县	3090
	金川区	3060		互助土族自治县	3348
	永昌县	5877		门源回族自治县	6382
	靖远县	5792		祁连县	13920
	会宁县	6439		海晏县	4853
	景泰县	5485		刚察县	8138
	麦积区	3484		同仁市	3275
	凉州区	4908		泽库县	6613
	民勤县	15835		河南蒙古族自治县	6700

表 2-1 2023 年行政区域面积达 3000 平方公里的县（市、区）分布（续表 7）

单位：平方公里

省（区、市）	县（市、区）	行政区域面积	省（区、市）	县（市、区）	行政区域面积
	共和县	17209		巴里坤哈萨克自治县	36900
	同德县	4653		伊吾县	19530
	贵德县	3600		昌吉市	7974
	兴海县	12178		阜康市	8219
	贵南县	6650		呼图壁县	9517
	玛沁县	13400		玛纳斯县	9171
	班玛县	6139		奇台县	16644
	甘德县	7046		吉木萨尔县	8142
	达日县	14843		木垒哈萨克自治县	13510
	久治县	8757		博乐市	5947
	玛多县	26448		精河县	10424
	玉树市	15411		温泉县	5885
	杂多县	35500		库尔勒市	6787
	称多县	14618		轮台县	14182
	治多县	80642		尉犁县	59190
	囊谦县	12741		若羌县	202300
	曲麻莱县	46636		且末县	138376
	格尔木市	119176		和静县	34976
	德令哈市	27700		和硕县	10251
	茫崖市	49859		博湖县	3593
	乌兰县	12858		阿克苏市	13584
	都兰县	45270		库车市	14529
	天峻县	25989		温宿县	14335
宁夏回族自治区	灵武市	3009		沙雅县	31849
	盐池县	8522		新和县	5821
	同心县	4435		拜城县	19100
	西吉县	3130		乌什县	9082
	沙坡头区	5381		阿瓦提县	12543
	中宁县	3370		柯坪县	8978
	海原县	4990		阿图什市	16161
新疆维吾尔自治区	达坂城区	4768		阿克陶县	25059
	米东区	3397		阿合奇县	11452
	乌鲁木齐县	4106		乌恰县	22000
	克拉玛依区	3000		英吉沙县	3425
	高昌区	13651		莎车县	8956
	鄯善县	39760		叶城县	28561
	托克逊县	16564		麦盖提县	10095
	伊州区	80794		伽师县	6528

表 2-1 2023 年行政区域面积达 3000 平方公里的县（市、区）分布（续表 8）

单位：平方公里

省（区、市）	县（市、区）	行政区域面积	省（区、市）	县（市、区）	行政区域面积
	巴楚县	18371		塔城市	4356
	塔什库尔干塔吉克自治县	23678		乌苏市	14376
	和田县	40966		沙湾市	12460
	墨玉县	25386		额敏县	9158
	皮山县	39008		托里县	19987
	洛浦县	14012		裕民县	6220
	策勒县	31578		和布克赛尔蒙古自治县	29908
	于田县	39031		阿勒泰市	11320
	民丰县	56709		布尔津县	10345
	伊宁县	4382		富蕴县	32212
	察布查尔锡伯自治县	3583		福海县	32380
	巩留县	3823		哈巴河县	8180
	新源县	7230		青河县	15744
	昭苏县	9116		吉木乃县	7145
	特克斯县	7389		阿拉尔市	6757
	尼勒克县	8378		图木舒克市	3848

表 2-2 2023 年户籍人口达 100 万的县（市、区）分布

单位：万人

省（区、市）	县（市、区）	户籍人口	省（区、市）	县（市、区）	户籍人口
北京市	朝阳区	215		兴化市	147
	丰台区	120		泰兴市	113
	海淀区	247		宿城区	113
天津市	武清区	113		沭阳县	197
	滨海新区	160		泗阳县	104
河北省	魏县	105		泗洪县	107
	定州市	123	浙江省	萧山区	129
辽宁省	海城市	103		慈溪市	107
吉林省	农安县	110		瑞安市	125
	榆树市	118		乐清市	131
	公主岭市	100		诸暨市	107
黑龙江省	南岗区	107		温岭市	121
上海市	闵行区	130		临海市	119
	宝山区	109	安徽省	肥东县	109
	浦东新区	333		庐江县	118
江苏省	江宁区	128		无为市	121
	江阴市	127		怀远县	134
	宜兴市	106		寿县	138
	铜山区	122		濉溪县	114
	丰县	118		临泉县	231
	沛县	126		太和县	178
	睢宁县	138		阜南县	175
	新沂市	109		颍上县	179
	邳州市	190		埇桥区	182
	武进区	101		砀山县	101
	常熟市	105		萧县	138
	昆山市	126		灵璧县	129
	通州区	123		裕安区	104
	启东市	107		霍邱县	161
	如皋市	138		谯城区	172
	赣榆区	118		涡阳县	174
	东海县	123		蒙城县	149
	灌云县	100		利辛县	176
	淮安区	111	福建省	福清市	141
	涟水县	107		仙游县	118
	滨海县	117		惠安县	106
	阜宁县	106		安溪县	119
	东台市	103		晋江市	126

表 2-2 2023 年户籍人口达 100 万的县（市、区）分布（续表 1）

单位：万人

省（区、市）	县（市、区）	户籍人口	省（区、市）	县（市、区）	户籍人口
	南安市	166		长垣市	104
江西省	南昌县	130		濮阳县	124
	于都县	112		禹州市	134
	袁州区	117		宛城区	101
	丰城市	146		卧龙区	105
	临川区	124		方城县	117
	余干县	108		镇平县	107
	鄱阳县	157		唐河县	144
山东省	历城区	122		邓州市	185
	章丘区	104		民权县	103
	黄岛区	142		柘城县	113
	即墨区	119		虞城县	139
	平度市	136		夏邑县	135
	滕州市	174		永城市	164
	诸城市	111		固始县	180
	寿光市	111		息县	113
	任城区	131		淮阳区	149
	邹城市	120		商水县	134
	新泰市	143		沈丘县	140
	莒县	117		郸城县	159
	兰山区	139		太康县	166
	郯城县	104		鹿邑县	139
	沂水县	119		项城市	134
	兰陵县	145		上蔡县	162
	平邑县	112		平舆县	117
	莒南县	106		新蔡县	125
	东昌府区	137	湖北省	黄陂区	117
	莘县	110		阳新县	113
	牡丹区	168		襄州区	100
	曹县	169		枣阳市	110
	单县	126		钟祥市	101
	巨野县	109		汉川市	102
	郓城县	127		监利市	153
河南省	杞县	122		麻城市	113
	尉氏县	104		仙桃市	150
	汝州市	118		天门市	155
	滑县	151	湖南省	浏阳市	147
	林州市	113		宁乡市	148

表 2-2 2023 年户籍人口达 100 万的县（市、区）分布（续表 2）

单位：万人

省（区、市）	县（市、区）	户籍人口	省（区、市）	县（市、区）	户籍人口
	醴陵市	102		陆丰市	193
	衡阳县	120		阳春市	122
	衡南县	105		英德市	121
	祁东县	101		潮安区	118
	耒阳市	137		饶平县	104
	邵阳县	104		榕城区	102
	隆回县	128		揭东区	112
	邵东市	131		惠来县	150
	平江县	110		普宁市	252
	祁阳市	101		罗定市	129
	新化县	150	广西壮族自治区	宾阳县	104
	涟源市	113		横州市	126
广东省	海珠区	111		藤县	112
	天河区	109		合浦县	111
	白云区	123		灵山县	169
	番禺区	121		平南县	155
	增城区	112		桂平市	203
	福田区	127		陆川县	111
	南山区	128		博白县	193
	宝安区	105		北流市	157
	龙岗区	137		兴宾区	115
	潮阳区	188	重庆市	万州区	170
	潮南区	151		涪陵区	112
	南海区	180		九龙坡区	102
	顺德区	166		綦江区	116
	遂溪县	112		大足区	106
	廉江市	188		渝北区	161
	雷州市	190		江津区	145
	吴川市	125		合川区	147
	茂南区	109		永川区	113
	电白区	199		开州区	165
	高州市	185		云阳县	131
	化州市	180		奉节县	103
	信宜市	151	四川省	武侯区	111
	怀集县	112		双流区	178
	惠城区	132		郫都区	102
	五华县	151		简阳市	150
	兴宁市	114		富顺县	104

表 2-2 2023 年户籍人口达 100 万的县（市、区）分布（续表 3）

单位：万人

省（区、市）	县（市、区）	户籍人口	省（区、市）	县（市、区）	户籍人口
	泸县	104		七星关区	174
	中江县	134		大方县	123
	三台县	135		织金县	123
	资中县	119		纳雍县	109
	南部县	119		威宁彝族回族苗族自治县	161
	仪陇县	104		黔西市	101
	仁寿县	150	云南省	会泽县	108
	岳池县	112		宣威市	156
	达川区	114		昭阳区	101
	宣汉县	126		镇雄县	172
	大竹县	105	陕西省	未央区	101
	渠县	126		长安区	137
	雁江区	104		汉滨区	103
	安岳县	150	甘肃省	凉州区	103
贵州省	盘州市	136			

表 2-3 2023 年地区生产总值达 500 亿元的县（市、区）分布

单位：万元

省（区、市）	县（市、区）	地区生产总值	省（区、市）	县（市、区）	地区生产总值
北京市	朝阳区	83872103		万柏林区	6299974
	丰台区	21874928		平城区	5281489
	海淀区	110201658		云冈区	5611359
	房山区	8847843		潞州区	6112799
	通州区	13035953		泽州县	5613565
	顺义区	22035669	内蒙古自治区	新城区	7545200
	昌平区	14245584		赛罕区	11400100
	大兴区	35429971		昆都仑区	13712344
天津市	东丽区	7206700		青山区	8167279
	西青区	10041000		科尔沁区	5114300
	津南区	5753400		东胜区	10305051
	北辰区	7358770		达拉特旗	5001482
	武清区	9570496		准格尔旗	14002618
	滨海新区	72487900		鄂托克旗	6152815
	静海区	5011558		乌审旗	5014923
河北省	长安区	7288054		伊金霍洛旗	12209227
	桥西区	9902945	辽宁省	瓦房店市	11355545
	新华区	5872153		庄河市	6361804
	裕华区	5132335		海城市	6416300
	路北区	6454515	吉林省	南关区	5219015
	丰南区	10201345		朝阳区	8358047
	丰润区	10041998	黑龙江省	道里区	7309578
	曹妃甸区	10606093		南岗区	10984110
	乐亭县	5058817		松北区	5089986
	遵化市	5602937		香坊区	7269749
	迁安市	12628794	上海市	闵行区	30020421
	滦州市	5062822		宝山区	18060500
	海港区	5848689		嘉定区	28402122
	武安市	8020043		浦东新区	167151500
	莲池区	6119604		金山区	11895843
	任丘市	7287034		松江区	17400281
	黄骅市	8011275		青浦区	14400800
	广阳区	5351425		奉贤区	14147100
	三河市	6103411	江苏省	浦口区	5299500
山西省	小店区	15806192		江宁区	30561900
	迎泽区	11648608		六合区	6135400
	杏花岭区	9467409		溧水区	10617600
	尖草坪区	5821854		高淳区	5903500

表 2-3 2023 年地区生产总值达 500 亿元的县（市、区）分布（续表 1）

单位：万元

省（区、市）	县（市、区）	地区生产总值	省（区、市）	县（市、区）	地区生产总值
	锡山区	12598600		盱眙县	5511100
	惠山区	12760300		亭湖区	7042800
	滨湖区	11005800		盐都区	7432700
	江阴市	49605100		大丰区	8207500
	宜兴市	23375300		响水县	5006100
	铜山区	13813300		滨海县	6395200
	丰县	5542800		阜宁县	7385600
	沛县	10517300		射阳县	7400400
	睢宁县	7079000		建湖县	7429600
	新沂市	9052500		东台市	11184800
	邳州市	12773900		广陵区	10111500
	天宁区	9724100		邗江区	13131000
	钟楼区	9423200		江都区	13120500
	新北区	21186500		宝应县	9416000
	武进区	32228400		仪征市	10429100
	金坛区	13029200		高邮市	10566400
	溧阳市	15572200		丹阳市	15006800
	虎丘区	18267500		扬中市	6304500
	吴中区	16240000		句容市	7916700
	相城区	11478000		海陵区	7744500
	吴江区	23772800		高港区	11919500
	常熟市	28001600		姜堰区	8765500
	张家港市	33658000		兴化市	11549300
	昆山市	51406000		靖江市	12987900
	太仓市	17349400		泰兴市	14349900
	通州区	17013200		宿城区	5621000
	海门区	16646800		沭阳县	14116700
	如东县	13811300		泗阳县	7247900
	启东市	14472700		泗洪县	7014400
	如皋市	15344000	浙江省	西湖区	20873832
	海安市	14362700		萧山区	22306800
	海州区	7691500		余杭区	29364300
	赣榆区	7594300		富阳区	9608783
	东海县	7506300		临安区	6864526
	淮安区	7954000		临平区	10672669
	淮阴区	7056900		海曙区	16469058
	清江浦区	7378900		江北区	9101665
	涟水县	7359600		北仑区	27291763

表 2-3 2023 年地区生产总值达 500 亿元的县（市、区）分布（续表 2）

单位：万元

省（区、市）	县（市、区）	地区生产总值	省（区、市）	县（市、区）	地区生产总值
	镇海区	14200353		椒江区	7903404
	鄞州区	28033487		黄岩区	6377000
	奉化区	9604033		路桥区	7833077
	象山县	7701471		温岭市	13513201
	宁海县	10011691		临海市	8918800
	余姚市	15710625		玉环市	7459800
	慈溪市	26394537		莲都区	5184618
	鹿城区	14010790	安徽省	瑶海区	7609871
	瓯海区	8734892		庐阳区	12788514
	永嘉县	5644545		蜀山区	14009792
	平阳县	7118145		包河区	17354518
	瑞安市	12851257		长丰县	9464282
	乐清市	16635273		肥东县	9020081
	南湖区	10019232		肥西县	11538164
	秀洲区	9039207		庐江县	6334587
	嘉善县	9081125		巢湖市	6329618
	海盐县	6683100		镜湖区	8641429
	海宁市	13181644		鸠江区	5846019
	平湖市	10086597		弋江区	7510736
	桐乡市	12523515		无为市	6500927
	吴兴区	12402126		当涂县	6056500
	南浔区	5850267		濉溪县	6036203
	德清县	6806595		凤阳县	5243570
	长兴县	8939830		天长市	7013917
	安吉县	6151174		太和县	5305422
	越城区	13301492		颍上县	5107755
	柯桥区	20302897		埇桥区	7651183
	上虞区	13177217		谯城区	8501118
	新昌县	6066730		贵池区	6184462
	诸暨市	17552900		宣州区	5315047
	嵊州市	7503600	福建省	鼓楼区	28506654
	婺城区	8048261		仓山区	10489697
	义乌市	20556178		马尾区	7004406
	东阳市	8058494		晋安区	12010713
	永康市	7559804		长乐区	12463547
	柯城区	6706776		闽侯县	10304957
	定海区	6987284		连江县	7882524
	岱山县	8047288		福清市	16827855

表 2-3 2023 年地区生产总值达 500 亿元的县（市、区）分布（续表 3）

单位：万元

省（区、市）	县（市、区）	地区生产总值	省（区、市）	县（市、区）	地区生产总值
	海沧区	10104281		广丰区	6550323
	集美区	9934848	山东省	历下区	33357198
	同安区	7216885		市中区	13503540
	翔安区	8871738		槐荫区	8018369
	城厢区	5848366		天桥区	7947422
	涵江区	6684005		历城区	21050014
	荔城区	5938848		章丘区	13391399
	秀屿区	5772142		莱芜区	10301894
	仙游县	6463971		市南区	15779719
	三元区	7131095		市北区	12031900
	泉港区	5617526		黄岛区	50033800
	惠安县	16712028		崂山区	11508878
	安溪县	9200280		李沧区	6335000
	石狮市	12003354		城阳区	13974200
	晋江市	33635026		即墨区	15947300
	南安市	17067532		胶州市	16375000
	芗城区	9579330		平度市	8756100
	龙海区	13483694		莱西市	6861600
	漳浦县	6835477		淄川区	5409508
	新罗区	11495795		张店区	12327146
	上杭县	5261441		临淄区	9315527
	蕉城区	13400999		桓台县	7261760
	福安市	8356404		滕州市	9460800
	福鼎市	5624275		东营区	17445242
江西省	东湖区	5023369		河口区	5910912
	西湖区	7503529		广饶县	8583144
	青山湖区	6753978		芝罘区	13013400
	新建区	12199423		福山区	27178422
	红谷滩区	8420288		莱山区	5972948
	南昌县	22831940		蓬莱区	5739781
	渝水区	10261482		龙口市	15114049
	贵溪市	6478947		莱阳市	5143932
	章贡区	11580635		莱州市	8202600
	袁州区	5458960		招远市	8684489
	丰城市	6887608		海阳市	5344161
	樟树市	5108055		寒亭区	6615027
	高安市	5869068		奎文区	11098100
	临川区	6260367		青州市	7335650

表 2-3 2023 年地区生产总值达 500 亿元的县（市、区）分布（续表 4）

单位：万元

省（区、市）	县（市、区）	地区生产总值	省（区、市）	县（市、区）	地区生产总值
	诸城市	8305270		洛龙区	8082046
	寿光市	10287392		汝州市	5238758
	高密市	6795100		林州市	6509504
	昌邑市	5811374		红旗区	6063938
	任城区	10222900		长垣市	5865962
	兖州区	8594100		华龙区	7329084
	邹城市	10412900		建安区	5771100
	泰山区	5816500		禹州市	7611668
	岱岳区	6484640		长葛市	6187135
	新泰市	6434326		召陵区	6187500
	肥城市	8728287		宛城区	5135633
	环翠区	15124800		卧龙区	6724830
	文登区	6119100		永城市	7743577
	荣成市	10498100		驿城区	6135152
	东港区	10887500		济源市	7886100
	岚山区	6075900	湖北省	洪山区	11803116
	兰山区	14488250		东西湖区	18003100
	罗庄区	5729330		汉南区	21503900
	河东区	7078486		蔡甸区	5028800
	沂水县	5733288		江夏区	11703300
	费县	5265532		黄陂区	13214565
	德城区	8963251		新洲区	11310700
	东昌府区	9431581		大冶市	8631600
	滨城区	8047224		茅箭区	6306614
	邹平市	6521850		张湾区	5528543
	牡丹区	10772685		夷陵区	7821971
	曹县	5820382		宜都市	9206230
	郓城县	5312444		当阳市	6373380
	东明县	5300421		枝江市	8556092
河南省	中原区	13952000		樊城区	7066500
	二七区	8319129		襄州区	8301475
	管城回族区	19440272		枣阳市	8280200
	中牟县	14867000		鄂城区	7011107
	巩义市	10108787		钟祥市	6405200
	荥阳市	5612127		孝南区	5681446
	新密市	7458357		应城市	5008649
	新郑市	15533390		汉川市	8732064
	孟津区	5037410		松滋市	5014295

表 2-3 2023 年地区生产总值达 500 亿元的县（市、区）分布（续表 5）

单位：万元

省（区、市）	县（市、区）	地区生产总值	省（区、市）	县（市、区）	地区生产总值
	赤壁市	5320882		增城区	14524634
	曾都区	6146248		罗湖区	28081900
	仙桃市	10143318		福田区	57045500
	潜江市	9049200		南山区	85660200
	天门市	7121700		宝安区	52020100
湖南省	芙蓉区	13815812		龙岗区	54837728
	天心区	13628782		盐田区	8500233
	岳麓区	16460518		龙华区	30107200
	开福区	12340772		坪山区	13298900
	雨花区	25016827		光明区	15266429
	望城区	10706111		香洲区	28191386
	长沙县	21295249		斗门区	5284196
	浏阳市	17356855		金湾区	8870813
	宁乡市	12698843		龙湖区	6453422
	天元区	5680484		金平区	6375600
	醴陵市	8896755		潮阳区	5557022
	雨湖区	8008596		潮南区	5364065
	岳塘区	6847059		澄海区	5573086
	湘潭县	5760331		禅城区	23874954
	湘乡市	5654676		南海区	39305045
	蒸湘区	5103060		顺德区	43170063
	邵东市	7633165		三水区	15406288
	岳阳楼区	13591644		高明区	11005005
	汨罗市	5644667		蓬江区	9182413
	武陵区	13972881		新会区	10112452
	鼎城区	5130892		台山市	5474016
	赫山区	6821238		开平市	5003641
	北湖区	5145316		鹤山市	5028656
	娄星区	7278511		麻章区	6181996
广东省	荔湾区	12779315		廉江市	5557638
	越秀区	38102440		茂南区	11525515
	海珠区	27201597		电白区	8402631
	天河区	65512633		高州市	7641542
	白云区	28120111		化州市	6639590
	黄埔区	43151730		信宜市	5662879
	番禺区	28669489		高要区	5614522
	花都区	18015132		四会市	7591523
	南沙区	23235395		惠城区	20789113

表 2-3 2023 年地区生产总值达 500 亿元的县（市、区）分布（续表 6）

单位：万元

省（区、市）	县（市、区）	地区生产总值	省（区、市）	县（市、区）	地区生产总值
	惠阳区	17559690		开州区	6869098
	博罗县	8388917		梁平区	5330176
	惠东县	7621342		垫江县	5688870
	源城区	5460441		忠县	5397916
	江城区	5932987		云阳县	6016594
	清城区	7453412	四川省	锦江区	14461970
	潮安区	6724894		青羊区	15895350
	榕城区	5966393		金牛区	16012073
	普宁市	6707622		武侯区	38999597
广西壮族自治区	青秀区	13883282		成华区	14436923
	江南区	6174723		龙泉驿区	15025376
	西乡塘区	10059905		青白江区	6840977
	柳北区	5842404		新都区	10861045
	海城区	5794341		温江区	7288916
	铁山港区	5545522		双流区	20506726
	港口区	6916149		郫都区	14289394
	钦南区	9084259		新津区	5026626
	玉州区	5679972		金堂县	6503071
海南省	秀英区	6266692		都江堰市	5067957
	龙华区	7899855		彭州市	6606916
	美兰区	6098979		崇州市	5014032
重庆市	万州区	11793873		简阳市	8069892
	涪陵区	16263708		东区	5710216
	江北区	17439659		江阳区	8126499
	沙坪坝区	11393864		旌阳区	9208018
	九龙坡区	18670720		广汉市	5364740
	南岸区	9851877		涪城区	14436525
	北碚区	7835759		游仙区	5128186
	綦江区	7211436		三台县	5305522
	大足区	7162190		江油市	6689143
	渝北区	24426000		射洪市	6010537
	巴南区	10941421		顺庆区	5228373
	长寿区	9567260		东坡区	6110856
	江津区	14015939		仁寿县	5431851
	合川区	10231366		翠屏区	15124594
	永川区	12814154		叙州区	6403285
	璧山区	9830452		宣汉县	7011186
	铜梁区	7803651		西昌市	7510603

表 2-3 2023 年地区生产总值达 500 亿元的县（市、区）分布（续表 7）

单位：万元

省（区、市）	县（市、区）	地区生产总值	省（区、市）	县（市、区）	地区生产总值
贵州省	南明区	10484994	陕西省	灞桥区	7096100
	云岩区	10125370		未央区	15654500
	花溪区	7946367		长安区	14551700
	观山湖区	7909076		渭滨区	6300812
	盘州市	6837675		榆阳区	18532800
	红花岗区	5189380		府谷县	10020792
	汇川区	5004836		靖边县	5363025
	仁怀市	18003209		神木市	23470966
	七星关区	5648011	甘肃省	城关区	11909344
	兴义市	5604400		七里河区	6003764
云南省	五华区	14147389	宁夏回族自治区	兴庆区	6627201
	盘龙区	11544878		西夏区	5312497
	官渡区	15347189		灵武市	8146484
	西山区	10846751	新疆维吾尔自治区	沙依巴克区	5082656
	呈贡区	5730544		新市区	15399517
	安宁市	7165545		头屯河区	6802400
	麒麟区	12343720		克拉玛依区	7683954
	宣威市	5467496		伊州区	5943793
	红塔区	11030287		昌吉市	6207739
	楚雄市	6352947		吉木萨尔县	6585642
	弥勒市	5322237		库尔勒市	10185058
	大理市	5459995		石河子市	5158615

表 2-4 2023 年第一产业增加值达 50 亿元的县（市、区）分布

单位：万元

省（区、市）	县（市、区）	第一产业增加值	省（区、市）	县（市、区）	第一产业增加值
天津市	蓟州区	532010		杭锦后旗	614204
河北省	行唐县	504602		科尔沁右翼前旗	767635
	辛集市	567752		扎赉特旗	802507
	丰南区	627348	辽宁省	辽中区	877746
	曹妃甸区	547713		新民市	910152
	滦南县	1011979		长海县	715613
	乐亭县	1002440		瓦房店市	1424923
	玉田县	687437		庄河市	1480882
	遵化市	621254		东港市	1028114
	滦州市	502955		黑山县	572902
	青龙满族自治县	576050		凌海市	591563
	昌黎县	814660		盖州市	529282
	定州市	936764		阜新蒙古族自治县	666440
	承德县	585899		彰武县	599291
	隆化县	749745		大洼区	570282
	围场满族蒙古族自治县	859756		昌图县	687154
	平泉市	615712		凌源市	545843
	青县	521992		绥中县	665325
	黄骅市	599426	吉林省	九台区	515710
	永清县	691243		农安县	1363638
山西省	临猗县	634807		榆树市	1140233
内蒙古自治区	土默特左旗	514947		德惠市	896303
	土默特右旗	538376		公主岭市	1038934
	松山区	694792		舒兰市	588394
	翁牛特旗	674772		梨树县	920887
	宁城县	589968		前郭尔罗斯蒙古族自治县	725064
	敖汉旗	679134		长岭县	702384
	科尔沁区	670800		扶余市	700366
	科尔沁左翼中旗	696000	黑龙江省	双城区	1075002
	科尔沁左翼后旗	635200		尚志市	716297
	开鲁县	661400		五常市	1064176
	扎鲁特旗	581369		龙江县	624039
	达拉特旗	685953		甘南县	517452
	阿荣旗	641161		讷河市	594330
	莫力达瓦达斡尔族自治旗	750647		虎林市	1035119
	扎兰屯市	731350		密山市	727453
	临河区	841419		萝北县	519806
	乌拉特前旗	592919		宝清县	895735

表 2-4 2023 年第一产业增加值达 50 亿元的县（市、区）分布（续表 1）

单位：万元

省（区、市）	县（市、区）	第一产业增加值	省（区、市）	县（市、区）	第一产业增加值
	肇州县	547812		涟水县	830600
	肇源县	540012		盱眙县	826400
	桦南县	723274		金湖县	569500
	同江市	715960		盐都区	631000
	富锦市	777875		大丰区	1266000
	抚远市	602465		响水县	657500
	宁安市	684495		滨海县	833400
	五大连池市	621377		阜宁县	858400
	嫩江市	1213366		射阳县	1180100
	北林区	886461		建湖县	605900
	庆安县	548603		东台市	1711200
	肇东市	1007523		江都区	798600
	海伦市	866450		宝应县	967400
江苏省	江宁区	749000		高邮市	1004600
	六合区	734500		丹阳市	564100
	溧水区	541000		句容市	583800
	高淳区	509000		姜堰区	544900
	宜兴市	568400		兴化市	1544300
	铜山区	1099300		泰兴市	762000
	丰县	1028500		沭阳县	1235500
	沛县	1278100		泗阳县	854200
	睢宁县	1176700		泗洪县	916100
	新沂市	963300	浙江省	萧山区	570500
	邳州市	1717800		富阳区	533697
	溧阳市	597600		象山县	1001078
	通州区	715500		宁海县	556823
	海门区	776300		余姚市	526274
	如东县	1041800		慈溪市	641741
	启东市	944400		上虞区	545237
	如皋市	883800		诸暨市	559100
	海安市	810600		普陀区	887689
	赣榆区	1181800		温岭市	960188
	东海县	1095800		临海市	588522
	灌云县	748400	安徽省	长丰县	865369
	灌南县	792900		肥东县	863854
	淮安区	872700		肥西县	767905
	淮阴区	827500		庐江县	653967
	洪泽区	506200		巢湖市	524676

表 2-4 2023 年第一产业增加值达 50 亿元的县（市、区）分布（续表 2）

单位：万元

省（区、市）	县（市、区）	第一产业增加值	省（区、市）	县（市、区）	第一产业增加值
	无为市	644580		光泽县	508513
	怀远县	850619		建瓯市	628889
	五河县	740034		新罗区	543680
	固镇县	857439		上杭县	605057
	寿县	596667		霞浦县	969245
	濉溪县	609368		古田县	573834
	宿松县	535770		福安市	624443
	定远县	752950		福鼎市	810463
	临泉县	1024463	江西省	新建区	661762
	太和县	650767		南昌县	785943
	阜南县	676424		进贤县	752076
	颍上县	719814		渝水区	510980
	埇桥区	835648		宁都县	503748
	萧县	748612		丰城市	861710
	灵璧县	628978		临川区	576294
	泗县	670584		余干县	566371
	霍邱县	670952		鄱阳县	772984
	谯城区	876784	山东省	章丘区	1006507
	涡阳县	681429		莱芜区	747700
	蒙城县	697587		商河县	597817
	利辛县	608368		黄岛区	957600
	宣州区	547239		即墨区	913000
福建省	长乐区	809816		胶州市	679500
	闽侯县	596199		平度市	1309200
	连江县	1943919		莱西市	771200
	罗源县	626946		滕州市	940300
	永泰县	696664		广饶县	576027
	福清市	1396189		福山区	514039
	秀屿区	760008		牟平区	695935
	尤溪县	567894		蓬莱区	1224530
	安溪县	648698		莱阳市	659623
	龙海区	802049		莱州市	977800
	云霄县	611103		招远市	592464
	漳浦县	1057963		栖霞市	704384
	诏安县	634710		海阳市	1021442
	东山县	527237		昌乐县	608989
	南靖县	948919		青州市	786721
	平和县	625038		诸城市	843500

表 2-4 2023 年第一产业增加值达 50 亿元的县（市、区）分布（续表 3）

单位：万元

省（区、市）	县（市、区）	第一产业增加值	省（区、市）	县（市、区）	第一产业增加值
	寿光市	1375068		单县	597881
	安丘市	685600		郓城县	598101
	高密市	590100	河南省	祥符区	696093
	昌邑市	642659		杞县	942483
	微山县	668400		通许县	714875
	鱼台县	639100		尉氏县	591534
	金乡县	822200		兰考县	519709
	嘉祥县	501000		叶县	575773
	泗水县	620379		滑县	747520
	梁山县	702500		内黄县	760980
	邹城市	716200		封丘县	549179
	岱岳区	683700		濮阳县	524113
	宁阳县	710226		鄢陵县	512500
	东平县	639181		襄城县	502701
	新泰市	693296		灵宝市	740305
	肥城市	688612		方城县	600024
	环翠区	534000		内乡县	593795
	文登区	815300		淅川县	553273
	荣成市	1652800		社旗县	521616
	乳山市	684700		唐河县	1092800
	东港区	646800		新野县	652697
	岚山区	617300		邓州市	1057911
	莒县	591300		睢阳区	614439
	沂南县	573991		民权县	640806
	沂水县	562863		睢县	622115
	兰陵县	829970		柘城县	711066
	平邑县	534943		虞城县	678374
	莒南县	600080		夏邑县	715795
	齐河县	536502		永城市	1038653
	平原县	526701		固始县	747721
	禹城市	554717		息县	538424
	东昌府区	543552		淮阳区	614359
	阳谷县	727651		扶沟县	546547
	莘县	895800		西华县	588290
	冠县	666300		商水县	615574
	惠民县	579802		沈丘县	608438
	无棣县	519611		郸城县	669157
	曹县	587603		太康县	786352

表 2-4 2023 年第一产业增加值达 50 亿元的县（市、区）分布（续表 4）

单位：万元

省（区、市）	县（市、区）	第一产业增加值	省（区、市）	县（市、区）	第一产业增加值
湖北省	鹿邑县	733603	湖南省	浠水县	847344
	西平县	618721		蕲春县	742776
	上蔡县	545700		黄梅县	857689
	平舆县	523100		麻城市	796213
	正阳县	631545		武穴市	735576
	泌阳县	652922		嘉鱼县	519420
	汝南县	580000		赤壁市	704569
	新蔡县	501000		随县	838961
	蔡甸区	570700		广水市	674464
	江夏区	1230100		利川市	560172
	黄陂区	1420769		仙桃市	1174351
	新洲区	973800		潜江市	952100
	阳新县	806455		天门市	1005200
	大冶市	600200		望城区	613393
	夷陵区	1004080		长沙县	953454
	长阳土家族自治县	543525		浏阳市	1363892
	宜都市	734262		宁乡市	1399274
	当阳市	1239666		攸县	785533
	枝江市	1241923		醴陵市	766417
	襄州区	1170491		湘潭县	776323
	南漳县	665997		湘乡市	738640
	谷城县	560643		衡阳县	762836
	老河口市	657182		衡南县	737847
	枣阳市	1265500		衡东县	527792
	宜城市	728090		祁东县	661411
	沙洋县	825800		耒阳市	665860
	钟祥市	994100		常宁市	656514
	京山市	777700		隆回县	576947
	大悟县	534382		洞口县	656066
	云梦县	518583		武冈市	607835
	应城市	705678		邵东市	648854
	汉川市	887880		岳阳县	728922
	荆州区	605968		华容县	978094
	公安县	964580		湘阴县	755362
	石首市	588347		平江县	624722
	洪湖市	1257825		汨罗市	640913
	松滋市	624254		鼎城区	823013
	监利市	1432694		汉寿县	650061

表 2-4 2023 年第一产业增加值达 50 亿元的县（市、区）分布（续表 5）

单位：万元

省（区、市）	县（市、区）	第一产业增加值	省（区、市）	县（市、区）	第一产业增加值
广东省	澧县	631235	广西壮族自治区	惠东县	874411
	桃源县	1026520		梅县区	630186
	石门县	545085		兴宁市	552941
	赫山区	555716		陆丰市	845971
	南县	837399		江城区	594360
	桃江县	510904		阳东区	599640
	安化县	569232		阳西县	698541
	沅江市	762049		阳春市	665992
	桂阳县	640101		清新区	611201
	道县	514610		阳山县	513845
	祁阳市	668904		英德市	949814
	双峰县	612108		连州市	523252
	新化县	670106		饶平县	912665
	涟源市	566525		揭西县	551564
	花都区	565917		惠来县	661866
	南沙区	695438		新兴县	798072
	增城区	678536		罗定市	680025
	斗门区	524144		武鸣区	1416072
	南海区	687648		隆安县	562539
	顺德区	737122		宾阳县	590088
	新会区	720932		横州市	1115224
	台山市	1164426		柳江区	532702
	开平市	613109		柳城县	706703
	麻章区	573971		鹿寨县	535583
	遂溪县	1599961		临桂区	577601
	徐闻县	1215169		灵川县	701831
	廉江市	1410885		全州县	1019007
	雷州市	1618145		兴安县	787560
	电白区	1700078		平乐县	739190
	高州市	1920446		恭城瑶族自治县	535919
	化州市	1594551		藤县	804653
	信宜市	1652155		岑溪市	551229
	高要区	1214133		银海区	525660
	广宁县	622923		合浦县	1268422
	怀集县	1217947		钦南区	991490
	封开县	626948		钦北区	749213
	四会市	736490		灵山县	955185
	博罗县	942365		浦北县	828042

表 2-4 2023 年第一产业增加值达 50 亿元的县（市、区）分布（续表 6）

单位：万元

省（区、市）	县（市、区）	第一产业增加值	省（区、市）	县（市、区）	第一产业增加值
	平南县	745160		彭州市	658757
	桂平市	1036810		邛崃市	543007
	容县	636395		简阳市	782446
	陆川县	542043		荣县	875080
	博白县	1145534		富顺县	805111
	兴业县	574885		泸县	728362
	北流市	773436		合江县	514793
	宜州区	761011		中江县	1027196
	兴宾区	750410		三台县	1048315
海南省	琼海市	1302016		江油市	637375
	文昌市	1313755		剑阁县	512686
	万宁市	1051660		苍溪县	586534
	东方市	721094		射洪市	827543
	澄迈县	1216728		东兴区	592698
	临高县	1582245		威远县	565572
	乐东黎族自治县	1196677		资中县	943774
	陵水黎族自治县	742662		隆昌市	515511
重庆市	万州区	1197577		犍为县	534230
	涪陵区	973569		嘉陵区	506951
	綦江区	862929		南部县	904526
	大足区	741758		营山县	537525
	巴南区	604645		仪陇县	683024
	长寿区	665810		西充县	502092
	江津区	1393689		阆中市	646828
	合川区	1161636		东坡区	659287
	永川区	908949		仁寿县	1037398
	南川区	667680		翠屏区	507838
	铜梁区	685885		叙州区	634639
	潼南区	937962		岳池县	673048
	荣昌区	676014		邻水县	578033
	开州区	953124		达川区	520806
	梁平区	671024		宣汉县	1066741
	丰都县	566247		大竹县	741544
	垫江县	677226		渠县	921922
	忠县	620268		雁江区	640843
	云阳县	748023		安岳县	900012
	奉节县	717356		西昌市	643140
四川省	金堂县	819803		会理市	753079

表 2-4 2023 年第一产业增加值达 50 亿元的县（市、区）分布（续表 7）

单位：万元

省（区、市）	县（市、区）	第一产业增加值	省（区、市）	县（市、区）	第一产业增加值
	盐源县	651930		建水县	531558
	会东县	646621		景洪市	648008
贵州省	盘州市	770638		勐海县	519607
	播州区	650453		勐腊县	662991
	七星关区	1033010		祥云县	532195
	大方县	586400		宾川县	810661
	织金县	519926	陕西省	礼泉县	607800
	威宁彝族回族苗族自治县	1392222		临渭区	616000
	赫章县	568650		大荔县	678600
	黔西市	516498		蒲城县	511000
	思南县	534605		富平县	581100
	兴义市	547200		城固县	659296
云南省	宜良县	792845		榆阳区	516100
	沾益区	609051	甘肃省	凉州区	1143781
	陆良县	924122		民勤县	549726
	罗平县	690600		甘州区	652901
	富源县	569170	新疆维吾尔自治区	昌吉市	523422
	会泽县	902274		呼图壁县	610145
	宣威市	949137		玛纳斯县	591497
	隆阳区	902496		博乐市	546810
	昌宁县	663674		库尔勒市	511478
	腾冲市	682439		莎车县	636534
	凤庆县	723804		叶城县	505695
	云县	551381		乌苏市	1227198
	耿马傣族佤族自治县	658020		沙湾市	1402679
	楚雄市	513265		阿拉尔市	1912764
	禄丰市	598231		图木舒克市	841147
	弥勒市	509133			

表 2-5 2023 年地方一般公共预算收入达 50 亿元的县（市、区）分布

单位：万元

省（区、市）	县（区、市）	地方一般公共预算收入	省（区、市）	县（区、市）	地方一般公共预算收入
北京市	朝阳区	5634904		崇明区	1026456
	丰台区	1557909	江苏省	浦口区	653000
	海淀区	5489150		江宁区	2382800
	房山区	960764		六合区	501100
	通州区	941062		溧水区	672200
	顺义区	1749748		锡山区	1220400
	昌平区	1486644		惠山区	1212700
	大兴区	1051012		滨湖区	1039400
天津市	东丽区	586793		江阴市	2482900
	西青区	704900		宜兴市	1408000
	津南区	539246		铜山区	578000
	北辰区	625865		沛县	545900
	武清区	976070		钟楼区	508300
	滨海新区	5654000		新北区	1444000
河北省	长安区	701066		武进区	2163100
	桥西区	709322		金坛区	576600
	正定县	565351		溧阳市	1050300
	路北区	554037		虎丘区	1931000
	曹妃甸区	1190995		吴中区	2226000
	迁安市	668100		相城区	1552000
	武安市	503515		吴江区	2399000
	黄骅市	720602		常熟市	2374000
	三河市	548945		张家港市	2371000
山西省	高平市	525088		昆山市	4566000
内蒙古自治区	东胜区	750935		太仓市	1894177
	准格尔旗	1732794		通州区	750000
	乌审旗	509185		海门区	750000
	伊金霍洛旗	1542289		如东县	710000
辽宁省	瓦房店市	727122		启东市	750000
	庄河市	623526		如皋市	770000
上海市	闵行区	3267001		海安市	710000
	宝山区	1798500		大丰区	619900
	嘉定区	2498904		东台市	650059
	浦东新区	11957300		邗江区	586400
	金山区	1109189		江都区	572400
	松江区	2290259		仪征市	503300
	青浦区	2319200		丹阳市	800500
	奉贤区	2312277		句容市	500500

表 2-5 2023 年地方一般公共预算收入达 50 亿元的县（市、区）分布（续表 1）

单位：万元

省（区、市）	县（区、市）	地方一般公共预算收入	省（区、市）	县（区、市）	地方一般公共预算收入
	高港区	1032000		义乌市	1442803
	兴化市	509000		东阳市	873399
	靖江市	734642		永康市	715255
	泰兴市	972000		椒江区	523109
	沭阳县	671000		黄岩区	500285
浙江省	西湖区	2337817		路桥区	531416
	萧山区	3320021		温岭市	857728
	余杭区	4166800		临海市	680471
	富阳区	1005385		玉环市	557013
	临安区	875951		莲都区	642900
	临平区	1446800	安徽省	包河区	576520
	海曙区	1294488		长丰县	625000
	江北区	1088624		肥东县	639000
	北仑区	4134777		肥西县	736645
	镇海区	909060		弋江区	584633
	鄞州区	3055025		天长市	504998
	奉化区	868919	福建省	长乐区	642768
	象山县	646800		闽侯县	918557
	宁海县	683361		福清市	1312699
	余姚市	1328629		惠安县	505316
	慈溪市	2217068		石狮市	503421
	瑞安市	775000		晋江市	1529508
	乐清市	970502		南安市	743131
	嘉善县	847456		龙海区	627050
	海盐县	655397	江西省	新建区	677743
	海宁市	1001296		南昌县	1151836
	平湖市	889788		渝水区	758588
	桐乡市	1070165		贵溪市	554096
	吴兴区	1111562		章贡区	600032
	德清县	850216		丰城市	508260
	长兴县	872188	山东省	历下区	1883905
	安吉县	651123		市中区	982156
	越城区	902248		槐荫区	567393
	柯桥区	1422283		历城区	3121788
	上虞区	976724		章丘区	604581
	诸暨市	972033		市南区	884522
	嵊州市	508121		市北区	962322
	婺城区	885681		黄岛区	2692148

表 2-5 2023 年地方一般公共预算收入达 50 亿元的县（市、区）分布（续表 2）

单位：万元

省（区、市）	县（区、市）	地方一般公共预算收入	省（区、市）	县（区、市）	地方一般公共预算收入
	崂山区	2203810		牡丹区	839284
	李沧区	587088	河南省	中原区	514016
	城阳区	1484670		中牟县	556666
	即墨区	1056216		巩义市	562252
	胶州市	1162666		荥阳市	503425
	平度市	656563		新郑市	731572
	莱西市	622577		林州市	500202
	张店区	1032045		长垣市	533232
	临淄区	710372		建安区	585258
	滕州市	673840		永城市	540418
	东营区	694688		济源市	600219
	河口区	604770	湖北省	洪山区	1037491
	广饶县	633919		东西湖区	1266623
	芝罘区	779000		汉南区	1440273
	福山区	1568801		江夏区	821246
	莱山区	672162		黄陂区	580848
	龙口市	1187830		大冶市	600300
	莱州市	500113	湖南省	天心区	752320
	招远市	502068		岳麓区	710443
	寒亭区	615355		开福区	653782
	奎文区	894232		雨花区	831195
	青州市	527113		长沙县	1459300
	诸城市	621238		浏阳市	1057758
	寿光市	1001131		宁乡市	790666
	高密市	550162		武陵区	1007000
	任城区	1137043		赫山区	533828
	兖州区	758566	广东省	荔湾区	578939
	邹城市	912807		越秀区	576440
	岱岳区	517462		海珠区	599733
	肥城市	511117		天河区	827748
	环翠区	1037064		白云区	815183
	荣成市	560015		黄埔区	2081401
	东港区	1071715		番禺区	1184020
	兰山区	1212166		花都区	884791
	德城区	714184		南沙区	1256277
	东昌府区	1196242		增城区	995189
	滨城区	672876		罗湖区	1395035
	邹平市	792166		福田区	2077800

表 2–5 2023 年地方一般公共预算收入达 50 亿元的县（市、区）分布（续表 3）

单位：万元

省（区、市）	县（区、市）	地方一般公共预算收入	省（区、市）	县（区、市）	地方一般公共预算收入
	南山区	5248912		永川区	500638
	宝安区	3829404		璧山区	531868
	龙岗区	3729464	四川省	锦江区	1009009
	龙华区	1678435		青羊区	1144215
	坪山区	807349		金牛区	1006913
	光明区	1092076		武侯区	2756960
	香洲区	1576017		成华区	872516
	金湾区	545215		龙泉驿区	854717
	禅城区	970934		新都区	705681
	南海区	2612082		温江区	557258
	顺德区	2687842		双流区	2436796
	三水区	701443		郫都区	1879902
	新会区	576972		简阳市	520304
	惠城区	877428		涪城区	713748
	惠阳区	1293158		仁寿县	509990
	博罗县	776433		翠屏区	747504
海南省	澄迈县	513700		西昌市	651215
重庆市	万州区	783331	贵州省	观山湖区	566321
	涪陵区	700176		仁怀市	1151700
	江北区	803333	陕西省	榆阳区	918900
	九龙坡区	684123		神木市	1657250
	南岸区	655185	宁夏回族自治区	灵武市	505241
	渝北区	621104	新疆维吾尔自治区	新市区	810197
	长寿区	511146		头屯河区	610109
	江津区	679564		库车市	500300
	合川区	548246		石河子市	698773

表 2-6 2023 年医疗卫生机构床位达 5000 张的县（市、区）分布

单位：张

省（区、市）	县（市、区）	医疗卫生机构床位数	省（区、市）	县（市、区）	医疗卫生机构床位数
北京市	朝阳区	28026		平城区	6845
	丰台区	14341		潞州区	10433
	海淀区	15357		城区	7055
	房山区	6420		榆次区	5108
	通州区	6231		盐湖区	5082
	昌平区	14608		尧都区	9610
	大兴区	9744	内蒙古自治区	赛罕区	8885
天津市	北辰区	5002		东河区	5049
	滨海新区	9452		昆都仑区	6171
河北省	长安区	8925		红山区	7419
	桥西区	6423		松山区	5590
	新华区	8879		科尔沁区	12349
	裕华区	10571		临河区	5868
	路南区	7522	辽宁省	瓦房店市	8734
	路北区	13889		海城市	6504
	迁安市	5370		大石桥市	5600
	海港区	9813		凌源市	5626
	邯山区	10655	吉林省	南关区	9594
	丛台区	6778		朝阳区	17151
	永年区	5886		船营区	8408
	大名县	5150		东昌区	5127
	魏县	6455	黑龙江省	道里区	8232
	武安市	5396		南岗区	26494
	襄都区	6692		道外区	11212
	信都区	6440		香坊区	14494
	莲池区	14589		建华区	5200
	定州市	7237		鸡冠区	5246
	桥西区	5736		让胡路区	5586
	双桥区	5220		爱民区	5894
	运河区	10006		北林区	5035
	任丘市	5878	上海市	闵行区	13919
	广阳区	5813		宝山区	12431
	三河市	6344		嘉定区	11276
	桃城区	6632		浦东新区	30158
山西省	小店区	7759		金山区	5415
	迎泽区	11300		松江区	6911
	杏花岭区	13364		奉贤区	5767
	万柏林区	6275	江苏省	江宁区	10611

表 2-6 2023 年医疗卫生机构床位达 5000 张的县（市、区）分布（续表 1）

单位：张

省（区、市）	县（市、区）	医疗卫生机构床位数	省（区、市）	县（市、区）	医疗卫生机构床位数
	滨湖区	12261		富阳区	5104
	江阴市	9520		海曙区	11130
	宜兴市	7967		鄞州区	10312
	铜山区	6074		慈溪市	7748
	丰县	5148		鹿城区	8024
	沛县	7354		瓯海区	9194
	睢宁县	5198		瑞安市	5405
	邳州市	8638		乐清市	5953
	天宁区	10343		海宁市	5192
	武进区	9868		吴兴区	8519
	吴中区	7713		越城区	7737
	吴江区	9236		柯桥区	6115
	常熟市	12073		诸暨市	8402
	张家港市	10140		义乌市	9230
	昆山市	9321		东阳市	5195
	通州区	6946		柯城区	6915
	如皋市	7656		定海区	5297
	海安市	6259		椒江区	5231
	海州区	7708		温岭市	7241
	赣榆区	6527		临海市	8055
	东海县	5207		莲都区	7095
	淮阴区	8277	安徽省	瑶海区	6874
	清江浦区	6116		庐阳区	12508
	亭湖区	7846		蜀山区	16004
	盐都区	5084		包河区	7129
	阜宁县	5256		长丰县	6669
	东台市	5870		庐江县	5111
	广陵区	5696		巢湖市	5099
	邗江区	6064		镜湖区	8682
	海陵区	6826		无为市	5712
	兴化市	7625		龙子湖区	6152
	泰兴市	6365		怀远县	7168
	宿城区	6973		田家庵区	8988
	沭阳县	9169		迎江区	6549
	泗阳县	6537		定远县	5100
	泗洪县	6626		颍州区	13198
浙江省	西湖区	11720		临泉县	10688
	萧山区	12517		太和县	8884

表 2-6 2023 年医疗卫生机构床位达 5000 张的县（市、区）分布（续表 2）

单位：张

省（区、市）	县（市、区）	医疗卫生机构床位数	省（区、市）	县（市、区）	医疗卫生机构床位数
	阜南县	7437		鄱阳县	5089
	颍上县	8226	山东省	历下区	18014
	埇桥区	13568		市中区	7164
	砀山县	5408		槐荫区	13604
	萧县	7342		天桥区	9398
	灵璧县	6947		历城区	8724
	泗县	5954		章丘区	6734
	金安区	8683		莱芜区	5290
	霍邱县	7926		市南区	8908
	谯城区	10907		市北区	15950
	涡阳县	8504		黄岛区	12992
	蒙城县	7311		即墨区	5594
	利辛县	6452		胶州市	6064
	宣州区	6276		平度市	7435
福建省	鼓楼区	11859		莱西市	5121
	仓山区	6173		张店区	12122
	福清市	5555		市中区	7382
	荔城区	5879		薛城区	5289
	惠安县	5956		滕州市	10177
	安溪县	5454		东营区	7897
	晋江市	7778		芝罘区	11541
	南安市	7068		莱阳市	5151
	芗城区	8892		奎文区	17986
	新罗区	8315		临朐县	5658
江西省	东湖区	23359		青州市	7075
	西湖区	5058		诸城市	7406
	乐平市	5467		寿光市	8060
	安源区	6535		安丘市	7329
	渝水区	7186		高密市	7172
	章贡区	15595		任城区	7338
	南康区	6276		嘉祥县	6126
	于都县	6259		汶上县	5229
	袁州区	10695		邹城市	7281
	丰城市	7275		泰山区	13241
	高安市	5750		新泰市	7598
	临川区	7081		肥城市	5224
	信州区	7006		环翠区	8802
	余干县	6028		东港区	8883

表 2-6 2023 年医疗卫生机构床位达 5000 张的县（市、区）分布（续表 3）

单位：张

省（区、市）	县（市、区）	医疗卫生机构床位数	省（区、市）	县（市、区）	医疗卫生机构床位数
	莒县	5822		濮阳县	7403
	兰山区	23269		禹州市	6977
	河东区	5249		召陵区	5155
	沂南县	6139		湖滨区	5753
	沂水县	8190		宛城区	11089
	兰陵县	9015		卧龙区	13575
	平邑县	5678		方城县	6690
	德城区	8123		唐河县	6283
	东昌府区	15687		邓州市	9285
	滨城区	10514		睢阳区	12591
	牡丹区	13670		民权县	6362
	曹县	8680		柘城县	5595
	单县	7643		虞城县	5798
	巨野县	6090		夏邑县	5130
	郓城县	8321		永城市	11934
	鄄城县	5001		浉河区	8940
	东明县	5021		平桥区	5425
河南省	中原区	9648		固始县	8852
	二七区	18831		淮阳区	6856
	管城回族区	7322		西华县	5118
	中牟县	6335		商水县	7199
	巩义市	5633		沈丘县	5888
	新密市	5609		郸城县	7351
	新郑市	6576		太康县	9000
	登封市	6402		鹿邑县	7332
	兰考县	6530		项城市	6151
	瀍河回族区	6149		驿城区	11714
	宜阳县	5027		上蔡县	6317
	新华区	6309		泌阳县	5442
	鲁山县	5697		新蔡县	5277
	汝州市	7122	湖北省	洪山区	12185
	北关区	6194		黄陂区	6804
	滑县	9872		新洲区	6396
	林州市	6388		黄石港区	5211
	卫滨区	6242		阳新县	6022
	卫辉市	5827		大冶市	5888
	武陟县	5017		茅箭区	9496
	华龙区	9936		伍家岗区	5572

表 2-6 2023 年医疗卫生机构床位达 5000 张的县（市、区）分布（续表 4）

单位：张

省（区、市）	县（市、区）	医疗卫生机构床位数	省（区、市）	县（市、区）	医疗卫生机构床位数
	襄州区	6716		岳阳楼区	11547
	枣阳市	7209		武陵区	10077
	鄂城区	5279		澧县	5639
	钟祥市	6359		桃源县	5958
	汉川市	6233		赫山区	10259
	公安县	5177		安化县	6192
	监利市	7122		北湖区	8683
	黄州区	5673		冷水滩区	8099
	浠水县	6244		祁阳市	5975
	蕲春县	6244		鹤城区	10165
	黄梅县	6471		溆浦县	5309
	麻城市	7288		娄星区	8065
	武穴市	5238		双峰县	5322
	咸安区	6309		新化县	9175
	曾都区	6076		涟源市	6654
	恩施市	11027		吉首市	6499
	利川市	5481	广东省	荔湾区	7608
	仙桃市	7174		海珠区	13044
	潜江市	5702		天河区	15283
	天门市	8059		白云区	25688
湖南省	芙蓉区	10123		黄埔区	7852
	岳麓区	15399		番禺区	7373
	开福区	10008		增城区	6611
	雨花区	17334		武江区	6836
	长沙县	7503		罗湖区	6230
	浏阳市	11466		福田区	12833
	宁乡市	9698		南山区	5726
	醴陵市	6154		宝安区	9768
	雨湖区	7896		龙岗区	11894
	湘乡市	5773		龙华区	7916
	蒸湘区	5346		香洲区	9063
	衡阳县	5888		金平区	10857
	衡南县	5043		禅城区	13422
	耒阳市	7519		南海区	11608
	常宁市	5706		顺德区	12006
	大祥区	6922		蓬江区	9104
	隆回县	6633		新会区	5157
	邵东市	6314		霞山区	8642

表 2-6 2023 年医疗卫生机构床位达 5000 张的县（市、区）分布（续表 5）

单位：张

省（区、市）	县（市、区）	医疗卫生机构床位数	省（区、市）	县（市、区）	医疗卫生机构床位数
	廉江市	8070	重庆市	万州区	13093
	雷州市	9122		涪陵区	8135
	吴川市	5019		江北区	9302
	电白区	7640		沙坪坝区	9925
	高州市	8965		九龙坡区	10334
	化州市	6661		南岸区	7747
	信宜市	6454		北碚区	5339
	端州区	7197		綦江区	9561
	惠城区	11940		大足区	5885
	梅江区	7058		渝北区	7913
	五华县	6006		巴南区	9111
	源城区	8527		黔江区	5114
	阳春市	6214		长寿区	5700
	清城区	6854		江津区	10044
	普宁市	8315		合川区	8160
	罗定市	5208		永川区	9394
广西壮族自治区	兴宁区	5553		璧山区	5463
	青秀区	16478		开州区	10026
	西乡塘区	11470		梁平区	5091
	武鸣区	5135		丰都县	5298
	宾阳县	6454		垫江县	5268
	横州市	5081		忠县	6020
	城中区	5094		云阳县	8400
	鱼峰区	7947		奉节县	6630
	象山区	5245	四川省	锦江区	11837
	合浦县	6227		青羊区	15097
	钦南区	8403		金牛区	15163
	灵山县	7698		武侯区	25938
	港北区	7215		成华区	8065
	平南县	7193		龙泉驿区	6107
	桂平市	9134		新都区	7680
	玉州区	13620		温江区	6712
	陆川县	5210		双流区	13904
	博白县	7709		郫都区	8662
	北流市	9259		金堂县	7939
	右江区	7841		大邑县	5354
	兴宾区	6634		都江堰市	8296
海南省	龙华区	7800		彭州市	8286

表 2-6 2023 年医疗卫生机构床位达 5000 张的县（市、区）分布（续表 6）

单位：张

省（区、市）	县（市、区）	医疗卫生机构床位数	省（区、市）	县（市、区）	医疗卫生机构床位数
	邛崃市	5761		渠县	7913
	崇州市	7904		雨城区	6376
	简阳市	8773		巴州区	7926
	自流井区	5686		平昌县	5357
	富顺县	5888		雁江区	10001
	东区	5326		安岳县	8079
	江阳区	11041		西昌市	9593
	龙马潭区	5925	贵州省	南明区	12837
	泸县	5634		云岩区	13119
	合江县	6106		钟山区	7766
	旌阳区	8279		水城区	5215
	中江县	6613		盘州市	8607
	涪城区	10311		红花岗区	8144
	游仙区	6800		汇川区	9677
	三台县	8639		播州区	7147
	江油市	8094		西秀区	8327
	利州区	9206		七星关区	12095
	船山区	8820		大方县	6364
	射洪市	5073		织金县	5527
	市中区	6821		威宁彝族回族苗族自治县	7834
	东兴区	5753		黔西市	5311
	资中县	5980		碧江区	6226
	市中区	10177		兴义市	7975
	顺庆区	11440		凯里市	8851
	高坪区	5085	云南省	五华区	12312
	南部县	6522		盘龙区	8801
	营山县	5672		官渡区	6967
	阆中市	5210		西山区	13877
	东坡区	9482		麒麟区	10051
	仁寿县	7791		会泽县	6223
	翠屏区	10881		宣威市	8210
	叙州区	8688		红塔区	6342
	广安区	6137		隆阳区	7808
	岳池县	5041		昭阳区	11334
	通川区	8945		镇雄县	8694
	达川区	7552		思茅区	5800
	宣汉县	6717		楚雄市	7800
	大竹县	7788		开远市	5026

表 2-6 2023 年医疗卫生机构床位达 5000 张的县（市、区）分布（续表 7）

单位：张

省（区、市）	县（市、区）	医疗卫生机构床位数	省（区、市）	县（市、区）	医疗卫生机构床位数
	蒙自市	5039		凉州区	9683
	景洪市	5627		甘州区	5454
	大理市	9821		崆峒区	6122
陕西省	未央区	7376		西峰区	5840
	长安区	7401	青海省	城东区	6602
	渭滨区	7340		城中区	5551
	金台区	5728	宁夏回族自治区	兴庆区	8406
	秦都区	8559		金凤区	5223
	临渭区	6350	新疆维吾尔自治区	天山区	9680
	富平县	5647		沙依巴克区	7710
	宝塔区	7354		新市区	9682
	汉台区	7602		库尔勒市	5197
	榆阳区	7558		喀什市	8301
	汉滨区	8417		莎车县	5777
甘肃省	城关区	16492		伊宁市	6475
	七里河区	9818		石河子市	5279

附　录

乡村振兴统计监测指标体系及评价方法

一、指标体系构建

乡村振兴涵盖农村经济、社会、政治、文化、生态文明和党的建设等方方面面。在把握乡村振兴战略科学内涵基础上，按照产业兴旺、生态宜居、乡风文明、治理有效、生活富裕的总要求，以及产业振兴、人才振兴、文化振兴、生态振兴、组织振兴和新发展理念要求，遵循系统性、导向性、科学性和可操作性原则，国家统计局建立了6个方面涵盖39个指标的乡村振兴统计监测指标体系，依托乡村振兴统计监测一套表制度（试行），客观系统反映全国31个省（区、市）2600多个县级单位推进乡村全面振兴进展情况。

（一）系统性原则

乡村振兴战略是一项系统而长期的重大战略，加强顶层设计，做好系统谋划，全面系统反映乡村振兴战略实施情况。

（二）导向性原则

监测指标能够引导各地区各部门聚焦乡村振兴的重点领域和关键环节，精准施策，精准发力，确保乡村振兴战略各项举措全面落地见效。

（三）科学性原则

各指标相互联系、相互协调，共同支撑构建整体的监测指标体系，多层次、多角度、多方面反映各地乡村振兴战略实施进展情况。

（四）可操作性原则

指标体系立足县乡村统计报表和部门、专业现有统计指标，具有可获得性、可操作性和稳定性，数据来源可靠有据，可获取、能量化，指标含义明确，口径统一可比，连续性较强，便于计算和比较。

乡村振兴统计监测指标体系

一级指标	二级指标	单位
综合发展	地区生产总值（总量、人均、增速）	—
	地方一般公共预算收入（总量、人均、增速）	—
产业兴旺	粮食产量（总量、人均）	—
	肉类产量（总量、人均）	—
	第一产业增加值（总量、人均、增速）	—
	农业劳动生产率	万元 / 人
	高标准农田面积占耕地面积比	%
	农作物耕种收综合机械化率	%
	设施农业种植面积增速	%
	农业生产信息化率	%
	耕地产出率	元 / 亩
	“绿色有机地理标志”农产品数量	个
	规模以上农产品加工业产值与农林牧渔业总产值比	—
生态宜居	农村生活污水治理管控率	%
	对生活垃圾进行处理的村占比	%
	农村卫生户厕普及率	%
	农村自来水普及率	%
	有电子商务配送站点的村占比	%
	通三级及以上公路的乡镇占比	%
	5G 网络通达的村占比	%
	较大人口规模自然村（组）通硬化路比例	%
	主要使用清洁能源的村占比	%
乡风文明	省级及以上文明村镇占比	%
	村综合性文化服务中心覆盖率	%
	有农民业余文化组织的村占比	%
	有体育健身场所的村占比	%
治理有效	集体经济强村占比	%
	县级及以上民主法治示范村占比	%
	有综合服务站的村占比	%
	有公共法律服务工作室的村占比	%
	村党组织书记大专及以上学历比例	%
生活富裕	城乡居民人均可支配收入比	—
	农村居民人均可支配收入	元
	农村居民人均消费支出	元
	农村居民家用汽车普及率	%
	农村养老服务机构和设施覆盖率	%
	城乡居民月人均领取养老金金额	元
	乡村义务教育学校专任教师本科及以上学历比例	%
	乡村医生中执业（助理）医师资格的人员比例	%

注：本指标体系中的村指行政村和涉农社区。

二、指数测算方法

根据乡村振兴统计监测指标体系，国家统计局对全国和分地区及 2600 多个县级单位的乡村振兴战略实施情况开展指数测算。

（一）指数含义

2020 年是全面建成小康社会的实现之年和脱贫攻坚的收官之年，脱贫攻坚取得胜利后，“三农”工作重心历史性转移到全面推进乡村振兴，因此我们将 2020 年作为监测起点，以 2020—2022 年作为基期，对 2023 年及以后年度进行监测。乡村全面振兴发展指数代表一个地区在该年度乡村振兴总体发展的水平和程度，在年度与年度之间，该指数既可以反映它的绝对变化程度，又可以反映它的相对变化趋势。

（二）指数计算过程

采用主成分分析法和定性分析相结合的方法，对全国和分地区及 2600 多个县级单位的乡村全面振兴发展指数进行测算。计算过程如下：

1. 数据标准化。对原始数据进行标准化处理。将原始数据同趋化和无量纲化；

2. 计算相关系数。对标准化后的每两个指标变量间计算相关系数，得到相关系数矩阵；

3. 计算其相关系数矩阵的特征值和特征向量；

4. 选择综合反映该经济现象的主成分；

5. 确定该主成分对应的特征向量的元素值为各变量的权数；

6. 计算指数值。以上确定的权数与定性分析相结合，对经过标准化后的数据进行加权合成，从而得到反映各因素发展水平的综合指数；

最后，以各因素的指数值进行加权合成，计算出乡村全面振兴发展指数。

附表：2023 年全国及分地区乡村全面振兴发展指数测算表

2023 年全国及分地区乡村全面振兴发展指数测算表

	乡村全面振兴发展指数	综合发展指数	产业兴旺指数	生态宜居指数	乡风文明指数	治理有效指数	生活富裕指数
全　国	69.0	61.0	60.3	83.9	87.1	70.8	69.0
东部地区	72.9	68.2	62.8	89.3	88.1	71.8	74.5
中部地区	69.1	58.0	61.2	83.7	87.6	70.8	69.1
西部地区	66.0	57.6	58.2	79.7	85.4	70.0	64.1
东北地区	67.1	53.8	64.6	70.6	86.3	68.9	65.9

后 记

2023 年是全面贯彻落实党的二十大精神的开局之年，是全面推进乡村振兴的关键一年。为全面、准确、深入反映我国 31 个省（区、市）2000 多个县乡村振兴进展情况，我们组织编写了此书。本书分为全国篇、地区篇、专题篇和数据资料篇，以大量翔实统计数据，力求客观地反映乡村振兴的真实状况，及时发现问题短板、提出对策建议。同时，也注重挖掘成功案例和典型经验，编者希望，本书能够为各地区各有关部门全面推进乡村振兴实践提供有益的参考和重要借鉴，能够激发社会各界对乡村振兴的关注与思考，共同推动乡村的全面振兴和发展。

国家统计局农村社会经济调查司、国民经济核算司、人口和就业统计司、住户调查司，各省（区、市）统计局、国家统计局重庆调查总队、中国社会科学院农村发展研究所、北京大学新农村发展研究院、中国人民大学农业与农村发展学院参加本书报告的撰写和数据提供，中国统计出版社有限公司对本书的编辑出版给予了大力支持。在此，谨向为本书编辑出版付出辛勤劳动的各位同志表示衷心感谢！

由于时间和水平有限，书中难免有疏漏或不周之处，敬请读者批评指正。

编　者

2024 年 9 月